국채보상운동
사람·기억·공간

지은이

엄창옥

경북대학교 경상대학 경제통상학부 교수
경제발전론 전공

남권희

경북대학교 사회과학대학 문헌정보학과 교수
서지학 전공

전재동

경북대학교 문헌정보학과 BK21+팀 박사후연구원(POST-DOC)
경북대학교 문학박사(2008), 문헌정보학박사(2018)

이정호

경북대학교 공과대학 건축학부 교수
건축설계, 근·현대 건축사 전공

국채보상운동
사람·기억·공간

찍은 날 2019년 5월 30일
펴낸 날 2019년 6월 7일
지 은 이 엄창옥·남권희·전재동·이정호
펴 낸 이 김상동
펴낸 곳 경북대학교출판부
출판등록 1973년 10월 10일 ㉣97호
주 소 대구광역시 북구 대학로 80
전 화 053-950-6741~3
팩 스 053-953-4692
이 메 일 press@knu.ac.kr
홈페이지 http://knupress.com
I S B N 978-89-7180-520-6 93910

정가는 뒤표지에 있습니다. 파본은 바꾸어 드립니다.

국채보상운동

사람·기억·공간

엄창옥·남권희·전재동·이정호 지음

경북대학교출판부

간행에 부쳐

김영호

경북대학교 명예교수, 전 국채보상운동기록물
유네스코 세계기록유산등재추진공동위원장

1907년에 시작된 국채보상운동의 전체 역사를 보기에 앞서 이 운동의 두드러진 특징을 잠시 살펴보기로 한다. 우리가 2015년 유네스코(UNESCO)에 제출했던 「세계기록유산등재신청서」에서 강조한 국채보상운동의 성격은 이 책에 수록된 국채보상운동 소사(小史)를 통해서도 엿볼 수 있다. 우리는 국채보상운동의 성격을 그 당시 국민들의 의무 혹은 책임 개념으로 설명하고자 했다. 일반 국민들이 국가가 진 외채를 대신 갚겠다며 일어났는데, 그렇게 하는 것이 자신들의 의무 혹은 책임이라고 생각했던 것이다. 국채보상운동 취지문을 보면 한결같이 '의무', '도리', '본분', '책임'을 강조하였으며, 성금을 받는 창구를 '의무소(義務所)'라고 명명했다.

서양에서는 근대 시민의 등장 과정에서 시민의 권리와 그 권리의 자유로운 행사를 무엇보다 중요시했다. 그런데 한국에서는 근대 국민의 대두 과정에서 의무 혹은 책임 개념이 가장 중요시되었다. 여기에서 국민이란 무엇인가. 당시 '국민(國民)'은 새로 떠오르는 개념이었고 일반적으로는 '백성(百姓)'이었다. 백성에서 국민으로의 변신은 왕조에서 민국(民國)으로의 변신 과정과 궤를 같이한다. 당시 『대한매일신보』나 『황성신문』에는 '국민되기' 광고가 유행처럼 게재되고 있었다. '민국'이란 용어가 조선 중기의 「숙종실록」에는 한 차례 정도 나오는데, 조선 말기의 「고종실록」에는 무려 229차례나 나온다고 한다. 『독립신문』을 비롯한 당시의 신문·잡지에는 민국이란 말이 다반사로 사용되었다. 민본(民本) 개념은 『맹자』에도 나오지만 그것을 민주 사상으로 바꾼 사상가는 한·중·일에서 정다산(丁茶山)뿐이었다고 한다. 정다산은 공자의 천(天) 개념을 인격적 신(神) 개념으로 해석하여 개개인의 삶의 일상과 직결시켰다. 천(天)을 임금과만 직결시키는 것이 아니라 일반인과도 직결시킨 것은 인(人) 개념의 혁명이었다. 이러한 사상은 천도교로 연결되어 동학농민혁명의 민주적 성격으로 확산되고, 3·1운동 때 일반화되었다. 즉 '백성'에서 '국민'으로, '왕조'에서 '민국'으로, '민본'에서 '민주'로의 삼위일체적 진화가 진행되었던 것이다. 이는 최근 한국학계의 새로운 연구 성과이다.

국채보상운동에 참여한 사람은 누구나 지역별·동네별 장부[成册]에 이름과 성금 액수 내지 성금 품목이 기재되었다. 그리고 당시 『대한매일신보』, 『황성신문』 등에 일일이 보도되었다. 이것은 왕조시대의 호적 대장과는 다른 근대 초 민국시대의 국민 대장이라 해도 좋다. 당시 신문에 보도된 사람의 숫자는 30만 명이 조금 넘는다. 그런데 대체로 국채보상금을 가구별로 의연하였므로 대가족제에서 한 가구당 가족 구성원을 평균 7~8명이라 가정했을 때 200만 명이 넘는다는 결과가 나온다. 그러나 실제 장부를 보면 신문에 보도된 인원수보다 훨씬 많다. 그로써 유추해 보건대 전체 참여자 수는 200만 명을 훨씬 넘었을 것이다. 이는 3·1운동 참여자보다 더 많다는 이야기가 된다. 그 많은 사람이 아무 대가 없이 기부에 참여했다. 금 모으기 운동 때는 금을 갖다 내면 대부분의 경우 일정 금액을 보상받을 수 있었다. 그런데 국채보상운동 때는 아무 대가 없이 순수하게 기부를 했다. 가난한 서민들이 '백성'에서 민국의 주인인 '국민'이 되었다는 신성한 마음에서 의무 혹은 책임 개념을 갖고 순수하게 기부운동에 참여했던 것이다. 따라서 국채보상운동 대장은 근대 서양의 권리장전(權利章典)에 비교하여 책임장전(責任章典)으로 부를 수도 있다.

이 무렵 태황제 고종이 내린 효유문(曉諭文)에는 "이미 망했다고 말하지 말자. 너희 만성(萬姓: 모든 백성)이 있느니라. … 나 한 사람의 대한이 아니라 너희 만성의 대한이니라. 독립이라야 국(國)이며 자유라야 민(民)이니 나라는 곧 민이 쌓인 것이요, 민은 바로 선량한 무리이다."라고 하였다. 또한 3·1운동 이듬해 신년축하회에서 안창호 선생은 "오늘날 우리나라에 황제가 없나요? 있소. 대한나라의 과거에는 황제가 1인밖에 없었지만 금일은 2천만 국민이 모두 황제요, 과거에는 주권자가 오직 한 사람이었지만 지금은 제군이 다 주권자외다."라고 연설했다. 그러니까 일반 백성이 다 국민이 되었고 모두가 주권자가 되었기에 국가가 진 부채를 국가의 새로운 주인으로 태어난 국민들이 의무 혹은 책임 개념으로 기꺼이 짊어졌던 것이다. 국채보상운동사의 이면에는 민국의 새 주권자의 탄생이라는 이런 엄청난 역사적 의미가 담겨 있었다.

이런 의미 있는 국채보상운동의 역사와 자료 그리고 운동의 유적지를 새롭게 재조명하는 책을 경북대학교출판부에서 간행하게 된 것을 기쁘게 생각한다. (사)국채보상운동기념사업회가 2015년부터 국채보상운동 기록물을 세계기록유산으로 등재하기 위해 노력했는데, 시민의 열정에 힘입어 2017년 10월 31일에 등재가 확정되었다. 이 과정에서 엄창옥 교수는 유네스코 세계기록유산 등재 성공에 결정적인 공헌을 했다. 자신도 일정한 역할을 했다고 주장하는 사람이 있겠으나 거의 전부는 사무적이고 사소한 일을 한 데 불과하고, 큰 방향을 세우고 전략적 돌파를 해 나가는 창조적 역할을 한 사람은 극히 소수였다. 나는 당시 공동추진위원장이었고, 다른 공동추진위원장도 훌륭한 분들이었지만, 솔직히 우리는 이름만 걸쳐 놓는 정도였음을 부인할 수 없다. 그런 처지에서 나는 일의 진행 과정에서 추종적 역할을 한 사람과 혁신적 역할을 한 사람을 환히 알 수 있는 입장이었고, 그런 입장에서 등재추진단장이었던 엄 교수의 역할과 공헌을 누구보다 잘 볼 수 있었다. 엄 교수의 빛나는 공헌을 높이 평가하고 세상에 공언하는 바이다.

남권희 교수도 등재추진단의 자문위원회에서 폭넓은 서지학적 지식과 경험으로 자료를 분류하고 정리하는 데 큰 도움을 주었다. 지면을 빌려 감사의 마음을 전한다.

이정호 교수의 공헌도 잊을 수 없다. 2017년 1월 중순, 파리 유네스코 본부 부위원장실에서 내가 유네스코 간부들에게 이 교수의 아카이브 디자인 시안을 펼쳐 놓고 설명했을 때 그분들이 유난히 눈을 반짝이며 흥미 있어 했고 디자인 시안을 서로 돌려보며 고개를 끄덕이던 장면이 기억에 선명하다. 내 직감으로는 이 교수의 아카이브 시안이 그분들을 매혹시켰던 것 같다. 그때 제출되었던 자료가 사라지지 않고 이 책에 실리게 된 것은 큰 의미가 있다.

이러한 분들이 다시 모여 국채보상운동의 사람과 자료와 공간을 재정리해 낸 것을 축하한다. 이 책을 기반으로 하여 역사의 주인공이었던 사람과 자료의 발굴이 더 활발히 진행되고, 역사적 현장이 복원되길 기원한다.

머리말

올해는 3·1 기미독립선언 및 대한민국 임시정부 수립 100주년을 맞이한 역사적인 해이다. 우리는 3·1운동 만세 소리의 서곡(序曲)이라는 관점에서 국채보상운동을 재검토하고자 했다. 그 과정에서 1907년 2월 21일에 일어난 국채보상운동이 우리 사회의 거울[鑑]이라는 생각을 하게 되었다. 국채보상운동에 참여한 사람들, 그들이 남긴 생생한 기록들, 그들이 모이고 흩어졌던 공간들을 살펴보면서 '역사는 미래의 거울'이라는 말이 가슴에 와닿았다.

다음의 몇 가지를 생각할 때 더욱 그러하다. 첫째는 오늘날의 전 세계가 100여 년 전과 마찬가지로 외채 위기의 늪에서 헤어나지 못하고 있다는 점이다. 나랏빚을 갚아야 국권을 지킬 수 있다고 하는 국채보상운동의 역사에서 세계 여러 나라가 직면해 있는 외채 위기의 현실을 보게 된다. 둘째는 극단으로 치닫는 개인주의와 신자유주의 사조로는 공동체의 위기를 극복할 수 없을 것이라는 점이다. 을사늑약으로 국권은 이미 쇠패했고 부패한 관료들은 제 살길 찾기에 바빴지만, 국채보상운동에 동참했던 사람들은 담배를 끊고 반지를 뽑고, 절미(節米)·절찬(節饌)하는 공동체의 힘으로 거액의 나랏빚을 갚을 수 있다고 믿었다. 국채보상운동에 동참했던 사람들을 보면서 오늘날의 지역공동체운동의 저 뿌리 깊은 연원을 생각하게 된다. 셋째는 일본 제국주의가 우리에게 억지로 갖다 안긴 부채가 '혐오 부채'라는 점이다. 혐오 부채는 채권자에게 더 큰 책임이 있는 법이다. 이처럼 온당하지 못한 악의에 찬 부채는 변제할 필요가 없다는 것이 오늘날 국제법의 판단이다. 20세기 말, 전 세계적으로 전개된 빈곤 국가의 '주빌리운동'이나 최근에 논의되고 있는 경제적 약자에 대한 '부채탕감운동'을 보면서, 이미 100여 년 전에 우리 선조들은 정부가 진 빚을 최선을 다해 갚을 테니 혐오 부채를 제공한 일본 제국주의는 그 책임을 지고 자신의 나라로 돌아가라는 쌍방적 책임운동을 전개했으니, 과거의 거울로 오늘을 보는 듯하다.

이 책의 제1부에서는 19세기 말부터 일본의 '부추김과 꼬임'에 의한 혐오 부채가 우리나라에 누적되는 과정, 어마어마한 부채를 갚으려는 국민들의 노력에 초점을 맞추어 국채보상운동의 역사를 기술하고자 하였다. 이 운동은 성공하지 못했고, 성공할 수 없었다. 동북아를 덮친 제국주의의 거대한 파고(波高) 앞에, 통감부의 끊임없는 방해 공작으로 인해서, 그리고 흔들리는 내부 조직의 한계로 인해서 이 운동은 미완의 종지부를 찍게 되었다. 그러나 이 운동은 미완이었기에 더욱 아름다운지도 모른다. 폭력적 태풍 앞에 떨어지는 꽃잎을 보면서 태풍보다 꽃잎이 더 장엄하다고 느끼는 것도 그 때문일지 모를 일이다. 제1부는 엄창옥 교수가 집필했다.

제2부에서는 국채보상운동의 자료들을 정리하였다. (사)국채보상운동기념사업회는 국채보상운동이 가지는 역사적 가치에 주목하여 2015년 2월부터 유네스코 세계기록유산 등재추진위원회(공동추진위원장 김영호, 문희갑, 신동학)를 구성하여 세계기록유산 등재를 추진하였다. 유네스코 세계기록유산 국제자문회의는 국채보상운동 기록물이 19세기 제국주의 열강의 경제적 침략에 대응한 외채 극복의 세계사를 잘 보존하고 있으며, 그 운동의 정신이 오늘날 외채 위기에 직면한 여러 국가들에 중요한 시사점을 제공한다는 점에서 그 가치를 인정하여 2017년 10월 31일 유네스코 세계기록유산 등재를 결정하였다. 제2부는 유네스코 세계기록유산으로 등재된 국채보상운동 기록물 중 신문 자료 2,264건, 수기록 89건, 통감부 자료 122권 등 총 2,475건에 대하여 서지적 특성을 살펴보았다. 그리고 그간 국채보상운동사에서 잘 다루어지지 않았던『대동보』와『연설대해』자료를 소개하였다. 국채보상운동 기록물을 정리해 본 결과 국채보상운동은 단순히 감정적인 차원에서 급속히 전개된 것이 아니라 체계적이고 조직적인 형태를 갖추면서 추진되었기에 전국적인 구국시민운동으로 확산될 수 있었음을 알 수 있다. 제2부는 남권희 교수와 전재동 박사가 집필했다.

제3부에서는 국채보상운동이 일어난 공간을 대구를 중심으로 살펴보았다. 우선 국내 여러 곳에 흩어진 국채보상운동 자료들을 한데 모아 효율적인 관리와 적극적인 활용을 위한 플랫폼이 필요하다는 점에서 '국채보상운동 라키비움' 건축을 제안한다. 제3부에는 라키비움 건축을 위한 콘텐츠와 프로그램으로서 현재의 국채보상운동기념공원과 대구광역시립중앙도서관을 활용한 마스터플랜 안(案)을 수록하였는데, 이 부분은 유네스코 세계기록유산 등재 신청 시 제출한 라키비움 건설 계획안이다. 그리고 국채보상운동이 발원하고 전개된 역사적 장소 및 건축물을 복원 조성

하는 사업을 제안하였다. 먼저 장소 복원의 중요 사업으로 국채보상운동을 선포했던 북후정 복원을 제안하였고, 국채보상운동의 주역을 담당했던 광문사와 수창사에 대한 고증과 복원 그리고 미완의 상태로 운영되고 있는 서상돈 고택의 완전한 복원도 계속해 나가야 할 과제임을 제시하였다. 제3부는 이정호 교수가 집필했다.

우리는 지금 여기서 김영호 선생님(경북대학교 명예교수)께 감사의 말씀을 전하고자 한다. 선생님은 한국 역사와 대구 지역사의 흙 속에 묻혀 있던 국채보상운동을 건져내어 보석으로 조탁하셨다. 당시에는 아무도 주목하지 않았던 국채보상운동을 국채보상운동기념공원 조성(당시 문희갑 시장), 국채보상운동기념관 건립(당시 김범일 시장)으로 발전시키셨고, 드디어 유네스코 세계기록유산 등재로 승화시킨 놀라운 과정(당시 권영진 시장)을 김영호 선생님을 빼놓고는 이야기할 수 없다. 국채보상운동이 '국민되기운동', '책임운동'으로 자리매김한 것도 그의 지론에 따른 것이다. 그는 항상 서양의 근대화가 노블레스 오블리주(Noblesse oblige: 귀족적 책임)에 기반하고 있다면, 대한민국의 근대화는 시티즌스 오블리주(Citizen's oblige: 시민적 책임)에 기초하고 있다고 호소해 왔다. 나아가 국채보상운동의 기본정신은 채무자뿐만 아니라 채권자에게도 책임을 묻는 쌍방책임론에 바탕을 두고 있다는 점을 주창하였고, 1999년도 대구에서 제안된 '대구라운드 선언'도 신국제금융질서에 대한 선생님의 해법이었다. 그리하여 국채보상운동에 대해서 우리 모두는 선생님의 영향 아래 있다고 할 수 있다. 필자들은 국채보상운동 정신이 한국 사회에서 이런 관점으로 읽히기를 바란다.

우리가 이 책을 통해 국채보상운동 역사에서 기억하고자 하는 것은 이 운동이 오늘의 우리에게 남긴 인상이다. 과거를 기억한다는 것은 단순히 과거의 자료를 복원하거나 저장하는 것이 아닐 터이다. 왜냐하면 우리의 마음은 과거에 대한 정보를 수동적으로 저장하지만은 않기 때문이다. 기억은 지금 우리 마음속에서 일어나고 있는 것이며 다가올 미래에 대해 반응하는 것이다. 이러한 점에서 국채보상운동은 지금도 살아 있어 현재와 미래의 우리에게 끊임없이 말을 걸고 있다. 이 책이 역사와의 끊임없는 대화의 공간이 되길 기대한다.

2019년 5월

복현동 연구실에서 저자 일동

국채보상운동 사람·기억·공간

CONTENTS

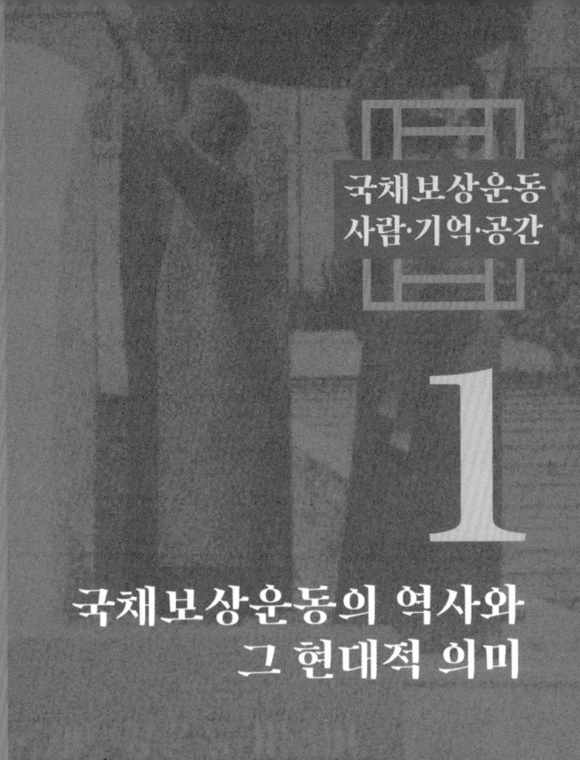

국채보상운동
사람·기억·공간

1

국채보상운동의 역사와 그 현대적 의미

제1장

국권회복운동의 발단

1. 19세기 말 동북아 정세와 한반도의 국권회복운동

19세기 말 동북아시아는 서구 제국주의 열강의 각축장이었다. 영국·프랑스·독일·러시아·미국 등의 열강들이 동북아시아 각국에 광산·공장·철도 등의 투자처를 확보하기 위해 식민지 개척에 나선 것이다. 뒤늦게 일본 역시 메이지 유신을 통해(1868) 근대화를 완성하면서 동북아 식민지 개척에 동참하였다.

중국의 분할

중국(청)에서 발생한 제1차 아편전쟁, 제2차 아편전쟁(애로호 사건), 청일전쟁은 서구 열강이 동북아시아 지역에 집결하는 빌미가 되었으며, 이 과정에서 중국을 이권 쟁탈의 대상지로 삼았다. 중국의 아편 무역은 18세기부터 시작되었다. 이 아편은 영국으로부터 들여온 것이다. 영국은 산업혁명 이후 무역 적자를 해소하기 위해 인도에서 아편을 재배하고 영국 상인들이 이를 중국에 밀무역한 것이다. 당시 중국 내에서 밀거래되는 아편의 양은 300만 톤이나 되었다고 한다. 영국의 산업혁명으로 인한 쾌속 범선이 아편을 신속하게 공급하는 한편, 중국 내에서는 아편의 수요가 폭발적으로 증가하였다. 이에 청의 도광제(道光帝)는 아편금지령을 내리고 임칙서(林則徐)로 하여금 아편 몰수를 단행하게 하였다. 이것이 발단이 되어 영국은 자국의 상인 보호라는 명분을 내세워 중국과 제1차 아편전쟁을 시작하였다. 중국은 영국의 해군 공격에 다양한 방식으로 대응했지만 영국은 중국에 대한 공세를 강화하여 1842년 6월 상해를 점령한 후 남경(난징)으로 진격했고 그해 8월 영국함대의 갑판에서 영국과 청나라 사이에 불평등한 '남경조약'이 체결되었다. 이후 중국은 미국, 프랑스 등 서양의 여러 나라들과도 그와 비슷한 내용의 불평등조약을 맺을 수밖에 없었다. 1844년에는 미국과 망하조약, 프랑스와는 황포조약을 맺게 되면서 중국대륙은 서구 열강에 의해 서서히 잠식되어 갔다. 제1차 아편전쟁 때는 남경조약(1842)에 의해 홍콩을, 제2차 아편전쟁 때는 천진조약(1860)에 의해 구룡반도를 영국에 할양했고, 러시아와의 북경조약(1860)에서는 연해주를 내주었다.

베트남의 분할

베트남을 두고 프랑스는 1884년에 청과 청프전쟁을 일으켰다. 나폴레옹 3세는 영국과 함께 제2차 아편전쟁을 치르면서 베트남의 사이공을 점령하고, 1862년에는 '사이공조약'을 체결하였다. 이 조약을 통해 프랑스는 비엔 호아(Bien Hoa) 등 3성을 할양받고, 청에 배상금 지불을 요청하였다. 그로부터 10여 년 후인 1874년에는 하노이까지 장악하고 사이공에서 이른바 '평화와 연맹조약(제2차 사이공조약)'을 체결하였다. 이 조약은 '베트남을 독립국으로 승인한다'는 것이었다. 그러나 이것은 베트남에 대한 중국의 종주권을 부인하는 것이었다. 중국은 이러한 사이공조약을 부인하고 프랑스와 전쟁을 계속하였지만 전세는 중국에 불리하게 전개되었다. 급기야 중국의 실권을 쥐고 있던 서태후는 프랑스와 협상하게 되었고, 1885년 천진조약을 체결하여 베트남에 대한 프랑스의 보호권을 인정함으로써 중국의 종주권을 상실하였다. 베트남도 프랑스의 식민지가 되었다.

한국의 분할 위기

일본은 메이지유신을 통해 근대적 국민국가를 완성하고 제국주의 길을 걷게 된다. 일본은 일찍이 1854년 미·일 화친조약에 이어, 1858년에는 영국·러시아·네덜란드·프랑스와 통상조약을 체결하면서 문호를 개방하였다. 이러한 경험에 따라 일본은 한국의 문호를 개방하기 위해 운양호(雲揚號) 사건을 일으켰다. 1875년 일본 군함 운양호가 식수를 구한다는 구실로 강화도 부근에 군함을 정박하고 군인들에게 해안선을 측량하는 등의 불법행위를 하게 함으로써 조선 관군과의 충돌을 유발하였다. 일본은 무력충돌 사태의 책임을 한국에게 묻는다는 뜻에서 부산에서 함포사격으로 무력시위를 감행하는가 하면, 운양호 사건에 대한 책임배상을 요구하기도 하고, 한양에 군사를 주둔시키겠다는 등 조선 침략 의도를 노골화하였다. 이에 한국은 일본의 침략 책동을 견제하기 위해 러시아의 힘을 빌렸고, 영국은 러시아의 남하를 막기 위해 일본을 지지했다. 이때 미국은 1871년 신미양요 때 실패한 조미조약(朝美條約) 체결을 일본을 통해 성공시키고자 일본을 군사적·재정적으로 적극 지원하였다. 이는 러시아의 남하를 막기 위한 방어벽으로 일본이 필요했기 때문이다. 이처럼 미국이 조선을 끝까지 포기

할 수 없었던 것은 아시아에 대한 중국과 러시아의 영향력 때문이었다. 결국 1876년 일본은 조일수호조규(朝日修好條規), 일명 강화도조약을 체결하고 한국의 문호를 강제로 개방했다. 강화도조약은 조미통상조약(朝美通商條約)으로 연결되면서 비로소 일본은 조선 침략을 위한 국제적 합의 기반을 획득하게 되었다.

조미통상조약은 강화도조약 2년 후인 1878년 미 하원 결의안 채택 이후부터 적극적으로 추진되었다. 미국은 러시아의 남하를 막기 위해 일본과 중국을 끌어들였고, 중국은 일본의 한국 지배력을 약화시키기 위해 미국을 끌어들였다. 이렇게 하여 일본과 중국의 중재로 1882년에 조미통상조약이 체결되었던 것이다. 이 조약으로 인해 한국의 해안선은 미국에게 개방되었으며, 한국은 중국과 일본의 무력침공 시 미국이 도와줄 것이라는 막연한 의존심을 갖게 되었다.

이렇듯 조미통상조약은 매우 복잡한 동북아의 정세를 반영하고 있다. 중국은 미국을 통해 일본을 견제함으로써 한국을 중국의 속국으로 전환시키고자 한 반면, 일본은 미국의 힘으로 한국의 지배력을 강화하려 하였으며, 미국은 일본의 무장을 통해 러시아의 남하를 막으면서 아시아 세력의 교두보를 확보하고자 한 전략의 일환이었다. 이후 일어난 청일전쟁과 러일전쟁 역시 미·일 제국주의의 대(對)아시아 전략 속에서 진행되었다고 할 수 있다.

청일전쟁은 한국의 동학농민운동에 의해 시발되었다. 동학농민운동은 전라도 고부군에서 일어난 민란에서 비롯되었다. 전라도는 물산이 풍부하여 탐관오리들의 수탈 대상이 되어 오던 곳이었다. 1894년 2월 10일, 고부군수 조병갑(趙秉甲)의 지나친 수탈로 인하여 농민층의 분노가 폭발하면서 민란이 일어났다. 민란 발발의 계기가 된 것은 만석보(萬石洑)의 개수 문제에 따른 수세(水稅) 징수 사건이다. 만석보는 동진강에 건설한 수리시설인데, 조병갑 군수가 새로 부임해 오자마자 여기에 덧붙여 강의 하류에 필요하지도 않은 새로운 보를 농민을 동원하여 쌓게 하고 여기에 고율의 수세를 징수한 것이 농민의 분노를 격발하였고, 그것으로 민란이 일어난 것이다. 농민의 민란은 동학과 결합되면서 기존 질서의 개혁을 요구하는 반(反)봉건적 운동으로 확장되고, 개항 이후 외세와 결탁하여 농민을 수탈하고 부를 축적하는 부패한 집권세력에 대항하는 반(反)외세운동으로 발전하게 되었다. 결국 동학농민군은 한국의 관군과 대립하게 되었다. 한국의 관군은 동학농민군과의 전투에서 거듭 패배하자 중국(청)에 원병을 요청하게 된다. 이에 중국은 한국에 3,000여 명의 군대를 파견하면서 일본에 통보하였다. 그것은 갑신정변 이후 1885년 중국과 일본 사이에 맺어진 천진조약에 따른 것으로서, 양국의 어느 한 나라가 한국에 군대를 파견할 경우 상대방에게 통보하기로 되어 있었다. 한국에 파병할 기회를 노리고 있던 일본은 즉시 한국에 군대를 파견했다. 반외세를 외치면서 전주성을 점령하고 있던 동학농민군은 외국군대가 들어오는 것을 보고 6월 10일 전주에서 한국 정부와 전주화약(全州和約)을 맺었다. 한국 정부로부터 외국군대를 내보내고 개혁정책을 추진하겠다는 약속을 받은 동학농민군은 마침내 전주성에서 군대를 해산했다. 그것이 소위 '폐정개혁 13조(弊政改革13條)'이다. 이에 한국 정부는 두 나라에 군대의 철수를 요구했다. 중국은 철병을 주장했으나 일본은 철병 의사가 없었다. 오히려 일본은 중국에게 한국에서 물러날 것을 요구하고 그렇지 않을 경우 공격하겠다는 뜻을 분명히 함으로써 한국 침략의 의도를 표명했다. 1894년 7월 25일 일본은 아산만 입구에 정박해 있던 중국 함대를 공격하여 격침시킴으로써 청일전쟁이 발발했다. 미국의 지원을 받고 있던 일본 해군은 중국의 최강 함대인 북양함대(北洋艦隊)를 산동성 해전에서 괴멸하였다. 청일전쟁의 전선은 만주로까지 확대되었고 중국의 패전이 거듭됨에 따라 이를 관망하고 있던 미국이 중재하여 1895년 4월 17일 시모노세키조약(關下條約)이 체결되었다. 이 조약에서 일본은 중국에게 막대한 배상금, 한국의 독립, 대만과 요동을 요구했다. 시모노세키조약을 통해 한국의 독립을 규정함으로써 일본은 한국을 더 이상 청의 간섭 없이 관할할 수 있는 기반을 마련하였다. 이는 베트남과 유사한 과정이었으며, 미국의 요구를 반영한 것이었다. 그러나 만주를 넘보고 있던 러시아는 요동의 일본 할양을 용납할 수 없었고, 프랑스와 독일을 동원하여 요동을 중국에 반환하도록 강력히 요청하였다. 소위 '삼국간섭(三國干涉)'에 의한 요동 반환 사건이다. 요동반도를 일본에서 중국으로 반환시킨 러시아는 프랑스로부터 차관을 들여와 만주 북부를 관통하여 블라디보스토크에 이르는 동청(東淸)철도 부설권을 따냈고, 영국과 프랑스 그리고 독일은 중국으로부터 각각 구룡반도(九龍半島, 주룽반도)와 위해위(威海衛, 웨이하이웨이), 광주만(廣州灣, 광저우만), 교주만(膠州灣, 자오저우만)의 조차권을 받아 냈다. 결국 영국과 미국은 요동반도에 대해 중립적 입장을 취함으로써 일본은 요동반도를 중국에 반환하고 청일전쟁을 일단락하였다.

러일전쟁은 동북아시아 지역의 지형 분할이라는 의미에서 청일전쟁의 연속이다. 1903년 8월부터 일본과 러시아는 한반도와 만주 지역의 경영에 관한 협상을 진행하였다. 일본은 한국에 대한 일본의 우선권과 만주에 대한 러시아의 우선권을 각각 인정하는 만한교환론(滿韓交換論)으로 입장을 결정한 데 반해, 러시아는 만주의 독점적 지배와 한반도 39도 이북의 중립지대 설정과 한국의 전략적 사용 불가 입장을 고수함으로써 양국 간의 긴장이 계속되었다. 그해 12월 하순까지 양국은 기존 입장을 되풀이함으로써 타협의 여지가 거의 없었다. 1904년 1월 일본의 어전회의에서는 개전론(開戰論)

으로 기울었고, 1904년 2월 임시각의를 통해 러일전쟁이 결정되었다. 러일전쟁은 1904년 2월 8일 밤 여순항에 대한 일본군의 기습으로 시작되었다. 일본은 9일 인천 앞바다에 있던 두 척의 러시아군함을 격침시킨 다음 날인 10일에서야 선전포고를 하였다. 러일전쟁에서 일본을 적극 지원한 세력은 영국과 미국이었다. 영국과 미국은 전쟁 중 일본에 4억 1천만 달러를 차관으로 제공하였고, 그것은 전쟁 자금으로 사용되었다. 미국 루스벨트 대통령은 독일과 프랑스가 만일 중국을 지원하면 즉각 일본을 지원하겠다고 선언함으로써 독일과 프랑스의 지원을 차단하였다. 전쟁은 미국의 중재로 끝이 났다. 러일전쟁은 한국과 만주(중국 동북 지방)의 분할을 둘러싸고 벌어진 싸움이었지만, 그 배후에는 영국-미국-일본 동맹과 러시아-프랑스-독일 동맹이 있었다. 전쟁에서 승리한 일본은 한국에 대한 지배권을 확립하고 만주로 진출할 수 있게 되었다.

러시아의 발틱함대가 대한해협에서 일본 해군에 격파되면서 러일전쟁이 일본에 유리하게 돌아가자 미국은 육군장관 윌리엄 태프트(William Howard Taft)를 일본에 특사로 파견하여 일본의 외무대신 가쓰라 다로(桂太郎)와 한반도의 운명을 결정하는 비밀협약을 맺는다. 이것이 소위 1905년 7월 29일 '가쓰라-태프트밀약'이다. 이 밀약은 러일전쟁 중에 맺어졌는데, 미국이 중심이 되어 러일전쟁 종결을 위한 포츠머스회담이 진행되던 중이었다. 비밀협약의 내용은 두 가지로 정리할 수 있다. 첫째는 미국이 필리핀을 통치하고 일본은 한반도에서 지배적 지위를 갖는다는 것, 둘째는 극동의 평화를 유지하기 위해 미국-영국-일본이 동맹관계를 확보한다는 것이다. 이 밀약은 루스벨트 대통령의 승인을 얻어 포츠머스강화회의에 참석하고 있던 일본외상 고무라 주타로(小村壽太郞)에게 전달됨으로써 한반도에 대한 일본과 미국의 합의 과정이 완료되었다.

러일전쟁을 종결하기 위해 미국 포츠머스에서 루스벨트 대통령의 주선으로 포츠머스강화회의가 열렸다. 수개월 이상의 협상 끝에 1905년 9월 5일 포츠머스조약이 체결된다. 이 조약은 사전 미·일 간에 조정된 가쓰라-태프트밀약이 관철된 것이다. 조약의 핵심 내용은 한국에서 일본의 우월권을 승인하는 것이며, 요동반도의 조차권과 남사할린 할양, 장춘·여순 간 철도부설권 위양, 그리고 연해주 어업권을 획득하는 등이다. 포츠머스조약은 러시아와 일본 간의 조약이지만, 한반도를 일본에 내어 주고 동북아 지역의 정치적 지형을 결정하는 조약이었다.

결과적으로 청일전쟁과 러일전쟁은 동북아시아 정치 지형에 일대변혁을 가져왔다. 중국은 제국주의 열강에 의해 영토가 분할되었고 경제적 침투의 대상이 되었다. 미국과 영국은 러시아 세력의 견제세력으로 일본을 확고하게 지목하게 된 반면, 프랑스와 독일은 러시아와 연대함으로써 동북아시아는 열강의 식민지 쟁탈을 위한 투쟁장이 되었다.

2. 개항 이후 외채의 누적과 국민적 저항

1876년 일본과의 강화도조약 체결을 계기로 한국은 문호를 개방하면서 서양 열강들과 통상조약을 체결하고 근대적 문물을 수용하는 방식으로 세계자본주의에 편입되었다. 그러나 개방을 통한 자본주의적 발전을 달성하기 위해서는 산업화를 수행해야 했고 이를 추진할 정치개혁을 단행해야 했다. 하지만 앞 절에서 살펴본 바와 같이 한반도를 둘러싼 동북아시아에서는 세계 제국주의 열강에 의한 동북아 분할 구도가 완성되어 가고 있었고, 그 속에서 한국은 미-일-영-러 간의 가쓰라-태프트밀약과 포츠머스조약에 의해 일본 제국주의의 식민지로 전락해 가고 있었다. 이러한 상황 속에서 한국은 자력에 의한 산업화와 정치개혁이 불가능했다.

실제로 한국은 국내 자본축적이 없는 상태이므로 산업화를 위한 자체 자본조달이 불가능하였다. 따라서 산업화를 위한 자본조달의 한 방법으로 차관을 도입하게 되었다. 당시 해외로부터의 차관은 중국·일본의 차관이 주를 이루었고, 경우에 따라서는 프랑스, 미국 그리고 러시아, 영국, 벨기에 등 다양한 제국주의 국가로부터의 도입이 전부였다. 한국의 입장에서는 차관을 통한 '부국강병'이 그 목적이지만 제국주의적 입장에서는 차관을 통한 식민지 침탈이 그 목적이었다. 그러므로 비로소 '차관문제'[1]가 등장하게 된다. 그것은 당시 국내정치의 복잡한 구도와 국제적 정치 상황이 결합되어 개항 이후부터 한일병합이 이루어지는 한말(1876~1910)의 전 기간 동안 한국의 정치적·경제적 중심문제로 전개되었다.

한국은 개항에 따른 여러 대외관계 경비의 증가로 심각한 재정난에 빠지게 된다. 정부는 이러한 재정난을 타개하기 위해 당오전(當五錢)·당백전(當百錢)과 같은 악화(惡貨)를 발행하거나 차관에 의존했다. 여기서 대외관계 비용이란 사신이나 유학생 파견 비용, 근대화를 위한 시설 설비 비용, 외국인의 급료, 대외 사건의 배상금 등을 말하는데 한국 정부로서는 이를 위한 외화가 필요했던 것이다. 상품 수출이나 금 수출을 통한 외화 수입은 대부분 외국 상인이 장악하고 있었기 때문에 한국 정부가 얻을 수 있는 외화 수입은 관세 수입 외화가 전부였다고 해도 과언이 아니었다. 그래서 한국 정부는 차관을 통해 정부의 재정수요를 보완하고자 하였으며, 제국주의 열강은 광산·조세·관세 등을 담보로 차관을 제공하고 그 이권을 얻기 위해 차관을 정치적 지렛대로 사용하고자 하였다.[2]

개항 이후 한국 정부는 근대화를 통한 부국강병을 달성하는 것이 무엇보다 중요하였고, 그것을 위해 재정을 강화하고자 하였다. 그러한 목적하에 한국 정부가 지속적으로 추진하였던 것은 근대적 화폐금융제도를 수립하는 것이었다. 1891년의 '신식화폐조례', 1894년의 '신식화폐발행장정', 1901년의 '화폐조례', 그리고 1903년의 '중앙은행조례' 등이 그 제도적 정비였고, 1880년대부터 1890년대 후반까지 도입되었던 막대한 차관도 그것을 위한 시도로 추진되었다. 그러나 중국과 일본은 한국을 지배하려면 화폐발행기구를 자국의 중앙은행과 연동시키거나 그 자체를 장악하는 것이 식민지 지배에 효과적이므로 차관 제공을 통해 화폐발행기구 설립을 방해하거나 그것을 독점적으로 통제하고자 하였다.

그러므로 한국의 '차관문제'는 한반도를 둘러싼 정치경제적 상황과 밀접한 연관을 가지고 전개되었다. 청일전쟁 전후, 갑오개혁과 을미사변 그리고 러일전쟁 전후가 중요한 분기점이 되었다. 우선 청일전쟁 이전 시기인 1894년까지는 중국이 한국 지배권을 가지고 있었으므로 대중국 차관이 주류를 이루었으며, 한국은 중국 이외의 국가로부터 대규모 차관을 도입하려고 시도하였으나 중국의 방해로 실패하였다. 다음으로 청일전쟁 이후 갑오개혁 시기는 일본의 한국 지배력이 강화되어 친일 개화파가 집권하게 되고 일본으로부터 거액의 차관을 제공받게 된다. 1895년 을미사변 이후에는 반일감정이 격화됨에 따라 차관의 다양화가 이루어졌다. 그러나 러일전쟁과 을사조약 이후는 일본의 차관이 주를 이루며 확대되었지만, 한편으로는 대중을 기반으로 하는 항일적 차관 상환운동이 일어났다.

제1국면: 대청 차관(對淸借款)

개항 이후 차관의 문제는 1882년경부터 시작된다. 한국 정부는 부국강병의 필요성을 인식하고 이를 위해 중국으로 근대시설을 시찰하는 영선사

(領選使)를 파견한다. 그러나 국가 재정의 부족으로 영선사는 체재경비가 모자라 최초로 대외차관을 도입한다. 중국의 화풍국(和豊局)에서 책문(柵門)의 세금을 담보로 하여 1,000냥의 차관을 받은 것으로 알려지고 있다.

김홍집은 부국강병의 논리를 기반으로 근대적 해운시설을 위해 중국으로부터 50만 냥의 차관 도입을 추진하였는데, 이 당시 일본에서도 광산을 담보로 50만 원(圓) 차관 제공이 제시되어 있었다. 중국의 이홍장(李鴻章)은 일본의 한국 농락을 방지해야 한다는 관점과 한국에서의 이권 독점이라는 전략으로 50만 냥 차관을 제공하게 된다.[3] 해관 창설 비용으로 20만 냥, 전선 가설 비용으로 10만 냥이 차관으로 도입되었다. 말하자면 한국은 차관을 통한 부국강병을 추진했고 중국은 차관을 통한 경제적 지배를 꾀한 것이다. 1882년부터 1894년까지의 차관 총액은 1,076,000냥으로 추계되고 있다.[4] 중국으로부터 차관이 들어올 때마다 한국의 이권은 중국의 수중에 들어갔고 외교적 예속관계가 강화되었다. 특히 임오군란 이후 중국의 영향력이 커지면서 차관의 상당 부분을 중국으로부터 도입하였다. 이후로 해관(海關) 및 부두 건설, 새로운 기기 도입 및 기기창(機器廠) 설립, 전선 가설, 차관 상환, 방곡령(防穀令) 배상금 지불[5] 등등의 목적으로 한국은 중국으로부터 수차례 차관을 도입하였다. 차관의 담보물은 주로 해관세, 인삼세, 광산세 등이었다.

당시 중국은 한국에 차관을 제공할 수 있는 수준의 경제발전단계가 아니었던 것으로 보인다. 오히려 중국은 서양 관료자본과 매판자본의 결합에 의한 관독상판형 공업화(官督商辦型 工業化)를 시도하고 있는 형편이어서 중국에 진출해 있는 서구자본 회사에 막대한 잉여를 제공함으로써 농민경제가 파탄지경에 있는 상황이었다. 실제로 관독상판기업의 대표 격인 당정추진수당(唐廷樞陳樹棠)이 한국으로 차관을 주선하던 주동자였는데, 그 이유는 이들 관 주도 매판기업의 대외 차관 손실과 재정적자를 벌충하기 위해 자기업의 경제적 예속장치로서 한국의 광산과 해관을 택한 것이다. 한국 내에서 중국의 차관 도입을 주도한 민씨 일파는 토지자본을 대표하는 정치세력이었다. 이들은 부국강병을 위한 비용을 악화 주조(惡貨鑄造)를 통해 조달하거나 청의 관독상판기업으로부터 차관을 도입함으로써 조달하였다. 이 과정에서 이들은 중국과의 경제적 결탁을 통해 토지자본의 안정과 근대 산업화 달성을 동시에 기도했던 것이다. 결국 당시 한국의 차관문제는 한국의 토지자본과 청의 관독상판자본의 결탁에 의해 전개된 것이며, 이를 통해 대청 종속형(對淸從屬型) 관료자본이 구성되었다. 이러한 관료자본이 민씨 정권의 경제적 기반이 되었던 것이다.[6]

제2국면: 대일 차관(對日借款)

개항 이후 차관을 통한 부국강병론은 두 갈래로 나누어진다. 즉 김윤식(金允植), 어윤중(魚允中), 김홍집(金弘集) 등을 주축으로 하는 대중국 차관 세력과 김옥균(金玉均), 박영효(朴泳孝) 등을 중심으로 하는 대일본 차관 세력이다. 대일 차관 세력은 상공업 진흥과 외국기술 도입, 그리고 군대 양성을 위해 대규모 자금이 필요한데, 이를 위해 대일본 차관 도입을 주장했다. 이들의 최초의 대일 차관은 1882년 수신사 일행으로 일본에 간 박영효가 17만 원의 차관을 정금은행(正金銀行)으로부터 차입한 것이다. 이때의 담보도 중국과 마찬가지로 해관세(海關稅)와 단천(端川)광산 개발권이었다. 그러나 이 차관은 공업화를 위해 사용되지 못했다. 5만 원은 임오군란 배상금으로 공제되었고,[7] 약 12만 원은 일본 유학생 파견비로 나가고 나머지는 정치적 목적으로 소모된 것으로 알려져 있다.[8]

김옥균을 중심으로 하는 대일본 차관론자들은 차관을 통한 공업화와 이를 통한 차관 상환 가능성을 강조하였다. 그는 일본으로부터 300만 원을 차관으로 도입하고자 하였고, 일본도 경제적 논리보다는 정치적 논리에서 차관 공세를 해 왔다. 결국 김옥균의 300만 원 차관 도입은 실패로 돌아갔지만 일본의 차관을 통한 한국 침략 의도는 여전하였다.

청일전쟁 당시 주한 일본공사 이노우에(井上馨)는 30만 원의 차관을 한국에 제공하고 그 대가로 조세징수 감독을 일본인으로 빙용(聘用)하고, 평양탄광 개발권을 확보함과 동시에 전라, 충청, 경상도의 조세를 담보로 잡고자 하였다. 이것은 영국이 이집트를 차관으로 지배하듯이 일본도 한국을 차관으로 지배할 필요가 있고 이를 통해 내정간섭의 구실을 삼고자 한 것이었다.

이와 같이 친일 개화파의 차관 개발론과 일본의 차관 침략론이 동전의 양면인 것은 친중국 수구파의 대중국 차관 도입을 통한 부국강병론과 중국의 차관 제공 동기가 동전의 양면인 것과 같은 것이었다.[9]

제3국면: 차관의 다양화

1880년대와 1890년대에는 중·일의 차관이 '진보의 모순'을 야기한다는 점에서 한국 정부는 구미 국가로부터 차관 도입을 추진했다. 우선 고종은 1886년 독일의 세창양행(世昌洋行)으로부터 2만 파운드의 차관을 도입하였다. 그 담보로 독일은 홍삼, 지금(地金), 양포(洋布) 등의 수출입 독점권을 요구하였다. 영국의 이화양행(怡和洋行)으로부터도 차관을 도입하였다. 이와 같이 중·일 이외의 국가로부터 차관 도입에 성공한 경우도 있지만 실패한 경우가 더 많다. 1887년 주미 공사 박정양의 취임을 계기로 200만 달러의 대미 차관 교섭을 알렌(H. Allen)에게 부탁한다. 이 계획은 일본과 중국에 편중된 차관구조를 벗어나기 위해 한국의 은행을 설립하기 위함이었다. 그러나 중국의 저지로 미국 차관 도입 계획은 실패로 돌아갔다. 동시에 1889년 주한 프랑스영사 데니(D. N. Denny)를 통하여 200만 원 차관 교섭을 추진하였고, 은행 설립을 위해 150만 원, 중국 차관 변제를 위해 200만 원의 차관 교섭을 추진하였으나 이 또한 중국의 방해로 모두 실패하였다. 1890년 데니의 후임으로 온 젠드러(Le Gendre, 李德善)를 중심으로 한국 정부는 은행 설립을 위해 구미 채권을 모집하려는 계획을 세웠지만 이것도 중국의 반대로 실패하였고, 1892년 일본에서 200만 원을 차관해 100만 원은 중국 차관 상환에 사용하고 나머지 100만 원은 화폐발행자금으로 사용하고자 하였으나 그것마저 실패하였다. 1891년 한국 정부는 '신식화폐조례'를 발표하고 은본위제를 표방하는 독립적 화폐발행은행을 설립하여 재정 강화 방안을 계획했으나 이것 역시 중·일의 반대로 실현되지 못했다. 1896년에는 일본의 차관 지배에서 벗어나기 위해 러시아와 차관 교섭을 시도하였다. 상해 주재 로청은행장(露淸銀行長)이 한국을 방문했을 때 300만 원 차관을 교섭하였으나 일본의 방해로 실패하였다.

이와 같이 독립적인 화폐발행은행을 설립하려는 한국의 노력이 번번이 실패한 것은 중국과 일본의 방해와 반대 때문이었지만 그 배경에는 근본적 차이가 있었다. 단적으로 말하자면 중국은 아직 전근대적 국가였기 때문에 한국에 자국의 은행을 진출시킬 여력이 없었다. 그러나 일본은 제일은행을 중심으로 하는 일본의 근대적 은행을 한국에 진출시켜 한국의 중요한 재정기관을 장악하려는 노력을 지속해 왔다. 1878년 부산에 제일은행의 지점을 설립한 이래 원산, 인천, 경성 등지로 지점을 확대해 나갔다. 이 은행들은 한국의 재정자금을 예치금으로 취급하였으며, 해관 세금 취급권을 획득하여 해관세를 저당으로 차관 도입에 영향을 미치기도 하였다. 이런 점에서 1890년대 중국과 일본의 차관정책은 근본적으로 다르다.

다음 [표 1-1]은 1889년 6월 한국 정부의 국채 총괄을 정리한 것이다. 이 표에 따르면 1889년 외채 총액은 은 30만 냥, 은 920,925원으로 조사되었다. 이 중 내무부의 부채 70만 원을 제외하면 외채 총액은 은 30만 냥과 은 22만 원 정도로 추계된다. 외채 규모가 큰 것부터 나열하면 중국의 은 30만 냥, 일본의 은 12만 3천 원, 독일의 은 6만 6천 원, 영국의 은 2만 1천 원, 미국의 은 6천 원 순이다.

표 1-1 1889년 6월 한국 정부의 국채 총액

내 역	금 액
招商局(중)	銀 20만 兩
仁義 간 전선거설비(중)	銀 10만 兩
정금은행(일)	銀 72,300元
세창양행(독)	銀 58,065元
總稅務 메릴(Merrill) 씨로부터 차입 電費(미)	銀 6,000元
국립은행(일)	銀 20,000元
국립은행(일)	銀 9,000元
이화양행(영)	銀 9,000元
南陞號 汽船 매입비(영)	銀 12,000元
希化號 기선 배상금(독)	銀 8,000元
林德左工門에서의 기계대(일)	銀 20,000元
古屋利沙濟州拒業의 件에 대한 償金(일)	銀 2,400元
雇외국인 급료 연체분	銀 4,160元
내무부 관계	銀 700,000元
합 계	銀 30만 兩, 銀 920,925元
외채 총액(차관 합계–외국인 급료분–내무부 관계)	645,165元

자료: 오두환(1994) 재인용
주: 1兩=1.428元

1890년대 초반 한국의 외채 규모는 상환 불가능한 수준이 아니었던 것으로 보인다. 1894년 갑오개혁이 일어나기 전, 한국의 외채 총액은 약 68만 원이었다. 이 중 청의 외채가 48만 원으로, 총 외채의 70%를 점하고 있

었다. 일본은 경제적 지배를 독점하기 위해 300만 원의 차관을 도입하여 중국 차관을 상환하고자 한국의 외채 총액을 조사했는데, 그것이 [표 1-2]이다. 당시 해관세 수익이 3년 평균 35만 원 정도였기 때문에 2년간 변제하면 외채상환이 가능한 수준이었다. 그러나 해관의 통제권 자체가 한국 정부에 없었으므로 자금의 계획적 사용이 불가능했다.[10]

표 1-2 1894년 한국의 외채 총액

구 분	차입 금액	원리 미상환 금액
正金銀行(일)	120,500圓	26,992圓
招商局(중)	은 210,000兩	199,714圓
淸 政府(중)	은 100,000兩	-
電信公債(중)		83,571圓
同順泰(중)	은 100,000兩	96,429圓
同順泰(중)	은 100,000兩	104,286圓
香港上海銀行(일)	黑銀 50,000兩	22,000圓
第一國立銀行(일)	130,000圓	130,000圓
부산 차관(일)	미상	25,000圓
외채 총액		687,992圓

자료: 오두환(1994), 34쪽 재인용

청일 전쟁이 일본의 승리로 끝나고, 한국에서는 갑오개혁을 통해 친일 개화파가 득세함에 따라 1895년부터 일본은 한국의 내정에 적극적으로 간섭하기 시작했다. 일본은 1895년 300만 원의 차관을 제공하여 일본권 지폐를 한국에서 통용하는 계획을 추진하였으나 한국 정부의 반대로 수정되었다. 이 을미차관은 150만 원은 은화로, 150만 원은 일본은행 태환권으로 차입되었다. 일본권 통용이 부분적으로 시행된 것이다. 그러나 한국에서는 명성황후 시해 사건인 을미사변으로 인해 반일감정이 극에 달했기에 일본 차관의 상환 노력이 강화되었다. 한국 정부의 외채상환 계획에 따르면 1896년에는 중국 차관을 완전히 상환하고 전신채권만 일부 남게 되며, 일본의 차관도 방곡령 배상금을 3년 내로 상환하고 을미차관 300만 원만 남는 것으로 되어 있다. 한국 정부의 재정절약 노력과 1895년 풍작으로 세수가 증가하여 1897년에는 을미차관 200만 원을 상환하였고 남은 100만 원을 1901년까지 갚는 것으로 계획되어 있었다. 이러한 한국 정부의 외채 상환 계획을 [표 1-3]에서 확인할 수 있다.

표 1-3 국채상환 예산표(1896~1905)

(단위: 元)

구분 \ 연도	1896	1899	1901	1903
料祿 및 恒式未下	36,666	29,219	–	–
貢未下	83,964	82,285	76,591	–
舊未下	–	38,626	57,364	85,600
招商局 차관	174,667	174,667	–	–
電局 차관	12,750	–	–	–
防穀令 사건비	9,334	3,334	–	–
을미차관과 이자	180,000	1,065,360	–	–
제일은행 차관	–	–	–	902,650
국채계	497,381	1,393,491	133,955	988,250

자료: 오두환(1994) 재인용

제4국면: 중앙은행 설립 시도

1899년부터 한국 정부의 차관 도입 노력이 더욱 다양하게 추진되었다. 그 노력은 본위 화폐발행권을 갖춘 한국의 독자적 중앙은행을 설립하는 것이었다. 1899년 이용익의 계획은 이러했다. 일본으로부터 차관 500만 원을 차입하고 당해 연도의 홍삼매상고 200만 원, 기존의 정부 준비금 100만 원, 총합 800만 원을 본위 은화로 저장하고 이를 기준으로 화폐를 발행하며, 이 중앙은행에 조세 징수권을 부여하는 계획이었다. 당시 한국의 외채는 대부분 상환되었으며 해관세 수입이 1897년부터 급증하여 차관 도입에 여유가 있었던 것으로 보인다.[11] 그러나 이러한 차관 도입과 중앙은행 설립 계획에 대하여 일본은 한국의 중앙은행 설립에 일본만 독자적으로 참여하며 일본의 제일은행 경성지점장이 한국의 화폐 개혁과 재정 조사 및 공채 발행에 참여할 것을 요구하였다. 일본은 한국의 중앙은행을 통제하겠다는 의도를 분명히 하였다.

일본은 미국의 참여를 원하지 않았다. 미국이 1000만 원의 차관 제공을 약정하였으나 일본의 반대로 무산되었다. 한국 정부의 중앙은행 설립 계획은 더욱 구체화되었고, 1901년 '화폐조례'를 공포하고 금본위제 중앙은행 설립을 추진하였다. 이때 프랑스와 500만 원 차관을 약정하였다. 그러나 이때에도 일본은 영국과 미국의 협력을 얻어 프랑스 차관 도입을 무산시켰다. 프랑스와 벨기에 차관 도입 계획도 일본이 무산시켰다. 이와 같이 당시 한국 정부는 자국의 독자적인 본위제 화폐를 발행하는 중앙은행 설립을 추진하였지만, 일본 제국주의는 식민지적 화폐제도를 한국에 이식하고 한국의 재정을 통치하려는 침략적 계획을 추진하는 등 서로 다른 중앙은행 설립정책이 대립하고 있었다.

그러나 일본은 한국 정부의 허락 없이 1902년 5월에 제일은행 경성지점에서 제일은행권을 발행하였다. 이에 한국 정부는 이 제일은행권 통용을 금지시켰고, 국민들도 수수거부운동을 벌였다. 이 운동은 1903년 후반까지 대중적 운동으로 지속되었다. 동시에 한국 정부는 1903년 3월에 '중앙은행조례'를 제정 발표하고 태환금권(兌換金券)을 발행하려 했다. 이 정책은 실행되지 못했지만, 정부 차원에서 제일은행권의 유통을 저지했다는 점에서 의의를 가진다.

1904년 8월 1일, 제1차 한일협약이 조인되면서 한국은 통감부의 외교고문과 재정고문, 군부고문, 경무고문 그리고 궁내부고문 등 고문정치에 의해 내정을 간섭받게 되었다. 일본이 한국에 통감부를 설치하고 운영한 것은 두 가지 목적을 실현함으로써 식민지 기반을 구축하기 위함이었다. 그 두 가지 목적이라 함은 첫째는 기존에 한반도를 중심으로 형성되어 있는 열강들의 이해관계를 배제시키고 일본을 중심으로 재배치하는 일이고, 둘째는 한국 통치의 기반을 구축하여 한국민의 저항을 무마하는 일이었다. 이러한 목적을 달성하기 위한 통감부의 정책으로 일련의 '시정개선책(施政改善策)'을 들 수 있다. 차관도입정책과 토지제도 개편사업 그리고 외국인에 대한 특허 제한 조치가 대표적이다.[12]

이러한 시정개선정책에 대한 당시 지배적 관료층의 인식은 친일적 관점으로 점철되어 있었다. 통감부는 시정개선책이 한국의 자주적 독립을 위한 것이라는 입장을 유지하였고, 고종황제와 지배적 관료층은 이에 동조하는 태도를 보였다. 그런데 화폐 개혁과 군대 해산 이후 금융과 국방의 불안정이 가시화되자 비로소 시정개선책에 대한 비판적 시각을 보이게 되었고, 지배관료층은 고종황제 폐위를 운운하는 등 친일적 입장을 견지하였다.[13]

이러한 지도적 관료층의 인식 이면에는 당시 청일전쟁을 전후로 한 한반도 중립화론이 존재하고 있었다. 이것은 한반도에 대한 중국의 우위적 지배를 극복하려는 일본의 전략임에도 불구하고, 이토 히로부미(伊藤博文)의 시정개선책이 한국의 병합책이 아니라 한국의 자주적 독립정책이라는 선전술이 한반도 중립화론과 결합되어 지도적 관료층에서는 시정개선책을 무비판적으로 수용하고 있었기 때문이다.[14]

다만 『대한매일신보』·『황성신문』 등의 민족신문들은 시정개선책에 대해 비판적 입장을 늦추지 않았다. 지배층의 친일행각을 전제로 하는 시정개선책의 추진에 대한 국민의 원성과 비판을 기사화했고 한국 국민의 각성을 촉구했다. 특히 『대한매일신보』는 일본 차관 도입이 한국인과 한국 산업을 위한 것이 아니라 일본인의 이익과 친일적 한국인의 이익을 보호하기 위한 것임을 지속적으로 보도하였다.[15]

재정고문 메가타 다네타로(目賀田種太郎)에 의한 화폐정리사업을 필두로 일본 차관이 유입되기 시작하였다. 이 과정에서 한국 국민의 화폐자산이 수탈되었으며, 한국 상인자본 규모의 수축과 자금동원력의 급락, 그리고 한국 토착상인의 재정 상황이 일본 상인에게 모두 노출되고 말았다. 이 과정에서 화폐공황[錢荒]이 초래되었고 수많은 한국 토착상인이 도산하였다. 더욱 중요한 것은 한국 토착상인들이 화폐경제하에서 생존하기 위해 신화폐를 수용하지 않을 수 없었고, 일본은 이것을 이용하여 창고(물류)회사, 어음조합, 농공은행 등의 식민지금융제도를 확충하였다. 1905년 을사조약 이후 1910년에 이르기까지 한국에 도입된 일본의 차관은 다음과 같다. 을사조약 이후 약 5년 만에 무려 4480만 원에 달하는 차관이 도입된 것을 볼 수 있다.

표 1-4 한국의 대일본 국채(1910년 한일병합 당시) (단위: 圓)

종류	발행/차입일	발행/차입액	이자율	거치 기간	상환 연한
국고증권	1905년 6월	2,000,000원	7分	3개년	1909년 6월
화폐정리자금채	1905년 6월	3,000,000원	6分	6개년	1914년 6월
금융자금채	1905년 12월	1,500,000원	무이자		1911년 12월
제1기업자금채	1906년 3월	5,000,000원	6分5厘	5개년	1915년 3월
일본정부차입금	1907년 이후	11,682,623원	무이자		
화폐정리자금 借越		8,564,818원	6分		
제2기업자금채	1908년 12월	12,963,920원	6分		
기업공채	1908년 12월	100,000원			
합계		44,811,361원			

주1: '국고증권'은 구차관 상환 등의 경비를 충당하기 위해 한국 정부가 일본에서 공채를 모집한 것으로, 인수은행을 제일은행으로 한 것임.
주2: '기업자금채'와 '일본정부차입금'은 이후로도 계속되었음. 이로 인해 한국의 국채는 급증하여 한일병합 당시 대일본 외채 규모는 4480만 원에 달했음.
자료: 『韓國財務經過報告』, 統監府, 1907. 최준, 『韓國新聞史論攷』, 일조각, 1976, 116쪽 재인용.

[표 1-4]에 따르면 일본의 차관은 1905년 6월부터 1906년 3월까지 4회에 걸쳐 이루어졌다. 메가타는 한국 국내의 재원(財源)을 파악하기 위해 재정정리사업을 추진하게 되었고 그 일환으로 한국의 복잡한 화폐를 정리하기 위해 화폐정리채로 300만 원을 도입한다. 그러나 이 화폐개혁으로 인해 한국에는 금융공황이 초래되었고 민족자본과 토착은행들은 파산하게 되었다. 또 메가타는 구채(舊債) 상환과 세계(歲計) 부족 보충금 명목으로 200만 원을 차관으로 도입한다. 이 외채는 식민지 통치에 편리하도록 하는 행정기구 개편을 위한 지출로 소모되고 말았다. 또 당시 화폐개혁으로 인한 금융공황을 겪고 있는 민족은행을 구제하기 위해 금융자금채로 150만 원을 차관하였다. 그러나 이 자금은 본래의 명목과는 달리 친일금융기관 설립을 위해 사용되었고 이 친일금융으로 민족자본이 흡수되는 결과를 초래하였다. 또한 메가타와 이토 히로부미는 한국의 도로·항만과 철도 부설 등의 인프라 구축, 교육제도 개선 등 소위 "한국의 안전과 부원(富源) 개발" 명목으로 1000만 원의 차관을 약정했다. 1906년 3월 계약 체결과 동시에 1000만 원 중에서 500만 원의 차관을 들여왔으나 실수령액은 450만 원이었고 나머지는 수시로 수령하기로 되어 있었다(이 중 100만 원은 소개비 명목으로 친일관료들이 가져갔다). 이렇게 해서 을사늑약 이후 들여온 대일본 차관은 1150만 원이었는데 그동안의 이자 150만 원을 합하여 1300만 원이 외채로 남게 된 것이다.

1907년 4월 현재 1300만 원의 차관 사용 내역을 보면 ① 각 은행과 회사에 나누어 준 금액 300만 원, ② 수도국과 위생 비용 370만 원, ③ 일본 유학생 비용 300만 원, ④ 일본이 제공한 소개비 100만 원, ⑤ 일본에서 미지급된 금액 630만 원 등으로 대부분의 차관자본이 한국 경제침략을 위한 재정으로 사용되었다. 당시 대한제국 정부의 재정은 세입 총액 1318만

9336원, 세출 총액은 1395만 523원으로 국채 1300만 원을 상환하기 어려운 실정이었다. 당시 국민들은 국채 1300만 원을 상환하지 못할 경우 대한제국의 강토가 반드시 일본의 소유가 되고 말 것이라는 국가적 위기 상황을 인식하고 있었다.

제5국면: 국채상환의 대중운동

1905년 을사조약을 통해 국권 상실의 위험성을 인식하면서 대일 차관의 기능적 측면, 즉 부국강병과 산업화의 기능적 측면을 넘어 외채의 위협적 기능을 국민들이 자각하기 시작하였다. 일찍이 1881년 신사유람단(紳士遊覽團)으로 일본을 다녀온 어윤중이 일본의 차관문제를 직시하고 외채의 위험성을 처음으로 제기한 것으로 보인다.[16]

> 일본은 모두 부강을 위해 노력하고 있는데 그로 인하여 유신 초기에는 재력을 낭비하게 되어 국채가 3억 5천만 원이 되었으므로 세입의 반을 잘라 차관을 갚는 데 쓰고 있어 그 나라 사람들이 우려하고 있다.

어윤중은 일본의 산업화 과정에서 필요했던 차관의 기능성과 함께 부작용을 지적한 것이다. 한국도 부국강병의 목적을 위해 도입한 외채의 위험성을 자세히 검토하지 않고 남용하였던 것이다. 온건 개화파의 중심이었던 남병시(南炳始)는 다음과 같이 차관 상환 방법을 제시하고 있다. 우선은 차관의 내역을 살피는 일을 중시하였다. 누가 어떻게 들여와서 어디에 사용했는지를 잘 살펴야 한다는 것이다. 누군가가 사용(私用)했다면 당사자에게 그 책임을 물어야 한다는 것이다. 둘째로는 '차관에 의한 차관 상환론'을 비판하였다.

…이것은 동쪽 벽을 헐어서 서쪽 벽을 막는 것으로 무익한 것입니다. … 오늘날에 와서 또 차관을 종전보다 배나 더 들여오면서 갚는 것은 어렵지 않다고 하는데 이것은 망언입니다. 이때까지 공업을 일으키고 이자를 늘리는 일이 한두 번이 아니었사오며 시험을 여러 번 하였으나 이익이 되지 않았을 뿐만 아니라 그럴 때마다 낭패하게 되었습니다. …

차관에 의한 차관 상환론은 국민을 병들게 하고 나라를 급박한 상태에 놓이게 한다는 주장이다. 그의 상환방법론은 절약실용론이다.

항세(港稅)와 인삼세 중에서 이전에 늘어난 경비에 충당하던 것을 거두어 「실용」으로 쓰고, 기타 무익하고 급하지 않은 사무는 일체 폐지하면 일 년에 수백만 냥을 얻을 수 있을 것이다. 일정한 규칙을 엄하게 세우고 낭비하지 못하도록 하면서 차츰 외국의 부채를 갚아 가면 몇 년 안 가서 우리 스스로의 힘으로 외채를 상환할 수 있을 것이다. … 與作(장난감)이요, 기계요, 진기한 완구요, 賜與(하사품)요 하는 모든 잡된 것들을 통렬히 개혁하여 종전의 낭비를 절약하여 목전의 「실용」에 보태어 쓰면 큰 이익이 이보다 나은 것이 없다.[17]

그는 무모한 공업화를 반대하고 낭비를 없애는 대신 그 자금을 목전의 '실용'에 사용하는 것이 외채상환의 최고 방책이라고 주장하며 사회개혁을 주장하고 있다. 유길준(俞吉濬)은 『서유견문』에서 국채를 논하면서 차관을 망국의 길잡이로 언급하고 있다. 그는 이집트의 『외채망국사』를 언급하면서 외채상환의 기회를 놓치면 위망(危亡)의 길로 들어서는 첩경이라고 지적하고 있다. 해학 이기(海鶴 李沂) 역시 부국강병론을 주장하면서도 외채를 통한 부국강병론은 경계하며 차관을 효율적으로 사용하지 못함으로 인한 차관망국론을 경고하였다. 그는 궁극적으로 산업화를 위한 자금은 토지개혁

을 통해 조달해야 한다고 강조하였다.[18]

> 차관을 능사로 삼으면 올해와 내년의 부채가 더욱 커져서 그 세는 반드시 땅을 나누어 상환[割地償還]하는 사태로 나아가고 이로써 오백년 사직은 다른 나라에 넘어가게 될 것이다.

장지연(張志淵) 역시 차관 망국의 위험을 경고하고 있다. 그는 차관이 가지는 비효율성을 다음과 같이 정리하고 있다. 첫째, 차관은 대체로 이자가 높아 고리대 성격을 가지고 있다. 둘째, 차관이 실제로 들어올 때는 명목액보다 실제액이 적다. 셋째, 도입된 차관이 산업부문에 생산적으로 사용되지 못하고 항상 낭비되고 있다. 넷째, 차관사업이 부실화되어 담보물만 빼앗기고 그 희생이 국민에게로 전가된다.[19] 이러한 차관망국론은 점차 민중 속으로 파고들어 마침내 1907년 국채보상운동으로 폭발하였다.

3. 차관망국론에서 본 국권회복운동

1905년 11월 17일 소위 '을사조약'이 일본의 강요에 의해 체결됨으로써 한국 국권의 일부를 일본에 빼앗기게 되자 한국 국민은 국권회복운동을 전개하였다. 구한말 한국의 국권회복운동은 항일무장투쟁운동과 애국계몽운동 두 갈래로 전개되었다.

의병의 역사 속에서 항일무장투쟁

의병이란 "국가가 외침을 받아 위급할 때 국민 스스로가 일어나 조직하는 자위군(自衛軍)으로서, 국가의 명령이나 징발을 기다리지 않고 자원 종군하는 민군(民軍)이다."라고 정의하고 있다.[20] 이러한 의병의 전통은 이미 삼국시대부터 비롯되었으며, 고려·조선시대를 거쳐 조선 말기까지 이르렀다. 특히 조선 말기의 의병은 항일 독립군의 모태가 되었다. 이처럼 오랜 역사 속에서 형성된 의병정신은 국가의 수호정신으로 승화되어, 박은식(朴殷植)은 "의병은 우리 민족의 국수(國粹)요 국성(國性)이다."라고 하면서 "나라는 멸할 수 있어도 의병은 멸할 수 없다."고 의병정신을 정의하기도 하였다. 의병 역사에서 가장 탁월한 활동을 보여 준 것은 임진·병자 양란의 의병과 한말의 의병이었다.

우선, 임진왜란 때 의병이 일어난 것은 일본군이 우리의 국토와 백성들을 짓밟고 있음에도 불구하고 관군이 무력하게 대응하자 동족을 구하고 스스로 자기 고장을 지키기 위함이었다. 임진왜란 때 의병운동은 관군에 비해 규모면이나 전적면에서도 눈부신 성과를 이룩하였는데, 그 이유는 의병장의 대다수가 전직 관리이거나 유학자들로서 학식과 덕망이 출중하였고 사회적 지위와 영향력이 큰 명문 거족(名門巨族)들이었기 때문이다.

다음으로, 정묘호란(1627)과 병자호란(1636) 때에도 각처에서 의병이 봉기하였다. 병자호란 때보다 정묘호란 때에 더 큰 성과를 거두었다. 병자호란 때 의병은 청군이 승리한 지역에서는 별로 뚜렷한 활동을 볼 수 없다. 후방 지역 특히 호남 지방에서 의병을 모집하여 북쪽 싸움터로 향하던 중 인조가 청에 굴복하자 그대로 해산해 버렸다. 그러나 정묘호란 때의 의병은 상당한 활기를 띠었다. 후방 지역에는 의병장을 주축으로 하여 모병활동을 활발히 전개하였고, 적의 점령 지역인 평안도에서는 의병활동이 더욱 활발하였다. 그러나 전반적으로 양 호란 중의 의병활동은 임란 의병에 비견할 수 없을 정도로 미약하였다. 임란 의병이 많은 영향을 주었음에도 의병활동이 부진했던 이유는 한마디로 표현하기 어렵지만, 임진왜란 이후 정치적 혼란과 경제적 파탄, 사회적 불안 등의 연속으로 조선 왕조와 민중 간의 일체감이 점차 사라졌던 상황과 관련이 있을 것이다.

마지막으로, 한말의 의병은 크게 1895~1896년의 제1차 의병운동과 1905~1910년의 제2차 의병운동으로 나누어 볼 수 있다. 1894년 청일전쟁과 갑오경장으로 일본 침략이 노골화되었고, 1895년 을미사변과 단발령으로 일본 침략의 실체가 드러났다. 제1차 의병전쟁은 단발령이 선포되어 강제로 상투를 잘리는 1895년 말에 일어났다. 의병이 주로 중·남부 지방에서 일어났다는 사실은, 이 지방이 유생의 본고장이라는 점도 있지만, 1894년의 동학혁명운동의 경우와 지역적으로 일치하고 있어 양자의 밀접한 관계를 말해 준다. 제1차 의병전쟁은 단순한 단발령 반대 운동이 아니었음은 물론이다. 또한 봉건적 충성심에서 우러나온 지방 유생들의 단순한 불만 표시도 아니었다. 의병전쟁은 봉건적 지배 체제와 결탁한 일제 침략자들에 대한 농민적 항쟁이라는 성격을 농후하게 띠고 있었다.

제2차 의병전쟁은 1904년 러일전쟁이 일어나 또다시 일제가 한국에 대한 군사적 지배권을 강화하고 1905년 을사조약이 체결되면서 일어났다. 1907년 이후에는 전국의 유생과 농민이 봉기하여 가히 독립전쟁이라 할 수 있을 정도의 큰 저항운동으로 발전하였다. 이때 일어난 의병의 중심 세력은 지방의 가난한 유생[寒士]들과 포군(砲軍), 그리고 빈농들이었다. 1907년 8월 1일 일제가 한국군을 강제 해산하자 이에 항거하는 군인들과 의병이 서로 연합하여 대대적인 무장항일전을 벌이게 된다. 의병전쟁이 벌어지자 일본은 본국의 일본군까지 끌어들여 군사력을 더욱 강화하였고, 의병토벌이라는 명분 아래 방화·살인·강간을 자행하였다. 의병을 체포하여 열탕에 삶아 죽이고 의병장의 부인을 잡아 음문에 숯불을 넣어 태워 죽이는 만행까지 저질렀다. 의병전쟁은 1910년까지 끊임없이 계속되었다. 그러므로 의병운동은 국권을 빼앗긴 이상 죽더라도 총을 들지 않을 수 없다는 결의를 기반으로 한 무장항쟁으로, 패전을 각오한 국권수호의 의병 역사를 계승한 것이었다.

국권수호를 위한 애국계몽운동

애국계몽운동[21]은 한국의 개화기에 있어서 한국의 '실력(實力)'이 일본 제국주의의 '실력'보다 현저히 낙후되어 있다는 냉엄한 자각의 기반 위에서, 을사조약에 의해 상실한 국권을 회복하기 위한 장기전(長期戰)에서 '최후의 승리'를 얻기 위한 민력(民力)배양운동이다.

당시 한국의 애국계몽운동가들은 일본의 침략에 대한 무장항쟁에도 불구하고 1905년 11월 17일 결국 '실력'과 '힘'이 부족해서 일본에게 국권의 일부를 빼앗겼으므로, '실력'을 기르지 않는 한 한 번 빼앗긴 국권을 다시 찾을 수 없다고 판단하였다. 따라서 국권회복운동은 처음부터 장기전을 전제로 한 운동이 될 수밖에 없었는데, 장기전에서 문제가 되는 것은 장기간의 전력(戰力)을 공급하는 능력이고, 지금 한국 국민에게 필요한 것은 이 전력 공급 능력을 위한 '실력'의 배양과 축적에 있었다. 구체적으로 애국계몽운동 진영의 장기전 전략은 다음 세 가지로 축약할 수 있다. 첫째, 국내에서는 민력을 양성하기 위해 신교육운동, 언론계몽운동, 신문화·신문학운동, 민족산업진흥, 국학운동, 민족종교운동 등의 사업들을 수행함과 동시에 특히 국권 회복을 위한 새로운 민족 간부로 청소년들을 양성하여 실력을 배양하는 일, 둘째, 국외에서는 무관학교를 중심으로 독립군 기지를 설치하고 독립군을 양성하여 실력을 준비하는 일, 셋째, 일본이 러시아 혹은 청국과의 전쟁에 휩싸여 감당하기 힘겨운 절호의 기회가 오거나 한국민족의 실력이 대폭 증강되면, 해외에서 양성된 독립군이 국내로 진입하여 독립전쟁을 전개하고 그와 동시에 국내에서 준비된 민중의 실력이 총단결하여 국내외의 호응으로 일본 제국주의 세력을 몰아내고 국권을 회복하려는 전략이었다.[22]

당시 개화파·독립협회·만민공동회파는 을사조약으로 인한 국권 일부의 상실에 대한 대처로 기존의 개화운동을 국권회복운동으로 전환하면서[23] 1904년 7월 '보안회(輔安會)', 1905년 5월 '헌정연구회(憲政硏究會)' 등 기존의 조직을 확충 개편하여 1906년 3월에 '대한자강회'를 조직하였다.[24] 대한자강회는 '교육의 확장과 실업의 발달을 연구 실시함에 대강의 부강을 이루고 후일 독립의 기초를 만드는 것'을 목표로 하였다. 서울에 본부를 두고 각 지방에 지회를 설립하여 전국적 규모의 협회를 조직해서 애국계몽운동을 전개하였다. 그러나 대한자강회의 애국계몽운동은 일제 통감부의 탄압으로 큰 제약을 받았다. 이처럼 합법적 애국계몽운동의 폭은 어떠한 계기(예를 들면 헤이그 밀사 사건 등)가 있을 때마다 제한되었기 때문에[25] 비밀결사의 활동이 더욱 중요하게 되었다. 대한자강회는 고종 양위와 정미7조약에 대한 반대 시위를 주도하였다는 이유로 1907년 8월 19일 강제 해산당하였다. 대한자강회의 업적은 전국 규모로 애국계몽운동을 시작하였다는 점이다.

대한자강회의 뒤를 이어 합법적 애국계몽운동단체로서 1907년 11월에 '대한협회'가 창설되었다. 따라서 대한협회의 애국계몽운동은 대한자강회와 궤도를 같이하였다. 그러나 이때는 이미 정미7조약이 체결된 이후였으므로 대한협회는 대한자강회처럼 국권 회복을 위한 실력양성운동을 지속하기가 쉽지 않았다.[26] 따라서 1907년 이후 국권 회복을 목표로 한 애국계몽운동을 주도하기 위하여 '신민회'를 창립하였다.

양기탁(梁起鐸)을 총감독으로 한 신민회는 1907년 4월 안창호(安昌浩)의 발기로 설립되었다. 대한자강회와 신민회는 모두 19세기 말 독립협회·만민공동회를 계승한 개화자강파의 정예로 구성되었고 전국적으로 회원이 약 800명에 달하였다.

신민회의 애국계몽운동은 단순히 국권을 회복하는 일에만 머무는 것이 아니라 국권 회복 후에 자주독립국을 세우고 그 정치체제를 공화정체제(共和政體制)로 하는 것까지 나아갔다. 신민회가 민족운동의 공식목표로 군주제(君主制)를 폐지하고 신공화국(新共和國)을 수립하려 한 것은 한국 역사상 최초이다. 따라서 신민회가 주장한 실력은 국민의 실력, 즉 '민력'이었다. 이것은 신민회가 국민주권론의 민권사상(民權思想)에 기초하여 공화정체의 국민국가(國民國家) 수립을 목표로 한 사실과 관련되어 있었다.

또한 신민회는 단계적으로 각 지역의 애국계몽운동단체들과 연합해 나가면서 전국의 애국계몽운동을 국권회복운동에 직결시켰다.[27] 이로 인해 신민회의 영향은 막대하였으며, 1907년 이후 모든 애국계몽운동을 배후에서 사실상 지도하고 추진하였다고 할 수 있다.

신민회 등의 애국계몽운동가들이 국외의 독립군 기지와 독립군의 창건 문제를 최초로 검토한 것은 1907년 8월경이었다. 신민회의 총감독 양기탁 집에서 전국 간부회의를 열고 신민회는 다음과 같은 독립전쟁 총략을 결정한다. 먼저 일제의 통치력이 미치지 않는 중국의 만주 일대를 골라 독립군 기지를 만들어 무관학교를 설립하고 독립군 사관을 양성하여 현대전에서 승전할 수 있는 독립군을 창건하는 일, 이어서 최적지가 선정되면 신한만촌(新韓民村)을 건설하여 애국적 인사와 청년을 이주시켜 농업경영을 통한 경제적 자립을 이루는 일, 이로써 해외 독립군 기지에서 양성한 독립군으로 독립전쟁을 일으켜 국내에 진입해 들어가고, 국내에서는 애국계몽운동의 통일연합을 통해 일본 제국주의 세력을 물리치고 국권을 회복하는 것이다.

신민회는 이러한 전반적인 독립전쟁 전략을 최고 전략으로 채택하였다.

애국계몽운동파의 독립군 창건과 독립전쟁 전략은 크게 볼 때는 일제의 식민지 강점책의 진전에 대응해 종래의 1884년의 갑신정변, 1894년의 동학농민혁명운동, 독립협회와 만민공동회의 운동을 비판적으로 검토하고 애국계몽운동과 의병운동의 실제적 경험을 변증법적으로 종합·지양하여 한 단계 더 발전시킨 개화 자강파적 전략으로, 한국 민족의 근대민족운동에 있어서 여러 가지 전략들의 총결론과 같은 것이었다.

신민회의 계획대로 집단 이주는 실행되기 어려웠지만[28] 만주 지역으로의 이주대열은 끊이지 않았고, 1911년에는 무관학교 설립이 시작되어 3개의 무관학교를 만주 지역에 설립하는 계획을 성사시켰다.[29] 이 세 곳의 무관학교 창건은 3개의 해외 독립군 기지 창건을 의미한다. 애국계몽운동가들이 설립한 무관학교에서는 애국정신으로 무장한 유능한 장교들이 양성되었다. 이들을 중심으로 현대적 독립군이 조직되었으며, 의병들도 재훈련되어 현대적 독립군으로 발전하였다. 이렇듯 일본 제국주의 침략군에 항전한 한국 독립군의 원류가 일제 치하에서 완성된 것이다.

그러나 애국계몽운동가들이 독립전쟁 전략에 따라 독립군 기지를 창건하고 실력을 쌓으면서 기다리던 독립전쟁의 결정적 기회는 오지 않았다. 1914년에 제1차 세계대전이 발발했음에도 불구하고 일본은 오히려 연합국에 가담하여 더 강력한 힘으로 만주로 진출하였다. 세계대전이 종결되면서 전쟁 대신 평화가 찾아왔다. 주지하듯이 국제사회에서는 1919년 1월 전후 문제 처리를 위한 파리평화회담을 통해 윌슨 미 대통령의 민족자결주의(윌슨 14개 조항)가 제시되었고, 한국의 애국계몽운동은 국제정세의 변동을 기회로 삼아, 그동안 양성하고 축적한 '실력'을 폭발시켜 비폭력 저항운동인 3·1독립운동을 일으키는 데 성공하였다. 애국계몽운동가들의 실력양성운동은 3·1운동의 민중봉기로 소기의 성과를 거두었을 뿐 아니라, 나아가 3·1운동 후 독립군이 애국청년들의 폭발적인 가입으로 대규모 독립군단으로 발전하는 데 결정적 기여를 하였다. 그리하여 3·1운동 이후부터는 만주 도처에서 일본 정규군을 상대로 대·소규모 '독립전쟁'의 혈전을 벌여 승리를 거두었고, 국경 지역에서는 국내진입 유격전이 크게 증강되었다. 한말의 애국계몽운동이 3·1운동과 독립군 무장투쟁의 직접적인 원류를 이룬 것이었다.

그러나 애국계몽운동가들에 대한 비판이 없는 것은 아니다. '국권을 잃고서도 즉각 총을 들지 않았다'는 점을 지적하며 애국계몽운동을 소극적 독립운동으로 평가하는 견해도 있다. 그러나 역사적·구조적으로 보면 애국계몽운동과 의병무장투쟁운동은 방법만 달랐을 뿐 동일한 목표를 달성하기 위한 국권회복운동의 양면이었다고 보는 것이 합당하다. 왜냐하면 이 두 방면의 국권회복운동은 구조적으로 상호보완적이었기 때문이다. 애국계몽운동이 치열하게 전개되었기에 의병운동의 지원 세력이 강화되었고, 근대 교육을 받은 중견 간부들이 공급되었기에 의병무장투쟁이 독립전쟁으로 실질적인 큰 전과를 올리며 장기간 전개될 수 있었던 것이다. 또한 애국계몽운동가들이 국외에 독립군 기지를 창설했기 때문에 의병운동 퇴조기에 의병이 독립군으로 합류 발전하여 장기적 무장독립항전을 계속 전개할 수 있었다.[30]

제2장

국채보상운동의 역사와 그 의의

1. 국채보상운동의 발단

외채망국론과 국채상환론의 확산

19세기 말 동북아시아는 실로 제국주의 열강의 각축장이었다. 일본은 청일전쟁과 러일전쟁에서 승리하면서 미국과 영국, 그리고 프랑스와 독일의 승인하에 한국에서의 우월권을 확립하였다. 일본의 한국 침략 야욕은 1905년 을사조약으로 구체화되었다. 1906년 2월부터 일본은 통감부를 설치하고 한국 전역에 이사청(理事廳) 혹은 이사지청을 개소하여 한국의 지방 행정에 개입하기 시작하였다.

통감부에서 이사청으로 이어지는 일본의 한국정치 개입은 '시정개선사업'으로 구체화되었고, 동시에 이 사업을 수행하기 위한 대일본 차관이 급증하였다. 물론 한국의 외채는 강화도조약을 통한 개항 이후부터 줄곧 소위 '차관문제'로 한국사회의 모순을 유발해 왔다. 초기에는 중국을 중심으로 하는 차관이 주를 이루었지만 개화파의 집권으로 차관의 중심이 일본으로 기울어지기도 하였다. 한국사회는 개화와 진보가 진행될수록 차관의 늪으로 빠져들어 가는 '진보의 모순'에 직면해야만 했다. 차관은 한국의 각종 이권을 담보로 도입되었다. 금과 인삼의 수출입 독점권, 광산 채굴권, 도로·철도·수도위생 건설권, 해관 관세를 담보하는 차관의 규모가 커질수록 국가의 재정 운용권은 약화되었다. 그러나 앞에서 살펴보았듯이 1890년대 한국의 차관은 상환불능 수준은 아니었다. 그렇지만 1907년 들어 통감부를 통한 화폐정리사업과 식민지 금융제도가 확립되면서 한국의 차관은 1300만 원에 달하였다.

외채 규모가 한국의 1년 예산과 맞먹는 수준에 달하자 한국사회에서는 외채 망국론이 확산되었다. 유길준은 『서유견문』에서 이집트의 외채망국을 설파하면서 대일본 외채의 위험성을 주장하였다. 양계초(梁啓超)의 『월남망국사』가 1906년에 『황성신문』에 연재되었고, 보성관(普成館)에서 이 책이 국한문 혼용체로 번역(玄采 번역) 간행되었을 뿐만 아니라 그 내용이 소학교 교과서 격인 『유년필독(幼年必讀)』에도 실려 당시 성인뿐만 아니라 어린이들에게도 광범위하게 읽혔음을 알 수 있다.

동시에 외채에 대한 상환 논의도 일어났다. '차관을 통한 차관 상환'과 '토지개혁을 통한 차관 상환' 그리고 '절약을 통한 차관 상환' 등 다양한 주장이 제기되었다. 이때 1907년 1월 29일, 대구 소재의 계몽서적 출판사인 대구광문사(大邱廣文社)가 문회(文會)를 개최한 자리에서 절약, 즉 금연운동을 통해 국채를 상환하려는 운동이 제안되었다. 이것이 바로 '국채보상운동'의 발단이다.

수창사와 대구광문사 그리고 대구민의소

당시 대구에는 대토지를 소유한 대지주들이 많이 거주하였는데, 그들 중 일부는 청일전쟁 이후 일본 상품이 유입되자 일본 상인들을 위한 중매인으로서 위탁판매를 통해 상인자본으로 성장하였다. 그 후 1903년 경부선 철도 부설로 교통·통신기관이 발달하고 그에 따라 대구 지역의 정치적 역할이 증대되자 부산을 기점으로 하는 내륙상권이 확대되면서 대구는 신흥 상업도시로 급성장하였다. 이후 일제의 경제적 침략이 강화되면서 대구 지역 상인들은 일본 상인들과 치열한 경쟁을 벌여야만 했다. 막강한 자본력을 앞세운 일본의 자본이 한국의 토착자본을 압도하며 상권을 장악해 나갔기 때문이다. 이와 같은 일본 상인들과의 투쟁 과정에서 대구 지역 토착상인 자본가 세력들이 경제주권 수호운동 등을 통해 현실정치에 적극적으로 참여하게 되었다.[31]

개항 이후 부산을 중심으로 하는 낙동강 상권을 통해서 대구의 객주 상단은 상당한 부를 축적할 수 있었지만, 동시에 일본 상인과 치열한 경쟁을 벌이고 있었다. 일본의 상업자본은 규모 면에서나 가격 정보 면에서 대구 지역 상인을 크게 위협하였고, 대구 상인의 상권을 잠식해 가고 있었다. 이에 대항하기 위해 대구 지역의 토착상인자본으로 설립된 회사가 수창사(壽昌社)이다.[32] 「수창상회사 규칙」에 따르면 수창사는 1898년에 설립된 것으로 볼 수 있다. 수창사가 설립될 당시는 이미 일본 상인들이 낙동강 상권을 상당 부분 장악해 가고 있던 때였다. 그런 점에서 수창사는 부산과 낙동강 상권에서 일본 상인에 대항하기 위해 부산의 엄궁과 하단에 지점을 설립하였고 경부선 개통 후에는 초량에도 지점을 설립하여 사원들의 물류와 자본을 지원하였다. 그러나 그 저항은 잠시였고, 1904년 경부선이 개통되면서 일본의 상인자본이 낙동강 수운을 우회하여 내륙으로 침투하자 대구 상인의 경쟁력은 급격히 위축되었다. 수창사의 규모도 축소되면서 1905년에는 부산지점을 철회했다. 이 과정에서 수창사 사원은 자신들의 상업적 네트워크를 통해 상권 보호를 위한 항일적 체계를 기획하였으며 이에 민중들의 협력을 기대하고 있었던 것으로 보인다. 수창사는 대구 서문(西門) 밖의 전동(前洞)에 있었는데, 1907년 민의소가 설립될 때 민의소 사무실로 사용하는 것을 허용한 것으로 보아 이를 알 수 있다. 수창사 사원의 대부분이 민의소 설립회원이기도 하였다.

한편 1898년 9월에 독립협회 대구지회[33]가 설립되면서 대구의 계몽운동이 본격화된다. 이듬해인 1899년 6월에 흥화학교(興化學校) 대구지교가 경상감영 장교청을 수리하여 개교하였고, 같은 해 7월에 달성학교(達成學校)가 설립된다. 또 1906년 1월에 대구광문사가 설립되었는데, 사원은 상인·자본가·지주·전직관료·혁신유림 등 500명 정도의 대구·경북 지역 명망가들로, 이들을 중심으로 광문사 문회가 구성되었다.[34] 이들은 입회비로 엽전 100냥을 의무금으로 출연하였다. 대구광문사의 사장은 김광제(金光濟)였고 부사장은 서상돈(徐相敦)이었다.[35]

대구광문사는 일반인쇄소가 아니라 각종 계몽도서 발간을 목적으로 설립된 애국계몽운동을 지향하는 인쇄소이다. 대구광문사는 경북관찰부와 협력하여 공립사범학교 설립을 추진하기도 하였다. 대구광문사의 가장 중요한 사업은 도내 각 군에 사립학교를 설립하여 신교육을 통해 인재를 양성하고 국력을 배양하는 것이었다. 그리하여 경북도내 각 군에 사립소학교를 세우고, 대구에는 중학교 과정의 사립보통학교를 설립한다는 종합적인 학교설립계획을 수립하는 등 신교육운동을 펼쳐 나갔다. 이에 광무황제도 기뻐하며 대구광문사의 신교육운동을 지원하기 위하여 특별하사금 1천 원과 함께 「교육칙유」를 내렸다.[36]

대구광문사 발간물을 보면 학교에서 사용하는 교과서는 물론 계몽잡지나 교양서적, 신문 등 다양하였다. 그중에서도 특히 『월남망국사(越南亡國史)』를 간행하였는데 일본 차관의 위험성과 국채상환의식을 확산시키기 위한 방편으로 보인다. 번역본 『월남망국사』는 1906년 보성관에서 처음 간행한 것을 대구광문사가 1907년 5월에 재간행한 것이다. 초기에는 보성관의 『월남망국사』를 대구 '재전당서포(在田堂書鋪)'에서 발매 대행하였는데, 영남 지역의 외채망국론 논의가 점점 활발해지면서 대구광문사가 직접 출판을 한 것이다. 출판일은 1907년 음력 4월(淸和節)이다. 이 판본에는 장상철(張相轍)의 「월남망국사서(序)」가 첨부되어 있다. 장상철은 대구광문사 내 대동광문회 회원이었다. 여기 서문에는 대구광문사가 이 책을 별도로 간행한 의도가 분명히 나타나 있다.

> 나라의 존망과 일의 성패에 있어 패사(稗史)를 읽어 보면 비록 땅이 만 리나 떨어지고 세대가 천 년 뒤일지라도 왕왕 몸소 직접 그것을 목도한 것처럼 마음에 부합되어 오히려 감격하여 눈물을 흘리게 된다. 지금 육대주의 여러 나라들 중에서 간혹 부강하여 위풍당당하게 타국을 내려다보며 경쟁을 그치지 않는 나라도 있고, 간혹 쇠약하여 타국에 굴복하여 종묘사직이 웅덩이가 되는 나라도 있다. 그들은 장차 천명에 일임하고 '사람이 힘쓸 수 있는 일이 아니다'라 말하고서 모두 하늘이 부여한 자유의 의무를 잃어버리니, 육체는 살아 있지만 기상이 죽어서 남의 부림에 빨리 나아가면서도 마치 미치지 못할까 두려워하니, 이것이 어찌 풀을 엮어서 만든 인형, 나무를 깎아서 만든 인형, 진흙을 빚어서 만든 인형, 돌을 다듬어 만든 인형과 다르겠는가? 대개 악을 미워하고 선을 좋아하는 것은 진실로 지금과 옛날, 멀고 가까움에 차이가 없다. 그러나 시국이 급변하여 (나라가 망함이) 월남 한 나라에 그칠 뿐만이 아님에 있어서랴? 전후(前後)에 강직한 성품을 지닌 여러 선

> 비들이 『월남망국사』를 번역한 것은 진실로 까닭이 있다. 옛날의 본보기가 있으니 뒤따르는 수레가 마땅히 경계로 삼아야 한다. 지금 장차 본 출판사가 『월남망국사』를 간행하여 배포함은 백성의 뜻을 공고히 함에 해가 되지 않고 물에 빠진 사람들을 한 번 도와 모두 구제하려는 것일 뿐이다.
>
> 광무11년 정미년 청화절 인동(仁同) 장상철[37]

동시에 대구광문사는 지방에서는 처음으로 신문 발행을 추진하여 1906년 6월 농상공부로부터 신문 발행 허가를 받았으나 실현하지는 못하였다.[38] 이러한 정황은 대구광문사 내에 대한매일신보사 지사 운영으로 이어졌다. 지방에 있는 대구광문사는 당시 가장 많은 발행부수를 담보하는 대표적 민족언론인 대한매일신보사를 통해 외부와 소통했던 것이다.

또한 1906년 6월 대구에는 자치제(自治制) 시행을 위한 대구민의소(大邱民義所)도 조직되었다. 김광제는 대구에 정착한 지 불과 5개월여 만에 대구민의소의 소장으로 선출되었다.[39] 민의소는 민권을 장려하고 민지를 개발하는 데 목적이 있었다. 주로 교육방침 연구, 법률 범위 내에서의 자유로운 활동 보장, 실업발달 도모 등 사회구성원의 자기역할에 대한 역량을 배양하는 데 민의소의 역할이 집중되었다.

대구: 국채보상운동 불꽃의 점화

1907년 대일 차관이 위험 수위에 도달했을 때, 국내에서는 외채망국론이 횡행하였고 국채상환을 통한 항일운동의 기운이 역사의 수면 아래에서 유유히 흐르고 있었다. 동시에 일본의 상인자본이 경부선을 타고 내륙 깊숙이 침투함에 따라 전통적인 지역상권은 여지없이 무너져 내렸다. 이에 토착상인세력은 스스로를 보호하고 민족경제를 수호한다는 관점에서 일반

대중과 결합함으로써 거대한 저항선을 형성하고자 하였다. 대구 지역은 이 두 흐름의 한가운데 위치하고 있었고, 여기에 대구광문사와 수창사 그리고 대구민의소가 결합하였다. 대구광문사는 신식학교 설립운동, 계몽서적 출판운동 그리고 『대한매일신보』의 논설을 통해 애국계몽적 자강사상을 확산시키면서 외채망국론을 확대 재생산하고 있었다. 그리고 수창사에서는 일본 상인과의 경쟁에서 이미 한계에 도달한 토착상인자본가들이 지역 일반민중과 연대를 모색하고 있었으며,[40] 드디어 대구민의소가 설립되어 민중의 의지가 한곳으로 결집되기 시작하였다. 여기에 국채보상운동의 불꽃이 점화되었다.

1907년 1월 29일[41]은 대구광문사에서 특별회의를 연 날이다. 이 특별회의에서는 두 가지 중요한 결정을 내린다. 대구광문사 문회의 명칭을 대동광문회(大東廣文會)로 변경하고, 서상돈이 앞장서서 단연상채(斷煙償債, 담배를 끊어 외채를 상환함)를 결의한 것이다. 먼저 대구광문사는 왜 문회를 '대동광문회'로 개칭했는가. 그 이유를 당시 신문을 통해 확인할 수 있다.

> 대구광문사 문회 회명을 대동광문회라 개칭하고 회장에 박해령 씨, 부회장에 사장 김광제 씨를 추천하고 일본 동아동문회(東亞同文會)와 청국의 광학회(廣學會)를 연결하여 친목을 도모[務圖親睦]하고 교육을 확장함으로 주지(主旨)를 완정(完定)하였다.[42]

대구광문사가 일본의 '동아동문회'와 중국의 '광학회' 간의 연계를 도모하여 학문을 확장하고자 했던 것이다. 그러면 대구광문사가 연계하고자 한 두 단체의 성격을 알면 대동광문회로 개명하고 단연동맹을 제안하게 된 이유를 알 수 있을 것이다.[43] 일본의 동아동문회(1880년 창립)는 중·일 간 무역을 조성하면서 1901년에 상해에 동아동문서원을 설립하였고 중·일 간 유학생 교환을 주선하였다. 중국의 광학회는 기독교 선교사가 설립한 계몽단체로서 중국의 변법자강운동의 중심에 있었다. 이 두 단체는 외국인이 설립한 중국 계몽단체라는 공통점이다. 따라서 대구광문사는 대동광문회를 통해 교육진흥의 국제화에 힘쓰는 동시에 일본의 경제적 침탈을 극복하려는 대의를 표방한 것이다. 대동광문회는 변법자강운동을 추진하는 중국, 아시아의 신흥강국으로 부상하려는 일본과 더불어 국제적인 문화 교류를 확대하고자 한 것이다.[44]

동시에 서상돈은 민족경제의 파탄을 실감하면서, 지금의 애국계몽운동이 교육운동에만 치우쳐 있음을 자각하고 경제적 위기의식을 고취하고자 하였다. 그래서 서상돈은 이 회의를 마친 후 민족경제 파국의 원천인 대일본 외채를 언급하면서 국채상환의 필요성을 역설하고, 전 국민이 담배를 끊어서 모은 돈으로 이 외채를 갚자고 호소하게 된 것이다. 이 상황을 최초로 기사화한 것은 『제국신문』이다. 이 신문 1907년 2월 16일 자 '잡보란'에 다음과 같은 기사가 실려 있다.

> 1907년 2월 16일(이 일자는 오류이다.[45] 이 일자는 신문 게재일이다.—필자)에 대구광문사에서 사명(社名: 이것은 오류이다. 文會名으로 함이 옳다.—필자)을 대동광문회로 개칭키 위한 회원총회를 개최하고, 회의를 모두 마친 후에 부회장 서상돈이 "국채 1300만 원을 갚지 못하면 장차 토지라도 허급(許給)할 것인데, 지금 국고금으로는 갚지 못할지라. 우리 이천만 동포가 담배를 석달 끊고 그 대금을 매삯 매명마다 20전씩만 수합하면 그 빚을 갚을 터인데, 혹 말하기를 우리나라 인종이 강단과 열심이 없어 일제히 담배 끊기를 극난(極難)하나, 그렇지 않은 것은 우리가 충의를 주장하는 바라. 어찌 힘 안 드는 담배 석 달이야 못 끊을 리 없으며, 설혹 사람마다 못 끊더라도 1원부터 천·

> 백 원까지 낼 사람이 많을지니 무엇으로 근심하리오. 나부터 800원을 내겠노라." 하고 일장 열변을 마치자 만장일치로 서상돈의 동 제의에 찬동하고 광문회장 김광제가 당장에 실시하겠다고 다짐하고 연죽 초갑(煙竹 草匣)을 없애고 석 달간의 담뱃값 60전과 10원을 내자 모든 회원이 회장의 결심을 찬양하여 담배를 끊고 각각 충의연하여 즉석에서 2,000원을 모았다. 그 회장은 박해령으로 추천되어 각 군에 통첩하였는데, 일본 헌병도 그 회사에 와서 사실을 탐지하고 그렇게 여겼다.

담배를 3개월간 끊어 모은 돈으로 국채를 상환하자는 발상은 매우 단순하고 명료하여 일반 서민에게 호소력이 있었고 동참하기에도 손쉬운 것이었다. 특히 당시 유행하는 담배가 주로 일본 수입품이어서 일본 상인들이 폭리를 취하는 상품 가운데 하나였으니, 단연동맹운동은 한국 소상인에게 감정적으로도 충분히 용납되는 것이었다. 이러한 서상돈의 제안은 즉흥적이지 않았던 것 같다. 그의 제안이 만장일치로 합의된 것이라든가 그때 모인 회원이 200여 명이었는데 갹출된 금액이 2,000원이었던 것을 보면 매우 신중하고 준비된 제안이었음을 짐작할 수 있다. 이때 취지문 초안은 이미 완성되어 있었고 이것이 전국 각지와 해외에까지 전달된 것으로 보인다.[46] 이런 정황으로 보아 그동안 대구광문사 지도층은 국채보상운동의 전국적 확산을 위해 서울의 유지들과 협의가 있었던 것으로 생각된다.

이 제안이 구체적으로 실행된 것은 같은 해 2월 21일이었다. 우선은 국채보상을 위한 단연운동을 전개하기 위해 일반 백성들과 연대할 수 있는 기구가 필요했다. 그래서 대동광문회는 대구민의소를 조직하고 「민의소 규칙」을 제정하였다. 민의소 설립의 목적은 본 규칙 제1조에 "국채를 담보(擔保)하기 위하여 민의소를 설립할 것"으로 명시되어 있다. 민의소 사무실은 지역상인들이 설립한 수창사 안에 두었고 임시개회일과 장소를 1907년 2월

22일(음력 정미년 정월 초열흘) 북후정(北堠亭)으로 정했다.[47] 그러나 실제로는 2월 21일 오전에 대구민의소를 설립하고 '금연상채회(禁煙償債會)'를 창립하였다. 창립총회에서 500원을 모금하였다. 회의 장소는 수창사였을 것으로 생각된다. 그리고 연이서 상오(上午) 12시에는 수창사에서 가까운 서문시장 초입에 있는 북후정에서 대구 군민대회를 개최하였고, 준비된 국채보상운동 취지서를 낭독하였다.

국채 1천3백만 원 보상 취지[48]

삼가 아룁니다. 대저 신하와 백성 된 자가 충의를 숭상하면 그 나라가 흥하고 그 백성이 편안하며, 충의가 없으면 곧 나라가 망하고 백성이 멸하는 것은 고금 역사상에서 분명히 증거가 있을 뿐만 아니라 현금(現今) 구주(歐洲)에서 부강한 자와 명망하게 된 자 또한 충의를 행하고 숭상하는 여하에 연유하지 않음이 없습니다. 역대의 옛일과 구주의 먼 곳은 그만두고라도 우리 동양의 가까운 이웃의 일로 더구나 눈으로 직접 본 것이 곧 일본이 바로 그것입니다.
지난번 청국·러시아와 일본이 개전(開戰)할 때 작은 것으로 큰 것을 이긴 것은 병사에 감사대(敢死隊)가 있어 죽기를 결심하고 혈우육풍(血雨肉風) 속을 낙지(樂地)에 나가는 것같이 여기며, 집이 있는 백성은 신을 삼고 패물을 팔며, 여자들은 지환(指環)을 모아 군비에 보태어서 마침내 동서 역사상 처음 있는 절대의 큰 공을 이루어서 위무(威武)와 영광(榮光)이 온 세계에 진동하게 되었는데 이것은 저들 5천만 민족의 하나하나가 열심 혈성으로 충의를 따랐기 때문입니다. 어찌 흠모 감탄하여 본받을 일이 아니겠습니까?
오호라, 우리 2천만 동포는 지금 백성과 나라가 위급 간난(艱難)할 때에 있어서 한 사람의 결심과 한 일의 계획도 없이 다만 우리 황상(皇上)의 아침 일찍부터 밤늦게까지 일보시며[宵旰] 깊이 근심하는 것만을 바라보면서 팔

짱 끼고 우두커니 앉아서 멸망을 기다려야 하겠습니까?

근세의 새 역사를 찾아 다만 나라가 망하면 민족도 따라서 진멸(殄滅)된 것으로서 곧 애급(埃及, 이집트)·월남(越南, 베트남)·파란(波蘭, 폴란드)이 모두 가히 증거가 됩니다. 다만 제 몸과 집이 있는 것만을 알고 임금과 나라 있는 것을 알지 못하면 이것은 스스로 함정에 빠지고 스스로 멸망하는 것입니다. 지금에 와서 정신을 가다듬고 충의를 분발할 때가 아닙니까?

지금 국채 일천삼백만 원이 있은즉 우리 대한의 존망에 관계되는 것입니다. 갚으면 나라는 보존될 것이요 갚지 못하면 나라가 망할 것은 필연적인 사실입니다. 지금 국고로는 변제하기 어려운 형세이니 2천만 민중으로 3개월 기한하여 담배 피우는 것을 폐지하고 그 대금으로 각자가 매월 20전씩 거둔다면 일천삼백만 원은 모을 수 있으며, 만일 그 액수가 미달할 때는 1원, 10원, 100원, 1,000원을 특별 출연(出捐)하는 사람도 있을 것입니다.

사람이 그 당연한 의무에 있어서 이런 잠시의 결심을 가진다는 것은 그들 일본의 결사대와 짚신 삼는 국민과 지환을 거두는 여인들의 일에 비교한다면 그 어느 편이 중하고 어느 편이 경하며, 어느 편이 어렵고 어느 편이 쉬운 것이겠습니까? 아! 우리 2천만 동포 중에서 진실로 털끝만큼의 애국사상이 있는 이라면 반드시 두말하지 않을 것입니다.

저희들이 여기서 감히 발기하여 취지를 알려 드리고 혈루(血淚)로 호소합니다. 엎드려 바라옵건대 우리 대한 신민 여러분은 보시는 대로 곧 말로, 글로 서로 알리고, 고해서 한 사람이라도 모르는 일이 없게 하고 기어이 실시되어 위로는 성명(聖明)에 보답하고 아래로는 강토를 유지하게 된다면 이 이상 더 다행한 일이 없겠나이다.

광무 11년 2월 일

발기인 대구광문사 사장 김광제, 부사장 서상돈
대동광문회 회장 박해령, 부회장 김광제
회원 장상철, 강영주, 심정섭, 김우근, 서병오, 윤하선, 정재덕,
이종정, 길영수, 이우열, 강신규, 정규옥, 천교정

취지서는 대구광문사와 대동광문회 이름으로 발표되었다. 핵심적 내용은 나라의 존망을 보고만 있지 말고 동포가 총단결하여 국채를 보상함으로써 나라의 주권을 되찾자는 것이다. 이 취지문이 당일 2월 21일 자로 『대한매일신보』에 게재된 것을 보면 대구와 서울 간에 서로 충분한 협의가 있었던 것 같다. 국채보상 취지서는 전국으로 전달되었고 연이어 각 지방마다 단연상채회가 결성되고 각 지역의 국채보상 취지서가 발표되었다. 다음 날인 2월 22일에 서울에서는 '국채보상기성회(國債報償期成會)'가 결성되었다.

북후정에서 열린 대구 군민대회는 대구민의소가 주최한 것이었다. 북후정을 앞에 두고 좌우로 서문시장이 길게 늘어서 있고 가운데 길게 이어진 광장에 남녀노소 수만 명이 운집했다고 한다. 노소(老小) 신사와 청홍(靑紅) 부녀들과 술 파는 아낙과 차 파는 노파, 다리 저는 걸인과 백정, 책을 낀 동자, 제기 차는 아이들이 운집한 모습은 서문시장의 당시 상황을 잘 말해준다. 이때의 상황은 애국지사 장지연(張志淵)의 논설 「단연상채문제(斷煙償債問題)」에 잘 묘사되어 있다.[49]

> … 음력 정월 9일에 달구벌 내외일향(內外一鄕) 유지신사 서상돈(徐相敦) 제씨(諸氏) 등 누백 인(累百人)이 북후정(北堠亭)에서 대회를 개최하니 모인 사람이 남녀노소 무릇 수만 명이라. 그 시에 신사(紳士) 박정동 씨(朴晶東氏)가 먼저 연단(演壇)에 올라 국채문제(國債問題)로써 일장통론(一場痛論)하여 말하기를 '현재 우리 정부 세입(歲入)이 단지 1천4백여 만 원에 불과한데, 이 세입으로는 세출에 충용하는 것도 모자라 항상 근심이어든 어떻게 남음이 있어 가히 거액의 국채를 상환할 수 있을 것인가. 기한이 지나 채주가 독촉하면 필경은 강토를 보존할 수 없을 것이리니, 우리 백성들은 장차 어디서 기거하여 생활할 것인가. 그런즉 국채의 상환에 부득불 무슨 수로 이 거액을 변제할 것인가. … 우리가 일용에 무익한 연초(煙草)를 3개월 기한으로 끊고 그 소모 비용으로 각자가 모아 전국 인구에 담배를 피우지 않는 부

녀자를 제하여 1천2백만 인으로 산정하여 한 사람 1원이면 1천2백만 원이 될 것이니 국채를 갚음이 어찌 걱정이랴' 하니 이에 만장일치로 박수갈채하고 각자가 주머니를 풀어 의연하매 모두들 의연을 고취하는 소리 분분함이 소나기로 물이 넘쳐흐르듯 함이라.

노소 신사와 청홍(靑紅) 부녀들과 술 파는 아낙과 차 파는 노파, 다리를 저는 걸인과 백정, 책을 낀 동자(童子)와 제기 차는 아이들까지도 강개하여 눈물을 흘리며 의기(義氣) 분발(奮發)하여 당일 수합한 돈이 수백 수십 원이라 하니 사람의 마음 감발이 이처럼 굳은 것인가. …

여기서 당시 서문시장 상인들에게 담배를 끊자는 주장은 항일적 성격을 내포하고 있다. 당시는 한국에 「연초전매법」이 실시되기 전이어서 일본 상인들은 군수품을 대량 유출하여 시판하거나 궐련을 만들어 시중에 팔았다. 일본제 담배에는 종가세(從價稅) 20%가 부가되는 데 비해 군수품은 면세였다. 대구의 한 일본인 군납업자는 이 점을 이용하여 군수용 담배를 대량 유출하여 대구 서문시장 안에 대판원전(大阪原田)이라는 상점을 통해 판매하여 많은 수익을 올렸다. 담배는 항상 품귀현상을 보일 정도로 잘 팔렸으며 일본 상인들은 서울과 부산에 담배공장을 세워 공급할 정도였다고 한다.[50]

북후정에서 대구 군민대회가 개최된 지 이틀 후인 2월 23일, 대구 여성들은 남일동에서 '남일동 패물폐지부인회'를 조직하여 국채보상운동 참여를 선언하였다. 여성들은 한글로 취지서를 작성하여 발표하면서 모인 패물을 국채보상 의연금으로 내어놓고 여성들의 참여를 호소하였다. 당시 여성들의 국채보상운동 참여는 획기적인 사건이었다. 남녀차별 인식이 팽배하던 때에 여성들이 나라를 지키는 일에 남녀구별이 있을 수 없다면서 과감하게 국채보상운동에 뛰어들었기 때문이다. 대구 여성들의 국채보상운동 참여는 사회운동 참여에 소극적이었던 당시 여성들의 인식을 바꾸는 일대 계기가 되었다.

다음 날인 2월 24일에는 대구 서문시장의 짚신 장수, 콩나물 장수, 술장수, 밥장수, 떡장수 등 영세상인들이 어렵게 번 돈 50~60전과 1~2원을 아낌없이 국채보상 의연금으로 내놓았다. 이것을 본 유학자들이나 부자들도 부끄러워하며 국채보상운동에 참여하게 되었다.

3월 9일부터 대구민의소에서는 수창사에 '국채지원금 수합 사무소'를 설치하고 국채보상 의연금을 접수하였다.[51] 이렇듯 대구에서는 대구민의소가 조직한 단연상채회를 중심으로, 수창사의 지역 토착상인 및 대구광문사의 애국자강 인사들과 서민대중이 하나가 되어 국채보상운동의 불꽃을 일구어 나갔다.

2. 국채보상운동의 확산

전국적 중심조직 구성

대구에서 시작된 이 운동은 즉각적으로 전 국민의 호응을 얻어 전국적으로 확산되었다. 대구의 국채상환운동 소식은 민족신문들을 통해 즉각 전국으로 파급되었다. 『황성신문』은 1907년 2월 25일 자 「단연보국채(斷煙報國債)」라는 논설을 통해 국채보상운동을 전 국민 운동으로 확산할 것을 주장하였다.

> 전국 3백여 고을에 반드시 대구에서만 이런 남자들이 나올 것이 아니요, 동포 2천만 명에 반드시 서(徐) 씨 등 몇 사람만이 이런 뜻과 기개를 가지고 있는 것이 아니다. 나는 믿는다. 이 기운이 한 번 움직임에 따라 온 나라가 향응하여 장차 5종의 민족 모두로 우리 대한인(大韓人)을 숭배하여 20세기 오늘의 세계에서 대한민국의 성가(聲價)가 온 지구상에 환하게 비칠 것이다.

이러한 현상은 을사조약으로 인해 점증하는 민족적 항일의식이 누구나 손쉽게 참여할 수 있는 국채상환·국권회복이라는 공동의 목표가 형성됨으로써 일제히 표면으로 분출된 것으로 볼 수 있다.

제일 먼저 결성된 전국적 조직은 '국채보상기성회'이다. 이 조직은 1907년 2월 22일에 회칙을 제정하고 「국채보상기성회 취지서」와 「국채보상기성회 회칙」을 발표하였다.[52] 국채보상기성회는 전국 각 지역에서 자생적으로 일어나고 있는 국채보상운동을 총괄하는 중앙기구로서의 역할을 자임하였다.

국채보상기성회 취지서

대저 빚을 빌린다는 것은 무엇인가? 큰 사업, 큰 식산(殖産)이 있어 백성을 이롭게 하고 나라를 일으킬 수 있는 일이 눈앞에 있는데도 자본으로 이용할 것이 없으면 반드시 다른 사람에게 꾸어서 그 일을 이루는 것이니 이 법은 원래 할 수 있는 일이다. 그러나 만일 이것을 당연한 일로 생각하여 한 번 빌리고 두 번 빌려 그칠 줄을 모른다면 나라 형세가 나중에는 어느 지경에 이를 것이리오?
전번 영국과 프랑스가 애급에 빚을 대어 줄 때에 그 처음 마음이야 어찌 반드시 애급에 화를 미치게 하려 한 것이리오마는 빚을 쓴 사람이 관리함이 좋지 못하여 나중에는 속국이 되고 말았다. 무릇 국민으로서 남는 자산을 내어 위로 국가 수용(需用)에 응하고 아래로 인민의 부강을 이룰 수 있다면 또한 무엇이 좋아서 내게 원래 있는 것을 버리고 남을 향하여 애걸하여 빌어다 쓸 것이리오?
전번에 우리 정부가 진보하는 일에 급하여 빚을 쓴 것이 1천3백만 원에 이르는데 그 마음이야 어찌 이것을 자본으로 삼아 국가의 큰 사업을 일으키리라 하지 않았으리오? 그러나 우리 2천만 국민으로서 가령 한 사람이 1원씩을 내면 2천만 원이 되고, 50전씩 내면 1천만 원이 될 것이니 이것이면

남의 빚을 갚을 수 있는 것이 아닌가?

또 연송(捐送)하는 방법은 그 지원의 다소에 따라 일시에 보내오는 것이 실로 편리하고 통쾌한 일이니 더 말할 것도 없지만, 그 밖에는 혹 달로 정하고 혹 기한을 나누어 혹 5전, 10전씩 일정하지 않은 금액이라도 필경은 우리 힘으로 내어야 되는 것이니 어찌 묘하고 편리한 일이 아니겠는가?

본인 등이 뜻을 가지고 있으면서도 이루지 못한 것이 벌써 오래였는데 지금 다행히도 영남 동래, 대구 등지 여러 군자가 담배를 끊고 빚을 갚자는 의논을 제창하여 발기한 지 며칠이 안 되었는데, 의연하는 이가 날마다 나오니 이리 인민의 나라 사랑하기를 집같이 하며 국토를 보전하고 민족을 보전하려는 성대한 생각을 알만 하도다. 만일 담배를 끊는다고 한다면 우리나라에서 나는 것도 주의하여야 할 것인데, 하물며 수만 리 먼 나라 애급(이집트), 여송(필리핀) 등의 값비싼 담배나 청국 담배같이 맛이 떨어지는 것이겠는가?

또한 의연이라는 것은 사세와 역량이 다르고 빈과 부가 또한 판이한 것이 말이 실어 나르는 짐과 개미가 물어 나르는 조알 하나의 다름과 같은 이치다. 전번 보노서(普魯西, 프로이센)와 프랑스의 전쟁(보불전쟁)에서 그 나라 사람들이 수백만 수십만을 출연한 자가 있고 또한 한 개의 유기 숟가락을 바친 자도 있는데 숟가락을 수백만금에 비한다면 그 대소경중(大小輕重)이 과연 어떠한 것인가? 고러나 공공부국(公共扶國)하는 마음에 있어서는 한가지이다.

여기서 본인 등이 멀리 동래·대구의 제공(諸公)으로 더불어 단합하여 한 몸이 되고자 하여 이 회를 조직하고 이름하여 국채보상기성회라 한다. 이에 우리 동포에게 널리 고하여 우리 국민의 의무를 다하게 하려는 바이다.

아아, 나라가 망하면 인민이 망하는 것이니 힘쓸지어다. 우리 동포여! 또 얼마의 때를 기다려 모든 국채를 갚은 뒤에 세계 제일의 향기로운 담배 수천만 개비를 사다가 온 국민 남녀노소들이 바람 부는 앞에서 함께 피우면서 밝은 흥을 돋우어 봄이 어떠하겠소.

국채보상기성회 회칙

一. 본회는 일본에 대한 국채 1천3백만 원을 보상함을 목적으로 함.

一. 보상 방법은 국민의 의금(義金)을 모집함. 단, 금액은 다소를 불구함.

一. 본회에 의금을 바치는 사람은 본회의 회원으로 인정하고 씨명 및 금액을 신문에 공고함.

一. 본회의 목적을 같이하는 각 단회(團會)는 서로 연합하여 목적을 달성하는 데 힘쓰기로 함.

一. 의금은 수합하여 위의 액수에 달하기까지 신용 있는 본국 은행에 임치함. 단, 수합 금액은 매월 말 신문을 통하여 포고함.

一. 본회는 위의 목적을 달성한 후에 해산함.

국채보상기성회는 의연금 수합소로 7곳을 지정하였다. 보성관 내의 야뢰보관(夜雷報館) 임시사무소, 광학서포(廣學書鋪), 건재약국(乾材藥局), 대한매일신보사, 상동(尙洞)청년학원 사무소, 고유상의 서포(서점), 주한영의 서포 등 공적 기관이나 사무소 및 서점에서 전국의 의연금을 수합하였는데, 대한매일신보사가 주도한 것으로 보인다.

뒤이어 3월 2일 황성신문사 안에 수금소를 설치하고 서병염, 윤흥섭, 박규형 등 59명이 발기하여 '국채보상중앙의무사'를 설립하여 모금운동을 전개하였다.[53]

이러한 단연운동이 왕실에 전해지자, 1907년 2월 26일에 광무황제(고종)가 칙어(勅語)를 내려 단연보상(斷烟報償)에 참여할 것을 호소하였고 이를 계기로 국채보상운동은 국민들에게 큰 반향을 불러일으켰다. 광무황제의 단연보상 참여는 국채보상운동을 국가적·국민적 의거로 공인한 것이었는데,

특히 서민계층의 국채보상 의연 행렬과는 달리 냉소적인 태도를 취하였던 고관들에게는 충격적인 일이었다. 고관대작들은 광무황제의 단연 소식을 접하고서는 즉시 단연동맹을 결의하였다.

국채보상기성회와 국채보상중앙의무사가 설립되어 전국적인 의연금 수합소 기능을 수행하게 된 것은 전국에서 자발적인 국채보상단체가 결성되어 취지문과 의연금을 양 신문사로 보내왔기 때문이다. 이것을 계기로 전국 각지에 국채상환이라는 같은 취지의 단체가 연이어 꼬리를 물고 생겨났다. 이 당시 국채보상 취지서를 발표한 지역을 다음과 같이 정리할 수 있다.[54] 이들 단체의 이름은 대체로 3가지로 분류된다. 국채보상회라는 이름이 가장 많았고, 다음으로는 단연회 혹은 단연동맹회, 그다음으로는 절용동맹(節用同盟) 등이었다.[55]

강원도: 춘천, 원주, 철원, 홍천, 화천, 회양, 영월, 고성, 울진, 강릉, 이천 등 다수

경상도: 대구, 청송, 동래, 경남, 부산, 김해, 마산, 창원, 진주, 밀양, 청도, 상주, 서산, 김천, 성주, 의령, 부산(2곳), 고령, 예천, 경주, 문경, 경산, 현풍(2곳) 등 다수

경기도: 인천, 양주, 여주, 파주, 이천, 남양주, 김포, 안성, 수원, 포천, 강화, 장단 등 다수

충청도: 대전, 예산, 부여, 은진, 홍주, 직산, 청양, 해미, 대흥, 보은, 청주, 옥천, 한산, 덕산, 영동, 진천, 공주, 단양, 음성, 괴산, 충주, 제천 등 다수

전라도: 전주, 광주, 진안, 장수, 군산, 장성, 정읍, 고흥, 영광, 여수, 무안, 부안, 무장, 완도, 구례, 남원, 익산, 여산, 순창, 해남, 무주, 태안, 제주 등 다수

황해도: 수안, 재령, 은진, 안악, 은율, 웅진, 장연 등 다수
함경도: 함흥, 원산, 홍원, 영흥, 경성, 강계, 단천 등 다수
평안도: 평양, 정주, 통진, 용천, 중화, 철산, 의주, 태헌, 영유 등 다수
해　외: 일본(대한유학생회, 일본유미국육군학교학도, 대한동인회, 태극학회), 미국(공립협회, 대동보국회, 뉴욕공제관, 에와친목회), 블라디보스토크, 우수리스크 수이푼 등

국채보상운동이 들불처럼 전국으로 번져 나가자, 전국에서 수합된 의연금을 관리할 수 있는 통합기구의 필요성이 대두되었다. 전 국민이 신뢰할 만한 인사들로 구성된 조직에서 의연금을 관리해야 국민들이 안심할 수 있기 때문이었다.

당시에는 대한매일신보사, 황성신문사뿐만 아니라 다른 여러 신문사에서도 수전소(收錢所)의 역할을 부분적으로 수행하였다. 그래서 대한매일신보사는 1907년 2월 27일 자 신문을 통해 국채보상 의연금을 전적으로 책임지고 접수할 수합처가 결정되기 전에는 스스로 수전소의 역할을 맡을 수가 없다고 밝혔다. 그것은 전국에서 모여드는 의연금을 여러 곳에서 다룸으로 인해 일어날 수 있는 오해를 미연에 방지하기 위해서라고 볼 수 있다. 또는 신문사 간의 경쟁의식이 작용했을지도 모를 일이다.[56] 그러나 대한매일신보사로 밀려드는 수많은 소액 의연금을 감당할 수 없어 3월 31일 자로 '특별사고'를 내고 국채보상 의연금을 접수하기 시작하였다.

그리고 1907년 3월 28일 이종일·김광제·박용규·서병규·이면우·오영근 등이 발기하여 '국채보상지원금총합소(國債報償志願金總合所)'를 설립하고 29개 조의 '국채보상지원금총합소 규정'을 제정하였다. 총합소의 임시사무소는 대한매일신보사 내에 두었다. 비로소 명실상부한 전국적 조직이 탄생

한 것이다. 연이어 4월 8일 국내 명망 있는 인사로 임원진을 구성함으로써 의연금 수합과 관리에 철저를 기하며 국채보상운동의 구심체로서의 역할을 수행하게 되었다.[57]

이와 관련해서 다른 한편에서는 국채보상 의연금 수전소로 사용되던 보성관(普成館) 내 대한자강회 사무소에서 국채보상 전국연합운동의 제1회 임시회합이 개최되었다. 국채보상운동을 보다 효율적으로 확산하기 위해서였다. 국채보상운동의 연합통일 문제를 주제로 토의한 결과 각지각처에 산재되어 있는 국채보상회를 통솔하는 기구를 두기로 결정하고 산회하였다. 다음 날 제2회 회합에서 구체적으로 일을 실행할 방법을 긴밀히 토의하였다. 이준(李儁)의 제의로 명칭을 '국채보상연합회의소(國債報償聯合會議所)'로 정하고 임원을 선출하였는데 장지연의 동의와 양기탁의 재청으로 이준이 만장일치로 초대 소장으로 추대되었고, 고문에 이도재, 도총무에 장지연, 총무에 양기탁·안창호·이동휘, 부총무에 김광제, 평의장에 박은식, 부평의장에 이갑, 간사에 이종일·박용규·양한묵·서병규·이면우·김인식 등이 선출되었다.[58] 1907년 4월 4일 연합회의소 소장 이준은 누구나 쉽게 알 수 있도록 순국문으로 「국채보상연합회의소 취지서」를 발표하고 참여를 호소하였다.

대구의 김광제는 국채보상운동을 전국적으로 확산시키기 위해 일찍부터 서울에서 활동하였다. 서울에 두 개의 전국 단위 단체가 만들어짐에 따라 김광제는 총합소에서는 발기인 및 검사원으로, 연합회의소에서는 부총무로 활동하게 되었다.[59]

한편 4월 16일에는 중앙의무사를 설립했던 서병염과 윤흥섭이 중심이 되어 국채보상중앙총회를 열고 총대를 보성관에 보내어 전국의 국채보상소를 통합할 것을 건의하였다.[60] 이런 연유로 연합회의소와 중앙의무사가 통합을 시도하여 '연합회의소'로 통칭하고 임원을 선출하기도 하였지만 통합은 좌절되고 국채보상연합회의소가 독자적으로 전국의 의연금 취합 활동을 시작하였다.[61]

결과적으로 전국적인 국채보상금 수합기구가 국채보상지원금총합소와 국채보상연합회의소로 이원화되었다. 두 단체의 차이점은 국채보상지원금총합소의 경우는 국채보상운동이 상당히 진척된 4월에 의연금 총괄관리의 필요성이 제기되어 처음부터 대한매일신보사가 주도하여 전국 조직으로 발기하였고, 국채보상연합회의소는 대한자강회가 주도하고 국채보상기성회가 발전한 전국 조직이라 할 수 있다.

국채보상지원금총합소가 한규설·윤웅렬·김종한 등 전 관료나 민족자산가를 소장으로 내세운 것은 당시 국내외의 상황 아래서 각계각층의 국민들을 흡수하여 일제의 탄압을 피하는 문제와 관련하여 국채보상운동을 범국민적인 운동으로 전개시키기 위한 하나의 방략에서 비롯되었다. 그리고 국채보상연합회의소에서 한일은행장 조병택, 대한천일은행장 김기영, 농공(農工)은행장 백종혁, 한성은행 총무 한상룡, 한성공동창고주식회사 조진태 등 은행가들이 재무 처리를 담당한 것은 의연금 관리에서 국민에게 공신력을 주고 일을 효율적으로 추진하기 위함이었다.[62]

한편 전국적인 범국민운동인 국채보상운동이 두 단체로 이원화되는 것은 바람직하지 못하고 분열을 초래할 수 있다는 여론이 제기되어 그 해결책을 모색하기로 하였다. 그리하여 5월 중순 국채보상연합회의소 측에서는 김광제를, 국채보상지원금총합소 측에서는 이강호를 대표로 회합을 열었다. 그 결과 국채보상연합회의소에서는 국채보상운동을 지도하고 권장하는 업무를 총괄하기로 하고, 국채보상지원금총합소에서는 의연금을 수합하고 관리하는 일을 전담하기로 하였다. 이런 과정을 통해 국채보상운

동이 범국민운동으로 발전하는 계기가 되었다.[63]

지역별 국채보상운동의 전개[64]

■ 경북 지역의 국채보상운동

대구단연회는 1907년 2월 21일 대구 군민대회에서 발표된 취지서와는 별도의 통문(通文)[65]과 「금연상채회 규칙」을 경상북도 도민들에게 발송하여 국채보상운동의 시작을 알렸다. 이로 인해 경북도내 여러 지역에 20개 이상의 국채보상회가 결성된 것으로 보인다. 1907년 3월 3일에는 이미 청송에 국채보상회가 결성되어 있었고, 회장 심호택(沈琥澤)은 사통(私通)[66]을 내어 지금 국채보상운동이 용솟음치고 있음을 청송 군민들에게 알렸다. 상주에서도 봉투에 '상주 외서면 이하리 국채보상소 입납'이라 적힌 편지가 3월 3일에 발신되었다. 발신인은 기록되어 있지 않지만 대구단연상채회 혹은 대구 수창사에 있는 '국채보상지원금수합소'로 보인다.[67] 상주국채보상회는 「국채보상 상주의무소 취지서」를 발표하였고, 선산 국채보상회와 경쟁하면서 의연금을 수합하였다.[68]

성주군에서도 이승희에 의해 국채보상운동이 활발하게 전개되었다. 성주 지역의 국채보상운동은 이승희·장석영·김창숙 등 한주학파 유림들이 주도하였다. 성주의무회(星州義務會)는 유림이 주도하여 취지서를 발표함으로써 지역주민들의 동참을 유도했다.[69] 성주군의 국채보상운동은 지방에서 일어난 국채보상운동의 모범적인 사례로 손꼽을 수 있다. 성주군의 국채보상운동은 이승희 외 32인을 발기인으로 한 취지서를 내고 향회(鄕會)를 통해 선전하였다. 즉 향약의 조직원리를 활용하여 지역 마을로 확산시킨 것이다. 시장과 같은 곳에서 연설대회를 개최하여 주민의 참여를 독려하였는데, 연설대회에 천여 명이 참여하는 등 대단히 큰 관심을 모았다. 이에 군수가 100환을 의연하는 등 적극적으로 지원하였고, 여염집 부인을 비롯해 과부와 기생까지 국채보상운동에 참여하면서 일시에 3천 환의 의연금이 모였다. 접수된 의연금은 이기철 등을 선출하여 즉시 상경해 황성신문사에 기탁하도록 하였다.[70] 지역에서 명망이 있었던 이승희는 경남도내 31개 군에 통문을 보내 유생의 참여를 견인하기도 하였다.

고령군에서는 3월 2일 이두훈(李斗勳)이 성주의 이승희로부터, 근간에 대구에 있는 단연상채회를 성주에서도 만들려는 논의가 있는데 국민의 충분(忠憤)으로 성취할 수 있을 것인지, 귀 읍(고령)에서는 혹 이런 일이 없는지를 묻는 편지를 받으면서 국채보상운동의 논의가 시작되었다. 이두훈은 이승희와는 한주 이진상(寒洲 李震相)의 학맥을 계승하는 한주학파(寒洲學派) 동문이었다. 고령향교 유생들은 국채보상운동단체를 설립하기 위해 관내 유림에게 통문을 보내고 3월 9일 고령향교 향약회를 중심으로 '고령군단연상채회'를 조직하였다. 3월 13일에는 '고령군단연상채소'를 설립하기 위해 발기회를 개최하고 참석한 인사로부터 1,000여 원의 의연금을 모았다.[71] 고령은 서울의 국채보상지원금총합소, 대구의 금연상채회 등과 긴밀한 관계를 가지면서 면리의 지역공동체를 조직화하였다. 특이한 점은 면 단위로 총대와 임원을 배치하였고, 리별로는 납세의무를 가진 남자의 수에 따라 의연금을 할당·배분할 정도로 열성적이었다는 것이다. 고령 지역에서는 부과된 의연금을 확보하기 위해 동리 소유의 창고와 벌목장을 매매하여 납부하려는 노력을 보였으며, 농사가 흉년이 들어 주민들의 살림살이가 어려우니 의연금 부담을 줄이려는 편지도 교환하였다. 열정이 큰 만큼 갈등도 존재하였다. 금액이 과하다며 의연에 불만을 표하는 사람도 있고, 의연금 관리에 문제가 있어 지역 간의 갈등이 표출되기도 하였다.[72] 고령 지역의 국채보상 의연금 모금은 1907년 12월까지 계속되었다. 국채보상운동이 거의 종결될 무렵인 1908년 1월 11일, 고령향교 향약회에서 고령 지역 국채보상 의연금 처리 문제에 관해 작성된 완의문(完議文)을 살펴보면, 의연금을 우신학교 운영기금으로 사용할 수 있게 하였음을 알 수 있다.

김천은 이병재, 김안단, 김순단 등 3인이 국채보상회를 조직하면서 국채보상운동이 시작되었다.[73] 이들은 매일 인민대중을 상대로 열심히 연설을 하여 많은 군중들의 호응을 얻었다. 김천의 경우는 김천상업회의소 회원과 부인들이 의연운동을 벌이기도 하였다. 개령군에서도 단연회를 조직하여 두 차례나 의연금을 모아 황성신문사에 기탁하였다. 지례군에서도 이교성 등 8인이 국채보상회를 발기하고 『황성신문』에 그 취지문을 발표하였다. 지례군은 상당히 열성적이어서 하북면 방초정과 상좌원리, 장천동, 남면 중산리, 하서면 용촌, 상서면 사등·월곡·부항·어전·항제동 등 6곳에서나 모금을 하여 답지된 의연금을 신문사로 보내어 게재하였다. 시장에 거주하는 남보(南甫)라는 주파(酒婆)는 작은 집에서 술장사를 하여 근근이 생활하면서도 거금 5원을 의연하였다.[74]

그 외의 여러 지역에서 국채보상운동이 발흥하였다.[75] 예천군에서는 한계창·김동규·최용희 등 3인이 국채보상회를 설립하고 의연금을 모집하였다. 현풍군에서도 단연상채회가 조직되어 국채보상운동을 전개하였다.[76] 경주군에서도 상인들이 서로 단합하여 의연금을 수납하였다. 경주에서는 거의 전 지역에서 의연하였고, 오랜 기간 동안 의연금을 수납하였다. 문경에서는 가북면의 도대장기좌사(都臺場基左社) 상인들이 집단으로 의연하였다. 문중 단위로 의연활동을 한 경우도 있는데 용궁군 남면 포내도 정씨 문중이 그 한 예이다. 청송군에서는 국채보상운동을 사람의 일이 아니라 하늘이 시킨 천명으로 여기고 책임을 다하여야 한다고 역설하였다.[77]

대구단연회 관계자들은 국채보상운동을 경북 지방으로 확산시키기 위하여 경북국채보상도총회(慶北國債報償道總會)를 구성하였는데,[78] 많은 사람들의 호응을 얻어 의연금 수합에 큰 성과를 거둘 수 있었다.

국채보상운동은 7월경에 이르자 황제의 퇴위와 군대 해산 등으로 국민들의 열의가 점점 식어 갔다. 이에 대구의 단연보상소는 회장 이현주 외 11명이 이 운동을 계속할 것을 요구하며 전 국민이 대동단결하자고 주장하였다.[79]

국채보상운동이 끝나 갈 무렵인 1910년 4월 국채보상금처리회 전국대표자회의가 서울에서 개최되었는데, 김창숙이 성주군 대표로 참여했다. 이 대회에서 친일단체인 일진회 대표 김상범이 기금을 중앙에서 모아 각 정당의 감독 아래 처리하는 방안을 제시했다. 이에 대해 김창숙은 국채보상 기금을 일진회 매국 역당에 맡길 수 없다고 하면서 성주군에서는 사립학교 기금에 충당하겠다고 하였다. 그리고 국채보상금처리회 탈퇴성명서를 제출하고 고향으로 돌아왔다.

■ 부산·경남 지역의 국채보상운동

부산 동래는 개항 이후 서구 문물 수용에 매우 적극적인 지역이어서 독립협회의 경남지부, 대한자강회, 대한협회, 태극학회, 교남학회 등 5개 단체가 서로 교류하면서 자강운동의 열기가 대단히 강했다. 그 결과 대구에서 발의된 국채보상운동이 부산·경남 지역으로 매우 활발하게 확산되었다.

그런데 동래 부산항에서 국채상환 문제가 가장 먼저 논의되었다는 주장이 있다. 이에 관한 구체적인 문건이 남아 있지 않지만, 1907년 2월 22일 발기한 국채보상기성회 취지서상의 '영남의 동래와 대구 등지의 여러 군자들'이 금연상채를 제창했다고 하는 기록을 근거로 부산의 선행을 주장하는 입장이 있다. 그들은 또한 부산 출신 상인들이 인천에서 조직한 권업사(勸業社)에서 "국채보상 논의는 부산에서 시작해서 대구에 이르렀고 전국으로 퍼졌다."고 주장한 것과 경북 성주의무소 발기인인 이승희(李承熙)가 "말[口]은 동래항에서 하고 글[文]은 대구에서 지어져서 전국으로 확산되었다."고 기록한 것 등을 바탕으로 부산에서 국채상환 논의가 선행하고 있었다고 주장한다.[80] 그러나 당시 국채상환론은 부산뿐만 아니라 전국적인 논제였다. 다만 부산과 대구를 연결하는 낙동강 상권에 대구 수창사 소속 객주 상인이 참여하고 있었는데, 국채상환을 위한 구체적인 정보를 가진 그들과 대구광문사의 자강파 지식인이 만나 거사를 도모하면서 부산보다 대구에서 먼저 행동으로 나타난 것이다. 전국의 불씨가 대구에서 불꽃으로 점화된 것이다.[81]

부산에서는 동래부국채보상일심회(東萊府國債報償一心會)가 조직되어 3월에 취지서를 발표하면서 국채보상운동이 시작되었다. 동래부국채보상일심회는 부산항상무회(=동래부상무회의소)[82]가 발기하였고 그 속에서 동래기영회(東萊耆英會)가 주축을 이루고 있었다.[83] 육방(六房) 중심의 퇴임자들이 만든 대동회(大同會)와 무청(武廳)의 퇴임자들이 만든 만동회(萬同會)가 1846년 기영회(耆英會)로 합쳐져 오늘날까지 내려오는 것이 동래기영회인데, 동래기영회의 구성원 중에는 동래상인들도 다수 포함되어 있었기 때문에 이들 집단을 중심으로 국채보상운동이 전개되었음을 알 수 있다. 발기인 14명 중 신원을 확인할 수 있는 사람 11명을 보면, 향반 출신으로 여겨지는 문병희, 김문주, 오덕근을 제외한 나머지 인물들은 대개 동래부에 소속된 무임(武任) 출신이었다. 이는 동래가 일본과 가까운 변방 지역의 특성상 임진왜란 이후 무임들의 영향이 컸다는 것을 나타내 주고 있다.[84]

국채보상기성회에서 발간한 동년 3월 16일 자 의금광고(義金廣告) 제1호에 따르면 부산상무회의소의 안순극(安舜克), 김문주, 정한경 등 36명이 각각 20전씩 의연금을 납부하였고, 그 후로도 5월과 8월 등 여러 번에 걸쳐 의연활동을 하였던 것으로 보아 부산국채보상운동은 동래기영회와 부산상무회의소가 중심이었던 것으로 보인다. 뿐만 아니라 4월 19일에는 부산항 좌천리에 보상소가 설립되었고, 5월 1일에는 부산항 좌천리 단연동맹이 조직되었다. 부산항 좌천리에서는 남자들보다 부인들이 먼저 부산항좌천리감선의연부인회(釜山港佐川里減膳義捐婦人會)를 결성하였으며, 이어서 부산항좌천리단연동맹회가 결성되었다. 부산항좌천리감선의연부인회는 부산항좌천리단연동맹회를 발기하였던 전 오위장(前五衛將) 박정회의 처 숙부인(淑夫人) 장씨가 중심이 되어 반찬값을 매일 3~4푼씩 아껴 국채보상금으로 의연하자며 부인들이 결성한 모임으로, 부부가 국채보상금 의연에 활동한 것은 전국적으로 보기 드문 사례였다.

부산항좌천리감선의연부인회 취지서를 보면, "'가빈(家貧)에 사현처(思賢妻)요 국난(國難)에 사량상(思良相)'이라는 옛말이 있듯이 나라의 재상이 어질지 못하면 나라를 지킬 수 없고, 아내가 어질지 못하면 가정을 지키지 못하는 것을 당연한 일로 여겼다. 제가(齊家)는 치국지본(治國之本)이므로 여자가 치산(治産)을 잘하면 올바른 치국을 할 수 있다는 것이다. 매일 반찬값을 아끼면 매월 신화 20전가량이 되므로 이를 의연금으로 내겠다."라고 되어 있다.

그 외에도 초량의 통운사(通運社) 사원이 단체로 의연하였고, 부산항의 창흥사(彰興社) 사원들이 단체의연을 하는 등[85] 상회사 사원들의 집단적 의연금 납부가 부산 지역 국채보상운동에 큰 기여를 한 것으로 보인다.

경남에서는 3월 14일에 김용효 등이 중심이 되어 국채보상경남찬성회(國債報償慶南贊成會)가 결성되었고, 3월 28일에는 국채보상경남회(國債報償慶南會)가 설립되었다. 경남도내에는 군마다 신망 있는 사람 1명에게 국채보상 업무를 맡아보도록 하였으며, 각 면에는 면장 1인이 국채보상 업무에 종사하도록 하였다. 특별히 본회에 가입하고자 하는 자는 본도(本道)나 타도(他道)

를 막론하고 가입할 수 있으며, 기부금 액수는 한정하지 않았다. 그리고 공함(公函)을 보내어 즉시 회답하도록 하였으며, 부락마다 집집마다 한 사람이라도 국채보상운동에 대해 모르는 사람이 없도록 하였다.

경남애국회(慶南愛國會)는 1907년 3월 29일에 안택중 등 20여 명이 발기하여 결성된 단체로, 국채보상운동을 주관하였고, 의연금 수납소인 애국상채소(愛國償債所)를 진주 낙육학교(樂育學校)에 두기로 하였다.

진주는 또한 임란 때 논개를 비롯하여 애국 기생의 활동이 다른 어떤 곳보다 많았는데, 국채보상운동에서도 노기(老妓) 부용(芙蓉)이 발기한 진주애국부인회가 가장 큰 활약을 하였다. 진주애국부인회는 1907년 3월 19일에 조직된 국채보상 여성단체로, 기생들을 규합하여 애국부인회를 결성하고 의연금을 모금하였다. 이 진사, 하 첨정의 부인이 중심이 되어 동지 10여 인을 규합하여 발기한 애국보상회(愛國報償會), 김기화의 조모가 회장인 국채보상경남진주부인회도 있었다. 그 밖에 유생들이 애국보상채소(愛國報償債所)를 발기하여 의연금을 모았으며, 기독교도들 중에서 상업에 종사하는 교인들도 상채소를 설립하여 의연금 모금활동을 전개하였다.

밀양의 국채보상운동은 1907년 5월 19일 유림들의 모임장소인 연계소(蓮桂所)에서 뜻있는 인사들이 모임을 가지면서 시작되었다. 이 모임에 참가한 사람들은 5월 22일 밀양 장날을 이용하여 응향문(凝香門) 앞에서 일장연설을 한 뒤 국채보상운동을 전개할 것을 결의했다. 이에 국채보상운동을 추진했던 밀양군 대표들은 국채보상운동을 밀양군 전체로 확산시키기 위해 「밀양군경중광고문(密陽郡境中廣告文)」을 『대한매일신보』에 게재하는 등 적극적인 활동을 벌였다. 밀양 지역 국채보상운동은 사족, 향반 계통의 유림 혹은 개명유림을 중심으로 전개되었으며, 안·이·손 3성의 문중이 주축을 이루었다.

김해 지역은 1907년 5월 김해군 좌부면 동정리 주민 11명이 모여 의연금 5원 10전을 납부하는 것으로 국채보상운동이 시작되었다. 이어 읍 외 지역인 명지면으로 확산되어 8월경 국채보상동맹소가 설치되어 111명의 주민이 참여하였다. 김해 지역은 읍내에서는 조직적으로 전개되지 못하고, 읍 외 지역인 명지면에서 활발히 전개된 것을 볼 수 있다. 이는 당시 세금을 두고 관리와 주민 간에 갈등이 있었기 때문으로 보이며, 변경 지역인 명지면에서 활발했던 것은 이 지역이 소금의 중요 생산지로서 자금의 유통이 원활했고 이에 상응하여 개항 이후 일본인들의 투자와 신문물의 유입이 빨랐기 때문일 것이다.[86]

창원·마산항에서도 국채보상의연소를 개소하여 국채보상운동을 실천에 옮겼다. 창원항에서는 부인들이 중심이 되어 창원항국채보상부인회(昌原港國債報償婦人會)를 조직하였는데, 노부인들이 직접 집집마다 방문하여 부인들의 마음을 고무시켜 참여케 하였다.

■ 전남 지역의 국채보상운동

전남 지역의 국채보상운동은 3월 3일 '전남·전북 대동광문회 지회'에서 국채보상 취지서를 발표하면서 시작되었는데,[87] 전주·전북 대동광문회와 광주·전남 대동광문회 공동명의로 11명이 발기하였다. 그들은 호남 지역이 예로부터 충효정신이 강하므로 다른 지역에 비해 의연이 결코 뒤지지 않을 것이라 확신하며 전남인의 자부심에 호소하였다. 곧이어 전남과 전북의 공동 국채보상의무소를 설치하였고[88] 3월 중순에 광주의 대동의상회(大同義償會), 나주의 국채보상의성회(國債報償義成會)를 설립하였다. 대동광문회 전남·전북지회가 설립되었지만, 광주·전남 지역은 이들과 함께 모금활동에 나서지는 않은 것으로 보인다. 실제 광주·전남의 국채보상운동은 광주와 전남 각 군·면 단위로 별도의 의연활동이 이루어졌다.[89]

전남도내 전체 32개 군에서 17개 지역에 보상소가 설치되었고 21개 군민이 의연에 참여하였는데, 이는 전남 지역 대부분의 민중이 참여한 것이다. 전남의 의연활동은 무안경찰서 직원들이 1원 44전을 모아 대구 국채담보회 사무소에 납부하는 것으로 시작되었다.[90]

여수군의 경우는 현직 여수군수와 군민이 하나가 되어 국채보상운동을 전개해 나갔다. 여수에서는 단연 취지서를 전 오위장(前五衛將) 곽경환을 비롯한 여러 사람의 이름으로 발표하고 45명이 모여 명단과 함께 기성회로 보냈다. 이에 군수 송재능(宋在菱) 외 28명이 33원 40전을, 군민 74명이 24원 80전을 모아 납부하였다.[91] 장성군의 경우 발기인 김헌규는 전 승지이고, 신만우는 전 참봉이었다. 지도군(智島郡)의 경우는 발기인이 지도군 주사였다. 구례군 토지면(吐旨面)에서 보상회를 발기한 사람들의 신분은 불명하나 단연 취지문이 순한문으로 작성되어 있어 발기인들의 지적 수준이 높았던 것으로 사료된다. 흥양군(현 고흥군) 보상회인 의흥회의 발기인인 김정태는 전 의관(前議官)이고 신충구는 전 참정(前參正)이다. 해남군의 보상회는 발기인이 이재량으로 전 종정(前宗正)이다. 제주군 신좌면(新左面) 신촌리(新村里)의 경우 전 정의군수 홍재심, 전 감찰 고기유, 전 참봉 이태성 등이 보상운동을 적극 권고하여 각계각층에서 의연에 참여하였다. 이와 같이 전남의 많은 지역에서 전·현직 관리들이 발기인으로 참여하였다.

영광군은 도내에서 가장 큰 액수를 의연하였다. 불갑사(佛甲寺) 승려 12명이 6원을 의연하였고, 하촌(下村) 도막동(屠莫洞)에서 11명이 5원 20전을 의연하였는데 이들은 모두 백정으로 보이며, 무당 임지순도 40전을 의연하는 등 각계각층의 민중이 의연 행렬에 참여하였다.

강진군에서는 금릉학교(金陵學校), 나주군에서는 금성학교(錦城學校)를 중심으로 교사와 학생들이 의연에 적극 동참하였다. 또 상민들이 집단적으로 의연에 참여하였는데, 이들은 경제활동에 종사하는 까닭에 빚이라는 것이 무엇이고 국채보상활동이 얼마나 중요한지를 실감하고 있었기에 적극적으로 의연활동에 나섰다. 또 향교의 동제계(東齊契) 및 장인들의 모임인 토장방계(土匠房契), 어망계 등에서도 의연하였다.[92]

구례군 방광면 월곡리에서 황현(黃玹)과 그의 아우 황원도 각각 4원과 2원을 의연하였다. 황현은 『매천야록(梅泉野錄)』에서 "고관대작이나 부유층은 호응하지 않고 천한 신분의 사람들이 더 많이 참여한다."고 지적하면서 일본 형사(하세가와)도 "이것은 의거이지만 이를 어떻게 막을 수 있겠는가 하면서 돕기도 하였으며 각국의 영사들은 모두 자기 나라에 이 사실을 전보로 알렸다."고 기록하고 있다.[93]

의연에 참여한 계층은 다수가 유생이었고, 상민계층도 많이 참여하였다. 여성의 참여도 천민계층의 참여와 함께 주목할 만하다. 전남 지역은 강인한 항일정신의 발현으로 도내 33군데에 수금소가 설치되는 등 대다수의 민중이 국채보상운동에 참여하였다.[94] 하지만 참여자 절대 다수가 농민층이어서 모금액은 적었다.

제주 지역은 행정 단위상 전남에 속하였다. 제주에는 4곳의 보상회가 설립되었다. 제주군에 홍평규 등 20명의 제주(단연)의성회, 김수석 처 박씨, 최원순 모 배씨, 조태승 모 강씨 등의 부인의성회, 제주군 신좌면 함덕리에 국채보상기성회, 제주군 신최면 조천리에 국채보상회 등이 설립되었다.[95] 제주군 함덕리, 두흑동, 건입리, 신촌리, 금성리 등의 사례들이 『대한매일신보』와 『황성신문』에 소개되었다.[96]

■ 전주·전북 지역의 국채보상운동

전주·전북 지역의 국채보상운동도 전남 지역과 마찬가지로 대동광문회 전남·전북지회에 의해 시작되었다. 그러나 대동광문회 지회가 독자적으로 의연금 모집활동을 한 기록은 확인되지 않는다. 전남·전북 공동으로 발기한 국채보상의무소는 상징적 기구로만 존재했고, 전북 지역은 각 지역별로 보상회를 설치하여 활동한 것으로 보인다.[97] 전북 지역의 군은 총 28개였다. 이 중에 신문에 보고된 것만 보면 16개 군에 19개의 보상회가 설치되었는데 실제로는 이보다 많았을 것이다. 예를 들면 남원은 신문상에는 보상회가 설립되지 않은 지역이지만, 남원군 서기 이택점(李澤點) 외 3인이 한 달 치 월급 32원을 모아 국채보상기성회로 보내면서 "군민과 더불어 한 회에 찬성하여 적극 노력하고 있다."고 한 것으로 보아 국채보상회가 설립되었음을 알 수 있다. 따라서 전북 28개 군 중에 22개 군, 그러니까 대부분의 지역에서 의연활동이 일어났던 것으로 볼 수 있다.[98]

전북 지역에서 최초로 보상회가 설치된 곳은 금산과 익산이다. 금산군에서는 고제학, 박항래 등 13명이 국채보상일심동맹회(國債報償一心同盟會)를 조직하였으며 취지서를 통하여 국채보상의 시급함을 역설하였다. 익산군 보상회의 발기인 이호림은 전 주사였다. 익산군의 의연금 수집소는 군내 임노하(林魯夏) 상점으로 정한다고 하였는데, 임노하는 발기인 중 한 사람이었다.[99] 대구나 서울과 비슷하게 전북 지역의 국채보상운동에도 상인의 참여가 보편적이었던 것으로 보인다.

여산군(礪山郡) 국채보상회는 대한자강회의 영향을 받았다. 대한자강회 전북지회가 여산에 설치되었는데, 대한자강회 여산지회 회원들이 신문을 통해 국채보상운동 소식을 듣고 단연을 실행함과 동시에 국채보상회를 설립하였다.[100] 여산군의 국채보상운동에는 황산사립창흥학교, 당산의숙(當山義塾)과 같은 학교가 단체로 참여하였다. 여산군의 의연자와 총 의연 금액이 135명, 74원 5전인데 학교의 단체의연이 98명, 63원 85전인 것을 보면

약 70%가 학생에 의한 것이다.

전북 지역에서 의연활동에 가장 많이 참가한 곳은 정읍으로, 그 수가 2,000여 명에 이른다. 그다음으로 전주가 1,500여 명이고 익산이 1,100명 정도이다. 지역 간에는 의연자 수에도 차이가 있지만 의연 횟수도 차이가 크다. 익산의 모금 횟수는 10회나 되었고, 전주는 5회였다. 순창은 단 1회 의연하였지만 의연자 수가 600여 명에 달했다. 이는 모금 횟수가 중요하다기보다 지역민이 국채보상을 위한 의연에 참여하도록 하는 지역분위기가 더 중요하다는 것을 의미한다.[101]

전북 지역 국채보상운동의 발기인을 중심으로 살펴보면, 그 가운데 신분을 알 수 있는 경우는 대개가 전·현직 하급관리였고 계몽단체 회원이나 상인도 있었다. 부안군의 신동석과 김영욱은 전 주사였고, 정읍군 단연동맹회의 발기인인 박중현은 전 의관(前醫官), 박기철은 전 문안(前文案)이었다. 발기인에 하급관리가 다수 포함되어 있는 것은 그 지역 군수가 높은 관심을 보였기 때문일 것으로 생각된다. 익산, 무장, 부안, 용안군은 현직군수가, 만경군은 전직 군수가 의연 대열에 동참하였다.

전북 지역 여성단체의 의연활동은 타 지역에 비해 저조한 편이었다. 전북의 경우 여성단체 의연활동이 단 1회 발견된다. 의연활동이 거의 막바지에 달할 즈음에 금산군 일남면(一南面) 황풍정부인(皇風亭夫人) 모임에서 여성 23명이 의연에 동참했다.[102] 마을 부인 친목회로 추정된다.

의연 단위로는 가족, 문중, 학교, 상민, 종교단체, 계, 향교 부인회 등을 들 수 있다. 학교의 경우 전주군 양영(養英)학교, 전주의 사립보통 함육(涵育)학교, 흥덕군의 소학교와 서숙(書塾) 여러 곳, 여산군 북일면(北一面) 황산(黃山)의 사립학교인 창흥(昌興)학교, 같은 군의 무평(茂坪)에 있는 당산의숙(當山義塾) 등에서 교사와 학생들이 적극 의연에 참여하였다. 향교의 경우 금산군 향교유생 200여 명이 120여 원을 의연하였다.[103] 또 계를 통한 의연은 정읍의 위친계(爲親契), 전주의 모군계(募軍契), 산성계(山城契) 계원들의 의연활동을 볼 수 있다.

상민의 집단적인 의연을 보면 보부상들의 의연을 비롯하여, 김제군에서는 망건전(網巾廛) 상인들, 전주군에서는 유상(油商), 정읍군에서는 청저전(靑苧廛), 저포전(苧布廛), 금모양전(錦毛兩廛) 상인들이 의연에 적극 가담하였다.

종교단체의 의연을 살펴보면 여산군 두화 예수교(杜花耶穌敎), 무평 예수교, 익산군 춘포면(春浦面) 팔문리(八門里) 예수교회, 전주군 천주교회 등 종교인의 참여가 활발하였다.[104]

■ 충남 지역의 국채보상운동[105]

충남 지역의 국채보상운동은 충청도 54개 군의 유지들이 3월 7일 '호중국채보상의조회(湖中國債報償義助會)'를 결성하고 「국채보상의조권고문(國債報償義助勸告文)」을 발표하면서 시작되었다.[106] 권고문은 "인민이 있은 연후에 나라가 있고, 나라가 있은 연후에 인민의 안락함이 있다."는 점을 강조하면서, 국채가 나라의 존립을 위태롭게 하고 있으니 국채를 보상하는 일이 인민으로서 나라를 지키는 '의무사항'임을 역설하고 있다. 이 권고문 발표 이후로 각 군 단위의 의연금 모집이 활발하게 진행되었다. 이를 계기로 충남 지역에서 이우, 윤영이 5월경 호서협성회를 별도로 결성하여 의연금을 모집하였다.

충남에서 최초로 의연한 사람은 아산에 거주하는 양 소사(梁召史)였다. 그녀는 양성환(梁性煥)의 딸인데 아산으로 시집와서 일찍 과부가 된 자이다.[107] 이것이 계기가 되어 아산 지역 주변으로 의연 열기가 확산되었다.

공주군에서는 가장 먼저 단연동맹회를 결성하고 이를 중심으로 모금운동이 전개되었다. 성응운, 박춘원 등의 발기인은 군수 김갑순의 도움을 받아 시장통에서 모금하였는데 현장 모금액만도 수천 환에 달했다고 한다.[108]

예산군에서는 예산군 의연금 집합소에서 3월 중순 정락용 등 19명이 취지문을 발표하면서 의연금 모금활동을 시작하였다.

한산군(韓山郡)에서는 파주 주사 김상익, 군 주사 노재민, 전 주사 홍준유 등 4명이 호서국채보상기성의무사(湖西國債報償期成義務社)를 조직하고 『대한매일신보』에 3월 17일과 19일에 연이어 「호서국채보상기성의무사 취지서」를 발표하는 등 대대적인 모금활동에 앞장섰다. 위의 발기인들은 호서 도민에만 국한하지 않고 전국적인 연대에 의한 모금활동을 주장하였다. 인근 경기 도민과 연대하는 등 추진방향을 새롭게 모색했다.

부여군에서는 민준식, 이규철 등 8명이 단연동맹회를 발기한 후 취지서를 공포하였다. 전의군에서는 전호영, 이창규 등이 국채보상동심사(國債報償同心社)를 조직하고 모금운동을 전개했다. 양촌사숙(陽村私塾) 교직원과 생도 등도 의연금 모집에 동참하였는데, 학생들의 참여는 인근 지역으로 파급되는 등 사회적인 관심사로 부각되었다.

은진군에서는 김영선, 김영극 등이 "국채는 국가는 물론이거니와 가정의 생존권마저도 위협한다."며 국채 위기의 절박함을 강조하였고 "국채를 갚는 날이 새로운 삶을 맞이하는 날"이라는 것을 부각하는 취지서를 발표하고 조직적인 모금활동을 벌이는 한편, 논산시장에 국채보상의무소 사무실을 설치하였다.

홍주군의 의연은 공동체 단위로 이루어진 사례이다. 번천면(番川面)에 사는 유생 주태환과 전 진사 황윤수가 국채보상기성회를 조직하여 홍주군의 마을 단위의 의연활동을 주도하였다. 이들은 취지서를 통해 주민의 동참을 호소하였고 주민들은 이에 적극 호응했다. 우선 홍주 세무소 세무관들이 37환의 거금을 모금하여 황성신문사로 보냈다. 홍주군 내 성지면(城枝面) 산양리 마을에서 도합 40원, 하오리 주민이 3원 90전을 의연했다. 13세 장봉춘(張鳳春) 어린이도 의연에 참여하였다.[109] 또한 아산·목천·청안에서도 유림공동체가 동참하였다. 형편에 따라 3냥에서 6냥씩 차등으로 부과하였는데, 강제 징수라는 비판도 있었지만 이들은 개의치 않았다. 이는 향촌공동체 운영 방식에 의거한 모금으로, 주민들의 경쟁적인 참여를 유도할 수 있었다.

직산군은 개항 이래 금광 개발과 더불어 일본의 침탈이 심한 곳이어서 대한자강회나 대한협회의 직산지회가 설립되었다. 이런 계몽활동 덕분인지 직산군의 의연금은 1천 원에 달했다. 군수 곽찬(郭璨)도 의연활동을 적극 지원하였다. 특히 최두경의 '가족 의연'을 주목할 필요가 있다. 그는 살림이 넉넉하지 않음에도 불구하고 50환을 의연하였고, 아들이 2환, 부인 서 씨가 은반지 1개, 어머니 이 씨가 은비녀 1개를 각각 의연하였으며, 고용인 2명도 1환과 10전을 의연하는 등 온 가족이 패물을 내놓았다.[110]

청양군과 해미군은 지리적 특성상 의연 행렬에 늦게 참여했다. 청양군은 청무의성회(青武義成會)가 조직되어 의연활동이 이루어졌고, 해미군은 최상만, 이기노 등이 「해미군국채보상의무사 취지서」를 발표하면서 주민들의 관심을 집중시켰다. 대흥군도 6월경부터 모금을 시작했는데, 400여 명이 참여하여 501환 30전을 모금했고, 모금의 열기가 거의 식어 가던 11월에는 2,000여 명이나 모금에 동참하며 대성황을 이루기도 했다.

학교의 참여도 주목된다. 아산군 둔포의 일신소학교 교직원과 학생들이 용돈을 절약하여 13원 40전의 거금을 의연하였으며, 이서면의 문지사숙(文旨私塾)도 이에 동참하였다. 공주군의 명화학교 교직원과 학생 50명은 35환 40전을, 공주공립보통학교 교직원과 학생들은 17원 31전 5리를 각각 의연함으로써 국채보상 대열에 동참했다. 직산의 사립 경위학교(經緯學校) 학생들도 의연에 동참했다.

군인들도 자발적으로 참여하였고, 갑사 및 동학사를 중심으로 다수의 사찰 승려들도 참여했으며, 기독교인들과 명신(明信)여학교 학생들도 의연에 참여하였다. 이러한 분위기는 관내 중국인들에게도 영향을 미쳐 화상(華商)들의 자발적인 참여를 이끌어 내었다.[111]

이와 같이 충남 지역의 국채보상 의연활동은 호서국채보상기성의무사를 비롯해 최소 20개 이상의 단체가 조직되어 진행되었다. 충남 지역의 활동가들은 지역민들의 참여를 독려하기 위해 지역상황에 적합한 각 지역의 취지서 및 선언문을 발표하여 국채보상이 국민의 의무임을 강조하였고 국채보상을 통한 국권회복의 중요성을 인식시켰다.

충남 지역의 국채보상운동은 문중이나 마을, 학교, 회사, 종교단체와 같은 공동체 단위의 의연활동이 활발했다. 지역공동체가 가지는 연대의식을 국민으로서의 의무로 연결함으로써 국채보상을 위한 의연활동을 적극적으로 추진했던 것이다. 대도시를 중심으로 상인층의 적극적인 참여가 보이지만, 향촌 중소도시에서는 지방 관리의 역할이나 지역 유지의 인격이 더 중요했던 것으로 보인다. 그러나 여성들이 종교단체 혹은 학교의 구성원으로서 의연하거나 여성 개인이 단독으로 의연하는 경우는 다수 있으나, 여성단체의 조직적인 의연활동이 목격되지 않는데, 이 점도 충남 지역 국채보상운동의 특징 중 하나이다.

■ 충북 지역의 국채보상운동[112]

충북 지역의 국채보상회는 충남과 충북이 공동으로 발의한 '호서국채보상기성의무사'에서 시작되었다. 호서지방의 대표적 국채보상운동단체인 호서국채보상기성의무사의 취지문은 "내가 있으니[有民] 나라가 있고[有國], 나라가 불안하면 내가 평안치 못하다."는 것을 기본 정신으로 하고 있다. 그러므로 "내가 불안하면 나라가 나를 돕고, 나라가 위태로우면 반드시 내[民]가 나라를 지켜야 한다."는 것이다.

이에 영향을 받아 충북 지역에서 최초로 국채보상회를 조직한 곳은 옥천군이었다. 3월 3일 「옥천군의무회 취지서」를 발표하였는데 발기인은 정직용, 이춘근, 이영갑, 홍승창 등 21명이었다. 이들은 읍내의 해창호상사(海昌號商社)에 임시사무소를 두었다. 군민들이 손쉽게 참여할 수 있도록 하기 위함이다. 옥천군의 의연활동은 창명학교(彰明學校)의 일본인 교사 제광길(提廣吉)의 참여로 연결되었다. 그는 직접 5원을 의연하였을 뿐만 아니라, "국채를 상환하는 일이 세상의 보편적 이치[萬國通義]"임을 강조하고 학생들에게도 자기 나라를 사랑하는 마음으로 의연에 동참할 것을 권고하기도 하였다.

3월 26일에 충북 전체를 아우르는 '국채보상충북발기인회(國債報償忠北發起人會)'를 권봉수, 박도양, 조기화 등이 발기하였다. 이로 인하여 국채보상 의연금 모집이 충북도내 각지로 확산되었다.

보은군에서는 이길선, 이근재, 방윤혁, 장두환 등이 「국채보상단연동맹모집금 취지서(國債報償斷煙同盟募集金趣旨書)」를 발표하고서 이근재 집에 수합소를 두고 활동하였다. 여기서 5월에 『황성신문』에 기탁한 의연금은 112원 55전이었다.

진천군에서는 여성이 먼저 국채보상회를 조직하였다. 이들은 진천군 광혜원(廣惠院)의 유지부인들이었다. 그 취지서는 확인되지 않지만 그들의 활동이 『황성신문』에 게재되었다. 그들은 국채상환운동에 여성이라고 입 다물고 있을 수[泯默] 없다고 주장하면서 의연금을 모집하였는데, 다수의 부인들이 은반지와 은비녀를 의연하였다.[113] 또한 진천군 광혜원에 거주하는 기생 취란은 여자교육회를 조직하여 여성교육 보급에 노력하였는데, 국채보상운동에 즈음하여 의연금 모집을 전개하는 등 여성들의 사회인식을 깨우치는 데 앞장섰다. 이로 인해 많은 여성들이 의연 행렬에 동참하였으며 여성에 대한 남성들의 인식도 크게 바뀌었다. 한편 진천군의 정구택, 이한용 등도 5월 초에 국채보상회를 조직하고 취지서를 발표하였다.

충주군의 의연활동도 주목할 만하다. 동량면 하곡동·소파동·갑산동에서는 마을 주민들이 7원 25전을 모았고, 장호원동에서는 마을회의에서 한 가구당 최소 3~4환씩 거출하기로 결의하였다.[114] 감물면 주월리 마을 주민 28명이 10원 52전을 모았고, 앙암면 웃바우 마을 주민 59명이 22원 20전을 모았다.

영동군에서도 정범석, 임동근, 오린근, 손태능 등 18명이 「국채보상회 취지서」를 발표하는 등 의연금 모금에 적극적이었다. 영동군에서는 상무회의소가 의연활동을 주도하였다. 영동군 국채보상회는 상인회와 전·현직 관리가 동참하는 바람에 일시에 110원을 모금할 수 있었다.

단양군의 국채보상의무소는 오선영, 장헌영 등에 의해 설립되었는데, 마을 단위로 모금활동을 전개해서 주민들로부터 상당한 호응을 얻었다. 충북에서 가장 많은 사람이 여기에 참여했으며, 최소한 2,500명이 동참한 것으로 보인다.[115]

음성군에서는 금목면(金目面) 무극리(無極里) 부인들이 조직적인 모금에 앞장섰다. 20여 명의 부인들이 모은 품목은 용비녀 1개, 은반지 8개, 국화비녀 1개 등 돈으로 환산하면 15원 20전에 달했다.

괴산군은 비교적 늦게 의연활동에 동참해서 1908년 1월까지 모금을 계속했다. 괴산군에서는 상대적으로 문중 모금이 많았다. 남중면 이씨 문중에서 2원, 읍내 유씨 문중에서 6원, 읍내 서부의 김성호 일가에서 3원을 의연했다. 또 산북면 신점동 유춘수 등 50명이 12환 33전을, 북중면 마을 주민 47명이 8원 95전을 의연했다.

이처럼 충북 지역도 열성적으로 국채보상운동에 참여하였다. 특히 상인층과 군인층의 참여가 돋보인다. 일본 상인과의 경쟁, 군대 해산으로 인한 군사제도의 무력화 등으로 인해 이들은 일본 침략을 피부로 느끼는 사람들이었기 때문이다. 그리고 충청도의 공통적인 특징 중의 하나로 문중조직의 참여가 활발하였다. 향촌공동체에 기반을 둔 강한 연대감이 국채상환운동의 원동력이 되었다. 여성단체의 활동도 주목을 받았고, 노파, 주모, 기생이나 과부의 참여가 오히려 기성집단에게 큰 반향을 불러일으켰다. 반면에 충북에서는 종교계의 활동이 보이지 않았다. 개별적인 참여는 있었겠지만 종교단체의 의연활동은 미진했다.

■ 경기 지역의 국채보상운동[116]

경기 지역은 개항의 영향을 직접적으로 받은 곳이다. 강화도조약 이후 외세의 침입 특히 일본의 경제적 침투를 직접적으로 받은 곳이고, 수도와 근접하여 정치적·경제적 변동에 관한 정보도 가장 빨리 접할 수 있는 곳이며, 군사적 변화에도 민감한 지리적 특성을 가지고 있다. 그래서 경기 지역은 전통적으로 항일운동에 선봉적이었고 국권회복을 위한 민족의식이 어느 지역보다 고취되어 있었다.

경기 지역에서 국채보상운동을 처음으로 전개한 곳은 인천이다. 인천은 일본 상인이 토착상인과 마찰을 빚었고 일본 거류민들이 날로 증가하여 지역경제가 일본 상권에 침탈당하는 것을 경험하고 있었기 때문이다. 먼저 인천항신상회사(仁川港紳商會社)에서 박원순, 김도선, 김윤성, 김종일, 강윤모, 정재홍, 장내홍 등이 발기인으로 나서서 단연동맹회를 조직하였다.[117] 인천을 시발로 하여 개성군에서도 전 부윤 한영원을 중심으로 115명이 의연금을 수합하였다.

수원부에서는 3월 9일 이하영, 임근수, 김태제 등이 국채보상운동을 제창하고 국한문 취지서를 발표하였다. 연이어 수원 영어삼학당(英語三學堂)에서도 국채보상운동 취지서를 발표하고 의연운동을 전개했다.[118]

안성군 서리(西里)에서는 류회근, 이원세, 정기조 등이 국채보상금 모금소를 설치하였으며, 5월에는 안성군신사의금 모집소(安城郡紳士義金募集所)를 설립하고 의연활동을 개시했다.

양주군에서도 「양주군국채보상금 취지서」를 발표하고 모금을 진행했는데, 의연금은 고주내면(古州內面)에 있는 보성회에서 수합하였다. 이곳에서는 마을 단위의 상당히 넓은 지역에서 의연활동이 진행되었고 2회 이상 모금하는 경우도 다수 있었던 것으로 보아 주민들의 열기가 대단했던 것 같다.

포천군은 일찍이 화서 이항로(華西 李恒老)의 제자들이 위정척사의 구심세력을 형성하고 있어서 항일운동에 매우 적극적이었다. 5월에 발기인 이청렬, 이관순(李觀純) 등이 국채보상포의소(國債報償抱義所)를 설치하고 「포천군국채보상포의 취지서」를 『대한매일신보』에 발표하였다. 또한 여주군에서는 국채보상 권고문을, 파주군과 양주군에서는 국채보상 취지서를 발표하였다. 이천군의 향무의사(鄕務義社)에서도 각 마을의 의연금을 모아 대한매일신보사로 보냈다.

양근군은 경기도 군부 중에서 가장 많은 사람이 의연에 참여했고 의연금도 가장 많았다. 참여 인원이 1,766명이며 의연금은 847원 95전이었다. 1894년 안승우(安承禹)가 경기도 최초로 의병을 일으킨 지역이어서 항일의식이 강하고 지역 연대감이 강한 곳이었다. 의병운동이 국채보상운동으로 전승된 것으로 볼 수 있다.

광주군 낙성면에서는 전직 관리가 앞장서서 마을사람을 설득하여 많은 의연금을 모았으며, 대쌍령리에서는 마을사람 대부분이 참여하였고 관내 광흥학교 학생들도 대거 참여하여 군 전체 1,602명이 576원 95전을 의연하였다. 이 지역에는 국채보상운동이 막바지에 이른 1908년에 경기도 최초로 기호흥학회 광주지회가 설립되었다. 국채보상운동 정신이 국권회복운동으로 이어진 것이다.

경기 지역에서는 여성들의 의연활동 참여가 활발하였다. 강화군 길상면 초지동에 사는 전 의관 민준식의 부인 장 씨가 대안동부인총회로 의연금을 보내자, 총회에서는 장 씨에게 강화군부인회 설립을 권장하기도 하였다. 인천에서는 인천국미적성회(仁川掬米積誠會), 남양주군에서는 남양주군부인의성회, 안성군에서는 안성군국채보상부인회, 김포군 검단면 고찬리에서는 국채보상의무소를 결성하였다. 경기 지역 여성들은 "나라가 위급할 때 부인이라고 하여 안연히 있는 것은 부끄러운 일"이라며 여성의 국민 된 의무를 각성하였다. 이들은 매일 아침저녁 가족 한 명당 한 숟가락씩 절미하여 모은 쌀을 의연미(義捐米)로 냈다. 안성 장터동 국채보상부인회는 안성장터를 중심으로 결성된 부인회이고, 남양군에서는 1907년 4월에 기독교 여성들이 중심이 되어 부인의성회를 조직하였다. 4월 안성 상업과 남소(商業課南所)와 일반 부인들이 발기하여 안성 장기동 부인회모집소를 설립하여 의연활동을 벌였다. 19원 50전을 모금하여 대한매일신보사로 송금하였다.

이와 같이 단체를 조직하지는 않았지만 개별적으로 의연에 참여한 여성들도 많았다. 양근군 내면 장안동에 거주하는 김헌중 대부인 서 씨가 은반지 1건, 차상진 완대부인 오 씨가 은비녀 1건, 김희수 장자부 정 씨가 50전, 서관흥 대부인 변 씨가 21원, 최 소사가 20전, 김영춘 대부인 서 씨가 12전 5리, 박영국 대부인이 은비녀 1건 등 장안동 부인들의 패물 기부도 유명하

였다. 안산군 북방면 속달리의 소사, 과부들도 의연에 적극 동참하였다.[119]

경기도의 국채보상의연운동은 가족 단위와 문중 단위로 일어난 경우를 많이 볼 수 있다. 가족 의연의 대표적 예로는 허증(許增) 집안의 3대 의연을 들 수 있다. 파주군 문산리 전 감찰 허증은 장자, 차자, 삼자, 장손, 차손, 삼손 등의 이름을 병기하면서 3대가 의연에 참여하였다. 문중 단위로 참여한 예로는 풍덕군의 의연을 들 수 있다. 중면(中面) 애포리(艾浦里) 신씨 문중, 윤씨 문중, 이씨 문중, 김씨 문중, 효령군대파 후손 종중 등 다수의 문중이 의연에 동참하였는데, 풍덕군 일대가 조선시대 문중 중심의 집성촌이 형성되어 문중 중심의 의연이 이루어졌다고 볼 수 있다.

학교와 교사의 의연활동도 활발하였다. 당시 학교는 애국계몽운동의 중심이었기 때문이다. 인천 미상회사(米商會社)는 학교를 설립하여 학생들과 향촌민의 동참을 유도하였으며, 여주군에서는 교육회석지사(教育會石支社) 김홍제, 권종윤 등이 의연을 하고, 수원공립보통학교에서도 의연을 하였다. 고양군 사립학교 계성재학당에서도 학교 부교장 외 16명이 의연에 동참하였고, 인천제령학교(仁川濟寧學校)에서는 서병두 등이 중심이 되어 다수가 의연하였으며, 수원영어삼학당찬성회(水原英語三學堂贊成會)에서도 김제구, 이하영 등이 취지서를 발표하여 군민들에게 의연을 호소하였다.

종교계의 의연도 잇따랐는데 전등사, 정수사, 백련사, 원통사, 보문사를 비롯한 다수의 사찰 신도들, 이천군에서는 예수교인, 천도교인들이 의연에 동참하였다.

전통적으로 일정한 조직이 형성되어 있는 상인들은 국채보상운동에 참여할 수 있는 여건이 갖추어진 셈이므로 앞에서 말한 인천항신상회사 외에도 권업사(勸業社), 미상회사, 어상회사, 전운사, 시탄(柴炭)회사 등이 적극적으로 의연에 참여하였다. 또한 장단군 소남면 흥화리에서는 발가산 사기점

상인 김형근을 중심으로 의연에 참여하였다. 양근군 분원의 초동(樵童)들도 땔감과 짚신을 팔아 의연금을 수합하여 국채보상기성회에 의연하였으며, 백정 김상용도 의연하였다. 국권수호를 위해 직업의 귀천이나 빈부와 관계없이 모두가 일심하여 의연에 참여하였음을 알 수 있다.[120]

■ 강원 지역의 국채보상운동[121]

강원 지역 국채보상운동도 외채로 인한 경제적 예속화가 국가의 위기로 연결된다는 인식과, 국민의 의무로서 국채를 상환하여 국가의 위기를 극복해야 한다는 국권수호의식에서 출발하였다. 강원 지역의 국채보상운동은 강원도 행정·문화의 중심지인 춘천에서 시작되었다. 군수 이명래(李明來)는 1907년 3월 초부터 국채보상동맹회 결성을 주도했고 정3품 남세희(南世熙)와 전 승지 이수인(李守寅) 등은 국채보상에 관한 발문을 유포하는 등 분위기 확산에 노력하였다.[122] 이러한 분위기 속에 이명래, 조두하(趙斗夏), 이긍종(李肯種) 등 6명이 발기하여 「춘천군국채보상동맹 취지서」를 발표하였다.[123] 이 취지서 역시 국채를 보상하는 일을 '국민의 의무'로 규정하고 2천만 국민이 각기 1원씩 거출하면 국채를 상환할 수 있다고 지역민에게 호소하고 있다. 취지서를 사람들의 내왕이 빈번한 시장거리 벽보판에 게시하는 등 열성을 다하여 선전하였다. 춘천국채보상동맹회는 오부영(吳富泳) 씨를 전문위원으로 선출하여 6원 10전을 서울의 국채보상기성회로 송치[124]하는 등 전국적 흐름을 따랐다. 이로 인해 춘천군내 여러 마을로 의연활동이 확산되었다. 북중면 천구리 주민이 16환 10전을 의연하였고, 북내일작면 한계리의 유창근·황영서 등 28명이 신화 1환을 의연하였으며, 북내면 서성규 등 6명이 1환을, 북산면 대곡리 주민이 엽전 205냥을, 북산외면 주민 박홍모 등이 27환 50전을, 북내면 고탄상리 주민 20명이 3환 30전을, 북내이작면 고탄상리 주민 59명이 13환 85전을 의연하였다. 사내면 창리 주민 69명이 당오전 1,215냥을, 검단리 주민 35명이 당오전 5,525냥을, 납실리 주민 5명이 신화 5환을, 서상면 반송하리 주민 15명이 2환 80전을, 남내면 주민이 64환 40전을, 최진양 등 33명이 9환 18전을 의연하는 등 춘천군에서는 마을공동체까지 의연활동이 확산되었다.

원주군은 이민황, 최재민, 김희주 등이 '국채보상의무소'를 조직하고 이를 대한매일신보사에 광고하는 등 적극적으로 선전하면서 국채보상운동이 시작되었다. 그들은 지역민들의 의연운동을 통해 "조만간 국채를 상환하게 되면 국권회복을 반드시 이룰 수 있으므로 함께 만세삼창"하자고 지역민에게 호소하였다. 부론면 갈현은 천민들이 사는 작은 마을인데 국채상환 소식에 12명이 모금하여 3환 50전을 의연했고 다시 모금하여 3환 15전을 더 의연했다. 무곡면 주민은 1환 50전을 의연했고, 단정 주민 48명은 신화 24원 90전을 의연했으며 귀래면 삼리 평촌 주민 33명도 신화 10환을 의연했다. 원주 진위대 위관인 민긍호(閔肯鎬)도 국채보상 소식을 듣고 한 달 치 급료 전부를 의연했다고 한다.

철원군 서변면 이현리에서는 전 사과 이영식, 전 주사 이범하, 유생 이석형·윤상은·최승범, 전 능령 이봉하 등이 발기하여 취지서를 발표하였다. 그들은 수전소를 윤상은의 집으로 정하고 남녀노소, 금액의 많고 적음을 막론하고 마을 주민들에게 동참하기를 권유하였다. 철원군의 의연금 모금 활동은 국채보상회를 '리' 단위로 조직할 만큼 열기가 대단히 높았다. 군수 홍붕관과 김재협·최양 등이 국채보상수취소를 조직하였고, 공립보통학교에서도 국채보상회를 조직하여 학생 및 학부형의 참여를 독려하였다.[125] 마을 단위의 의연도 활발했다. 신서면 상내산 주민 17명이 3환, 갈마면 삼성리 김씨 문중 7명이 엽전 30냥, 갈종면 풍전리 주민 71명이 엽전 267냥,

송내면 주민 42명이 9원 30전을 모금했다.

홍천군의 송재풍, 정한연 등 6명도 국채의무회를 조직하는 동시에 취지서를 널리 배포하였다. 홍천군에 사는 김인현, 신창균 등 35명이 36환 80전을 모금하여 황성신문사로 송금하였고, 이에 자극을 받아 중교의숙 김영환 등 27명이 6환 25전을 모금하였다. 이러한 의연 소식이 마을로 전해지면서 마을 단위의 의연활동이 전개되었다. 내면 신장대리의 주민 26명이 26환 20전을, 신장대리 시장주민 21명이 22환 10전을 모금했다. 이어 서면 팔봉리 주민 79명이 29환 64전을, 남면 주민 71명이 36환을, 남면 하오안리 주민 47명이 5환 50전을, 도남면 제곡리 주민 50명이 10환을, 북방면 성동리 주민 58명이 25환 45전을, 군내면 희망동 주민 80명이 13환 80전을, 두촌면 칠성리 주민 107명이 35환을 의연했다. 서석면에서는 면민 전원이 참여했다고 하며, 군내의 여러 소학교 생도들도 의연에 참여했다고 한다.

화천군에서도 오종영, 길춘식 등 6명이 국채보상회를 설립했다. 이것이 주민들의 동참으로 확산되었다. 상서면 구운리 주민 84명이 30환을, 신풍리 주민 125명이 41환 20전을 모금했다.

회양군에서는 송성락, 송종유, 김응수, 송낙용 등 19명이 국채보상단연회를 조직하였다. 김응수는 소를 팔아 10환을 의연할 정도로 적극적이었으며 이석기 등 주민 51명과 함께 41환 60전을 의연하여 힘을 보탰다. 발기인들은 이에 영향을 받아 장날 시장에서 국채보상 의연을 연설하거나 향회를 열어 모금에 동참해 달라고 호소하였다.[126]

영월군에서도 국채보상회가 조직되어 475명이 모금에 동참했다. 고성군에 거주하는 김중하가 국채보상기성회를 발기하여 60명이 여기에 동참했으며 안협군의 240명과 통천군의 105명의 의연금이 국채보상기성회로 보내졌다.[127]

울진군에서는 군 주사 정병하와 남치도 등이 국채보상 취지서를 발표하고 1환을 황성신문사로 우송했다. 이에 세무 주사 원경상도 황성신문사로 의연금 1원을 송치하였다.

당시 이천군은 외지여서 주민들이 국채보상운동 사정을 잘 알지 못하였는데, 군수 석명선이 신문에 실린 서상돈의 취지서를 읽고 크게 감동받아 발기인 김용식, 윤상균 등과 함께 「이천군국채보상의무소 취지서」를 작성함으로써 의연운동이 시작되었다. 이에 산내면 용포리 주민 44명이 신화 20환 30전을, 군내면 주민 22명이 9환 70전을, 군내면 노상리 주민 15명이 4환 30전을 의연했다. 김화군, 이창화 등 59명이 50환 30전을 개별적으로 모금하기도 하였다.

강릉군 유생들은 모금활동을 체계적으로 추진하기 위하여 각 호별로 의무금을 부과하기도 하였다. 의무금 할당에 대한 주사 최종락의 반대의견이 『황성신문』에 게재되기도 하였지만 모금은 계속되었다. 특히 강릉의 퇴기(退妓) 초옥, 신춘, 경선, 춘앵, 금선, 월선, 금향, 옥선 등의 의연은 『황성신문』에서 '강릉 8선녀'로 명명되기도 하였다.[128]

인제군에서는 국채보상회가 결성되었다는 보도는 없었지만 주민들의 의연이 적지 않았다. 상도리 주민 40여 명이 신화 13환 13전을 의연했고, 읍내 주민 20명과 군내면 북리 주민 35명, 동면 주민 12명, 합강리 주민 12명, 기린면 동리 주민 76명, 군내면 고사동 주민 56명이 모두 합쳐 신화 128환 67전 5리를 의연하였다. 동리별로 경쟁하듯이 의연한 결과이다.

횡성군에서도 국채보상회를 결성했다는 보도는 없지만 주민의 참여가 활발했다. 갑천면민의 참여가 대표적이다. 부동리 21명, 구방내 46명, 화전리 39명, 전촌리 21명, 대관리 31명, 삽교리의 69명, 그리고 개인 11명, 도합 55환 95전을 모금하였다. 상인단체인 우사상도중(右社商都中) 조준태·한

봉구 등 상인 122명이 뜻을 모아 108환 35전을 의연하였다.[129]

학생들의 참여도 주목할 필요가 있다. 특히 홍천군 서석면 검산리에서는 주민 81명과 소학교 생도들이 20환 70전을, 상군두리에서는 주민 24명과 소학교 생도들이 5환 75전을, 생곡리에서는 주민 93명과 소학당 생도들이 17환 46전 5리를 의연했다. 또 풍암리 주민과 소학교 생도 57명이 14환 90전을, 하군두리 주민 24명과 소학당 생도들이 6환 30전을 의연했다.

종교계에서도 국채보상운동이 진행되었다. 간성군의 건봉사 승려와 보살이 의연에 참여하였으며, 건봉사 부속 교육기관인 봉명(鳳鳴)학교 교직원과 학생들도 의연에 적극 동참하였다. 신도들도 148원 76전을 모금하였다. 기독교계의 참여도 빼놓을 수 없는데, 홍천군 남면의 기독교인 14명이 2환 5전을 의연하였다.

■ 북한 지역의 국채보상운동[130]

서울에 거주하는 서북 지역 출신들은 '서도의성회'를 조직했다. 발기인은 지기영, 김규진, 전효순, 백낙원 등 23명으로, 취지서를 발표하면서 본격적인 활동에 돌입하였다. 이들은 서울 중서 장방동 장교 4통 2호 김윤영 집에 사무소를 두고 서북인들의 분발을 촉구하며 모금 참여를 유도하였다.

황해도 은률군에서는 홍진삼, 이문욱, 홍순철, 김태성, 홍순한, 장윤표, 홍만기, 홍경전, 최인도, 홍성섭 등이 국채보상 발기문을 공포하였는데, 주요 논지는 "국채보상을 통하여 국권을 회복하는 동시에 문명사회를 건설하자."는 것이었다. 안악군에서는 김응화 등이 국채보상취성회를 조직하고 「안악군국채보상취성회 취지문」을 발표했는데, 취지서를 통행이 많은 읍내 등지에 내걸고 임원들이 통상회를 개최하는 등 주민들의 관심을 끌기 위해 노력을 아끼지 않았다. '차관문제와 애국사상' 등을 연제로 한 연설회는 감동을 주기에 충분했고, 가재도구를 팔거나 심지어 머리카락을 팔아 의연에 동참하는 여염집 부인도 있었다.[131] 삼화항(三和港) 부인들도 '패물폐지부인회'를 조직한 후 취지서를 발표하였으며, 국채로 쓰러져 가는 한민족의 운명을 1천만 여성이 구하겠다는 확고한 의지를 밝혔다. 그들은 자주적인 독립국가를 이루고 유지하는 것은 국민의 의무라고 강조했다. 장연군에서는 국채보상 취지서가 시중에 배포되어 3회에 걸친 의연활동을 통해 무려 2,500원의 의연금을 모았다. 장연군에 거주하는 장의택이 지역주민들의 적극적인 의연활동을『황성신문』에 기고하여 사람들에게 널리 알려졌다.[132] 그 외에 황해도 지역에서 국채보상소가 설립된 지역은 재령군, 은진군, 수안군, 옹진군 등이다.

평안도에서는 2월 28일에 조직된 서도의성회를 제외하면 평양에서 가장 먼저 국채보상운동이 일어났다. 관서 지역 44개 군이 연합하여 김인식, 김윤영, 김균석, 전창렬, 김태규, 김시봉 등 6명이「국채보상의연 권고문」을 발표하면서 국채보상의연활동을 시작하였다.[133] 권고문에 따르면 의연자의 이름과 금액을 성책으로 만들어 대한매일신보사로 보내기로 하였다. 동시에 평양의 임기반(林基磐)도 국채보상회를 조직한 후 국민의 의무로서 의연금 출연을 강조하며 일장 연설을 하였다. 그는 귀가 후 이러한 취지를 부인에게 설명했다. 그러자 부인 최신실(崔信實) 씨는 정색을 하며 "국가적 관념과 천부적인 자유는 모든 사람에게 있습니다. 이런 의무는 당장 행해야 합니다."라고 말하고서, 즉시 은장도를 출연하였다.[134] 영유군(永柔郡)에서는 일본인의 의연 동참이 화제가 되었다. 이화학교의 일본인 교사 정유호빈(正柳好彬)이 국채보상운동에 감격, 의연금을 출연하여 주민들의 감동을 자아내었다. 평안도 지역에서 국채보상소가 설립된 곳은 정주군, 통진군, 용천부, 중화군, 철산군, 의주군, 태헌군, 영유군 등이다.

안중근(安重根)도 국채보상운동에 적극적으로 참여하였다. 계봉우(桂奉禹)는 『권업신문』에 「안중근전」을 연재하면서 “안중근이 1907년 2월경 평양 명륜당(明倫堂)에서 뜻있는 선비 천여 명을 모으고 의연금을 크게 거두었으니 이것은 나라를 사랑하는 충성이니라.”라고 하여 국채보상운동에서 안중근의 활약상을 소개하였다. 안확식 또한 안중근이 “대구 국채보상회 본부 서상돈 회장에게 자청하여 관서지부를 개설하고 자신이 지부장이 되었다.”라고 안중근의 활동을 기록하였다. 특히 안중근의 어머니 조마리아도 의연 열성이 대단하였다.

> … 연전에 국채보상금 모집할 때에도 그 부인과 그 제수가 시집올 때 가지고 온 패물 등을 다 연조케 하여 가로되 나라가 망하게 된지라 패물을 아끼어 무엇에 쓰리오 하매 그 부인과 그 제수들도 즐거이 따라 하여 그 뜻을 조금도 어기지 못하였다. …[135]

이와 같이 국채보상운동에 안중근의 온 집안이 동참했다. 또한 안중근이 설립한 삼흥학교의 교사와 생도도 혼연일체가 되어 모금활동에 참여했다.[136]

함경도에서는 4월경 함흥군의 '함흥군국채보상기성회'가 제일 먼저 발족하였다. 발기인 주장겸(朱장謙) 등 75명이 「함흥군국채보상기성회 취지서」를 발표하였다.[137] 그들은 “무릇 국채라는 것은 일종의 전쟁의 총탄과 같은 것”이라고 인식하였다. 함남 단천의 경우 〈국채보상가〉를 지어 의연활동을 고취시켰는데, 이는 국채보상운동 확산에 매우 큰 의의가 있었다고 본다. 그 외 함경도의 함흥주 북면, 함흥주 북면 상동, 원산항, 홍원군, 영흥군, 경성군 등에서도 국채보상회가 결성되어 의연이 이루어졌다.

한편 북한 지역에서는 여성의 활동이 눈부셨다. 황해도 수안(遂安)에 사는 이균호가 '절용동맹회(節用同盟會)'를 조직하고 남성 중심의 취지문을 발표하자 안악군에서는 4월 초에 '국채탈환회'를 발기하여 국문으로 된 취지문을 발표하고 여성의 의연활동이 시작되었다. 발기인 장의근의 장모 공(孔) 씨와 감덕유의 조모 엄(嚴) 씨는 "대저 남녀는 매일반이다. 천만 여성 중에 반지를 가진 여성이 절반은 넘을 터이니 여성을 속박하는 반지를 뽑아 국채를 갚자."는 골자의 취지문을 발표하고 여성의 참여를 독려하였다. 안악군의 여성 국채탈환회는 발기인 25명, 참여인 47명으로, 42원 60전에 해당하는 패물을 출연하였고, 11원 30전의 현금을 의연하였다.[138]

평안도 지역에서 여성이 가장 조직적으로 모금활동을 한 곳은 삼화항의 '삼화항 패물폐지부인회(三和港佩物廢止婦人會)'이다. 이들은 김경자 씨 부인 김 씨 등 7명의 이름으로 발기하였는데, 순한글 취지서를 『대한매일신보』에 3회로 나누어 실었다.[139] 이들의 1차 의연금은 20원 50전이었고, 2차 의연금 내용에는 안중근 의사 친모의 패물 의연이 기록되어 있다.[140] 이에 영향을 받아 삼화항의 비석동 예수교 여성교인이 먼저 자신의 패물과 바느질 수입을 모아 의연금 30여 원을 수합하였으며, 이 교회가 운영하는 소학교 학생들이 학부형과 함께 20여 원을 의연하였고, 이들이 시중에 나가서 모금한 의연금도 상당하여 그 금액이 총 61원이나 되었다.

함경 지역의 여성 국채보상운동은 '청북강계부인급수보상회(淸北江界婦人汲水報償會)'를 들 수 있다. 현직 관인의 부실(副室)과 일반부인 12명이 발기하였는데 이들은 각 마을을 다니면서 의연을 독려하는 활동을 하였다. 영흥군에는 '영흥군국채보상감반회'가 설립되었다. 발기인 권영호·강염주 등은 「감반회 취지서(減飯會趣旨書)」에서 "매 끼니마다 6식구가 먹을 쌀을 한 숟가락씩 줄여 1년간 모으면 1원 60전이 되는데, 영흥군 9천 호가 1년간 감미(減米)하면 8만 8천4백 원이 되며, 전국 동포에게로 확대하면 1년 안에 국채를 갚을 수 있다."고 하면서 취지서를 발표하였다. 이는 서상돈의 금연동맹운동이 여성 감반동맹운동으로 확산된 것이다.

북한 지역의 국채보상운동은 지역별로 큰 편차를 보인다. 황해도 지역과 평안남도 지역은 비교적 활발한 모습을 보였지만 함경도는 전반적으로 부진한 모습이었다. 그러나 함경도 중에서 원산이나 함흥, 단천 등지는 다른 지역보다 더 열성적이었다. 단천 지역의 이병덕과 김인화의 〈국채보상가〉가 그러한 분위기를 잘 보여 준다.

북한 지역은 종교계의 활동이 미약한 반면 여성단체의 모금활동은 활발하였다. 북한 지역에는 10개 이상의 여성 국채보상회 조직이 구성된 것으로 보고되고 있다.[141]

■ 해외의 국채보상운동[142]

대구에서 시작된 국채보상운동은 순식간에 함경도와 제주도까지 확산되었고, 나아가 해외로까지 전파되었는데 일본, 미주, 러시아 연해주 지역이 대표적이다. 러일전쟁 이후 일본으로 유학을 떠나는 학생이 급증하였고, 하와이로 이민을 떠난 노동자들이 미국 본토로 재이주하여 한인단체들이 결성되었다. 그리고 러시아 연해주 지역으로도 한인 이주가 급증하면서 한인사회가 형성되었다. 일본은 3월 초, 미주는 3월 말, 연해주는 4월 말부터 국채보상운동이 시작되었다. 해외에 거주하는 한인들도 고국에서와 마찬가지로 국채보상운동이 국민의 의무라는 인식하에 의연 대열에 동참하였다.

일본에서는 유학생 단체를 중심으로 국채보상운동이 전개되었다. 서상돈의 발기문이 일본에 곧장 전달되어 유학생들 사이에 토론이 이루어졌다. 1907년 3월 3일경에 일본 유학생 총회에서 "아사히담배 1갑이 6전이고, 한 달에 한 사람이 1원 80전이다. 백 명이면 1천4백40전이고 일 년이면 1만

7380원이다. 800명 유학생이면 그 돈이 적지 않다."고 금연동맹을 제안했다. 유학생 총회 이후 제일 먼저 태극학회가 금연상채운동(禁煙償債運動)에 참여했다. 이들은 3개월간 모금한 의연금 18원 56전을 황성신문사로 보냈다. 태극학회 유학생들은 그 후 2번을 더 모금해서 송금했다.[143]

일본에서 국채보상 모금운동을 한 단체는 '일본유미국육군학교학도(日本留美國陸軍學校學徒)'이다. 이들은 육군학교 입학을 위해 일본에 유학을 왔지만 입학하지 못하고 미국인이 만든 특설학교에 입학한 유학생들이다. 이들도 금연동맹을 통해 개인별로 40전을 모아 대한매일신보사로 매달 송금했다.

다음은 대한동인회(大韓同寅會)이다. 대한동인회는 동인의숙(同寅義塾)을 기반으로 태극학회 회원이 만든 단체로, 이들도 금연동맹을 통해 2회에 걸쳐 대한매일신보사로 송금했다.

국채보상 모금에 참여한 가장 큰 단체는 대한유학생회이다. 그들은 전체 한인 유학생을 대표하는 단체로서, 국채보상운동을 '국민 대운동의 제1보'라고 평가하고 모금을 시작했다. 그러나 그들의 모금액은 5원에 지나지 않았다. 그 이유는 유학생들이 각자 소속되어 단체에서 의연을 했기 때문으로 보인다.

마지막으로 관비 유학생 단체인 대한공수회(大韓共修會)가 있다. 이들은 대부분 황실 유학생들로, 1차 의연금 62원 50전, 2차 의연금 71원 50전을 대한매일신보사로 송금했다.

일본의 유학생 단체들은 별도의 취지서를 내지 않고 자신들의 회보에 기고문 및 논설로 의견을 피력했다. 그들은 국채보상운동이 국민운동의 제1보인 만큼 앞으로도 지속적인 국민운동을 전망했다.

미주 지역의 국채보상운동은 공립협회(共立協會)와 대동보국회(大同保國會)

그리고 뉴욕공제관(共濟館) 같은 한인단체에 의해 전개되었다. 미주 지역에서는 공립협회가 처음으로 국채보상운동을 개시했다. 이 단체는 샌프란시스코 친목단체와 리버사이드 공립협회가 통합된 단체로, 7개의 지회가 있는데, 그중 4개 단체가 참여하였다. 3월 25일에는 샌프란시스코 지회, 3월 28일에는 로스앤젤레스 지회, 4월 26일에는 록스프링스 지회, 6월 14일에는 솔트레이크 지회가 발기문을 발표하고 의연금을 모았다. 공립협회는 지역별로 모금해서 단체로 의연금을 공립신보사로 보냈다. 이 단체의 의연활동은 9월까지 계속되었다.

대동보국회가 국채보상운동에 참여한 것은 7월 12일에 처음으로 확인된다. 이 단체는 『황성신문』과 『대한매일신보』에 취지문을 발표하고 3회에 걸쳐 의연금을 모아 합계 464원 36전을 대한매일신보사로 보냈다.

뉴욕공제관은 '뉴욕에 사는 韓人諸氏'라는 이름으로 의연금을 보내왔다. 이들은 7월과 8월에 각각 212원을 송금해 왔고 그 이후의 활동은 확인되지 않는다.

마지막으로 하와이 에와침목회가 하와이에서 국채보상운동에 참여했다. 이들은 조국에서 국채상환운동이 시작되었다는 소식을 듣고 5월에 56명, 9월에 32명이 모금해서 미화로 각각 56.25달러, 29.95달러를 황성신문사로 송금했다. 하와이에서는 단체뿐만 아니라 한인촌 사람들 86명이 모여 142환 70전을 모금하기도 하였다.[144]

연해주 지역에서는 블라디보스토크에 거주하는 한인이 먼저 국채보상운동에 참여했다. 한인 36명이 55원을 국채보상기성회로 송부하면서 취지문을 발표했다. 그들은 조국사상(祖國思想)을 강조하면서 "조국을 잊지 않는 것이 나라에 보답하는 길이다."는 관점에서 의연금을 모금하였다.[145] 우수리스크 수이푼 지역에서도 국채보상운동이 전개되었다. 이들은 '황제 폐하의 억만년 무강하실 체제'를 위해 국채보상운동을 해야 한다는 관점에서 의연금을 모았다. 그러나 이들이 모은 의연금은 많지 않았다. 이들이 송금한 금액은 55원 정도였다.[146] 연해주에서 발흥한 의병운동의 영향으로 생각된다. 의병 군자금이 연해주에서 모금된 것을 생각하면 이해되는 지점이다.[147]

3. 국채보상운동의 전모와 미완의 종결

국채보상운동의 전모[148]

1907년 1월에 시작하여 3~4개월 만에 전국과 해외동포로까지 확산되었고 1908년 어느 시점에 사그라졌던 국채보상운동에는 1300만 원이라는 거액의 국채를 갚기 위해 당시 전국 318개 군 전 지역의 민중들이 거국적으로 참여하였다고 하는데, 정확하게 국민의 얼마가 참여했는지, 모금액이 얼마나 되는지는 지금까지 정확하게 확인되지 않고 있었다. 최근에 와서 그 전모를 살펴볼 수 있게 된 것은 당시 언론에 발표된 엄청난 규모의 취지서와 참여자 그리고 의연금 자료들이 디지털화되었고, 그것을 기술적으로 정리할 수 있는 기반이 마련되었기 때문이다. 이 절에서는 국채보상운동에 참여했던 의연자 총수와 지역적 분포, 의연 금액을 정리하고, 의연자 수와 의연 금액의 시간별 추이를 도식화함으로써 국채보상운동의 전모를 살펴보고자 한다.

■ 의연 참여자의 총수

의연자 명단은 1907년 2월 18일 자 『제국신문』에 게재된 서울 정동의 고용인[雇人] 25명이 20전씩 의연한 것을 시작으로 하고 1908년 10월 31일 자 『황성신문』에 게재된 황해도 봉산군 사원면의 156명 의연을 끝으로 한다. 『제국신문』, 『만세보』, 『황성신문』, 『대한매일신보』, 『경향신문』 등 5개 신문 자료에 따르면, 신문에 의연자 명단을 광고한 424일 동안 매일 평균 500여 명의 의연자 명단이 신문을 통해 광고된 것이다.[149] 전국에서 개인 명의로 의연한 참여자 수는 [표 1-5]를 참조하면 약 26만 2천여 명으로 집계된다. 대한매일신보사는 밀려드는 의연자를 모두 게재할 수 없어 1907년 6월부터 추가 한글판 발행을 예고하였다.[150] 그러나 추가로 발행한 한글판 6월호는 현재까지 확인할 수 없다. 7월 2일 발행한 한글판 '남해군 애국상채사(愛國償債社)' 기사에 따르면 6월 간행 한글판에는 상당히 많은 의연자 명단이 실려 있었다는 것을 알 수 있다. 또한 6월과 7월호 한문판 신문에는 각각 1만 4천여 명의 명단이 실려 있고, 7월호 한글판 신문에는 1만 2천 명의 명단이 실려 있는 것으로 보아 6월호 한글판에도 1만 명 정도가 게재된 것으로 추정할 수 있다. 따라서 전국의 개인 의연자 수는 27만 2천여 명으로 보는 것이 타당하리라 생각된다.

표 1-5 신문별 의연자 수, 의연액 현황 및 전국 총합

출 전	개인 명의 의연자 수	단체/집단 명의 의연자 수(추정)	개인 명의 의연액	단체/집단 명의 의연액
경향신문	604명	914명	269원	208원
제국신문	9,839명	772명	3,724원	237원
만세보	26,001명	3,850명	18,435원	1,121원
황성신문	110,367명	19,373명	70,775원	6,146원
대한매일신보	116,005명	20,247명	73,168원	6,081원
합	262,816명	45,156명	166,371원	13,793원
총합계	307,972명 ※『대한매일신보』 6월호 한글판(망실)에 실린 추정 인원 1만여 명은 별도		180,164원 ※『대한매일신보』 6월호 한글판(망실)에 실린 추정 의연액 6천여 원은 별도	

자료: 한상구(2015), 127쪽 재인용.

위의 신문에는 개인 이름으로 의연한 경우 외에 교회, 학교, 계, 모임 등의 단체/집단 명의 및 동중(洞中), 면중(面中)의 이름으로 의연한 경우가 총 1,635건으로 집계되어 있기에 참여자 수를 확정할 수가 없다. 그래서 부득이하게 단체로 의연한 참여자 수의 평균으로 정리할 수밖에 없었다. 동중은 24명, 면중은 93명, 이를 제외한 단체/집단은 34명으로 평균값을 산정한 뒤, 이 평균값에 의연 건수를 곱하는 방법으로 단체 참여자의 수를 추정하였다. 이 방법으로 단체/집단 의연자 수를 추정하면 4만 5천여 명이 된다. 이러한 과정을 통해 국채보상운동에 의연으로 동참한 참여자 총수를 307,972명으로 상정할 수 있다.

당시 인구를 '2천만 동포'라고 하는데 이는 과대추정이고, 총독부의 1911년 인구통계는 1300만인데 이것은 과소추정이다. 여기에서는 중간값인 1700만 명으로 가정한다. 이 경우 참여자는 총인구의 1.8%이다. 이런 평가는 현실을 반영하지 못한 것이라 할 수 있다. 당시에는 의연활동이 가족 단위로 이루어지거나 아이들을 제외하는 것이 통상이었으므로 전체 인구 중 20세 이상 성인 남성 인구를 510만 명으로 보면, 참여 숫자는 성인 남성의 5.4%이다. 남성 18명 중에 1명이 의연 행렬에 동참한 셈이다.[151]

그러나 관점을 가족 단위로 이동할 필요가 있다. 당시 의연활동은 가족 단위로 가장이 대표로 한 경우가 일반적일 것이다. 자녀가 세뱃돈을 의연하거나 부인이 패물을 내는 경우도 있지만 일반적으로 가족 단위로 의연활동에 참여하였다고 보는 것이 타당하다. 당시 평균 가정을 8인 대가족으로 가정하면 31만 명이 참여했다는 것은 전 국민의 15%가 의연에 동참한 것으로 볼 수 있다.

뿐만 아니라 의연자 명단이 신문에 게재되지 않은 경우나 사고로 누락된 경우도 많았던 것으로 보인다. 당시의 모금 구조를 보면, 도시의 경우는 수합소에서 영수증을 발급하고 한지로 된 성책에 이름과 금액을 붓글씨로 기록했다. 마을 단위의 촌락에서는 임시 수합소를 설치하고 성책에 명단과 금액을 기재했다. 그런 다음 이들 성책을 모아 중앙 수합소(신문사 및 기성회 등)로 보내어 이를 신문에 게재하였다.[152] 그러나 최근에 상주 외서면 이하리, 강동면 사곡동, 하동군 서량곡면 등 여러 마을의 성책이 발견되었다. 그런데 이 성책의 명단을 신문 광고 명단에서 전혀 찾을 수가 없다. 서울로 송치된 성책 이후에 만들어진 성책이었다고 생각된다. 이런 성책들은 식민지 시기와 한국전쟁을 거치면서 대부분 멸실·소실되었을 것이다. 이상의 사례를 보면 신문에 고시된 것 이상으로 많은 의연자 명단이 누락되었을 것이 분명하다. 따라서 어림잡아 최소한 전 국민의 20% 정도가 국채보상의연 행렬에 동참했다고 보는 것이 타당하다.

이 참여율은 일본의 통감부 통치를 받고 있는 상황 속에서 '국가부채'라고 하는 개인의 문제가 아닌 국가적 문제에 대해 국민들이 자발적으로 참여한 기부운동이라는 측면에서 상상하기 어려운 경이로운 수치이며, 따라서 국채보상운동은 참여율 면에서 세계사 속에 찾아볼 수 없는 거족적 국민운동이라 할 수 있다.

■ 의연금 총액

지금까지 국채보상운동 의연금 총액을 정확하게 집계하지 못했다. 의연금 총액은 몇 가지 자료에서 확인된다.

첫째는 의연금 수합소의 합계이다. 대한매일신보사와 총합소의 자료는 베델(Bethell)이 영국 총영사 헨리 콕번(Henry Cockburn)에게 제시한 자료에서 확인된다.[153] 이 자료에 따르면 대한매일신보사와 국채보상지원금총합소의 합계액은 72,000원이다.

▶ 대한매일신보사 접수 총액 61,500원
 - 국채보상지원금총합소에 교부한 돈 32,000원
 - 마르땡에게 대부한 돈 22,500원
 - 현금잔고 7,000원

▶ 국채보상지원금총합소 총액 42,500원
 - 총합소에서 직접 접수한 돈 10,500원
 - 신보사에서 교부받은 돈 32,000원

이와는 별도로 황성신문사가 은행에 예입한 의연금은 1908년 1월 11일까지 108회 54,000원이다. 대한매일신보사, 황성신문사, 총합소의 의연금을 합치면 총 126,000원이다. 대한매일신보사는 1908년 5월 15일까지 은행 예치를 신문에 공고했고, 황성신문사도 1908년 1월 11일까지 108회에 걸쳐 한성은행에 의연금을 예치한 사실을 신문에 공고하였는데 그 이후에는 공고가 없다. 이후의 사소한 금액까지 합하여 총액을 약 130,000원으로 추정할 수 있다.

두 번째는 황현의 『매천야록』의 기록이다.[154] 황현의 기록에 따르면 1910년 4월 7일, 8일 양일간 국채보상금처리회를 열고 지금까지 모금한 각처의 모금액을 정리하니 159,253원 99전 9리였고 이를 어떻게 처리할 것인지를 논의했다고 기술하고 있다.

세 번째는 일본헌병대 '기밀 407호' 보고이다. 그것에 따르면 1908년 7월 20일 자 의연금 수합기관의 접수액은 다음과 같다.

 - 대한매일신보사 3만 6000여 원
 - 국채보상지원금총합소 4만 2308원
 - 황성신문사 8만 2000여 원

- 제국신문사 8420원 6전
- 만세보사 359원
- 국민신보사 55원
- 국채보상기성회 1만 8700원 22전 5리

▶ 18개월 동안 모금한 총 금액 18만 8000여 원[155]

네 번째는 한상구(2015)의 연구결과이다. 앞에서 한상구가 의연자 명단으로 확인한 의연금 총액은 18만여 원이다. 그런데 그는 그것과는 별도로 『대한매일신보』 한글판 6월호의 금액을 추가하고 있다. 한글판 6월호 전후의 모금액을 살펴보면 한문판 6월호에는 1만여 원, 7월호에는 9천여 원이, 한글판 7월호에는 7천여 원, 8월호에는 5천400여 원이 모금된 것으로 게재되어 있다. 한상구는 이를 토대로 한글판 6월호 망실분에 게재된 모금액을 6천여 원으로 가정하였다. 그래서 총 의연 금액을 18만 6천여 원으로 추정한 것이다. 이는 일본헌병대의 계산 결과와 유사하다.

일본의 외교문서 『외교시보(外交時報)』 제131호에서는 한국인의 모금액이 국채의 100분의 1에도 못 미친다고 폄하하였다. 일본헌병대의 보고 금액에 의존한 것으로 생각된다. 그러나 이 금액은 정확한 금액이라 할 수 없다. 우선 신문의 금액 중에는 활자상의 문제로 판독이 불가능한 990명분의 의연금이 있다. 또한 지역은행에 예치된 것도 있으며 도중에 망실된 것, 사고로 처리된 것, 지역에 모금되었으나 신문지상에 게재되지 않은 것, 지역에서 서울로 송치되지 않은 성책에 기록된 것 등, 상당량이 모금 총액 계산에 빠져 있으므로 18만 6천여 원이라는 절대금액으로 실제 의연 금액의 규모를 속단할 수는 없을 것이다.

개인별 의연 금액 현황을 보면 국채보상운동의 성격을 규명할 수 있다.

이름이 확인되는 개인 의연자 26만 2816명 중 의연 금액을 정확히 알 수 있는 19만 6천 명의 자료를 가지고 의연 금액 구간을 7개로 나누어서 의연자의 분포를 살펴보았다(한상구, 2015). [표 1-6]을 보면 50전 미만의 의연자가 68%, 5원 미만의 의연자가 98%에 달한다. 5원 이상 의연자 수가 급격히 줄어드는 것을 보면 일반 서민이 감당할 수 있는 의연금의 임계치가 5원이었음을 알 수 있다. 50전 미만의 의연자를 세분하면 10전이 4만 1천여 명, 20전이 5만 7천여 명으로 조사되었다. 이 표가 보여 주는 것은 의연자의 대부분이 가난한 서민층이었다는 사실이다. 그러므로 국채보상운동은 민중 항일운동의 성격을 가진 운동이었다고 하겠다. 국채보상운동은 단순히 애국계몽운동을 넘어서, 일반 서민들이 스스로가 '국민'임을 자각함으로써 사회를 변혁하고 나아가 자신을 희생하여 일본과 대항한 또 다른 형태의 항일운동으로 재해석될 필요가 있다.

표 1-6 의연액 구간별 의연자 수 현황

의연액 구간	의연자 수(명)	의연자 수÷196,033(%)
50전 미만	132,669	67.68
50전 이상 1원 미만	30,077	15.34
1원 이상 5원 미만	29,518	15.06
5원 이상 10원 미만	1,919	0.98
10원 이상 50원 미만	1,641	0.84
50원 이상 100원 미만	134	0.07
100원 이상(최고 1,800원)	75	0.04
합　계	196,033	100

자료: 한상구(2015), 130쪽 인용.

■ 의연활동의 시기별 추이

국채보상운동은 1월 29일 대구광문사의 특별문회에서 돌연히 발의된 단연동맹이 전국으로 확산된 전 국민 기부운동이다. 이 단연동맹이 2월 6일

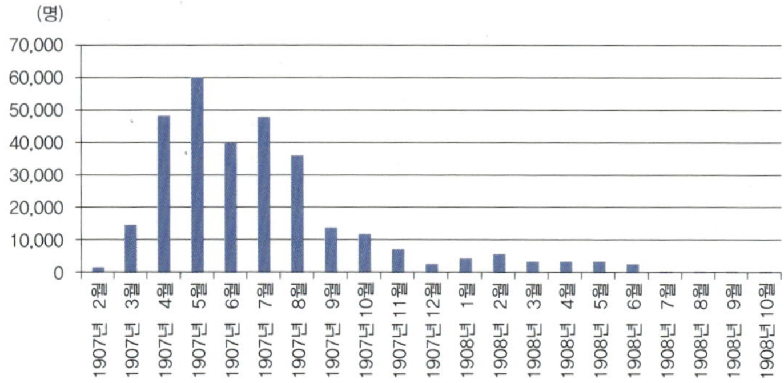

그림 1-1 월별 참여자 수 추이

자료: 한상구(2015), 134쪽 재인용.

『제국신문』에 보도되고 이틀 뒤인 2월 18일 『제국신문』에 최초의 의연자가 등장하였다. 이들은 어느 집에 고용된 사람[庸人] 25명이었다. 물론 대구광문사 특별문회에서 회원들의 의연이 있었지만 단연동맹 소식에 제일 먼저 반응한 것은 일반 서민이었다. 그 후 『제국신문』에는 후속 의연자 10명, 77명, 86명의 명단이 실렸다. 2월 21일에 대구에서 국채보상운동의 시작을 알리는 군민대회가 열리고, 22일에 『대한매일신보』에 국채보상기성회의 취지문이 발표되고, 23일에 가서 서울에서 박승직이 의연금을 모금한다는 보도가 나가면서 가히 폭발적인 의연 대열이 형성되었다. 민족신문들이 의연의 열기를 따라가지 못하였다. 매일 400~600명의 명단이 신문에 게재되었다. 언론은 호외를 발간해야만 할 지경이었고, 6월에 가서는 특별판을 내어야 의연자 명단을 신문 지면에 다 수록할 수 있었다.

국채보상운동은 3개월 만에 절정에 도달했다. 그러나 이 추이는 신문에 게재된 인원수이고 실제 의연활동은 이보다 2주 정도 빠르거나 어떤 것은 한 달 정도 빠르기도 했다. 그 이유는 개인이 직접 중앙의 수합소로 의연금을 보내는 경우도 있지만 대부분 지역의 수합소에서 이를 취합한 다음 어느 정도 모이면 중앙 수합소로 보내고, 그것이 며칠 지나서 신문에 게재되었기 때문이다.

그렇다면 신문기사상에는 1907년 8월과 9월 사이에 의연자 수가 급감하는데, 실제로는 7월에 급감했다고 볼 수 있다. 1907년 7월 20일에 고종이 폐위되었다. 1907년 6월에 열린 제2차 만국평화회의에 이상설과 이준을 파견한 고종에게 책임을 물은 것이다. 이준은 국채보상연합회의소 초대 의장이었다. 만국평화회의에 참석하지 못한 이준은 별도의 보도자료를 만들어 세계 언론에 을사조약의 부당함을 알렸고, 그와 동시에 한국 민족은 외채를 통한 일제의 경제적 침략을 자력으로 극복하기 위해 국채보상운동을 전개하고 있음을 알렸다. 통감부는 국채보상운동을 항일운동으로 규정하고 그 책임을 물어 고종을 폐위시킨 것이다. 고종의 폐위를 반대하는 군중 시위가 벌어지고 여기에 무장군인이 동참하여 일본 경찰과 교전이 일어났다. 한국 군인의 봉기에 놀란 일본은 8월 1일 군대를 해산한다. 군대 해산은 한국의 실질적 종말을 의미하는데, 여기에 한국의 민중이 절망하기 시작한 것으로 보인다. 그해 7월에 시행된 「신문지법(新聞紙法)」도 언론에 재갈을 물린 격이었다. 7월 말에 의연자 수가 격감한 것은 이에 기인한 것으로 볼 수 있겠다.

■ 지역별 참여 현황

국채보상운동 참여율은 지역별로 상당한 편차가 있다. 경기도가 7만 7천여 명이 참여하여 단연 1위이다. 의연액도 단연 1위이다. 경기도는 도내 성인 남자 비율이 전국 2위로, 성인 남자 비율이 높은 지역에 항일의식이 결합되어 참여율이 높았던 것으로 해석된다. 그러나 성인 남자 비율이 1위인 서울은 참여 인원 순위는 7위이고 의연 금액 순위는 3위이다. 서울에 사는 주민들 사이에 항일의식의 편차가 컸다는 뜻이다. 대구를 포함한 경북은 성인 남자 비율이 6위지만 참여율 순위는 3위이고 의연 금액 순위는 2위이다.

표 1-7 지역별 참여 인원 및 의연액 비교

지역	참여 인원		도별 성인 남자 인구 비율		의연액	
	인원(명)	순위	성인 남자 비율(%)	순위	금액(원)	순위
강원	15,645	8	6.13	7	7,210	10
경기	77,808	1	17.89	2	38,991	1
경남	25,058	4	5.74	8	16,221	4
경북	31,520	3	6.34	6	17,445	2
전남	18,900	6	3.84	11	12,513	7
전북	14,438	9	4.97	9	9,283	9
충남	35,940	2	13.12	3	13,961	6
충북	11,957	10	6.73	5	5,693	11
평남	5,758	13	2.10	13	5,270	13
평북	11,893	11	3.97	10	9,436	8
함남	6,028	12	2.13	12	5,536	12
함북	1,984	14	1.52	14	1,955	14
황해	21,698	5	7.16	4	14,689	5
서울	18,521	7	25.28	1	16,269	3
해외*	739				1,398	
관리, 군인**	8,836				3,265	
지역 미상***	1,249				1,028	

*: 연해주 77명 12원, 미국 446명 1,095원, 일본 216명 182원
**: 관리 2,277명 796원, 군인 6,559명 2,469원
***: 신문 판독 불가, 지역 미기(未記)의 경우
자료: 한상구(2015), 137쪽 재인용.

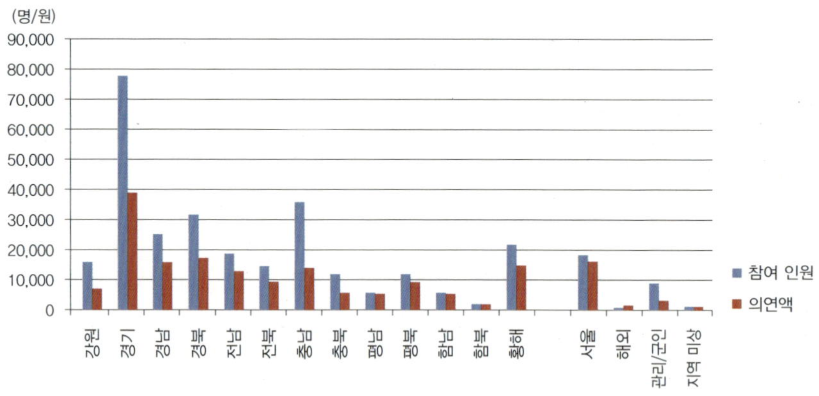

그림 1-2 도별 참여 인원 및 의연액 비교

자료: 한상구(2015), 138쪽 재인용.

지역적으로 볼 때 서울을 중심으로 경기도, 충남, 황해도 지역에서 국채보상운동이 활발하게 전개된 반면, 서북 지역인 평안도와 함경도는 활발하지 않았다. 서북 지역이 애국계몽운동이 활발한 지역이라는 점을 고려한다면 이는 대조적이다. 애국계몽운동과 국채보상운동을 직접 연결하는 실체가 존재하지 않아서였을지도 모른다.

참여 인원과 의연액은 높은 상관관계를 가지지만 지역 간 차이가 크다. 이런 지역 간 차이를 어떻게 설명할 것인지는 앞으로의 연구과제다. 한상구(2015)는 다음과 같은 질문을 던지고 있다. 같은 개항 지역이면서 외세의 영향을 많이 받은 지역인데도 왜 경기도는 참여도가 높고 경남은 낮은가? 충남과 충북의 격차를 만들어 낸 원인은 무엇일까? 애국계몽운동 면에서 선진적인 평안도와 함경도가 국채보상운동에는 미온적이었던 이유는 무엇일까?

국채보상운동의 미완의 종결

■ 의연활동의 와해

국채보상운동이 발발하자 국내에 사는 민간 일본인은 한국민의 애국심에 감동하고 심지어 의연에 동참하기도 하였지만, 통감부의 해석은 달랐다. 아래는 통감부 경무총장(警務總長)이 이토 히로부미(伊藤博文)에게 보낸 보고서이다.[156]

> 지금 서울에는 국채보상기성회라는 것을 발기하는 자가 있다. 그 뒤에는 청년회, 자강회 등의 단체가 있고, 궁중에서도 암암리에 동정을 보내는 것 같다. 『대한매일신보』도 크게 고취하고 있어 일반의 인심은 이를 크게 환영하여 의연금을 내는 자가 많다. 그 목적은 현 한국 정부가 부담하고 있는

일본의 국채 1천3백만 원을 보상하는 데 있다고 표방하나 내용은 국권회복을 의미하는 일종의 배일운동(排日運動)임은 말할 나위도 없다.…

제일 먼저 국채보상운동을 방해한 자는 친일파 일진회였다. 그들은 운동 초기에는 의연에 동참하기도 하였고, 국채보상지원금총합소 임원으로 들어오기도 하였다. 그러나 4월이 되면서 일진회는 국채보상운동의 '자진해산을 종용'하였다.[157] 국채를 상환하려는 "애국심은 가상하나 힘이 없음을 깨우치지 못한 어리석은 일이다."는 것이 이유였다. 뿐만 아니라 국채보상운동의 든든한 지주가 되고 있는 대한매일신보사 사장인 영국인 베델이 영국으로 곧 귀국한다는 소문을 퍼트리기도 하였다.[158] 대한매일신보사를 음해함으로써 의연금 관리에 의혹을 제기하고자 한 것이다.

1907년 6월 헤이그 밀사 사건이 일어나고 7월 20일 고종이 퇴위하였다. 온 나라가 울음바다가 되었다. 국민들은 절망하였다. 며칠 후인 7월 24일 친일파에 의해 결국 정미7조약(한일신협약)이 체결되었고, 이는 국채보상운동의 불꽃에 물을 끼얹는 격이었다. 이 조약에 의해 한국의 행정·사법·외교 사항이 통감부의 손에 넘어가게 되었다. 게다가 이면에 비밀조치서가 작성되었는데, 그에 따라 한국 군대의 해산이 결정되었다. 실질적인 식민지 통치가 시작된 것이다.

해산된 군인은 무장 항일운동으로 흡수되었다. 국권수호운동의 방향이 전환되는 시점이었다. 7월 27일에는 「신문지법」이 공포되어 언론의 탄압이 시작되었다. 이러한 일련의 사건이 7월에 동시에 일어났다. 여기에 더해 국채보상운동을 정신적으로 지도하던 국채보상연합회의소 소장 김종한이 일진회에 가입하였고, 대한자강회가 해산되었다. 이러한 중첩된 사건들이 국채보상운동의 기세를 약화시키는 요인이 되었다.

일본의 공작은 항일신문인 『대한매일신보』에 집중되었다. 일본은 대한매일신보사가 1907년 1월 16일 자 기사에서 "을사조약이란 짐이 아는 바가 아니다."라는 고종의 말을 보도한 것을 빌미로 영국인 베델 추방작업을 추진하였다. 1907년 10월 14일 1차 재판에서 일본은 베델의 6개월 근신형을 얻어 내었고, 1908년 6월 15일 2차 재판에서는 3주의 금고형을 받아 내었다. 일본은 1908년 7월 12일, 베델이 중국 상해에서 복역하느라(영국 형무소가 상해에 있음) 대한매일신보사를 비운 동안 신문사 주필이면서 국채보상지원금총합소 재무를 담당하는 양기탁을 국채보상의연금 횡령 혐의로 구속하였다. 이른바 '국채보상금 비소(費消) 사건'이다. 영국인이 운영하는 신문사의 주필을 체포하는 일은 영-일 간에 외교적 문제를 야기할 수 있기 때문에 베델이 신문사를 비우는 기회를 노린 것이다. 양기탁에게 덮어씌워진 혐의는 대한매일신보사가 보관하고 있던 의연금 3만 원을 횡령·소비하였다는 것이다. 이러한 일련의 사건은 국채보상운동 지도부에 대한 신뢰에 큰 손상을 주었음은 말할 필요도 없다. 1908년 9월 29일, 양기탁에 대한 길고도 지루한 5차에 걸친 재판이 끝나고 '무죄'가 선고되었을 때 그는 "국채보상운동에 대한 상처는 누가 보상할 것인가."라고 했다. 일제의 탄압과 이간질, 운동 지도층의 요동과 이탈이 국채보상운동의 와해를 불러왔다. 이러한 내외적 갈등으로 국채를 상환하려는 의연활동은 1908년 8월 어느 날 조용히 사그라지고 말았다. 그러나 국채보상운동 자체는 아직 끝난 것이 아니었다.

■ 국채보상금조사정리회

국채보상 의연금에 대한 의혹은 일찍부터 내재해 있었다. 그것은 국채보상기성회와 대한매일신보사 사이의 갈등이었다. 국채보상기성회는 『황성신문』에 특별광고를 내어 자신들은 대한매일신보사와 무관하며 결코 책임이 없다고 밝힌 바 있다.[159] 대한매일신보사에 국채보상지원금총합소가 생겼기 때문이다.

결국 1907년 5월 30일 총합소는 '국채보상금조사정리회'를 설립하고 각 수금소의 의연금을 조사하기 위해 검사원 김광제·이강호로 하여금 제국신문사를 검사하도록 했다.[160] 「조사정리회 규칙」[161] 제2조에 따르면, 사무소를 국민신보사에 두었다. 이 신문은 친일파 일진회의 기관지였다. 연이어 국채보상기성회도 조사하였는데, "기성회는 문서와 의연 금액이 모호하므로 기성회의 영수증을 총합소로 보내라."는 내용의 결과를 광고로 실었다.[162] 기성회의 운영을 신뢰하지 않은 것이다.

이러한 내부 갈등과 의연금 조사는 일본 통감부의 좋은 먹잇감이 되었다. 국채보상운동의 지도부가 스스로 의연금 관리에 문제가 있다는 의혹을 제기했기 때문이다. 이것은 후일 양기탁과 베델의 횡령 혐의 사건의 불씨가 된다. 양기탁이 1908년 7월 12일 구속된 후, 대한협회는 7월 19일 특별평의회를 개최하여, 양기탁의 횡령 사건을 조사하기 위해 8월 8일 특별총회를 열어 국채보상금을 조사하기로 하였다. 국채보상지원금총합소의 평의원회에는 이미 일진회가 상당수 진입해 있었기 때문에 통감부의 지령을 받은 전 소장 윤웅렬이 "베델이 보상금 중 3만 원을 사취하였으므로 반환을 요청한다."는 내용의 '국채보상금 반환 청구서'를 통감부에 제출하였다. 이로써 국채를 상환하려는 모금활동은 자취를 감추었고, 의연금을 두고 횡령을 추궁하는 조사 국면으로 진입하였다.

국채보상지원금총합소가 그 역할을 다하자 전 참판 민정식이 국채보상금검사소(國債報償金檢查所)를 설립하고 「국채보상금검사소 취지서」를 발표하였다.[163] 그리고 김윤오(金允五)·김린(金麟)을 재무감독으로, 류동설(柳東說)·

정지영(鄭志永)을 회계로 선정하여 국채보상지원금 총액을 총합소와 신문사가 통합 관리하도록 하였다.[164] 이러한 조치는 통감부가 일진회를 통해 국채보상운동 지도부를 국채보상운동의 본류에서 이탈하여 의연금 정리와 보관 문제로 수렴시키고자 한 일이었다.[165] 이 검사소는 몇 명의 인사로 구성된 사후 처리회로 존속하였다.

1909년 5월 1일 베델이 사망하였다. 그로 인해 만함(Marnham)이 대한매일신보사 사장이 되었고 양기탁은 퇴사하였다. 만함은 일본의 압력에 의해 이승용(李承鎔)에게 신문 판권을 넘기고 일본으로 돌아갔다. 그 후 새로 부임한 사장 이장훈(李章薰)이 신문의 항일 논조를 달리함에 따라 국채보상운동을 지원하던 『대한매일신보』는 그 역할을 다하게 되었고, 이들을 둘러싼 국채보상 의연금도 행방을 알 수 없게 되었다.[166]

■ 국채보상금처리회[167]

국채보상 의연금이 각처에 분산되어 혼미한 상태에 있자 대구의 서상돈 외 여러 명이 제안하여 각 도와 군의 대표자 1인이 1909년 11월 7일에 '교남교육회' 회관에 모여 이 문제를 처리하기로 결의하였다.[168]

1909년 11월경 사후 처리회는 '국채보상금처리회'로 조정되고, 국채보상금처리회 회장 유길준(俞吉濬)이 12월 22일 평의회를 개최하여 조사사업을 착수하기로 결정, 이듬해 1월 8일에 기호흥학회(畿湖興學會) 회관에서 임시총회를 개최하고 다음과 같은 결론을 내린다.

> … 각 대표자 30여 명이 출석하고 내부대신(內部大臣)과 한성부윤과 경시총감, 내부지방국장, 경무국장에게 청원서를 제출한 건에 대해 보고하였는데 그 뜻은 금액을 처리하고자 함이 아니라 금액 보관 방법을 세워 후일 목적

을 달성하고자 하여 다음과 같은 3가지 항에 관해 관헌의 도움을 청한다. 1. 금액을 보관한 단체 및 개인은 이 금액 조사가 완료되기 전에는 인출을 허락하지 아니함, 2. 금액의 소비를 분명히 조사하여 환수할 자를 환수하게 함, 3. 전국 각지에 은폐되어 있는 금액을 분명히 조사함.[169]

이 회의에는 이미 공식적으로 통감부 경시청과 내부대신이 참여하고 있었다. 이들에게 제출한 청원서의 내용은 첫째, 지금까지의 의연금 총합을 알 수 없어서 감독관청의 감시하에 두고자 함이고, 둘째, 처리회의 '처리'라 함은 금액의 처분이 아니라 관리 방법을 처리(확립)하여 목적에 맞게 사용하고자 함이며, 셋째, 현존 총액과 의연금을 부당하게 소비한 금액과 각 지역에 은폐되어 있는 금액을 명확히 조사하고, 나아가 조사가 끝날 때까지 누구도 의연금을 인출하지 못하며, 잘못 사용된 것이 있으면 환수 조치할 수 있도록 감독관청하에 둔다는 것이다.[170] 이로 인해 국채보상운동의 조직 내부로 통감부를 불러들이는 누를 범하게 되었다.

1910년 1월 15일에는 흥사단 안으로 사무소를 이관한 후, 흥사단 내의 사무소에서 4월 16일 대총회를 개최하였다. 국채보상금처리회 대총회에서는 전국 대표자 115명(회장 유길준과 각 회사 및 지방의 대표)[171]이 모여 각 기관에서 보관하던 금액 조사표를 보고하고,[172] 의연금 처리 방법으로 은행 예치 및 전토 매입 두 가지 방안을 논의하였다. 이날의 대총회에서는 전토를 매입하여 그 소출로 사범교육을 실시하되 만일 폐해가 있을 경우에는 의사기관 및 13도 대표자가 협의하기로 결정하였다.[173] 그리고 국채보상금처리회에서는 대한매일신보사에 의연금 반환을 촉구하였다.[174]

9월 20일, 국채보상금처리회는 '교육기본금관리회(教育基本金管理會)'로 명칭을 변경하였고,[175] 유원규, 윤치호, 박은식, 노백린(盧伯麟), 양기탁 등은 황성신문사와 국채보상기성회가 모집한 의연금을 민립대학기성회 기금으로 쓰려고 6백만 원의 토지재단을 세웠으나 통감부가 이를 허용하지 않았다.[176]

그 후 유길준, 남궁훈(南宮薰), 김주병(金柱炳) 등이 교육기본금관리회 이름으로 관리·보관하던 9만여 원과 국채보상지원금총합소 소장 윤웅렬(尹雄烈)과 양기탁, 박용규(朴容圭), 김윤오, 김린 등이 보관하던 4만 2000여 원을 1910년 12월 12일 이후 전액 경무총감부로 강제 이관하였다.[177] 이는 국채보상금처리회 유길준 회장이 통감부를 국채보상금의 관리감독 관청으로 청원한 결과이다. 온 국민을 국권회복의 희망으로 들뜨게 했던 의연금으로 '학교를 설립하자', '식산(殖産)을 진흥하자'는 등의 분분한 의견 개진이 통감부의 계략에 말려드는 사이, 1910년 8월 29일 일본은 한국을 강제 합병시키고 말았다.

제3장

국채보상운동의 의의와 현대적 재해석

1. 국채보상운동의 의의

백성에서 국민(國民)으로

근대화는 정치적 측면에서 국민국가를 형성하는 일련의 과정이다. 서구 사회에서는 봉건적 정치세력인 절대왕정 타파로 국민국가 형성이 가능했다면 19세기 말 동북아시아 지역에서 국민국가를 형성하기 위해서는 봉건적 질서 타파는 물론이고 제국주의 침탈을 극복해야 하는 이중적 어려움이 있었다.[178]

한국의 국채보상운동을 어떻게 규정할 것인가도 이런 관점에서 볼 필요가 있을 것이다. 서구 국민국가의 '주권론'만이 아니라, 이에 더하여 식민지적 망국의 위기에 처해 있는 국가를 국민이 구출해 내야 한다는 국민적 '책임론'이 언급되는 것도 이 때문이다. 즉, 국가적 위기 국면에서 봉건적 신민(臣民)

은 국민국가의 권리를 확보하기 이전에 위기 극복의 책임을 다함으로써 국민으로서의 지위를 확보할 수 있는 계기를 마련하고자 하였던 것이다.

국채보상운동 당시의 이러한 국민적 자각과 위기 인식은 각 지역에서 발표된 국채보상운동 취지서에서 확인할 수 있다. 국채보상운동 취지서는 대체로 운동을 주도한 지식인들이 작성하였는데, 이 취지서의 내용은 당시 대중들이 느낀 시대적 상황과 문제의식 그리고 지향하는 세계관을 잘 반영하고 있기 때문이다.[179] 국채보상운동을 외채로 인해 망국의 위기에 처한 국가를 온 국민이 합심하여 그 외채를 청산함으로써 경제적 주권을 회복하려는 운동으로 정의한다면, 당시 국채보상운동 취지서에서 나타난 국가관, 국가적 연대를 가능하게 한 공동체관, 부채에 대한 경제관을 살펴봄으로써 이 운동의 이념을 더듬어 볼 수 있을 것이다.[180]

■ 국가관

20세기 초반, 한국의 일반대중의 국가관으로는 유교적 국가관과 공화주의적 국가관이 혼존하고 있었다고 보여진다. 유교적 국가관에 따르면 신민으로서의 백성은 국가의 위기 앞에서 충효(忠孝)로 헌신을 표현한다. 국채보상운동에서는 국민과 국가 사이에 충과 효라는 유교적 국가관이 강하게 자리 잡고 있었다. 특히 유교적 국가관은 견리사의(見利思義: 이익을 보면 의를 생각함)적인 행동으로 나타난다. 이런 국가관은 대구의 국채보상 취지서나 창원의 단연회 취지서에서 잘 나타나고 있다.

> 신민이 된 자가 충의를 숭상하면 그 나라가 흥하고 백성이 편안하며, 충의가 없으면 그 나라가 망하고 백성이 멸하는 것은 고금의 역사상에서 분명히 증거라 할 수 있는 것입니다.[181]

나라를 위하는 정성은 오로지 충성에 있고 어버이를 섬기는 도리는 또한 효에 관계되니, 충과 효는 모두 성심, 한 단서이다. 국가가 위태로울 때 그 몸을 잊고 충의를 분발하여 사직을 붙잡는 것은 바로 신하 된 도리이고 부모가 질병이 있을 때 정성을 다해서 좋은 약을 올려 몸을 완전하게 하는 것은 자식의 본분이다.[182]

한편으로 유교적 국가관은 근본적으로 민본주의적 가치관에 입각해 있으므로 나라는 백성을 위해서 존재하고 백성은 나라를 위해 헌신한다는 이민위심(以民爲心: 백성으로써 마음을 삼음)의 민본적 정치원리를 실천하려고 한다. 조선 후기까지의 모든 성리학과 실학에 이러한 민본주의적 정치관과 국가관이 연면히 흘러왔던 것이 사실이다.

… 밝고 맑으신 우리 임금은 백성을 잃고 누구와 나라를 지키겠는가. 백성과 나라가 일치하니 국사(國事)가 오직 민사(民事)가 아니겠는가?[183]

동시에 국채보상운동 취지서에는 공화주의적 국가관도 나타나고 있다. 서도(西道)의성회 취지서에서는 국가의 구성을 영토와 백성으로 정의하고 있으며, 국가와 백성의 관계를 머리와 몸의 관계로 인식함으로써 삶의 주체로서의 몸과 공공선으로서의 머리를 설정하고 있다. 이때 머리인 국가는 영토와 백성으로 이루어진 국가의 주권을 의미하는 것이지 주종관계를 의미하는 것은 아니다. 그리고 몸으로서의 백성은 토지에서 씨앗을 뿌려 가치를 창출하고 부를 형성하는 주체로 본다. 국채보상운동 취지서에서는 이러한 공화주의적 국가관의 단초를 엿볼 수 있다.

… 토지가 있은 연후에 백성이 있고, 백성이 있는 연후에 국가가 있는 것

은 세계만방의 불변의 이치이다. … 국가는 백성의 머리요 백성은 국가의 몸이니, 머리가 없으면 사람이 어찌 살 수 있으리오. 토지는 백성의 밭이고 백성은 토지의 씨앗이니 토지가 없으면 씨앗이 어찌 살 수 있으리오. …[184]

개인적 자유주의 국가관과 달리 공화주의적 국가관은 국가의 공공선을 천명한다. 국채보상운동은 나랏빚에 대해서 개인주의적으로 접근하지 않고 공공선의 관점으로 접근하고 있다. 그런 점에서 국채보상운동의 국가관은 근대의 자유주의적 '권리'보다 공화주의적 '책임'을 중시하고 있다.

국채 1300만 원으로 흥망과 존멸의 시기에 있으매 해결방도를 부르짖는 사람이 없더니, 충의의 위대함이여, 시기의 지혜로움이여, 서상돈 씨의 국채보상 발기가 바로 나라를 되살리고 백성을 구하는 시작이 아닐 수 없으며, 국채보상기성회의 창립이 어찌 13도가 하나로 연결되는 것이 아니며, 국민과 정부가 손과 발처럼 서로 보존하는 것이 아니리오.[185]

국민이 국채보상운동에 참여함으로써 국가를 구하는 것이 국민의 의무 혹은 책임을 다하는 것이라는 관점은 당시 국민이 인식하는 최고의 공공선이었으며, 대부분의 취지서에서 이런 관점이 표현되고 있다.

영남에서 선창하고 각 사(社)에서 호응한 것이 모두 나라와 백성을 위한 의무에서 나온 것이다.[186]

국가는 민족의 단체로 조직된 것이다. 고금을 따질 것 없이 일반 국민의 충애사상은 스스로 지키는 주인의무에서 감발하니 스스로 지키는 주인의 의무를 생각하면 국민의 의무를 마땅히 다하여야 할 것이다.[187]

의연금을 내려는 사람이 줄을 지어 마치 시장으로 내달리듯 하고 … 허리 굽은 노파가 절뚝이며 걸으며 손에 10전, 20전 가지고 와서 … 그 나이를 물어보니 나이는 기억하지 못하고 대여섯 살 어린아이가 줄을 서서 … 어린아이들이 무엇을 안다고 주머니를 털어 의연금을 내고 친구에게 자랑하기를 "내가 나라를 위해 의연금을 냈다." 하니 … 의(義)를 사모하는 마음이 없었다면 어찌 이러할 수 있겠습니까.[188]

국채보상운동 취지서에 나타나는 여성의 국가관은 가정이 국가 안에 있다고 보는 관점이다. 국가가 망하면 가정도 망하므로 내 가족을 보존하기 위해서라도 국채를 갚아 망국의 위기를 넘자는 것이다. 국가 속에 가정과 개인이 포섭되어 있다.

… 인간이 세상에 진 의무가 둘이 있으니, 나라를 위하고 가정을 위함이라. 가정은 나라 안에 있으니 나라가 흥왕한즉 영내의 가정이 따라서 흥왕하고 나라가 쇠락한즉 화를 면할 수 없다.[189]

늙은 부모는 장차 어느 곳에 장사하며, 강보의 어린아해는 장차 뉘 종이 될는지 … 강보의 철부지와 태중의 아해는 장차 뉘 죄로 사람 권한도 보지 못하고 유리하여 남의 노예를 면치 못하리니 …[190]

더 구체적으로 여성은 국가와 토지에 가족, 특히 부모와 아이들의 삶을 연결시키고 있다. 즉 매우 현실적이고 구체적인 삶의 결을 이야기하고 있다.

그렇다고 하여 국가 속에 여성이 종속되어 있는 것은 아니었다. 남녀평등에 기반한 여성의 당당한 주체적 국가관이 여성의 국채보상 발기문에 나타나고 있다. 앞선 여성권리운동의 영향일 것으로 생각된다.

… 나라를 위한 마음과 백성 된 도리에 어찌 남녀가 다를 수 있겠습니까.[191]

… 나라가 태평하지 못한데 아녀자라도 나라의 은혜를 입었으니 나라를 사랑하는 마음과 신민의 도리가 없겠습니까. … 참여하려고 마음과 힘을 모았습니다.[192]

이와 같이 앞에서 살펴본 여러 국채보상운동 취지서에는 유교적 국가관과 공화주의적 국가관이 공존하고 있음을 알 수 있다. 그것은 일반 대중에게 당시 개화파의 동도서기(東道西器)적 사상이 크게 영향을 미치고 있었기 때문으로 생각된다.[193] 말하자면 서양의 근대적 사상이 민권(民權)에 기반을 둔 자유주의적 민주주의[西器]라고 한다면, 이 자유주의적 국가관이 충효에 기반을 둔 유교적 국가관[東道]과 결합하여 공화주의적 국가관으로 발현되는 것은 자연스러운 결과이다. 공화주의적 국가관은 민권적 '권리'보다 공동체적 공공선, 즉 국민적 '책임'을 더 주목하기 때문이다.[194]

■ 공동체관

당시의 국민들은 국가와 마을과 가족을 하나의 운명공동체로 인식하고 있었다. 이러한 공동체관이 국채보상운동을 전 국민적 운동으로 승화시킬 수 있는 기반이 된 것이다.

담배를 끊어 국채를 보상해야 한다는 논의가 이루어져 발기한 지 며칠이 되지 않아 의연금을 내는 사람들이 날마다 이르니 우리 백성들이 자기 집처럼 나라를 사랑하고, 자기 종족을 보호하듯이 강토를 보존하는 성대한 포부를 볼 수 있습니다.[195]

그렇기 때문에 당시의 국민들은 공공의 위기 앞에서 외채를 들여온 책임의 소재를 물어 너와 나를 구분하는 것이 옳지 않다고 판단하였다. 물론 그 당시 국민들 사이에 국채상환에 대한 찬반 논쟁이 있었던 것은 사실이다. 그러나 국가의 부채 문제를 개인주의적 방식으로 해결할 수 없다는 생각이 정론으로 자리 잡았던 것으로 보인다.

> … 그렇지만 혹 어떤 사람이 말하기를 "누가 그 돈을 썼나? 남이 쓴 것이라도 누가 한 푼이라도 구경이나 했나? 왜 우리더러 물어내라고 하는가? 무슨 돈을 1천3백만 원이나 차관하여 모두 어디에 썼는가? 우리가 추렴하여 물어 준다면 재미가 있어 또 자꾸 차관만 하게 될 것이다." 하니, 그 사람의 말이 그럴듯하기는 하지만 조금만 생각해 보면 잘못 생각하고 있는 것임을 알 것이다. …[196]

가족 중 누군가의 빚으로 전토와 가옥을 빼앗길 사태 앞에서 누가 책임질 것인지 따지지 않는 것과 같은 이치이다. 그냥 두면 부모와 집안 식구들이 모두 길거리에 나앉게 되고, 나도 몸 둘 곳 없게 된다는 것이다. 국가와 국민과 나를 하나의 경제공동체로 인식하고 있는 것이다.

당시 나라 전체의 분위기는 경상도에서 이 일을 시작하였으니 우리도 의연금을 내자며 모두가 발 벗고 나서는 형국이었는데, 지역 간 선의의 경쟁 분위기마저 느낄 수 있었다. 관서 지역의 국채보상운동 취지서를 보면 경쟁적으로, 남녀노소를 막론하고 힘이 닿는 대로 의연금을 내어 일본의 빚을 갚자는 분위기였다.

> … 경성에 국채보상기성회가 있고 대구에 지연의조회(止煙義助會)를 창설하여 비록 어리석은 남녀라도 다투어 서로 의연금을 내고 있으니 … 우리 관

서 사람들이 의(義)가 이(利)보다 느슨하거나 남보다 뒤지지 않기 때문에 이에 권고문을 내니 …[197]

뿐만 아니라 의연금 모집을 보다 적극적으로, 지역공동체적 시각에서 접근한 사례도 다수 있었다. 최근 고령 지역의 국채보상운동 자료를 살펴보면 남자 인구를 조사한 성책을 토대로 마을별로 의연금을 할당했고, 흉년으로 인해 의연금 갹출이 어려운 마을에서는 마을이 소유하고 있던 공유지를 매각해서라도 할당된 의연금을 납부하고자 했다.[198]

… 본 면 12개 동이 흉년을 당하여 보통 의무금을 실제로 내기 어렵기에 본 면 소재 주을지(注乙池) 한 곳과 위와 아래 수장을 방매하여 봉가(捧價) 1,700냥을 이 뒤에 마땅히 납부할 뜻을 이에 보고한다.[199]

■ 경제관

20세기 초 당시 한국 국민들은 군사적 제국주의 시대가 지나가고 경제적 신제국주의 시대가 도래하고 있음을 이미 자각하고 있었다. 아래 두 취지서에서도 볼 수 있듯이 망국의 원천이 무력에 있지 않고 제국주의의 경제적 침략에 있음을 직시하고 있었다.

… 한결같이 서구의 풍습과 기운이 점점 동아시아를 물들여서 군대가 칼에 피를 바르지 않고 지혜가 우수하지 않아도 남의 나라를 전복시키고 남의 재산을 빼앗으며 … 그 연고가 차관 한 가지 일에 지나지 않았다.[200]

옛날 남의 나라를 망하게 하는 것은 군사력이고 지금 남의 나라를 망하게 하는 것은 빚이며 …[201]

심지어 외국에 있는 동포들도 빚이 망국의 원인임을 자각하고 부패한 정부를 탓하고만 있어서는 안 된다고 보았다.

> … 빚을 갚으면 나라가 존하고 갚지 못하면 나라가 망하는 것은 필연적 추세이다. … 속담에 빚진 종이라 하였으니 그 말이 과연이로다. 오늘 우리가 국채가 1천3백만 원에 달하는데 이 국채를 만일 부패한 정부에만 맡겨 두고 우리 국민이 보상할 방책을 강구하지 않으면 마침내 집의 종을 면치 못할 것이다.[202]

당시 국민들은 이 빚이 대한제국의 부패한 정부와 일본 제국주의의 '부추김과 꼬임'에서 비롯된 것임을 분명히 인식하고 있었다. 『대한매일신보』의 논설에서도 차관이 식민지적 전략이라고 분명히 지적하고 있다. 일반 국민들도 '시정개선사업'이니 '화폐정리사업'이니 하는 통감부의 사업들이 제국주의의 경제적 침략 방식임을 분명히 파악하고 있었다.

> 일본이 억지로 빌려준 금액을 한국인민이 의연금으로 상환하려 하는 것은 희귀한 일이라고 일전의 보도에서 간략히 말하였다. … 일본이 자기를 살찌우려는 욕심이 우리나라 사람을 핍박함이 한층 더하여 날마다 심해지고 있지만 …[203]

> … 그런데 강대국들의 유혹을 달게 듣고서 삼천리강토를 전당으로 잡고서 1000만 원의 헛된 돈을 빌려 수도를 놓느니 도로를 정비하느니 하는 명목으로 다 들어가고 말았습니다. 두 달 한 달 이자만 자꾸 늘어나 장차 빚을 갚을 기한이 되었는데 우리가 완전히 보상할 방법이 없게 된다면 저들은 잡힌 땅을 요구하게 될 것이니 …[204]

여기에서 나타나는 '백성'은 군주국가의 개념이다. '백성'이 '국민'으로 바뀌는 전환의 시대가 19세기 말 20세기 초이다. 19세기 말 한국 사회에서는 조선이라는 망해 가는 사회에 갑자기 '국민'이라는 주체가 나타나 거대한 모습으로 자기를 형상화하고 있었다. 이러한 전환의 공간이 국채보상운동의 발발과 전개 과정 속에서 만들어진 것이다. 자신이 '백성'인지 '국민'인지 아직 혼동된 상황 속에서, 개혁적 지배집단이나 선각적 지식인 세력에 의해 자기가 '국민'임을 주입당하기도 전에, 스스로 자신을 '국민'으로 동일화하고 집단적·집중적으로 자신이 '국민'임을 확인하는 행동을 보여 주었다.[205] 그것은 바로 국채를 책임지는 행동이었다. 왜냐하면 국민의 국가에서는 민(民)이 주인이 되기 때문이다. 소위 국민 주권론이다. 그러나 이 당시의 한국에는 '책임'이 '주권'을 선행(先行)하였다. 이 나라의 주인인 우리가 우리나라의 빚을 갚아 주인의 의무를 실천하고자 한 것이다. 그것은 식민지화라는 국가적 위기 때문에 가능했다. 국민 주권이 온전히 정착되기 전인 현 상황에서 위기에 대한 '책임'의 실천이 국민의 '권리'를 선행적으로 담보할 수 있을 것이라 생각했기 때문이다.

역사의 전면에 등장한 여성

책임이 권리를 선행하는 '국민 되기' 행동은 여성의 참여에서 더욱 빛이 났다. 국채보상운동을 전 국민이 동참하여 나라의 빚을 갚는 '거족적 국민 되기 운동'으로 확산시키는 데 결정적 역할을 한 것이 여성이다. 19세기 개화사상과 천주교의 사상은 조선의 전통적 사상과는 큰 차이가 있었다. 전통적으로 여성은 남성에 종속된 존재였고 가정 내에서 여성의 발언권이 허용되지 않았다. 그러나 1894년 동학혁명 시에 과부의 재혼 허용, 조혼 금지, 재가혼의 문서화와 같은 여성의 지위 향상이 사회적 문제로 제기되었다.

특히 서구 개화사상이 도입되면서 독립협회나 대한자강회 등은 여성의 지위 향상을 설파하였으며 『독립신문』, 『제국신문』, 『만세보』, 『대한매일신보』, 『황성신문』 등을 통해 전 국민들에게 널리 확산시켰다.

국채보상운동의 시발을 알리는 대구의 「국채 1300만 원 보상 취지서」에서는 여성의 참여를 권고하지 않았지만, 국채보상운동 소식을 접한 여성들이 자신들도 남성과 똑같은 국민이라는 의식을 표출하기 시작하였다. 애국에는 남녀 구분이 없다고 생각한 여성들이 역사의 전면에 등장하기 시작한 것이다. 특히 여성의 국채보상운동 참여는 개인적인 참여뿐만 아니라 조직을 통한 참여였고, 특정 계층이나 지역에 국한된 것이 아니라 전국적 참여였다. 여기에는 1898년의 '여권통문(女權通文)'의 영향도 컸을 것으로 생각된다. 이 여권통문은 한국 최초의 '여성인권 선언서'의 의미를 가지고 있기 때문이다. 그러나 여권통문과의 차이점이 있다면 여성 국채보상운동은 특정 계층에 국한되지 않았고, 개인보다는 마을 단위로 조직된 여성단체들이 참여하였으며, 전국적으로 동시에 일어났다는 점이다.

신문지상에 소개된 여성 최초의 의연자는 서울 상사동(相思洞) 이 소사(李召史)다. 그녀는 "부녀 편견으로 국가 사상에 다른 마음이 있을 수 없다.[斷斷無他]"고 하면서 패물을 팔아 거금 4원을 의연했다.[206] 1907년 2월 25일에는 약방 기생 39명이 신화 24원을 합동으로 의연하였고, 서울 대안동에서 홀로 가난하게 살고 있던 강(康) 소사도 일해서 번 돈 4원을 의연하는 등 여성의 의연이 줄을 이었다. 당시 기층 지도자들은 여성의 이러한 반응을 상상할 수 없었던 것으로 보인다.

여성단체 가운데 제일 먼저 반응한 것은 대구의 부인들이었다. 신문지상에는 3월 8일에 소개되었지만, 1907년 2월 23일(음력 1월 11일) 대구 남일동 부인회에서는 남성 위주의 단연상채회가 발족하자 '남일동 패물폐지부인회

(南一洞佩物廢止婦人會)'를 결성하였다. 이들은 합계 13냥 8돈에 해당하는 패물을 의연하였다.

> 우리가 일개 여자의 몸으로 규문에 처하고 삼종지도(三從之道) 외에 간섭할 일이 없지만 나라를 위하는 마음과 백성 된 도리야 어찌 남녀가 다르겠습니까. 듣자오니 국채를 갚으려고 이천만 동포들이 석 달간 연초를 아니 먹고 대전(代錢)을 구취(鳩聚)한다 하오니, 족히 사람을 흥감케 할지요 진정 아름다움입니다. 그러나 부인은 언급이 없다[勿論] 하니 대저 여자는 백성이 아니며 생명을 가진 사람[化育中一物]이 아닌가요. 본인 등은 여자의 몸으로 한 몸에 지닌 것[一身所存]이 다만 패물 등속이 있습니다. 태산이 흙덩이를 사양하지 아니하고 강과 바다가 가는 물을 가리지 않음같이 작은 것으로 큰일을 도우려 하나니, 뜻있는 부인동포들은 다소를 불구하고 혈심의연(血心義捐)하와 국채를 말끔히 갚도록[淸帳] 하심이 너무나 기쁩니다.[千萬幸甚]
> 정미 정월 십일일
> 발기인 대구 동상 남일동
> 정운갑 모 서 씨, 서병규 처 정 씨, 정운화 처 김 씨, 서학균 처 정 씨,
> 서석균 처 최 씨, 서덕균 처 이 씨, 김수원 처 배 씨[207]

이처럼 가부장적 남성과 달리 여성의 의식이 매우 계몽되어 있었음을 볼 수 있는 사례가 여럿 있다. 평양에 사는 선비 임기형(林基馨)이 읍내에서 국채보상 연설을 듣고 감동하여 "나는 식구[家眷]가 7명이니 각 1원씩 내어 2천만 동포 중 한 개인의 의무를 다하겠다.[塞責]" 하고 귀가하여 부인에게 그 사실을 말하자 부인이 정색하여 말하기를 "국가적 관념과 천부적 자유[天賦之自由]는 모든 사람에게 다 있습니다. 이로써 의무는 당연히 이행해야 할 것입니다.[余當履行]"[208]라고 하며 시집올 때 가지고 온 은장도를 출연하였다고 한다. 이 기사를 보면 남성은 가장으로서 자신이 가족을 대표한다

고 생각했지만 여성은 독립된 인격으로서의 의연을 행사하고자 했던 것이다. 당시 여성은 국가적 의무와 천부적 자유는 남녀 차별이 없다는 사실을 충분히 인식하고 있었다.

여성 중에서는 일반 부녀자뿐만 아니라 기생이나 주모(酒母), 무녀(巫女)들도 이 운동에 동참했다. 이들이 사회적 차별을 받는 여성이자 천민에 속해 있었음에도 불구하고 의연 대열의 선두에 선 것은 애국에 남녀 차별이 없다는 의식뿐만 아니라 그로 인한 사회적 변혁의 의지와도 관련이 있다. 대구의 기생 앵무(鸚鵡)가 그 단면을 보여 준다.

> 대구 기생 앵무가 국채보상금 100원을 수취소에 들고 와 "이번 의연금을 내는 것은 국민의 의무요, 내가 여자로서 감히 남자보다 십분의 일이라도 더 낼 수는 없으니 누구시든지 몇 천 원을 내시면 나도 그만큼 내겠소."라고 하니 이 기생은 참 앵무 같은 기생이로고.[209]

여성 국채보상운동을 조직화하려는 움직임이 1907년 2월경에 나타난다. 대안동 '국채보상부인회'가 그것이다. 이들은 사무소를 김규홍의 집인 대안동 44통 4호에 두었다. 발기인은 11명으로 「국채보상부인회 취지서」를 발표하였는데, 발기인 중 김규홍의 부인 신소당(申簫堂)이 이 부인회를 이끈 것으로 보인다.[210] 취지서에는 의연금을 내는 여성은 모두 회원이 될 수 있으며, 전국 동포 부인에게 알린다고 한 것으로 보아 전국적 조직화를 의도하였음을 알 수 있다. 대안동 부인회는 진주, 강화 등에서 의연금을 보낸 부인들에게 지역의 국채보상부인회를 결성할 것을 촉구하는 등 국채보상운동을 지방으로 확산시키려고 노력하였다. 3월 말경에는 진주 기생 부용(芙蓉)이 조직한 '진주 애국부인회'와 영평군(永平郡) 부인 30여 명이 자신들이 수합한 의연금을 대안동 국채보상부인회로 송부하였다. 1907년 11월 말까지 전국에서 7회에 걸쳐 도합 299명의 의연금 141원 10전과 은 4냥을 대안동 국채보상부인회로 보내온 것으로 보아, 이 부인회는 전국 여성 국채보상운동의 중심체로 발전한 것 같다.[211]

전국의 여성 국채보상회는 48개소가량 결성된 것으로 보인다. 여성단체 29개, 준여성단체 19개 정도이다. 지역별로 정리하면 [표 1-8]과 같다.

표 1-8 지역별 여성 국채보상운동단체

지역	여성단체명	준여성단체명
서울	대안동 국채보상부인회 부인감찬회 국채보상여자의성회	약방 기생, 태의원 기녀, 궁부내 기녀, 양구의숙 생도, 이화학당 교사 및 생도
경기	인천 국미적성회 김포 검단면 국채보상의무소 안성군 장터동 국채보상부인회 남양군 부인의성회	여주 흔바위 예수 믿는 부인
충청	진천군 국채보상부인회(민승면 광혜원 내)	음성군 금자면 무극리 패물폐지부인회 부은군 양반부인
전라	금산 봉황정부인회 제주 삼도리 부인회 제주 함덕리 국채보상기성회	목포 죽동 수세국내 부인 무안 부내면 죽동 부인
경상	대구 남일동 패물폐지부인회 대구국채보상탈환회 대구 남산 국채보상부인회 부산항 좌천리 감선의연부인회 단연동맹부인회 영도 국채보상부인회 수정동 부인의연회 진주 애국부인회 애국상채회 창원항 국채보상부인회 경주 국채보상부인회	거창 부인의연회 금상 부인의연회 의령군 퇴기 20명회
황해	안악군 국채보상탈환회	
평안	삼화항 패물폐지부인회 삼화항 비석동 예수교부인국채보상회 선천군 부인의성회	평양 주희(酒姬)31명 평양 기생 18명 과천군 동면 삼성리 부인 36명

지역	여성단체명	준여성단체명
함경	청북 강계 부인급수보상회 영흥군 국채보상감반회	
기타	연안이씨 문중부인회	종남산 미타사 여승 40명
외국		하와이 엡윗청년회 부인 하와이 木傑里 예수교 한이부인 20여 명
계	29개	19개

자료: 박용옥(1993), 182쪽, 조항래(2007), 99쪽, 정일선(2016), 174쪽 재인용.

이와 같이 여성이 근대적 국가관에 입각해서 여성의 국민 된 의무와 권리를 내세우면서 독립된 의연활동을 하였다는 점, 그리고 특히 단체를 조직하여 의연활동을 추진했다는 점, 그것도 전국적 영역에서 지속적으로 일어났다는 점은 한국 여성운동사를 통틀어 볼 때 국채보상운동에서 처음 있었던 일이다.[212]

국채보상운동에 참여한 여성을 계층별로 분류해 본다면 양반부인이나 일반 서민층 여성이 압도적 다수를 차지한다. 그러나 여성 참여를 주도한 계층은 양반이나 유지의 부인만이 아니다. 발기인의 신분을 알 수 있는 28개 단체를 중심으로 신분계층을 분류해 보면, 14개 단체는 양반 유지부인, 4개는 부실(副室), 2개는 기생, 1개는 개화여성, 4개는 기독부인, 3개는 일반부인이다. 일반여성이 절반이며 심지어 기생이 주도한 단체도 2개소나 되었다.

여성이 국채보상운동에 주도적이고 독자적으로 참여할 수 있었던 것은 여성의 자각에 기인한다. 그러므로 국채보상운동에 여성의 참여는 한국 근대여성운동사에서도 획기적인 의미를 가진다. 첫째는 남성들이 독점하고 있던 경제적·정치적 의제에 여성이 독자적으로 참여하였다는 점이다. 여성들이 참여한 국채보상단체는 모두 여성 스스로가 조직하였다는 점에서 여성 스스로 역사의 전환을 시도하였다고 할 수 있다. 둘째는 남성의 지도하에서 진행되었던 애국계몽운동의 한계를 탈피하였다는 점도 주목할 필요가 있다. 셋째는 남녀동등권의 확보이다. 특히 남성이 베푸는 남녀동등권을 수동적으로 받는 것이 아니라, 여성 스스로가 역사의 전면에 나섬으로써 남녀동등권을 획득하고자 했다는 점이다. 이는 '삼화항 패물폐지부인회'의 취지서에도 잘 나타나 있다. 남녀동등권을 획득하기 위해서는 국권수호와 같은 민족적 과제 해결에 여성 스스로가 자발적으로 참여함으로써만 가능하다는 의식이 국채보상운동을 통해 크게 확산되었다.[213]

그러므로 이 운동은 한국 최초의 전국적·조직적 여성운동이라고 할 만하다. 이는 미국 최초의 여성운동이 1908년에 시작되었다는 기록과 비교할 때 시기적으로 앞섰다고 할 수 있다. 더구나 미국 등 서구의 여성운동이 노동권과 참정권을 주장하는 주권운동이었던 데 반해 한국의 경우 시민적 책임을 먼저 앞세웠다는 점은 크게 차별화되는 점이다.

민족언론의 프레스 캠페인

민족언론의 지속적이고 적극적인 참여가 없었다면 국채보상운동은 있을 수 없었다. 국채보상운동이 요원의 불길처럼 전국 혹은 해외로까지 확산될 수 있었던 것은 전적으로 민족언론의 지속적인 지원 덕분이다.

1907년 1월 29일 대구광문사에서 단연상채회(斷煙償債會)가 결성된 것을 18일 후에 『제국신문』이 2월 16일 자로 보도하면서 의연활동이 시작되었다. 이날 이후 대구의 지도자들은 서울의 대한매일신보사와 연락을 했던 것으로 생각된다. 2월 21일 대구 군민대회가 북후정에서 열리고, 대한매일신보사는 그날 바로 이 사건을 보도한다. 그리고 그다음 날인 2월 22일에 '국채보상기성회'가 서울에서 결성되었다. 국채보상기성회 설립은 『황성신문』에는 2월 25일 자, 『대한매일신보』에는 2월 27일 자로 보도된다.

『대한매일신보』는 2월 27일에 고종황제가 단연상채운동에 동참하셨다고 보도한다.

『황성신문』 2월 25일 자 논설 「단연보국채(斷煙報國債)」는 가히 감동적이다.

> 대한 광무 11년 새봄의 제일 좋은 소식이 하늘에서 온 복음을 외쳐 전하도다. … 이 소식이 다른 소식이 아니라 곧 대구광문사 부회장 서상돈 씨 등의 단연동맹한 좋은 소식이로다. 단연동맹이 무엇을 하는 것이며 그것이 어찌하여 좋은 소식이 되는고. 우리 2천만 형제들아 다 함께 귀를 기울이고 들을지어다. 내가 한바탕 설명할 것이니, … 장하다 이 소식이여, 기특하다 이 소식이여. 손 모아 빌고 머리 숙여 절하여 하늘을 우러러 감사하고 땅을 굽어보며 춤추노니, 곧 후일 대한 독립사 첫머리 제1장에 대서특필하여 해와 별처럼 높이 받들 것이니 단연동맹회의 서상돈 등이 아니겠는가. 우리나라 안에서 하늘을 이고 땅을 발로 밟는 무리라면 이 좋은 소식을 듣고 이 좋은 기회를 타서 국민의 의무를 잃지 말아야 할 것이다.

이 복되고 좋은 소식에 기회를 잃지 않고 국민의 의무를 다하여 국채보상운동에 동참할 것을 호소하고 있다. 당시 대부분의 민족신문이 국채보상운동에의 동참을 호소하는 논설을 쏟아 내고 있었다. 『만세보』는 2월 28일 자로 논설 「국채보상환의금(還義金) 모집」, 『제국신문』은 3월 1일 자로 논설 「국채보상금 모집에 관한 사정」을 통해 국채보상은 정부를 위한 것이 아니라 국민의 의무, 국민의 책임임을 논하고 호소하였다. 이에 일반 국민들의 정성 어린 의연 행렬이 이어지고 각 신문사는 일반 서민층의 애국적 의연 소식을 있는 그대로 전하기 시작하였다.

일반 백성의 의연 열기와는 달리 일부 부유층이나 권문세가들은 냉담하거나 오히려 야유까지 하였다. 지도급 인사들의 이러한 태도는 의연활동의 확산에 방해가 되었다. 일본 언론의 비판도 만만치 않았다. 대표적으로 서울에서 간행되고 있던 『서울 프레스(The Seoul Press)』와 동경에서 간행되고 있던 『시사신보(時事新報)』를 통해 한국인은 가난하기 때문에 이 거액을 모금할 수 없으며 결국에는 '외국인의 웃음거리'가 될 것이라고 비방하였다. 친일세력의 힘이 점점 더 강해지자 부유한 세도가나 친일 상공인들은 국채보상운동과 거리를 둘 뿐만 아니라 부정적 견해를 표시하고, 나아가 국채보상운동 지도부에 대한 의구심을 유포하기까지 하였다. 이에 『대한매일신보』는 「대한실업가에게 통곡함[痛哭告大韓實業家]」이라는 논설을 싣는다.

> 아아 대한동포여! 오늘에 와서야 경척(警惕) 분발하는 사상이 생겨나, 혹 교육발달에 주의하여, 혹 사회결합에 힘을 쏟아 국채보상에 의연이 잇따르니 가히 국가에 충애하는 인민이라 할지로다. …
> 그러나 그중에도 대한동포의 실업권(實業權)이 모르는 사이에 삭고 녹아서 퇴영(退嬰) 위축과 실패가 날마다 더해 가는 데에는 실로 참괴하고 비탄스러움을 금할 수 없다. 그러므로 대성질호(大聲叱呼)로 통곡하며 고하노니, 귀를 기울이고 자세히 들으며, 명심하여 마음속에 간직하시오. 대개 실업이라 하는 것은 농업과 공업의 식산(殖産) 자생(資生)을 이름이다. … 오늘에 있어서 통감부, 사령부와 각 고문관과 이사청 및 경시청 등이 다 철저하고, … 다만 일본 상민(商民)의 세력으로 넉넉히 삼천리강산을 차례로 점령하고, 이천만 종족의 생명을 진멸하기 어렵지 않을 것이니, 대한동포는 이것을 생각하는가 못 하는가?[214]

국채보상운동에 눈을 감고 현재의 이익을 추구하는 부유층 사업가에게 통감부로 인해 한국의 사업권이 소멸되고 있음을 경고하면서 국민과 함께 국채보상운동 대열에 동참할 것을 호소한 것이다. 대한매일신보사의 회계였던 심의철은 이런 세태를 비판하고 협력을 구하는 순한글로 된 장문의 글을 올린다.

> … 혹 어떤 사람이 말하기를 "누가 그 돈을 썼나? 남이 쓴 것이라도 누가 한 푼이라도 구경이나 했나? 왜 우리더러 물어내라고 하는가? 무슨 돈을 1천3백만 원이나 차관하여 모두 어디에 썼는가? 우리가 추렴하여 물어 준다면 재미가 있어 또 자꾸 차관만 하게 될 것이다." 하니, 그 사람의 말이 그럴듯하기는 하지만 조금만 생각해 보면 잘못 생각하고 있는 것임을 알 것이다. … 나라의 토지를 빼앗긴다든지 재산을 빼앗긴다든지 하면 우리가 어찌 생활할 수 있겠소. 대한 사람이라고 어느 나라에 가서 행세할 수 있겠소. 서상돈 씨의 말은 담배를 끊자고만 하였지마는 내 생각 같으면 술도 끊으면 어떻겠소? 또 비단옷 입은 사람은 무명옷 해 입고, 밥 먹던 사람은 죽 쑤어 먹고, 타고 다니던 사람은 걸어 다니고 … 우리 결심하고 한번 하여 봅시다. 민충정, 조충정 같은 여러분은 나라를 위하여 죽기도 하였소. 우리 하려는 일이 죽기보다는 쉬울 듯하오. 이 일이 성공하고 보면 천하만국에 그만큼 빛날 일이 없고 국권도 회복할 날이 있소. 이 일을 못 하고 보면 이천만 동포를 일시에 염하여 천개를 덮어야지 다시 별수가 없소. …[215]

그는 국채보상운동을 잠재우려는 다양한 비난과, 의연 대열에 동참하지 않는 이런저런 핑계를 정중히 비판하면서, 단연만이 아니라 단주(斷酒)와 절약운동으로까지 나아갈 것을 제안하고 있다.

일반 국민들이 신문에 게재된 취지서와 의연금 소식을 보고 신문사로 의연금을 송부하게 되는 것은 당연한 일이었다. 황성신문사는 국채보상중앙의무사의 본부가 되었고, 국채보상기성회는 수합소를 대한매일신보사에 두었다. 그리하여 의연금을 낸 사람의 이름과 금액을 매일 신문에 게재하고 수합금은 은행에 예치하였다. 제국신문사도 이에 동참하였으며, 만세보사도 국채보상서도(西道)의성회 수금소로 지정되었다.

한 가지 지적해 둘 일은 대한매일신보사의 태도이다. 이 신문사는 처음부터 국채보상운동에 매우 긍정적이고 적극적인 태도를 보였지만 국채상환을 위한 의연금 수합에는 회의적이었다. 그 한계가 명확하며 일본의 방해 책동을 이길 수 없다는 것이 그 이유였다. 그리하여 3월 5일부터 3월 24일까지 본사 신문에 의연금을 접수하지 않는다는 광고를 매일 게재하였다. 그러나 전 국민들은 항일 논조가 분명한 이 신문사로 끊임없이 의연금을 보냈다. 의연금 접수를 사양하면서도 의연자들의 미담 소식과 각 지역의 취지문 및 논설과 기서(寄書)를 매일같이 실었기 때문이다. 물밀 듯 밀려드는 의연금을 감당할 수 없었던 대한매일신보사는 드디어 3월 16일에 4쪽짜리 특별부록을 발행하여 국채보상기성회로 의연금을 납부한 의연자 명단과 금액을 게재하였다. 그리고 지금까지의 소극적 입장을 전환하여 3월 25일부터는 의연금을 접수한다는 광고를 내고 국채보상기성회와는 별도로 신문사 내에 국채보상지원금총합소를 설치하였다. 총합소는 각계의 명망 있는 자로 임원을 선정하였고 각 지방의 수금소를 검사하고 정리하는 역할도 수행하였다. 대한매일신보사에서 실제적인 제작을 책임지고 있던 양기탁이 재무를 맞고 대구에서 올라온 김광제가 검사원을 맡았다.

대한매일신보사는 국채보상운동 기사를 소화하기 위해, 그리고 국채보상운동으로 인해 대폭 증가한 구독자로 인해 신문 판형도 확대하고 한글판 신문을 새로이 창간하였다.[216] 신문사 소유주가 영국인 베델(E. T. Bethell, 한국 이름은 배설)이었기 때문에 일본 통감부가 직접적으로 탄압할 수가 없었다. 이런 이유로 신문사 내에 국채보상지원금총합소의 수금소를 둔 것이기도 하였다.

일본 통감부는 국채보상운동을 배일운동(排日運動)으로 규정하면서 민족신문을 중심으로 전개되는 국채보상 프레스 캠페인을 좌시하지 않았다. 일본의 방해공작은 4가지 정도로 정리할 수 있다. 첫째는 친일본 언론이나 통감부 기관지를 통한 방해이다. 국채보상운동이 한국 국민에게는 처음부터 무리이며 실패할 수밖에 없는 운동이라는 말을 유포하였다. 둘째는 국채보상운동 지도부에 대해 불신의 소문을 퍼트리는 것이었다. 소위 의연금 횡령 의혹 사건인데, 양기탁을 중심으로 하는 '국채보상금 비소(費消) 사건'을 일으킨다. 그들은 베델과 양기탁을 지목하며 의연금을 횡령하였다는 소문을 퍼트렸다. 이런 소문과 의혹은 국채보상운동 지도부에 대한 국민의 신뢰에 큰 타격을 가했으며, 진실 여부를 떠나 국채보상운동에 지울 수 없는 균열을 가했다. 셋째는 내부 분열을 기도하는 것이었다. 친일세력들이 국채보상지원금총합소에 침투하기 시작했다. 이들은 평의원에 참가하여 양기탁의 횡령 의혹을 사실화하고 조사활동을 시작하였다. 마지막으로 고종황제의 퇴위, 군대 해산, 「신문지법」 공표 등을 통해 제도적·심리적 압박을 가하는 것이었다. 결국 지도부 내부가 분열되고 그들에 대한 신뢰에 금이 가고, 황제가 하야하고, 군대가 해산되는 등 망국의 기미 앞에 국민들이 절망하기 시작하면서 국채보상운동의 열기는 점점 식어 갔다.

1908년 9월 29일 양기탁은 5차례의 공판을 통해 무죄로 풀려났지만 국채보상운동은 이미 싸늘하게 식고 난 후였다. 일본이 처음부터 노린 것은 의연금 횡령에 대한 수사가 아니었다. 양기탁을 중심으로 일어난 민족언론의 항일구국 프레스 캠페인을 무력화시키는 데 있었다.[217] 국채보상운동 지도부는 이러한 일본의 전략에 속수무책이었다. 그러나 국채를 상환하여 자주적 경제주권을 회복하기 위해 일본 제국주의에 맞서 벌인 민족신문의 항일구국 프레스 캠페인은 한국 언론사뿐만 아니라 세계 언론사에 큰 족적을 남겼다.

비폭력적 저항

일본 제국주의에 의해 을사늑약이 체결되자 광범위한 국권회복운동이 전개되었다. 당시 한국의 국권회복운동은 애국계몽운동과 의병무장투쟁운동 양면에서 전개되었다. 일반적으로 국채보상운동은 국민적 자강력을 확보함으로써 국권을 수호하려는 점에서 애국계몽운동의 한 흐름으로 본다.[218] 그러나 국채보상운동은 을사늑약 이후부터 전개되어 온 의병의 무장투쟁운동과 애국계몽운동이 절묘하게 결합된 새로운 형식의 비폭력 항일투쟁운동의 한 형태로 보아야 한다.

첫째, 애국계몽운동을 주도한 개화자강파는 국채보상운동의 논리적 근거를 다음과 같이 분석하였다. 우선 일본 차관의 성격 규명이다. 일본의 차관은 한국의 자주독립을 위한 것이 아니라 식민지 지배의 기반을 구축하기 위한 것이라 보고, 일본 차관에 의한 한국의 재정적 종속을 지적하였다. 다음으로는 지배관료계층의 부패와 친일행각을 폭로하였다. 통감부의 '시정개선책'은 친일파의 협력 없이는 실현될 수 없는 것이기 때문이다. 마지막으로는 차관의 부당한 사용이었다. 차관은 주로 식민지 지배를 위한 도로 건설과 친일은행 지원 그리고 주한 일본인을 위한 융자와 친일파 한국인을 위한 대출에 사용되었다. 이러한 애국계몽주의적 지적과 비판은 일반 국민들에게 국가의 위기를 자각하게 하였다.

둘째, 그러나 국채보상운동은 일반적인 애국계몽운동과 구별된다. 국채보상운동은 이러한 자각을 기반으로 '실력 양성'이 아닌 직접적인 '항일운동'으로 전개되었다. 애국계몽운동이 장기전(長期戰)이라면 국채보상운동은 최단기전(最短期戰)이었다. 남성들은 담배를 끊기 위해 담뱃대를 꺾고, 여성들은 생명과도 같은 반지와 비녀, 정조의 상징이었던 은장도를 내다 팔고 머리카락을 자르며, 가정에서는 반찬을 줄이고, 마을에서는 집을 팔거나 공동체의 산을 팔기도 하였다. 이러한 실천적인 행동은 적에게 육체적 상해를 가하지 않았을 뿐, 전 국민의 25%가 동시에 참여한 거대한 항일운동이었다. 총과 칼은 들지 않았지만 자기희생을 담보한 항일운동이었으며 을사늑약으로 빼앗긴 나라의 경제적 독립을 위한 저항운동이었다.[219] 이러한 전국적 단위의 저항운동이 있었기에 이후 3·1 기미독립만세운동이 나타날 수 있었던 것이다.

셋째, 따라서 국채보상운동은 애국계몽운동의 기반 위에서 무장투쟁의 항일운동이 비폭력 저항운동으로 발현된 것이라고 볼 수 있다. 국채보상운동은 제국주의적 침략에 맞서서 자기절제와 자기희생을 기반으로 시작하였다. 비폭력 저항운동의 상징인 간디의 '진리파지(眞理把持)'(사티아그라하)는 허위와 부정의에 항거함으로써 진리와 정의를 수호하는데, 이 운동의 본질은 상대를 폭력으로 패배시키는 것이 아니라 자기희생으로 변화시키는 것이다. 이런 의미에서 국채보상을 위한 자기절제와 자기희생을 '사티아그라하(Satyagraha)'에 견줄 수 있을 것이다.[220] 간디가 지적한 것처럼 "결국 사티아그라하의 원리는 적에게 고통을 가함으로써가 아니라 자기 자신에게 고통을 가함으로써 진리를 옹호하는 것을 의미한다."[221] 이러한 비폭력의 저항성은 국채보상운동 취지문에서나, 담배를 끊고 반지를 빼고 머리카락을 자르고 짚신을 삼고 나뭇짐을 하는 자기절제와 자기희생의 행동에서 잘 나타나고 있다. 국채보상기성회 취지서에는 우리 민족 동포들이 힘을 모아 빚을 청산함으로써 자유로운 세계를 갈구하는 모습이 그려져 있는데, 이는 매우 강력한 비폭력적 저항정신을 표현한 것이라 할 수 있다.

> … 아아, 나라가 망하면 인민이 망하는 것이니 힘쓸지어다. 우리 동포여! 또 얼마의 때를 기다려 모든 국채를 갚은 뒤에 세계 제일의 향기로운 담배

수천만 개비를 사다가 온 국민 남녀노소들이 바람 부는 앞에서 함께 피우면서 밝은 흥을 돋우어 봄이 어떠하겠소. …[222]

… 일본의 권력 아래서 보존하고 있는 나머지 여러 사람들의 부패하고 삿된 책임을 반드시 심문할 것이니, 이번 공공운동이 더러운 마구간을 깨끗이 할 것임을 우리는 믿고 바라노라.[223]

그러므로 국채보상운동을 주도한 지도층은 국채를 상환하는 이 운동이 단순한 빚 청산운동이 아니라 일본의 침략을 몰아내고 정의를 실현하는 '공공운동'이라고 생각했다.

이처럼 한국민은 국채보상운동을 통해 비로소 '백성에서 국민'으로 자기 정체성을 발현하였으며, 이 과정에서 여성은 '역사의 전면'에 나설 계기를 마련하였다. 새롭게 태어난 백성은 자기를 희생하여 국가의 빚을 책임진다고 하는 '비폭력적 저항'을 통해 '자립적 대한민국'을 희구한 것이다. 이것은 민족언론의 '프레스 캠페인'으로 가능했다. 한반도 전역의 국민은 이미 20세기 초에 이 엄청난 동질성을 통시적·집단적으로 경험하였다.

2. 국채보상운동이 세계사에 미친 영향

국채보상운동이 세계에 알려진 경로

국채보상운동은 한국 내에서 일어난 모금운동이지만 몇 가지 경로를 통해 외부세계에 알려지게 되었다. 첫 번째 경로는 국내에 거주하던 각국의 대외 공관이 본국으로 국채보상운동 발발을 보고한 것이다. 두 번째 경로는 언론을 통해 해외 동포에게 전달된 것이다. 국내 신문의 영향력이 대부분 해외 유학생이나 외국의 한인사회에 국한되었다면, 국내에서 발간되던 외국 신문(일본어 신문 혹은 영자 신문)은 국채보상운동을 해외에 알리는 경로가 되었다. 세 번째 경로는 이준이 '제2차 만국평화회의'에서 행한 연설문을 통해 해외에 알려진 것이다. 네 번째 경로는 대한매일신보사 사장 베델과 편집자 양기탁에 대한 재판을 통해 알려진 것이다. 이 재판은 일본·한국·영국·미국·프랑스 5개국이 연관된 국제재판의 성격을 가지고 있었기 때문이다.

■ 한국 주재 외국 영사가 본국에 올린 보고

국채보상운동이 해외로 전파된 것은 서울에 주재하는 외국 공관이 본국으로 보낸 보고를 통해서였다. 『대한매일신보』 3월 9일 자에 다음과 같은 기사가 실렸다.

> 경성에 주재하는 각국의 영사가 대한인민이 국채보상금을 모집하는 일에 대하여 대단히 찬성하고 각자 그의 정부로 전보를 보냈을 것이다.[224]

각 나라의 영사가 구체적으로 어떤 내용을 전송했는지는 자료가 없어 알 수 없지만 당시 한국 국민들이 국채보상금 모집에 대단히 적극적이었다는 점을 기록했을 것이다.

■ 언론에 의한 해외 전파

해외에 거주하는 한국인은 한국에서 민족언론들이 벌이는 프레스 캠페인을 통해 국채보상운동에 대한 소식을 들을 수 있었다. 국내 민족언론은 해외에서 보내온 국채보상 취지서와 의연금 내역(의연자 이름과 금액)을 신문에 게재했다. 해외 동포와 유학생들은 이 기사를 지속적으로 확인하고 있었다. 왜

냐하면 자신들이 언론사나 국채보상금 수합소로 여러 차례 의연금을 보냈기 때문이다.

동시에 해외 거주 한국인이 발행하는 신문을 통해서도 국채보상운동이 세계에 알려졌다. 미국 샌프란시스코의『공립신보』, 러시아 블라디보스토크의『해조신문』등 7개 신문은 재외 동포 및 유학생회에서 발표한 국채보상 취지서, 의연금 납부자 명단, 논설 등을 게재하는 한편, 한국 내 언론에서 발표된 기사들을 재수록하기도 했다.[225]

한편 일본 통감부는 1906년 6월 3일 한국에 영자 신문『서울 프레스(The Seoul Press)』를 창간하여 베델의『코리아 데일리 뉴스(The Korea Daily News)』와 헐버트(H. B. Hulbert)의『코리아 리뷰(Korea Review)』에 대항하기 시작하였다. 이 신문은 한국의 국채보상운동을 지속적으로 비판하였다. 1907년 3월 8일 자 논설「오도된 애국심」에서는 이 운동이 처음부터 실현 불가능한 것이며 "펜과 혀를 놀려" 국민을 오도하고 있다고 공격하였다. 동시에 일본의 영자 신문인『재팬 타임스(Japan Times)』는 1907년 3월 15일 자에「한국의 적(敵)들」이라는 사설을 실었다. 사설 내용은『서울 프레스』3월 8일 자 사설을 그대로 인용하면서 "어떤 경우건 반일적(反日的) 한국의 십자군들(베델의 신문과 헐버트의 신문을 말함)은 한국의 적이라는 것을 세계가 지켜보고 있다."며 국채보상운동에 대해 비판적인 글을 기사화하였다. 한국의 친일적 영자지『서울 프레스』와 일본의 영자지『재팬 타임스』는 상대방 신문의 내용을 서로 똑같이 인용하면서 마치 객관적인 여론인 양 국채보상운동에 대해 비판적인 내용을 국내외로 전파하였다.[226]

■ 제2차 만국평화회의 '국제협회'에서 이준이 행한 연설

국채보상운동이 세계적인 주목을 받게 된 것은 제2차 만국평화회의의

'국제협회'에서 선포된 이준의 연설문 때문이다. 1907년 7월 이준은 황제의 특사 자격으로 네덜란드 헤이그에서 열린 제2차 만국평화회의에 참석하고자 네덜란드로 갔지만 한국 대표단은 일본과 영국 등의 방해로 본회의에 참석할 수 없었다. 그러나 네덜란드 언론인 스테드(W. Stead)의 주선으로 한국 대표들은 만국평화회의를 계기로 개최된 '국제협회'에서 한국의 실정을 호소할 기회를 얻어, 노어·불어·영어 등으로 연설문을 작성하여 세계 언론인들에게 한국의 실정을 호소하는 연설[227]을 하게 된다.

> … 한국을 보다 더 철저하게 감독하기 위하여 일본 정부는 우리 정부에게 1300만 원의 국채를 지우는 계약을 강제로 체결하였다. 이 국채 계약은 한국의 필요에 의해서 한 것이 아니고 한국 상품을 희생시키고 일본의 상품을 전국에 범람시키게 하고 공산품을 독점하기 위해서 한 것이다. 한 시민이었던 서상돈이 일본 담배의 불매운동을 제의한 것이 전국에서 열렬한 환영을 받았다. 한편으로 그는 한국 정부가 계약을 체결한 1300만 원의 국채를 갚기 위하여 어떤 단체 조직을 착안했다. 이 구상은 대성공리에 즉각 실천되었다. 빈부·남녀노소·유아들까지 국채보상운동에 참여했다. 그들이 가져오는 것은 돈만이 아니라, 돈이 없는 사람은 보석과 때로는 옷가지도 희사했다. 아낙네와 처녀들은 패물과 머리채를 제공할 정도로 희생을 감수했다. 이러한 기증은 거액에 달했으며, 불원간 채무를 갚을 수 있는 서광이 보였다. 국가 정치와 공업 발달에 불가결한 기본 요소를 이루는 민족주의 사상과 독립정신에 한국민이 어느 정도 젖어 있는지는 이와 같은 애국심의 발로가 여실히 증명하는 것이 아니겠는가.[228]

이 연설에서 이준 등은 지금 한국 국민은 일본의 강압으로 발생한 외채를 갚기 위해 국채보상운동을 일으키고 있다는 사실을 만방에 알렸다. 그는 국채보상운동을 외국 상품 불매운동의 성격으로 해석했다. 그리고 그는 강제 계약으로 발생한 외채를 청산하기 위해 채무국 전체 국민이 자기를 희생하여 외채상환에 참여하고 있음을 외국 기자에게 알렸다. 이는 국채보상운동을 향한 전 국민적 열정과 이 운동이 가지는 의미를 전 세계에 알리는 계기가 되었다. 물론 이것으로 인해 고종이 퇴위되고 한국 군대가 해산되는 수모를 겪었다.

■ 베델과 양기탁의 국제재판을 통한 전파

국채보상운동이 전국으로 확산된 데에는 특히 『대한매일신보』의 역할이 컸다. 그런데 이 한국어 신문인 『대한매일신보』와 영자 신문인 『코리아 데일리 뉴스』의 발행인은 영국인 베델(Ernest Thomas Bethell)이었다. 대한매일신보사는 국채보상운동 소식을 연일 보도하였을 뿐만 아니라 의연금 수합소인 '국채보상의연금총합소'를 신문사 안에 두어 국채보상운동을 적극 지원하였다. 이것이 가능했던 것은 그 발행인이 영국인이었기 때문이다. 일본은 이 신문의 배일운동을 문제 삼을 경우 일·영 간의 외교 문제로 비화될 것을 염려하여 직접적인 통제를 자제하고 있었다.

이러한 『대한매일신보』의 프레스 캠페인은 국채보상운동을 순식간에 전국적 국민기부운동으로 확산시키는 데 결정적 기여를 하였다. 1907년 초에 와서 일본은 『대한매일신보』와 『코리아 데일리 뉴스』가 한국민들의 항일의식을 고양시킨다는 이유로 이 신문의 발행인인 베델을 영국으로 추방하고자 하였는데, 추방에 실패하자 끈질긴 요구 끝에 1907년 10월 14일 주한 영국 총영사관의 영사재판에서 베델에게 6개월의 근신형을 구형토록 하였다. 이에 그치지 않고 일본은 베델 추방 작업을 계속하였다. 1908년 6월 15일부터 18일간 상해 주둔 영국고등법원 판사가 서울에 와서 베델을 재판하였는데 이 재판을 통해 3주의 금고형 판결을 유도해 냈다.[229] 연이어

1908년 7월 12일에는 신문의 편집인이면서 국채보상운동의 재무를 담당하고 있던 양기탁을 국채보상금 횡령 혐의로 체포하였다. 이 사건은 영국 총영사관과 일본 통감부 간의 외교적 갈등으로 비화되었고 그 결과 국제적 재판이 열렸다.[230] 이에 더하여 국채보상금을 보관하고 관리하던 미국인과 프랑스인이 법정 증인으로 재판에 참석하면서, 국채보상운동은 한국과 일본 두 나라 사이의 문제를 넘어 영국, 프랑스, 미국 등 5개국이 관련된 국제적 문제로 확산되었다.

국채보상운동에 관한 프레스 캠페인이 5개국이 관련된 국제적 재판으로 비화되면서 국채보상운동의 실태와 그 정신이 전 세계에 알려지게 되었다. 이 당시 국채보상운동을 보도한 『대한매일신보』와 『코리아 데일리 뉴스』, 베델과 양기탁의 재판기록물, 영국 정부와 한국의 영국 총영사관 간에 오간 외교문서들, 그리고 일본 정부와 한국의 일본 통감부 간에 오간 외교문서, 영국과 일본 간의 외교문서들은 영국 National Archive[231] 및 일본 국가문서보관소[232]에 보관되어 있다.

국채보상운동에 연이은 외채상환의 세계사

19세기 제국주의시대는 외채 위기의 시대였다. 1907년 「국채보상운동 취지문」에도 나타나 있듯이, 당시 한국 사람들은 서구 제국주의가 부과한 국채로 인해 여러 국가가 망국의 위기에 처해 있다는 점을 분명히 인식하고 있었다.

> … 세계를 관찰해 보면 외채로 망한 나라가 모두 위에서 논한 바와 같으니, 류큐(오키나와), 베트남, 인도, 폴란드, 이집트 등 손가락으로 이루 다 꼽을 수가 없다. …

이들 국가 대부분은 제국주의 외채로 인해 망국의 길을 걸었지만, 외채상환을 위한 국민적 운동을 경험한 국가는 없었다. 20세기 초반에 접어들면서 외채를 통해서 식민지를 확대하는 서구 열강에 대해 피식민 국가에서는 그 외채를 갚고 경제적 주권을 회복하려는 외채상환운동이 일어났다. 이러한 국채보상운동은 한국(1907)에서 제일 먼저 일어났고, 중국(1909), 멕시코(1938), 베트남(1945) 등에서도 연이어 일어났다. 이런 점에서 외채로 인한 국가의 위기와 그것을 극복하기 위한 외채상환운동은 동서양을 막론하고 세계사적으로 보편적인 현상이라고 할 수 있다.

■ 중국의 외채상환운동[233]

20세기 초반 중국은 전쟁 배상금과 철도 등 인프라(SOC)에 투입된 외국자금으로 인해 많은 외채를 떠안고 있었다. 이에 대해 일찍부터 민간이 주도하는 외채상환 움직임이 전개되었는데, 1909년 「국채보상회 취지문」이 발표되면서 본격적인 외채상환운동이 시작되었다.[234]

■ 멕시코의 외채상환운동[235]

멕시코의 경우, 1938년 외국계 석유 회사를 국유화하면서 그로 인해 엄청난 규모의 외채를 부담하게 되었다. 이에 따라 멕시코에서는 민간 차원의 외채보상운동이 벌어졌다. 당시 이 운동을 목격한 미국 대사 대니얼스는 "이는 기적에 가까운 일"이라고 하였다.

■ 베트남의 외채상환운동[236]

베트남의 경우, 1945년 8월 프랑스에 대항하기 위해 '황금주(Gold Week)'라고 불리는 일주일 동안 베트남 전역의 국민들이 금, 은, 보석, 쌀, 그 밖의 재산을 내어놓는 민간 주도의 대규모 외채상환기부운동이 일어났다.

한국의 국채보상운동에 뒤이어 일어난 중국, 멕시코, 베트남의 외채상환운동을 살펴볼 때, 20세기 초·중반에 피식민 국가가 외채를 상환함으로써 경제적 주권을 회복하려는 국민적 운동은 외채의 세계사 속에서 보편적 현상으로 보여진다. 다만 한국만의 특수성이라고 할 수 있는 것은 사회적으로 피지배계층이라고 할 수 있는 일반 기층민중이 주도했다는 점과 특히 여성의 적극적 참여가 주목된다는 점, 일본의 강압에도 불구하고 1년 이상 지속되었다는 점, 프레스 캠페인으로 전 국민의 참여가 가능했다는 점, 그리고 무엇보다도 한국의 외채상환운동이 시기적으로 가장 앞선다는 점이다.

■ 한국의 1998년 금 모으기 운동

1997년 아시아에 외환위기가 닥쳤을 때 한국에서는 국민들이 집에 보관하고 있던 결혼반지, 돌반지와 같은 귀금속을 국가에 기부함으로써 부채상환 기금을 마련하고자 금 모으기 운동을 일으켰다.[237] 한국 국민은 국가부채를 갚으려는 정신, 개인이 가지고 있던 금을 기부하는 방식 등에서 국채보상운동이 재현되었다고 생각하여 이 금 모으기 운동을 제2의 국채보상운동이라고 부른다.[238]

당시 한국의 국채보상운동을 목격한 캉드쉬(Michel Candessus) IMF 총재는 '한국 국민의 희생정신'을 칭송했으며,[239] 김용 세계은행 총재는 브루킹연구소 강연에서 '공동체 연대의식의 대표적 사례'로 주목하였다.[240]

국채를 상환함으로써 경제주권을 수호하려는 국채보상운동 정신은 1998년 태국, 2017년 몽골, 2015년 베트남, 2018년 말레이시아 등지에서 외환위기가 발생했을 때 '금 모으기 운동'으로 재현됨으로써 외채위기 해법의 보편적 모델로 주목받고 있다.

■ 태국의 외환위기와 금 모으기 운동

외채위기를 극복하기 위해 태국에서도 금 모으기 운동이 일어났다. 태국에서도 1998년부터 승려를 중심으로 수많은 시민과 군인이 참여하는 'Thais Help Thais Campaign'을 통해 금 모으기 운동이 시작되었다.[241]

■ 몽골의 외환위기와 금 모으기 운동

몽골의 국민은 600만 달러의 정부 부채를 갚기 위해 2017년 2월 금 모으기 운동을 전개했다.[242] 국민들은 정부가 IMF로부터 긴급구조를 받기 어려울 것을 염려하여 금과 같은 보석뿐만 아니라 기르던 말까지 기부하였다.

■ 2008년 유럽 금융위기에 한국의 금 모으기 운동이 미친 영향

2008년 미국발 금융위기가 유럽 금융위기로 확산되면서 그리스와 스페인, 포르투갈과 이탈리아 등 남유럽 국가들의 연쇄 국가부도 가능성까지 제기되었다. 이러한 유럽 금융위기에 대하여 세계 언론은 한국의 '금 모으기 운동'으로부터 배울 필요가 있다는 점을 지적하고 있다.[243]

국채상환운동과 같은 국민적 기부운동은 일찍이 유럽에서도 일어난 적이 있다. 프랑스에서 일어난 보불전쟁 배상금을 변상하기 위한 운동, 독일에서 일어난 제1차 세계대전 전비 보충을 위한 운동이 바로 그것이다. 이런 점에서 한국의 금 모으기 운동은 전 세계에서 부채위기 탈출을 위한 새로운 모델이 될 수 있을 것이다.[244] 그러나 부채를 단순히 국민의 기부를 통해 상환한다는 것이 국채보상운동의 정신은 아닐 것이다. 제국주의 강제

에 의한 악성 외채를 국민의 힘으로 갚고 식민지적 침략을 물리치고자 했던 국채보상운동은 채무자의 적극적인 노력과 함께 악의적 채권자의 책임을 함께 묻는 메시지를 내포하고 있다.

새로운 외채상환 모델로서의 국채보상운동

1999년 국채보상운동이 발생한 대구에서 새로운 국제금융질서를 모색하는 '대구라운드'가 개최되었다. 대구라운드에서 재확인한 국채보상운동 정신은 두 가지이다. 첫째는 채무국의 외채상환 노력과 아울러 채권국의 노력이 필요하다는 것, 둘째는 단기성 투기자본에 대한 세계적 규제가 필요하다는 것이다. 1999년 대구라운드에서는 새로운 국채보상운동 정신에 입각하여 세계적 외채 문제 극복 모델로서의 '대구라운드 선언'[245]을 합의하였고, IMF, G7에 보내는 단기성 투기자본 제한을 촉구하는 공개서한을 도출하였다. 이러한 선언에 대하여 토빈(J. Tobin) 교수도 개도국의 외환위기 극복을 위해 IMF가 주도하여 토빈세(Tobin Tax)를 세계적 수준으로 실행할 필요가 있다는 데 동의하였다. 이처럼 국채보상운동 정신은 어려움을 겪고 있는 여러 나라의 외채 문제 해결에 지속적으로 영감을 주고 영향을 미쳤다는 점에서 세계사적 일반모델이라 할 수 있다.

이제 국채보상운동 정신은 새로운 국제금융질서를 모색하는 모델로 진화하고 있다. 한국의 국채보상운동이 한국을 넘어, 1997년 동아시아 외환위기, 2008년 미국발 유럽 외환위기 때에 위기 극복 모델로 주목받은 것을 볼 때, 1907년 한국의 국채보상운동이 세계경제의 외환위기 극복 모델로 보편화될 수 있는 가능성을 열어 두고 있다.

3. 국채보상운동의 현대적 재해석[246]

국민적 책임운동

한국이 외채 망국의 위기에 처했을 때, 전 국민이 스스로 나서서 평화적으로, 특히 자기희생을 통하여 나랏빚을 대신 갚아 국권을 수호하려 했던 운동이 바로 국채보상운동이다. 국채보상운동은 지식인·상공인이 중심이 되어 지역민과 함께하는 민회에서 시작되었지만, 당시 거의 모든 신문과 잡지가 참여한 프레스 캠페인에 힘입어 순식간에 전국으로 확산되어 전 국민이 동참하는 국민운동으로 발전하였다. 이 운동이 전개되자 남성은 술과 담배를 끊은 돈을, 여성은 반지와 비녀 등 패물을, 가난한 서민들은 짚신을 삼고 나무를 해서 판 돈을, 학생은 용돈을, 아이는 심부름 값을 의연금으로 냈으며, 기생과 걸인, 심지어 도적까지도 이 운동에 적극적으로 참여하였다. 당시 국민은 국가가 진 외채에 대해 전 국민 기부운동을 통해 그 책임을 다하려 하였다.

국채보상운동은 그로부터 90년 후인 1997년, 한국의 외환위기 때 제2의 국채보상운동이라 할 수 있는 금 모으기 운동으로 재현된다. 당시 국가 부도라는 위기상황에서 국민들은 자신의 귀금속을 자발적으로 기부하는 운동을 전개함으로써 세계를 놀라게 한 바 있다. 캉드쉬 전 IMF 총재는 1998년 한국을 방문하여 당시 금 모으기 운동 현장을 보고 한국 국민의 책임의식에 '존경'을 표했으며, 김용 세계은행 총재는 2012년 인터뷰에서 "금 모으기 운동은 국가 위기 대응에 있어서 공동체 연대의식의 대표적 사례"라고 언급하였다.

국채보상운동이 표상하는 현대적 가치의 핵심은 책임의식이다. 그러나 국채보상운동은 서구에서 일반화된 지배계층의 책임(Noblesse Oblige)과는 구별되는 시민적 책임(Citizen's Oblige)에 근거한 행동 규범을 모범적으로 보여 준다는 점에서 큰 차이가 있다.[247] 그것은 서구의 근대화와 달리 동북아의 근대화는 식민지화와 함께 진행되었기 때문일 것이다. 서구의 근대화는 절대왕정을 극복하면서 국민이 시민적 권리를 확보하는 과정이었다. 그래서 새롭게 등장한 국민은 권리를 확보하게 되었고 귀족은 국민으로서의 책임을 공유해야만 했다. 그러나 동북아는 달랐다. 동북아의 백성은 탈절대왕정의 과정과 함께 식민지화 극복이라는 위기를 동시에 직면하였다. 이때 백성이 국민이 되기 위해서는 이 두 과정을 동시에 넘어야 했다. 권리라고는 전혀 없는 백성이 식민지화라는 국가적 위기 앞에서 위기 극복의 책임을 집단적으로 수행하였다. 이것이 국채보상의 국민적 운동이었다. 이 운동을 통해서 비로소 조선의 절대왕정이 국민의 나라가 되고 백성들은 국민적 권리를 확보하고자 했던 것이다. 그러므로 국채보상운동에 참여했던 백성은 국민이 되기 위해 권리보다 책임을 먼저 선택했다.

새로운 금융질서운동

국채보상운동은 일제의 차관을 국민이 갚는다는 측면에서 채무자의 책임을 다하는 운동인 동시에, '부추김과 꼬임'으로 악성 외채를 제공한 채권자에게 이의를 제기하는 운동이었다. 일제의 외채와 같이 '부추김과 꼬임'으로 인해 발생한 부채는 채권자의 건전하지 못한 대출인 동시에 정당하지 못한 목적으로 차용한 대출이다. 마치 독재 권력이 자신의 국민을 지배하기 위해 제국주의 세력으로부터 차용한 외채와 같은 것이다. 이런 부채를 '혐오부채(Odious Debt)'라고 한다.[248] 혐오부채는 강요하에 서명된 계약이 강제될 수 없는 것과 마찬가지로 '국민의 이해'에 반하는 외채이므로 채무국 국민만이 책임져야 할 부채가 아니라 부채를 야기한 권력 혹은 부채를 악의로 제공한 채권자에게도 책임이 있는 부채이다. 그런 점에서 한국의 식민지 부채는 혐오부채이다. 이런 국제법적 관점에서 1999년 '대구라운드'에서는 채권자와 채무자의 책임을 동시에 전제하는 새로운 국제금융질서를 제안하기도 하였다. 2009년 그리스 외채위기와 2011년 헝가리 외채위기 과정에서 확인된 바와 같이 세계자본주의의 외채위기에 대한 사실상의 근본적인 해결은 채무자와 채권자의 쌍방책임론을 전제하지 않고는 다른 방법이 없다는 것이다. 이러한 쌍방책임론의 관점을 전 세계가 동의하고 있다는 사실을 감안하면 국채보상운동이 제기한 문제의식은 현대적 의미에서도 여전히 유효하다고 할 수 있다.

공동체적 운동

국채 1천3백만 원을 국가가 갚지 못하게 되자 국민이 '자발적 연대'를 통해 갚겠다는 운동이 100여 년 전에 일어났다. 그것도 일제의 감독이 엄혹한 통감부 산하에서 말이다. 당시 국채보상운동 취지문을 살펴보면, '충'과 '의'를 기반으로 한 '국민의 도리'에 호소하고 있다. 월남과 폴란드의 국민은 '내 한 몸과 내 집'만을 생각했기 때문에 망했다고 진단하면서, 풍전등화에 처한 조국을 구하려면 충과 의로써 '나라 일을 내 일'처럼 생각해야 한다고 읍소하였다. 또 삼천리강토는 우리 국민의 소유이므로 담배를 끊고 절약하여 국채를 갚아 우리 것을 지키자고, 전 국민의 '자발적 연대'를 요구하고 있다. 이 호소와 연대는 실현되었고, 마을에서 마을로, 국내에서 국외로 확산되었다. 이와 같은 시민적 자발성과 공동체적 연대를 가능하게 하는 사회적 자산을 '사회적 자본'이라고 부른다. 1907년 당시의 우리 사회는 국채보상운동이 발현될 수 있는 사회적 자본을 가지고 있었던 것이다. 돌이켜 보면, 국채보상운동이 성공한 것도 견고한 사회적 자본이 존재했기 때문에 가능했던 것이다.

당시 언론 보도에 따르면 국채보상운동에 어린아이와 학생이 무수히 많이 참여했으며, 신문에는 걸인, 백정, 나무꾼, 채소 장수 등의 감동적인 이야기를 전하는 기사가 수없이 게재되었다. 국채보상운동에는 특히 여성의 참여가 두드러졌다. 여성 중에서도 기생, 과부의 참여가 많았다.

이처럼 국채보상운동에 전 국민이 참여하게 된 데는 지역공동체의 역할이 매우 컸다. 우리가 잘 알고 있듯이, 국채보상운동은 제도나 연대조직이 사전에 따로 준비되어 있었던 것이 아니다. 오히려 공동체적 연대감에 의해 지방조직이 만들어지고 그것이 전국적 조직으로 발전해 갔으며 국가적 운동으로 확산되었던 것이다. 도시 단위에서는 민회 혹은 민의소가 설립되어 국민들이 집단적으로 참여하였으며, 지방의 소도시에 사는 가난한 서민은 최소의 자치기구인 면, 리 단위에서 집단적으로 참여하였다. 이때는 주로 향회(鄕會)를 개최하였다. 문중이나 소학교 단위의 참여도 많았다. 문중의 재산을 팔기도 하고, 마을의 공유자산을 매각해 그 대금을 의연금으로 내기도 하였다. 어떤 마을은 참여 열기가 뜨거워서 가가호호 의연 분담금을 설정하기도 하였다. 가난한 집이나 수확이 좋지 않은 농가에는 그것이 큰 부담이 되어 원성을 사기도 하였다. 이러한 모든 과정은 당시 우리 사회가 공동체적 연대 속에서 작동하고 있었다는 의미이며, 공동체를 기반으로 하는 집합적 행동으로 국가적 책임을 다할 수 있었다는 말이다.

평화운동

국채보상운동은 온 국민이 금연, 절약, 나눔이라는 자기희생으로 제국주의의 금융 침략에 맞선 평화운동이다. 이 운동은 국가 간의 평화적 공존을 달성하는 데 목적을 두었는데, 비슷한 시기에 인도에서 일어난 간디의 비폭력 저항운동인 아힘사(비폭력)-스와데시(국산품 애용)운동과 성격이 유사하다. 국채보상운동은 권문세가들이 거금을 기부하는 것이 아니라 일반 국민이 담배와 술을 끊고, 반지를 빼고, 반찬을 줄이고 머리카락을 자르고, 짚신을 삼고 나무를 해서 그 돈을 기부하는 전 국민적 풀뿌리 기부운동을 지향하였다. 이 운동에 참여하였던 당시의 국민은 국가의 주권회복을 위해 묵묵히 자기희생을 감내했던 것이다. 국채보상운동은 바로 평화를 기반으로 하는 비폭력적 저항운동이었다.

미주

제1장 국채보상운동의 역사와 그 현대적 의미

1 '차관문제'는 김영호의 「한말 차관문제의 제국면」, 『현상과 인식』, 2권 1호, 한국인문사회과학회, 1978을 참조하였다. 김영호는 차관문제를 4개의 국면으로 나누어 살펴보았다. 본고에서는 한 국면을 추가하여 5개 국면으로 분석하고자 한다. 제1국면은 1880년대 초반부터 청을 중심으로 한 차관의 전개 국면, 제2국면은 일본을 중심으로 한 차관의 전개 국면, 제3국면은 을미사변 이후 한일병합까지 구미 열강을 중심으로 한 차관의 전개 국면, 그리고 제4국면은 을사조약 이후 한국의 중앙은행 설립을 둘러싼 차관 도입 국면, 마지막으로 제5국면은 한일병합까지 전개된 차관 상환 문제와 국내 대중운동화 과정으로 구분한다. 이 구분은 국면의 구분일 뿐, 시기 구분과 관계없이 상호 연동되어 전개되는 과정이며 차관의 특정 추세를 지칭하는 구분이다.

2 이하는 오두환, 「한말 차관문제의 전개과정」, 『일제경제침략과 국채보상운동』, 아세아문화사, 1994에 의존했다.

3 김윤식, 『陰晴史』, 고종19년 4월 27일 條. 김영호(1978), 55~56쪽 재인용.

4 김정기, 「조선정부의 청차관도입」, 『한국사론』, 3, 서울대학교 국사학과, 1976, 484쪽 참조.

5 개항 이후 개항장에서 한국의 쌀을 일본으로 수출하였는데 수출 증가로 곡물 품귀현상이 발생할 정도였다. 특히 흉년에는 곡물 가격이 급등하므로 지방관청에서는 곡물 반출을 막는 방곡령을 내리게 된다. 1876년부터 1904년 사이에 일어난 100여 건에 달하는 방곡령 사건은 대부분이 정부의 지시로 해결되었지만, 1889년 5월 황해도관찰사 조병철(趙秉轍), 같은 해 10월 함경도관찰사 조병식(趙秉式), 1890년 2월 황해도관찰사 오준영(吳俊泳)이 정부의 중재에도 불구하고 방곡령을 내려 곡물 유출을 막은 데 대해 일본 상인들이 피해보상을 요구함에 따라 외교적 문제로 비화된다. 방곡령 사건으로 한일회담이 10여 차례나 개최되었고 결국은 11만 원을 배상하는 것으로 사건이 종결되었다.

6 이러한 관점은 김영호(1978)에 의한 것이다.

7 임오군란(1882)으로 일본인과 일본 관원이 받은 피해에 대한 보상금을 의미한다. 1882년 8월 30일 맺어진 제물포조약에 따라 일본인의 피해 보상금 5만 원(제2조), 일본 군대가 받은 병비 50만 원(제3조)을 요구하였다. 이 중 5만 원을 차관에서 제외하였고, 50만 원은 추후 협상하기로 하였다.

8 조기준, 「한일차관의 시말과 그 성격」, 『한국자본주의성립사론』, 대왕사, 1985.

9 김영호(1978) 인용. 김영호는 이러한 청, 일을 통한 차관 도입 부국강병론과 청, 일의 한국 지배론의 대립을 근대 한국에 있어서 '진보의 모순'이라고 명명하였다.

10 오두환(1994), 35쪽.

11 오두환(1974), 43쪽 [표 7] 인용. 이 자료에 따르면 1890년대 평균 60여 만 원이던 해관세 수입

이 1897년부터 100만 원을 상회하였다.

12 강창성, 『조선통감부연구2』, 국학자료원, 2004, 143~164쪽. 시정개선사업에 소요되는 기업자금을 일본의 흥업은행에서 차관으로 도입하고, 그 차관을 금융압박 구제자금, 광산 개발, 경철도 건설, 도로 건설에 투입하여 일본의 한국 지배를 용이하게 하는 데 사용하였다. 토지제도 개편사업은 토지소유제도를 정비함으로써 세수원을 확보하는 동시에 일본인에게 토지소유권을 보장하려는 목적도 있었다. 특히 외국인 특허제한정책은 기존의 외국인이 가지는 광산 및 산림 등의 권한을 새로 제정된 광업법, 산림법에 적용시켜 외국자본 참여를 배제하는 기초를 마련하였고, 동시에 한국에서 일본의 우월한 권리를 확보하였다.

13 강창성(2004), 259쪽.

14 독립협회도 정동구락부를 중심으로 중립외교의 중요성을 주장하였다. 문일평, 『한미50년사』, 탐구당, 1975.

15 『대한매일신보』, 1906. 3. 7. 논설 「韓國現今苦難」, 1906. 5. 11. 논설 「警當局者」 등. 국민들에게 비난의 대상이 되고 있는 지배적 관료의 친일행각을 논설하고 있다.

16 김영호(1978), 55쪽 재인용.

17 金炳始, 『蓉菴集』 雜著, 김영호(1978), 65쪽 재인용.

18 李沂, 『海鶴遺書』, 제5권, 答魚度支允中書. 김영호(1974)는 이기의 토지개혁론에 관해서는 그의 저서 『田制妄言』을 언급하고 있다.

19 이상의 논의는 김영호(1974)의 논지에 의존하고 있다.

20 의병의 정의와 의병 역사는 『한국민족문화대백과사전』(한국학중앙연구원), '의병'란을 참조하였다.

21 일반적 개념으로서의 계몽운동은 1905년 이전에도 있었고 1910년 이후에도 있었다. 그러나 그러한 계몽운동들은 여기서 말하는 애국계몽운동에는 포함되지 않고, 1905~1910년 사이 국권회복운동의 일환으로서 개화자강파가 전개한 운동만이 포함된다.

22 애국계몽운동에 대한 정의는 『한국민족문화대백과사전』(한국학중앙연구원)의 '애국계몽운동'에 의한 것이며, 이하는 이 논지에 따른다.

23 당시의 개화파·독립협회·만민공동회파의 인사들과 종래의 동도서기파(東道西器派)·위정척사파(衛正斥邪派)중에서 국권 피탈이라는 대충격을 받고 대오각성하여 개화자강 노선으로 전환한 인사들이 중심이 되어 거대한 세력을 이루었다.

24 물론 1905년을 전후로 한 개화자강파를 단일 흐름으로 정리할 수는 없을 것이다. 박찬승(1990), 「한말 자강운동론의 각 계열과 그 성격」, 『한국사연구』, 제68호에서는 애국계몽운동가를 4가지 계열로 정리하고 있다. 대한협회 계열의 정당정치파, 황성신문 계열의 점진적 문명개화파, 대한매일신보 계열의 국수보전파, 청년학우회 계열의 인격수양파이다. 이들은 상호비판적 견해를 유지하면서 상호보완적 성격으로 애국계몽운동을 지도하였다.

25 그 대표적인 계기가 1907년 7월 24일의 이른바 '정미7조약'이었다. 일제 통감부는 '헤이그 밀사사건'을 구실로 고종을 양위시킴과 동시에 정미7조약을 체결하였다. 일제는 애국계몽운동을 탄압하기 위한 적극적인 조처로 1907년 7월 24일 「신문지법」을 공포하여 언론·출판의 검열을 강

화하고, 7월 27일 「보안법」을 공포하여 언론·집회·결사의 자유를 더욱 제한하였다. 뒤이어 8월 1일에는 대한제국 군대를 해산시켰다.

26 친일적 성향을 보이는 일진회와의 연합을 주장하는 대한협회 내부 일부 간부층의 분열로 인해 대한협회 본래의 정신을 유지하기가 곤란해졌다.

27 당시 지방별 애국계몽운동단체로는 서북학회·기호흥학회·관동학회·교남교육회·호남학회·대한흥학회 등이 있었다. 신민회 회원들은 이러한 각종 애국계몽운동단체의 간부로 참여하여 그들의 운동을 신민회의 국권회복운동과 일치하도록 활동했다.

28 1910년 가을 이동녕(李東寧)·주진수 등이 만주 일대를 답사하여 후보지를 선정하였다. 1910년 12월부터 비밀리에 독립군 기지 건설을 위한 단체 이주를 시작하였다. 신민회는 1911년 봄에 대대적인 단체 이주를 실행할 계획이었다. 그러나 1911년 1월에 '안악 사건'과 '양기탁 등 보안법 위반 사건', 9월에 '데라우치 총독 암살미수' 혐의로 800여 명의 애국계몽운동가가 체포되어 단체 이주는 지연되었다.

29 일제의 대탄압 속에서도 애국계몽운동가들은 1911년 신흥무관학교(新興武官學校), 1913년 동림무관학교(東林武官學校), 밀산무관학교(密山武官學校) 등 세 곳에 3개 무관학교를 설립하는 데 성공하였다. 신민회를 주체로 한 애국계몽운동가들의 독립군 기지 창건운동은 국내의 신민회가 일제의 회원 검거로 말미암아 사실상 해체되는 도중에 진행되었기 때문에 원래의 계획대로 이루어지지 못하고 부분적으로만 성공하였다.

30 신용하, 「애국계몽운동에서 본 국채보상운동」, 『일제경제침략과 국채보상운동』, 아세아문화사, 1994, 1~7쪽.

제2장 국채보상운동의 역사와 그 의의

31 김도형, 「한말 대구지역 상인층의 동향과 국채보상운동」, 『계명사학』, 제8권, 계명사학회, 1997. 김도형은 대구의 상인자본이 국채보상운동의 중심이 되는 구조를 상세하게 서술하고 있다.

32 수창사의 「수창상회사 규칙」 제2조 3항을 보면 부산항에서 일본 상인에 비해 불리한 여건을 개선하기 위해 수창사를 설립한다고 밝히고 있다. 이하의 논의는 박희진·김영호·엄창옥, 「대구 수창사의 활동과 국채보상운동」, 『대구사학』, 131집, 대구사학회, 2018. 5.에 의존하였다.

33 대구의 지식인들은 1898년 여름에 지회 설립을 요청하여 9월에 설립인가를 받았다. 『황성신문』, 1898년 9월 22일 자, 잡보 「又許支會」.

34 대구광문사 문회는 『대한매일신보』, 1906년 4월 22일 자, 잡보 「慶學大興」 참조. 대구광문사 문회는 1907년 1월에 대동광문회로 명칭이 변경되었다. 회장은 박해령, 부회장은 김광제, 회원은 서상돈, 장상철, 강영주, 심정섭, 김우근, 서병오, 윤하선, 정재덕, 이종정, 길영수, 이우열, 강신규, 정규옥, 추교정 등이다.

35 서상돈은 김천에서 출생, 대구에서 성장하여 큰 부를 이룬 상인이지만 김광제는 보령 사람으로, 그가 대구에 뿌리를 내린 연유는 분명하지 않다. 김광제는 1905년 12월에 외세의 침탈과 내정의 부패를 간하는 상소를 올렸다가 고군산도에 유배되었다. 두 달 후 특별사면되어 법부참사(法

部參事)로 임명되었지만 사임하고 대구에서 서상돈과 함께 광문사를 공동설립하였다. 김광제가 대구에 머물게 된 것은 동래경무관 시절 서상돈, 박해령과 교류가 있었는데 그 인연이 크게 작용한 것으로 보인다. 김형목, 「대구광문사의 문화계몽운동과 김광제 위상」, 『중앙사론』, 44권, 중앙대학교 중앙사학연구소, 2016. 12., 75쪽.

36 강윤정, 「신교육 운동」, 『경북독립운동사』 Ⅱ, 경상북도, 2012, 130쪽.

37 이상 장상철의 「월남망국사서」는 박용찬(2017)의 번역에 따른 것이다.

38 『대한매일신보』, 1906년 6월 2일 자, 잡보 「新聞承認」.

39 『황성신문』, 1906년 6월 1일 자, 잡보 「慶北代議所」; 『대한매일신보』, 1906년 8월 26일 자, 잡보 「경상북도 대구부 민의소장 김광제의 경고문」.

40 1907년 2월 22일에 설립된 대구민의소의 규칙 제9조에 민의소 "사무소는 서문 밖 전동 수창사로 정한다."라고 적시되어 있다. 김도형(1997), 275쪽 재인용.

41 대구광문사 특별회의가 있은 날과 관련하여 일자에 오류가 있다. 『제국신문』, 1907년 2월 16일 자 잡보란 「國債報償計」에 서상돈의 국채상환 제의 및 발기일이 기록되어 있는데, 그 일자가 2월 16일이다. 이는 발기일이 아니라 신문발행일이다. 이로 인해 다양한 오류가 시작되었다. 그러나 『대한자강회월보』, 제9호(59~60쪽)에도 특별회의 일자가 음력 납월(12월) 16일로 기록되어 있다. 또한 『황성신문』, 1907년 3월 21일 자에는 함경남도 사람 박성화·이창하 씨가 이 특별회의에 내빈으로 참석한 참관기 「兩客同函」이 실려 있는데, 여기서도 이날을 음력 12월 16일이라고 기록하고 있다. 이 일자를 양력으로 환산하면 1월 29일이 된다. 이상근, 「국채보상운동에 관한 연구」, 『국사관논총』, 제18집, 국사편찬위원회, 1990.

42 『대한매일신보』, 1907년 2월 23일 자, 잡보 「連絡廣學」 참조.

43 이에 대한 자세한 연구는 박용옥, 「국채보상운동의 발단배경과 여성참여」, 『한국민족운동사연구』, 8권, 한국민족운동사학회, 1993, 131~139쪽 참조.

44 박용옥(1993), 138쪽.

45 이러한 『제국신문』의 오류는 주석 41에서 설명한 바와 같다.

46 주석 41에서 언급한 『황성신문』, 1907년 3월 21일 자 참관기 「兩客同函」에 따르면 두 사람이 2월 3일 부산에 도착했을 때 이미 광문사 취지서가 부산항 인사들에게 배포되어 있었고, 2월 18일 일본 동경에 도착했을 때도 대구 취지문을 두고 유학생 100여 명이 모여 단연동맹(斷烟同盟)을 결의하고 있었다고 한다.

47 대구민의소 규칙 제2조에서 임시개회장을 북후정으로 정하고, 제3조에서 개회일자를 정미년 정월 초열흘 상오(上午) 12시로 정했다.

48 『대한매일신보』, 1907년 2월 21일 자에 「國債一千三百萬圓報償趣旨: 大丘廣文社長金光濟副社長徐相敦氏等公函」으로 취지서 원문만 실려 있다. 발기인 명단은 『대한자강회월보』, 제9호(60~62쪽, 3월 25일 간행)에 실려 있다.

49 『대한자강회월보』, 제9호, 논설 「단연상채문제(斷煙償債問題)」(1~3쪽) 참조.

50 나눔과책임연구소, 『세계가 주목하는 국채보상운동』, 도서출판 거루, 2017, 31쪽.

51 『대한매일신보』, 1907년 3월 8일 자, 잡보 「대구 서문 외 수창사 국채지원금수합사무소」.

52 『황성신문』, 1907년 2월 25일 자와 『대한매일신보』, 1907년 2월 27일 자 잡보 참조. 발기인은 24명으로 김성희, 유문상, 이필상, 김주병, 오영근, 최병옥, 김상만, 임봉래, 안국선, 윤병승, 윤태영, 윤천구, 박태서, 송기윤, 현공렴, 김대희, 김동규, 이승교, 신해용, 최병진, 한진용, 이상익, 주한영, 고유상 등이다.

53 『황성신문』, 1907년 3월 2일 자, 잡보 「국채보상포고문」 참조. 포고문에는 설립일자가 '2월 일'이라고만 되어 있다.

54 이송희, 「한말 국채보상운동에 관한 일연구」, 『梨大史苑』, 제15집, 이화여자대학교 사학회, 1978, 27쪽을 기초로 재정리하였다. 동 취지서를 발표한 지역은 이보다 훨씬 많았을 것이므로 자료 발굴이진척됨에 따라 계속 보완해야 할 것이다.

55 최준, 「국채보상운동과 프레스·캠페인」, 『백산학보』, 제3호, 백산학회, 1967, 523쪽.

56 최준(1967), 524쪽. 최준에 따르면 대구의 단연동맹과 상주군회에서는 의연금을 모아 『제국신문』으로 보냈고, 심지어 친일단체인 일진회에서도 국민신보사에 수합소를 차렸다고 한다. 이렇게 하여 대한매일신보사를 제외한 각 언론기관과 국채보상기성회가 제각기 의연금을 수합하는 실정이었다고 기술하고 있다.

57 『대한매일신보』, 1907년 3월 28일 자; 『세계가 주목하는 국채보상운동』(2017), 50쪽 참조. 『대한매일신보』, 1907년 4월 11일 자에 따르면, 4월 8일에 총회를 열어 국채보상지원금총합소 초대 소장 한규설, 부소장 김종한, 재무감독 박용규·서병규, 감사 이강호·양기탁·이면우와, 사무원 12인, 평의원 12인을 선출했다. 그러나 한규설은 결국 소장에 취임하지 않았다. 그리하여 5월 하순 다시 특별회를 개최하여 윤웅렬을 소장으로 선출했다.

58 최민지는 『일제하 민족언론사론』, 623쪽에서, 국채보상연합회의소가 1907년 4월 1일에 조직된 것으로 보고 있다. 『皇城新聞』, 1907년 4월 8일 자, 잡보 「任員組織」에는 임원명단이 공고되어 있다. 11일 자, 광고 「國債報償聯合會議所」 참조. 『공립신보』, 1907년 7월 5일 자, 別報 「本國所聞」에서는 국채보상연합회의소(장준원)에서 『대동보(大同報)』를 출판하여 전국 국채보상금 모집소로 7천 권을 발송했다고 보도하고 있다.

59 이송희(1978), 24~25쪽.

60 『대한매일신보』, 1907년 4월 16일 자 참조.

61 『황성신문』, 1907년 5월 2일 자 참조. 이송희(1978).

62 국사편찬위원회, 『한민족독립운동사』, 제1권 국권수호운동, '국채보상운동' 참조.

63 『대한매일신보』, 1907년 5월 28일 자, 「兩所歸一」 참조. 『세계가 주목하는 국채보상운동』(2017), 51쪽 인용.

64 지역별 전개는 『국채보상운동 지역연구 학술대회』(국채보상운동기념사업회(2015·2016), 김기주(1996·1997), 김형목(2007·2010·2011·2015), 이상근(2000), 차선혜(2015), 이동현(2017), 엄창옥 외(2016), 나눔과책임연구소(2017) 등을 참조하였다.

65 국채보상운동기념사업회에서 발간한 도록 『책임을 다하다』(2015), 71쪽에 경상북도대구군금연

상채회가 발행한 「통문」이 실려 있다. 발기인은 금연상채회 회장인 전 대구군수 이현주, 부회장 정채학 등 46명으로 되었다.

66 국채보상운동기념사업회, 『책임을 다하다』(도록), 47쪽 참조. 사통 발송일자가 3월 3일로 되어 있다.

67 금중현·엄창옥, 「상주 국채보상운동의 발단과 전개」, 『대구사학』, 제125호, 대구사학회, 2016, 146쪽 참조.

68 『대한매일신보』, 1907년 4월 9일 자, 「國債報償尙州義務所趣旨書」, 4월 14일 자, 「兩郡爭捐」 참조.

69 『대한매일신보』, 1907년 4월 12일 자, 「慶北星州郡義務所國債報償趣旨書」 참조.

70 『황성신문』, 1907년 4월 8일 자, 「星郡義務會」 참조. 이상의 구체적인 내용은 김형목, 「성주지역 국채보상운동의 지역운동사에서 위상」, 『한국민족운동사연구』, 78권, 한국민족운동사학회, 2014, 18쪽 참조.

71 『대한매일신보』, 1907년 4월 21일 자, 잡보 「一時千元」 참조.

72 권대웅(2016), 70~77쪽 참조. 홍와 이두훈의 원자료를 통해 구체적 갈등을 확인할 수 있다.

73 『대한매일신보』, 1907년 4월 4일 자, 잡보 「김泉義금」 참조.

74 김형목, 「대한제국기 경북 김천지역 계몽운동 전개와 성격」, 『한국독립운동사연구』, 제28집, 독립기념관 한국독립운동사연구소, 2007, 70~73쪽.

75 권대웅, 「고령군 단연상채회의 설립과 의연금 모집」, 『한국근현대사연구』, 77집, 한국근현대사학회, 2016, 59쪽. 경북지역의 국채보상운동단체의 설립현황 [표 1]을 참조. 설립시기는 다소 차이가 있다.

76 『대한매일신보』, 1907년 5월 14일 자 참조.

77 나눔과책임연구소(2017), 59쪽.

78 『대한매일신보』, 1907년 7월 25일 자 참조.

79 『황성신문』, 1907년 7월 25일 자, 광고 「경북각군국채의무금수합소, 대구단연보상소 고백」 참조.

80 이송희, 「한말 부산지역의 국채보상운동」, 『부산·경남지역의 국채보상운동』(국채보상운동기념사업회 주관 지역학술대회 자료집), 2016. 11. 4., 7~8쪽.

81 김영호(국채보상운동기념사업회 초대회장)는 일찍부터 국채보상운동과 관련하여 부산을 포함한 전국적 '불씨론'과 대구의 '불꽃론'을 강조해 왔다.

82 김승, 「부산·경남지역의 국채보상운동」, 『국채보상운동 지역연구 학술대회』(국채보상운동기념사업회 주관 지역학술대회 자료집), 2015. 6. 26., 30쪽.

83 동래기영회에 관해서는 변광석, 「동래기영회의 활동과 변화를 통해 본 지역성」, 『역사와 경계』, 84집, 경남사학회, 2012, 73~102쪽 참조.

84 『대한매일신보』, 1907년 3월 10일 자. 발기인은 文秉喜 외 13인이었다. 김승(2015)에서는 발기인의 신원을 확인하고 있는데, 이들 대부분이 동래기영회(1846) 회원들이었다.

85 『대한매일신보』, 1907년 4월 5일 자, 『대한매일신보』 1907년 4월 9일 자.

86 밀양, 김해 지역의 논의는 김승(2015)의 논의에 의존했다.

87 『황성신문』, 1907년 3월 2일 자, 『대한매일신보』, 1907년 3월 3일 자. 김기주(1996)에 따르면 호남 지역 이외에 대동광문회 지회가 설립된 예는 없다. 그는 대구의 김광제와 서상돈이 국채보상운동을 전국으로 확산시키기 위해 호남 지역에 대동광문회 지회를 설립하였고, 호남 지역 인사들이 이에 호응한 것으로 보았다.

88 『대한매일신보』, 1907년 3월 19일 자.

89 김기주, 「광주·전남지방의 국채보상운동」, 『전남사학』, 제10권, 전남사학회, 1996, 191쪽.

90 『대한매일신보』, 1907년 3월 12일 자.

91 『황성신문』, 1907년 5월 1일 자.

92 김기주(1996), 210쪽.

93 黃玹, 『梅泉野錄』, 권5, 정미 광무 10년 條. 김기주(1996), 107~108쪽 재인용.

94 전남의 국채보상운동은 김기주(1996)와 이형주(1997), 한규무(2015)의 논문에 의존했다.

95 제주의성회는 『대한매일신보』, 3월 26일 자, 국채보상기성회는 『대한매일신보』, 5월 10일 자, 국채보상회는 『대한매일신보』, 6월 13일 자를 참조.

96 한규무(2015), 91쪽 참조.

97 김기주, 「전북지방의 국채보상운동」, 『전북사학』, 제19·20집, 전북사학회, 1997, 449쪽.

98 김기주(1997), 452쪽 재인용.

99 『황성신문』, 1907년 3월 21일 자.

100 『대한매일신보』, 1907년 3월 23일 자, 「自强寄函」 참조. 김기주(1997), 454쪽 재인용.

101 김기주(1997), 459쪽.

102 『대한매일신보』, 1907년 3월 17일 자. 김기주(1997), 464쪽 재인용.

103 『황성신문』, 1907년 5월 1일 자.

104 전북 지역의 국채보상운동은 김기주(1997)와 한규무(2015)에 의한다.

105 충남 지역의 국채보상운동사는 김형목, 「충남지방 국채보상운동의 전개양상과 성격」, 『한국독립운동사연구』, 제35집, 독립기념관 한국독립운동사연구소, 2010에 의한다.

106 『대한매일신보』, 1907년 3월 7일 자, 잡보 「國債報償義助勸告文 湖中紳士等」 참조.

107 『대한매일신보』, 1907년 2월 26일 자, 잡보 「夫人愛國」 참조.

108 『황성신문』, 1907년 3월 28일 자, 잡보 「국채보상 발기인 및 취지 一束」 참조.

109 장봉춘 어린이의 기사는 『대한매일신보』, 1907년 4월 5일 자 「張童대출연」, 성지면 마을 성금은 『대한매일신보』, 1907년 4월 7일 자 참조.

110 『황성신문』, 1907년 3월 16일 자, 잡보 「가족의연」 참조. 김형목(2010) 재인용.

111 김형목(2010), 164쪽 참조.

112 충북 지역의 국채보상운동은 김형목, 「충북지역 국채보상운동의 지역운동사상 의의」, 『한국민족운동사연구』, 69집, 한국민족운동사학회, 2011에 의한다.

113 『황성신문』, 1907년 4월 29일 자, 잡보 「婦人愛國盛」 참조.

114 이와 같이 가호(家戶)당 의연금을 배당하는 방식은 일종의 호세(戶稅) 성격을 가지므로 나중에

비판의 대상이 되었다. 너무 강한 유대관계는 부정적 결과를 낳을 수도 있다. 국채보상운동은 어디까지나 자발적 기부운동이었기 때문이다. 『대한매일신보』, 1907년 3월 24일 자, 잡보 「排斂弗可」 참조.

115 김형목(2011), 59쪽.

116 경기 지역의 국채보상운동은 이상근, 「경기지역 국채보상운동에 관한 연구」, 『한국민족운동사연구』, 24권, 한국민족운동사학회, 2000에 의거한다.

117 『황성신문』, 1907년 2월 21일 자. 이는 대구의 군민대회 개최 일자와 일치한다. 서울의 국채보상기성회 발기일인 2월 22일보다 빠르다. 이상근(2000), 195쪽.

118 『대한매일신보』, 1907년 3월 9일 자, 「奮發義氣」. 영어삼학당 취지문은 『대한매일신보』, 1907년 3월 29일 자 참조. 차선해, 「경기지역 국채보상운동의 전개양상과 특징」, 『국채보상운동 지역연구 학술대회』(국채보상운동기념사업회 주관 지역학술대회 자료집), 2015. 6.

119 경기도 여성보상회에 관해서는 이상근(2000), 206~207쪽 참조.

120 이상의 경기도 국채보상운동사는 이상근(2000), 차선혜(2015)에 의존하였다.

121 강원도의 국채보상운동은 김형목, 「강원도 국채보상운동의 전개양상과 지역운동사에서 위상」, 『한국민족운동사연구』, 제82권, 한국민족운동사학회, 2015에 의존하였다.

122 오영교·왕현종, 『원주독립운동사』, 원주시, 2005, 195쪽. 김형목(2015), 8쪽 재인용.

123 『대한매일신보』, 1907년 3월 26일 자, 잡보 참조.

124 『대한매일신보』, 1907년 4월 6일 자, 잡보 「一村出의」 참조.

125 김형목(2015), 12쪽.

126 김형목(2015), 16쪽.

127 김형목(2015), 24쪽 [표 2] 참조.

128 『황성신문』, 1907년 3월 27일 자, 잡보 「江陵八仙」. 김형목(2015), 21쪽 재인용.

129 횡성군의 의연 주민 명단은 『황성신문』, 1907년 5월 11일 자 광고란에서, 우사상도중의 의연금 명단은 『황성신문』, 1907년 5월 13일 자 광고란에서 확인할 수 있다.

130 북한 지역의 국채보상운동은 김형목, 「북한과 해외지역 국채보상운동에 대한 연구동향과 과제」, 『국채보상운동 지역연구 학술대회』, 국채보상운동기념사업회, 2015. 6.을 인용.

131 『대한매일신보』, 1907년 6월 5일 자, 잡보 「安民愛國」. 김형목(2015), 112쪽 재인용.

132 『대한매일신보』, 1907년 5월 3일 자, 잡보 「壯哉長民」. 김형목(2015), 112쪽 재인용.

133 『대한매일신보』, 1907년 3월 1일 자 참조.

134 『황성신문』, 1907년 3월 8일 자, 잡보 「是夫是婦」 참조.

135 『대한매일신보』, 1910년 1월 30일 자, 「놀라운 부인」 참조.

136 나눔과책임연구소, 『세계가 주목하는 국채보상운동』, 그루, 2017, 92쪽.

137 『대한매일신보』, 1907년 4월 7일 자 참조.

138 『대한매일신보』, 1907년 5월 16일 자. 박용옥, 「국채보상운동의 발단 배경과 여성참여」, 『일제경제침략과 국채보상운동』, 아세아문화사, 1994, 167쪽 참조.

139 『대한매일신보』, 1907년 4월 28일 자, 30일 자, 5월 1일 자 참조.

140 『대한매일신보』, 1907년 5월 29일 자, '국채보상의연금수입광고' 내 「삼화항은금폐지부인회 제이회 의연」 참조.

141 박용옥(1994), 183쪽.

142 해외 지역 국채보상운동은 임동현, 「국외 국채보상운동의 전개양상과 성격」, 『국채보상운동과 여성구국운동의 재조명』, 한국여성독립운동연구소, 2017에 의한다.

143 『황성신문』, 4월 13일 자, 『대한매일신보』, 5월 23일 자, 『황성신문』, 8월 26일 자 참조. 임동현(2017), 76쪽 재인용.

144 임동현(2017), 80~86쪽 정리.

145 『대한매일신보』, 1907년 5월 15일 자, 「海蔘威에 駐在한 韓國人士等이 祖國思想으로」 참조.

146 『황성신문』, 1907년 5월 8일 자 참조.

147 임동현(2017), 87~89쪽 정리.

148 이하 동향 연구는 별도 주석이 없어도 한상구, 「1907년 국채보상운동의 전국적 전개양상 연구」, 『인문연구』, 75호, 영남대학교 인문과학연구소, 2015에 의한다.

149 한상구(2015), 124쪽. 이 연구에 사용된 의연자 명단 자료는 다음과 같다. 『제국신문』 1907년 2월 18일부터 동년 5월 14일까지 70회, 『만세보』 1907년 2월 26일부터 동년 6월 2일까지 67회, 『황성신문』 1907년 3월 2일부터 1908년 10월 31일까지 281회, 『대한매일신보』 1907년 3월 3일부터 1908년 6월 26일까지 386회, 『경향신문』 1907년 5월 3일부터 동년 9월 20일까지 12회. 최근에는 위의 신문사로 보내지지 않은 성책 원자료가 다수 발견되고 있다. 그러므로 상기한 자료 외의 새로운 자료가 발굴되면 의연금 총액 및 참여자 숫자는 변경될 수 있다.

150 『대한매일신보』, 1907년 5월 31일 자, 「本社告白」 참조.

151 참여 마을의 인구 구성이나 구체적인 계산 방식은 한상구(2015), 126쪽 참조. 국채보상운동에서 여성의 참여가 눈에 띄게 활발하지만, 사회 전반적으로는 가부장적 분위기가 일반적이어서 남성이 가족을 대표하여 의연하였다고 볼 수 있다.

152 서울(신문사 및 기성회 등의 수전소)로 보내졌을 그 많은 성책은 지금 전혀 발견되지 않고 있다.

153 이 자료는 영국의 공공기록보관소(분류번호 FO262/1009)에 'Memo Conversation with Bethell'로 보존되어 있다. 정진석, 「국채보상운동과 언론의 역할」, 『일제경제침략과 국채보상운동』, 아세아문화사, 1994, 213쪽 주석 52 재인용.

154 황현, 『매천야록』, 대양서적, 1973, 435쪽 참조.

155 최준, 「국채보상운동과 프레스·캠페인」, 『백산학보』, 제3호, 백산학회, 1967, 541쪽.

156 『駐韓日本公使館記錄』, 「出場中接受電信控」, 1907년 3월 2일 자. 조항래(1994), 110쪽 재인용.

157 『대한매일신보』, 1907년 4월 4일 자, 잡보 「송乃反對」 참조. 국채보상지원금총합소 총회가 대한자강회 사무소에서 열렸는데 이때 일진회 회장 송병준이 극력 반대하였다. 그러나 일부 일진회(예를 들면 삼화항지회, 경기 여주지회 등)에서는 의연금 모집에 적극적이었다.

158 『대한매일신보』, 1907년 5월 12일 자, 「曲中山水」 참조.

159 『황성신문』, 1907년 5월 2일 자, 「特別廣告」 참조.

160 『대한매일신보』, 1907년 5월 31일 자, 「派送檢査」 참조.

161 국채보상운동기념사업회, 『책임을 다하다』, 2015, 134쪽.

162 『대한매일신보』, 1907년 7월 11일 자 참조.

163 검사소 설립은 『대한매일신보』, 1908년 10월 1일 자, 취지문은 10월 3일 자 참조. 전 참판(參判) 민정식은 자기 집에 검사소를 설치하고 취지서를 발표하였다. 이송희(1978), 35쪽.

164 『대한매일신보』, 1908년 8월 30일 자, 광고 「國債報償志願金總合所 評議會一同」, 1908년 10월 3일 자, 잡보 「國債報償檢査所趣旨書」 참조.

165 조항래(1994), 117쪽.

166 최준(1967), 546쪽.

167 처리회를 통한 의연금 총액을 분명히 밝힐 수 있는 자료는 없다. 다만 황현의 『매천야록』(『한국사료총서』 제1집)에는 "서울에 국채보상금처리회를 설치하여 각 수합처에서 저축한 금액을 조사한즉 15만 9253원 99전이었고, 이것을 교육을 위해 사용하기로 하였다."고 서술되어 있다. 『매천야록』 제6권에는 "그 금액으로 전토를 매입하여 그 조세로 교육비를 지급하기로 의결하였다."라고 되어 있다.

168 『大韓民報』, 1909년 10월 15일 자 참조.

169 『大韓民報』, 1910년, 1월 9일 자, 「國債處理總會狀況」 참조.

170 『大韓民報』, 1910년 1월 21일 자, 彙報 「處理會 請願」(續), 1월 27일 자 참조.

171 13도 대표 명단은 다음과 같다. 서울의 권동진(權東鎭), 현은(玄檃), 충남의 홍필주(洪弼周), 충북의 이상직(李相稷), 전남의 한남수(韓南洙), 전북의 류희열(劉熙烈), 경남의 정준민(鄭準民), 경북의 장길상(張吉相), 평남의 최재학(崔在學), 평북의 김태순(金泰淳), 함남의 최린(崔麟), 함북의 태명식(太明軾), 황해의 이달원(李達元), 강원의 남궁억(南宮檍).

172 조사회에서는 이미 각 처소에 적치한 금액을 조사하기로 결의하였고, 지석영(池錫永) 등 10인을 평의원으로, 또한 김상범(金相範)·김상천(金相天)·한기준(韓基準)을 조사위원으로 선출하여 조사를 진행해 왔었다.

173 『황성신문』, 1910년 8월 19일 자에 따르면, 동 처리회에서는 대총회의 의결대로 토지를 매입하는 공고를 냈는데, 300석 이상 추수할 수 있는 전지(田地)를 매입하고자 하였다.

174 국사편찬위원회, 『한민족독립운동사』 1, 1987, 696쪽.

175 한국현대사 편집위원, 『연표로 보는 현대사』, 『한국현대사』 9, 신구문화사, 1972, 255쪽. 『경향신문』, 1910년 9월 30일 자에 따르면, 유길준, 장효근, 홍필주 등 35명의 대표가 모여 처리회의 명칭을 '교육기본금관리회'로 변경하고, 4월 16일 총회 의결 사항을 재확인하고 있음을 알 수 있다.

176 『大韓民報』, 1910년 4월 17일 자, 19일 자. 국사편찬위원회, 『한민족독립운동사』, 1987, 697쪽. 이에 대해서는 이송희(1978), 35쪽 참조.

177 『대한매일신보』, 1910년 12월 15일 자 참조.

제3장 국채보상운동의 의의와 현대적 재해석

178 김영호(1981)는 이를 대내적 모순, 대외적 모순으로 정리하였다(377~388쪽). 이경규, 「한국근대화에 있어서 국채보상운동의 성격」, 『국채보상운동과 여성구국운동의 재조명』, 2017, 한국여성독립운동연구소, 19쪽.

179 김상기, 「한말 국채보상운동의 전개와 이념」, 『충청문화연구』, 제10집, 충남대학교 충청문화연구소, 2013. 김상기도 국채보상운동 취지서를 분석하면서 이 운동의 이념을 짚고 있다. 30~34쪽.

180 이하는 엄창옥, 「국내 국채보상운동의 기반과 성격」, 『국채보상운동과 여성구국운동의 재조명』, 한국여성독립운동연구소, 2017에 의한다.

181 『대한매일신보』, 1907년 2월 21일 자, 「국채 1,300만원 보상취지」.

182 「창원단연회 광고」, 정미년 1월 19일, 신한은행 한국금융사박물관 소장.

183 「취지서」, 작자 미상, 신한은행 한국금융사박물관 소장.

184 『대한매일신보』, 1907년 2월 28일 자, 「국채보상서도의성회 취지서」.

185 『대한매일신보』, 1907년 4월 26일 자, 「공립협회 국채보상취지서」.

186 『대한매일신보』, 1907년 3월 6일 자, 「해서인사(海西人士)의 취지」.

187 『대한매일신보』, 1907년 3월 16일 자, 「국채보상금모집취지서: 원산항 상회소」.

188 『대한매일신보』, 1907년 3월 10일 자, 「기서(寄書) 보상의연 현상기」.

189 『대한매일신보』, 1907년 3월 17일 자, 잡보 「호서국채보상기성의무사 취지서」.

190 『대한매일신보』, 1907년 4월 23일 자, 잡보 「탈환취지서」.

191 『대한매일신보』, 1907년 3월 8일 자, 「우리 부인동포에게 경고함」.

192 『대한매일신보』, 1907년 3월 15일 자, 「국채보상부인회취지서」.

193 김영호(1981)는 19세기 한국의 개화사상은 서구의 근대 부르주아 계몽사상의 동점(東漸) 과정에서 그것이 한국의 전통사상과 결부되어 나타난 것으로 보고 있다. 따라서 그는 개화사상의 동도(東道: 공자의 道)적 정치사상으로는 근본적으로 민중을 주체화하는 데 한계가 있음을 지적하고 있다. 즉 친일적 개화파는 일반 민중을 역사의 주체로 보지 못하고 서구문명을 통한 계몽과 교화의 대상으로 보았기 때문이다. 377~390쪽 참조.

194 공화주의적 국가관은 국민들이 시민적 주권을 가지고 정치 활동에 적극적으로 참여하지만, 이 참여 과정에서 공공선에 대한 헌신 속에서 개인의 자유를 실현하는 것이 중요하다고 본다. 최장집(2002)은 "서구에서 공화주의라는 말은 한국인의 심성 속에 깊이 자리 잡은 공동체 전체에 대한 애정, 향토애, 민족애와 크게 다를 바 없는 내용"이라는 점을 강조하고 있다.

195 『대한매일신보』, 1907년 2월 27일 자, 「국채보상기성회취지서」.

196 『대한매일신보』, 1907년 2월 28일 자, 「국채보상에 대하여 동포에게 경고함」.

197 『대한매일신보』, 1907년 3월 1일 자, 「국채보상의연 권고문」.

198 심상훈, 「한국국학진흥원 소장 자료를 통해 본 국채보상운동의 전개양상과 성격」, 『동아인문학』, 33권, 동아인문학회, 2015, 358쪽. 권대웅, 「고령군 단연상채회의 설립과 의연금 모집」, 『한

국근현대사연구』, 제77집, 한국근현대사학회, 2016. 권대웅은 공동체 단위에서 의연금 모금의 조직화가 진행된 것에 주목하고 있다. 금중연·엄창옥(2016)은 상주 지역의 공동체적 대응을 분석하고 있다.

199 심상훈(2015), 357~358쪽 인용. 『대한매일신보』, 1907년 5월 29일 자에서도 공동체의 공유재산 매각이 있었음을 알 수 있다.

200 「국채보상취지서」, 작자 미상, 신한은행 한국금융사박물관 소장.

201 『대한매일신보』, 1907년 3월 15일 자(1면), 「寄書, 외채는 나라의 큰 병폐이다[外債國瘼之大者]」.

202 『공립신보』, 1907년 4월 6일 자, 「국채보상의연발기서」.

203 『대한매일신보』, 1907년 3월 2일 자, 논설 「개량」.

204 『대한매일신보』, 1907년 3월 7일 자, 「단연동맹취지서」.

205 한상구(2015), 122쪽.

206 『대한매일신보』, 1907년 2월 24일 자, 「忠義所激」 참조.

207 『대한매일신보』, 1907년 3월 8일 자, 「敬告我婦人同胞」 참조. 정일선, 「대구 여성국채보상운동과 남일동 7부인회」, 『국채보상운동과 여성구국운동의 재조명』, 한국여성독립운동연구소, 2017, 176~183쪽. 위 논문에 따르면 이들의 이름이 서채봉, 정경주, 김달준, 정말경, 최실경, 이덕수로 밝혀졌고, 김수원의 처 배 씨는 아직 미상이다.

208 『대한매일신보』, 1907년 3월 8일 자, 「銀刀出捐」 참조.

209 『대한매일신보』, 1907년 3월 28일 자 참조.

210 『대한매일신보』, 1907년 3월 15일 자, 「국채보상부인회 취지서」 참조. 신문지상의 공고는 3월 15일이지만 실제 조직의 발기는 이보다 빨랐을 것이다. 취지서에는 '정월 ○일'로 되어 있는데 2월 말 또는 3월 초로 보인다. 대구의 남일동 부인회 이후에 결성된 것으로 보는 것이 타당하다.

211 박용옥(1993), 149쪽 참조.

212 박용옥(1993), 182쪽 참조.

213 박용옥(1973), 189쪽 참조.

214 『대한매일신보』, 1907년 3월 27일 자 참조.

215 『대한매일신보』, 1907년 2월 28일 자, 「국채보상에 대하여 동포에게 경고함」 참조.

216 정진석(1994), 208쪽에 따르면 매일 전국에서 답지하는 의연자 명단과 의연금이 너무 많아 기존의 광고란에 모두 기재할 수가 없어 부록을 발행하였다. 부록을 발행한 날짜는 3월 16일·28일·31일, 4월 5일·6일·18일·30일, 5월 7일, 6월 18일, 8월 6일·13일이었다. 6월에는 특별 증보판을 발행한다는 광고가 있었다.

217 조항래, 『국채보상운동사』, 국채보상운동기념사업회, 2007, 124쪽 참조.

218 신용하, 「애국계몽운동에서 본 국채보상운동」, 『일제경제침략과 국채보상운동』, 아세아문화사, 1994, 5쪽. 조항래, 같은 책(1994), 「국채보상운동의 발단과 전개과정」, 57쪽. 신용하는 종래 학계 일부에서는 애국계몽운동과 의병운동을 상호 대립적으로 보아 왔지만, 이 두 흐름의 목표가 완전히 일치하기 때문에 상호보완적임을 강조하고 있다.

219 신용하는 같은 책(1994), 18쪽에서도 저항운동에 강조점을 두고 있다. 신용하는 국채보상운동이 그 후 전개된 모든 민족경제운동과 물산장려운동의 효시가 되었다고 지적한다. 심상훈(2015)은 국채보상운동을 국권회복을 위한 범국민적 대중투쟁운동으로 정의하고 있다(364쪽).

220 석창훈, 「간디의 사회사상과 서상돈의 국채보상운동 정신 비교」, 『철학연구』, 제91집, 대한철학회, 2004. 8., 120쪽.

221 차기벽, 『간디의 생애와 사상』, 한길사, 1989, 82쪽 재인용.

222 『대한매일신보』, 1907년 2월 27일 자, 「국채보상기성회 취지서」.

223 『대한매일신보』, 1907년 3월 2일 자, 논설 「개량」 참조.

224 『대한매일신보』, 1907년 3월 9일 자, 「電奏各國」 참조.

225 『공립신보』와 『신한민보』는 미국 샌프란시스코, 『신한국보』와 『국민보』는 미국 하와이, 『해조신문』과 『대동공보』, 『권업신문』은 러시아 블라디보스토크에서 발행된 신문으로, 이 신문을 통해 국채보상운동이 외국의 교민들에게 알려졌다.

226 이상의 내용은 정진석(1994), 211쪽 참조.

227 미국인 헐버트(Homer B. Hulbert)도 황제의 특사 자격으로 동참했다. 연설문 전문은 『일본정부기밀문서』, '기밀전송 제5호(기밀)(1907. 7. 7.)', 연설한 사실과 일본을 비판하는 결의안 채택에 관한 보고는 '전송 2808호(1907. 7. 9.)', 밀사 파견으로 인한 한국 황제의 폐위에 관한 보고는 '전송 2966호(1907. 7. 18.)'에 따른 것이다. 이상의 자료는 『헤이그만국평화회의관련일본정부기밀문서자료집』, 헐버트기념사업회, 선인, 2007, 각 66~85쪽, 105쪽, 178쪽 참조.

228 『헤이그만국평화회의관련일본정부기밀문서자료집』(2007), 97쪽(번역글) 참조.

229 정진석(1994), 217쪽, 정진석, 『대한매일신보와 裵說』, 나남, 1987.

230 베델의 재판 기록을 『대한매일신보』에 싣고, 그 기록을 모아 영문 단행본을 발간하였다. *British Journalism in Korea: Proceedings Against Mr. E. T. Bethell*, The Seoul Press Report, 1908.

231 영국 국가기록아카이브 소장 자료, FO 371/238; 228/1564; *British Journalism in Korea*: "The British Press in Korea, Charges Against Mr. Bethell", *JWC*, 24 Oct. 1907, pp. 532~533: "The Charges Against Mr. E. T. Bethell, Official Summary of the Proceedings", *JWC*, 7 Nov. 1907, pp. 588~589: "British Journalism in Seoul, Summary of Judicial Proceedings Against Mr. Bethell", *Seoul Press*, 6 Nov. 1907.

232 베델의 1차 공판 기록은 *British Journalism in Korea*, Seoul Press, 6 Nov. 1907, pp. 1~2, 베델이 국채보상 기금을 사용했다는 정보에 관해서는 『일본외교문서』 41/1, p. 792, 양기탁의 기소장은 『일본외교문서』 41/1, pp. 799~800, 양기탁 재판에서 베델이 증언한 내용은 일본에서 발행되는 영자 신문 *The Japan Weekly Chronicle*(1908년 10월 8일 자)에서 확인할 수 있다.

233 Ma Ling He, 『청 말기 철도 외채 실태 연구』, Fudan Univversity Press, 2003. Ma Ling He, 『청 후기 외채사 연구』, Fudan Univversity Press, 2005.(중국어)

234 중국의 외채상환운동에 관해서는 이종건, 「청말 중국에서의 국채보상운동」, 『대구사학』, 제121집, 대구사학회, 2015 참조.

235 Josephus Daniels, *Shirt-Sleeve Diplomat*, Chapel Hill, Univ. of North Carolina Press, 1947, p. 247.

236 David G. Marr, *Vietnam: State, War and Revolution*, Univ. California Press, 2013, pp. 246~249. Tran Thi Thu Luong, "The 'Gold week' movement in Vietnam and the 'National Debt Redemption Movement in Korea'", preceedings in *2016 International Conference on National Debt Redemption Movement*, Dec. 1. 2016, S. Korea.(English)

237 Lambert M, Surhone, Mariam T, Susan F. Henssonow, *National Debt Repayment Movement*, Bestscript Publishing(2011)(English). Irma Adelman, Song Byung Nak, 'The Korean Financial Crisis of 1997-98'(http://are.berkeley.edu/~irmaadelman/crisis.pdf)(English).

238 금 모으기 운동이 국채보상운동에 뿌리를 두고 있다는 지적은 해외 연구에서도 확인된다. Irma Adelman, Song Byung Nak, 'The Korean Financial Crisis of 1997-98'(http://are.berkeley.edu/~irmaadelman/crisis.pdf). Laura C. Nelson, *Measured Excess: Status, Gender, and Consumer Nationalism in South Korea*, Columbia University Press, 2000, p. 181.

239 "S. Koreans' Crisis Mentality", *Los Angeles Times*, Jan. 14. 1998.

240 "Global Development at a Pivotal Time", The World Bank(http://www.worldbank.org/en/news/speech/2012/07/18/world-bank-group-president-jim-young-kim-brookings-institution)

241 OECD, "Recent Trends and Policies", Kevin Hewison, 2001, p. 291. 언론의 보도로는 Bangkok, Thailand, AP(Jan. 22. 1998), (April 22. 2001).

242 "Mongolian citizens offer cash, jewelry, horses to pay off government debt", REUTER, Feb. 2. 2017(by Terrence Edwards).

243 "South Korea can teach Greece some hard lessons on how to survive a crisis", *The Sydney Morning Herald*, May 12. 2010. "What Eurozon countries can learn from South Korea", BBC News, July 9. 2012(by Lucy Willianson).

244 "Koreans' gold donations—a model for Greeks?", Deutsche Welle(http://www.dw.com/en/koreans-gold-donations-a-model-for-greece/a-18357224). "What Europe should learn from Asia's crisis", Bloomberg, July 20. 2015(by William Pesek).

245 'Declaration of the Taegu Round'에 관해서는 https://www.tni.org/en/archives/act/2747 참조.

246 현대적 의미에 관해서는 김상기(2013), 30~34쪽, 조항래(2007), 제8장, 나눔과책임연구소(2017), 제8장 등을 참조.

247 나눔과책임연구소(2017), 135쪽.

248 Seema Jayachandran and Michael Kermer, "Odious Debt", *American Economic Review*, No. 96, 2006, 82~92쪽.

국채보상운동
사람·기억·공간

2

국채보상운동 기록물의 유형과 그 자료

제4장

유네스코 세계기록유산과 국채보상운동 기록물

1. 국채보상운동의 의의

현대사회는 경제와 문화가 크게 발전하면서 이전의 어느 시대와도 비교할 수 없을 만큼 물질적으로 풍요로워졌다고 할 수 있다. 하지만 한국 사회는 발전과 더불어 지역·세대·계층 간의 다양한 갈등이 표면화되고 있고, 그 속에서 한 가지로 설명할 수 없는 복잡다단한 갈등 현상이 발생하고 있다. 공공영역은 물론 민간영역에서도 다양한 유형의 갈등이 빚어지고 있는데, 고착화 혹은 일상화된 이들 갈등은 심각한 사회문제가 된 지 이미 오래다. 이념이나 사상 차이에 따른 정치적 갈등, 다양한 이익집단들 간의 갈등, 성별과 지역에 따른 갈등, 세대 간의 갈등, 자본주의 폐단에 따른 사회적 약자와 최상위계층 간의 갈등, 양극화와 빈부격차에 따른 갈등, 다문화 사회에 진입하면서 나타나는 갈등, 환경오염에 따른 갈등 등 다종다양한 갈등이 굉장히 광범위하게 발생하고 있다. 한국 사회의 이러한 다양한 갈등은 점차 사회적 이슈가 되고 있다.

'갈등사회'라고 불릴 만큼 심각한 오늘날의 지역·세대·계층 등 여러 유형의 갈등은 간혹 우리 역사 속에서 해결의 실마리를 찾을 수 있다. 그중 1907년 대구에서 시작되어 전국으로 불길이 번졌던 '국채보상운동(國債報償運動)'이 대표적인 사례라고 여겨진다.

국채보상운동은 1907년 대구에서 시작된 대한민국 최초의 민간 주도 경제 자주권 회복운동이며, 서상돈(徐相敦, 1851~1913)과 김광제(金光濟, 1866~1920)의 발의로 일어난 '나랏빚 갚기 운동'이다. 이 운동에는 남녀노소, 빈부귀천을 막론하고 전국 각지의 국민들과 해외 동포들이 참여했으며, 남자들은 담배를 끊고 여자들은 패물을 처분하여 의연금을 냈다. 비록 이 운동은 일제의 탄압으로 성공을 거두진 못했으나, 그 정신은 해방 이후에도 계속 이어져 IMF 외환위기 때 전 세계를 놀라게 한 '금 모으기 국민운동'으로 되살아났다. 그러므로 국채보상운동의 정신은 지역·세대·계층 등의 갈등을 극복할 수 있는 방안 중 하나가 될 수 있다고 생각된다.

국채보상운동은 평화적 국권회복운동이며, 언론이 주도한 첫 프레스 캠페인이었기에 이후 언론 주도로 이루어진 여러 민중운동의 효시가 되었다. 아울러 국채보상운동은 다음과 같은 몇 가지 특징을 지니고 있다. 첫째, 시민적 경제독립운동이었지만 의무 혹은 책임 개념으로 기부운동의 형태를 띠었기에 국민적 기부운동이라 할 수 있다. 둘째, 주민자치의 형태로 진행되었기에 한국 최초의 주민자치운동이었다. 셋째, 여성들이 참여하였으므로 한국 근대여성운동의 시작이라 할 수 있으며, 학생들이 참여하였기에 최초의 학생운동이기도 하다. 넷째, 국민적 금주·금연운동의 효시가 됨은 재론할 필요도 없다.[1] 무엇보다도 사회지도층이 아닌 일반 국민들이 사회적 책임을 다한 운동이란 점에서 그 가치를 평가할 수 있다.

이와 같은 의미와 가치를 지닌 국채보상운동에 관한 기록물들은 1907년 당시 발생한 역사적 사건과 그 과정 등을 보여 주고, 그러한 의미와 정신을 후대에 전승시킬 수 있는 기록유산이라는 점에서 그 중요성을 찾을 수 있다. 또한 지역에서 생산된 가치 높은 역사기록물이라는 점에서 지역의 역사와 문화, 생활과 환경에 기반이 되는 자료라고 할 수 있다. 게다가 지역사회의 문화 수준을 높이고 그 지역의 정체성을 확립하는 지방기록으로서의 가치 또한 무시할 수 없다.[2] 국채보상운동 관련 기록물은 이런 가치들을 인정받아 2017년 10월 31일에 유네스코(UNESCO) 세계기록유산 등재가 최종 결정되었다.

2. 세계기록유산 지정[3]

기록유산은 기록을 담고 있는 정보 또는 그 기록을 전하는 매개물로서, 단독 기록일 수도 기록의 모음(archival fonds)일 수도 있다. 유네스코는 1995년에 인류의 문화를 계승하는 중요한 유산인데도 훼손되거나 영원히 사라질 위험에 처한 기록유산의 보존과 이용을 위하여, 기록유산의 목록을 작성하고 효과적인 보존 수단을 강구하기 위해 세계기록유산(Memory of the World: MOW) 선정 사업을 시작하였다.[4]

〈그림 2-1〉의 세계기록유산 상징 도안은 하이코 휴너코프(Heiko Huennerkopf)의 작품인데, 기억 사이의 공백 및 기억의 손실을 형상화한 것으로 2009년에 정식 채택되었다. 구전으로 전해 내려오던 역사는 양피지와

United Nations
Educational, Scientific and
Cultural Organization

Memory of
the World

그림 2-1 유네스코 공식 마크와 세계기록유산 상징 도안

파피루스 종이가 발명된 이후 기록되기 시작했으며, 이것이 바로 도안의 기초가 되었다. 도안의 두루마리 형태는 저작권을 뜻하는 동시에 지구, 축음기, 두루마리 필름, 그리고 원반을 형상화한 것이다. 세계기록유산은 실제로 이런 다양한 형태의 기록유산을 등재하고 있다.

이런 유네스코 세계기록유산 선정 사업은 세계의 기록유산이 인류 모두의 소유물이므로, 미래세대에 전수될 수 있도록 이를 보존하고 보호하려는 목적이 강하다. 또한 기록유산에 담긴 문화적 관습과 실용성이 보존되어야 하고, 모든 사람들이 방해받지 않고 접근할 수 있어야 한다고 믿는다. 이에 MOW 사업은 세계의 기록유산이 전 인류의 소중한 자산이라는 전제하에, 최적의 기술을 통해 전 세계 기록유산의 보존을 돕고 보편적 접근성을 향상시키며, 기록유산의 존재와 중요성에 대한 세계적 인식을 제고하기 위한 목적으로 운영되고 있다.

세계기록유산은 영향력, 시간, 장소, 인물, 주제, 형태, 사회적 가치, 보존 상태, 희귀성 등을 기준으로 선정되는데, 일국 문화의 경계를 넘어 세계 역사에 중요한 영향을 끼쳐 세계적인 중요성을 갖거나, 인류 역사의 특정한 시점에서 세계를 이해하는 데 두드러지게 이바지한 경우 선정된다. 전 세계 역사와 문화의 발전에 크게 기여한 인물 및 인물들의 삶과 업적에

관련된 기록유산도 있다. 형태적 측면으로 보면, 향후 기록문화의 중요한 표본이 되는 경우, 예를 들면 야자수 나뭇잎 원고와 금박으로 기록된 원고, 근대 미디어와 같은 매체로 된 기록유산도 있을 수 있다.

이런 세계기록유산 선정의 주요 기준은 다음과 같이 네 가지이다. 첫째, '유산의 진정성(Authenticity)'으로, 해당 유산의 본질 및 기원(유래)을 증명할 수 있는 정품이어야 한다. 둘째, '독창적(Unique)이고 비대체적(Irreplaceable)인 유산'으로, 특정 기간 또는 특정 지역에 지대한 영향을 끼쳤음이 분명하며, 해당 유산이 소멸되거나 유산의 품질이 하락한다면 인류 발전에 심각한 해악을 끼치리라 판단되는 것이어야 한다. 셋째, '세계적 관점에서 유산이 가지는 중요성'으로, 한 지역이 아닌 세계적으로 어떠한 영향을 끼쳤는지 여부와, 아래 다섯 가지 요소들 중 반드시 한 가지 이상으로 그 중요성을 증명할 수 있어야 한다.

- 시간(Time): 국제적인 일의 중요한 변화의 시기를 현저하게 반영하거나 인류 역사의 특정한 시점에서 세계를 이해할 수 있도록 이바지하는 경우
- 장소(Place): 세계 역사와 문화의 발전에 중요한 기여를 했던 특정 장소와 지역에 관한 주요한 정보를 담고 있는 경우
- 사람(People): 전 세계 역사와 문화에 현저한 기여를 했던 개인 및 사람들의 삶과 업적에 특별한 관련을 갖는 경우
- 대상/주제(Subject/Theme): 세계 역사와 문화의 중요한 주제를 구현하고 있는 경우
- 형태 및 스타일(Form and Style): 미적·형식적·언어적 가치가 뛰어나거나 형태 및 스타일에서 중요한 표본이 되는 경우

넷째, 다음과 같은 네 가지 보조요건을 갖추어야 한다.

- 희귀성(Rarity): 독특하거나 희귀한 자료
- 원 상태로의 보존(Integrity): 온전한 하나의 전체로서 보존되어 있는 경우
- 위협(Threat): 해당 유산이 각종 위험 요소로부터 안전한지, 또는 안전을 담보할 수 있는 경비 조치가 적절한지 여부
- 관리 계획(Management Plan): 해당 유산의 중요성에 비추어 적절한 보존 및 접근 전략이 존재하는지 여부

세계기록유산 목록은 전 세계적으로 128개국 및 8개 기구 427건(2017년 11월 기준)에 이른다. 이 중에 우리나라의 세계기록유산은 조선왕조실록(1997), 훈민정음 해례본(1997), 승정원일기(2001), 불조직지심체요절 하권(2001), 조선왕조 의궤(2007), 고려대장경판 및 제 경판(2007), 동의보감(2009), 일성록(2011), 5·18 광주 민주화운동 기록물(2011), 새마을운동 기록물(2013), 난중일기(2013), 한국의 유교책판(2015), KBS 특별생방송 〈이산가족을 찾습니다〉 기록물(2015), 국채보상운동 기록물(2017), 조선통신사 기록물(2017), 조선왕실 어보와 어책(2017) 등 총 16건이다. 이는 세계에서 네 번째, 아시아·태평양 지역에서는 첫 번째로 많은 수치이다. 이를 등재 연도별, 소장처별로 정리하면 다음과 같다.[5]

표 2-1 한국의 세계기록유산 현황

연번	세계기록유산	등재 연도	소장처
1	조선왕조실록	1997	서울대학교 규장각한국학연구원, 국가기록원
2	훈민정음 해례본	1997	간송미술관
3	승정원일기	2001	서울대학교 규장각한국학연구원
4	불조직지심체요절 하권	2001	프랑스 국립도서관
5	조선왕조 의궤	2007	서울대학교 규장각한국학연구원, 한국학중앙연구원 장서각
6	고려대장경판 및 제 경판	2007	해인사

연번	세계기록유산	등재 연도	소장처
7	동의보감	2009	국립중앙도서관, 한국학중앙연구원, 한국학의학연구원
8	일성록	2011	서울대학교 규장각한국학연구원
9	5·18 광주 민주화운동 기록물	2011	5·18기념재단, 국가기록원, 광주광역시 외 4곳
10	새마을운동 기록물	2013	국가기록원
11	난중일기	2013	현충사
12	한국의 유교책판	2015	한국국학진흥원
13	KBS 특별생방송 〈이산가족을 찾습니다〉 기록물	2015	한국방송공사(KBS), 국가기록원
14	국채보상운동 기록물	2017	국채보상운동기념사업회, 국가기록원 외 10곳 등
15	조선통신사 기록물	2017	서울대학교 규장각한국학연구원 외 27곳
16	조선왕실 어보와 어책	2017	국립고궁박물관

이상에서 정리된 자료를 바탕으로, 국채보상운동 관련 기록물의 구체적인 현황을 주제별·시기별·종류별로 정리하여 다음 장에서 살펴보기로 한다.

제5장

국채보상운동 기록물의 현황과 분류

1. 시기별 주요 자료 현황

국채보상운동 기록물은 그 당시의 시대적 상황, 운동의 발단·전개·절정·위기·결말의 과정을 알 수 있게 해 주는 자료로서, 단순히 과거의 역사적 사실뿐만 아니라 국채보상운동의 성격과 가치까지 알 수 있게 해 준다. 또한 이 기록물을 바탕으로 '소통 및 인식 공유'라는 주제로 국채보상운동 정신의 진정한 의미를 재발견할 수도 있다. 그러므로 국채보상운동 기록물은 다양한 측면에서 그 중요성을 담보하고 있다. 국채보상운동 기록물에 대해 이해하려면 그 종류와 특징부터 살펴보아야 한다.

국채보상운동 기록물에는 취지문(趣旨文), 간찰(簡札), 회문(回文), 통문(通文), 언론 보도자료, 통감부 문서 등이 있다. 기록에 사용된 언어는 국한문 혼용(混用)이 주류를 이루며, 일부 언론에 수록된 기서(寄書)나 낱장의 문서에서 순 한문(漢文) 혹은 순 한글로 된 자료도 간혹 발견된다. 유네스코 세계기록유산에 등재된 국채보상운동 기록물의 수량은 전체 2,475건이다. 이 자료는 크게 수기(手記)자료와 신문기사로 분류할 수 있는데, 전자는 총 211건이며, 후자는 2,264건이다.

국채보상운동 기록물 2,475건은 첫째, 국채보상운동의 발단과 전개를 기록한 수기 기록물, 둘째, 국채보상운동의 확산과 파급을 기록한 수기 기록물, 셋째, 국채보상운동 관련 일본 정부(통감부) 기록물, 넷째, 국채보상운동의 실황을 전한 신문 및 잡지 등 언론 기록물 등 네 가지 종류로 나눌 수 있다.[6] 이와 같은 구분을 토대로 기존의 연구에서는 국채보상운동 기록물을 첫째, 발단 및 전개 관련 기록물, 둘째, 확산 및 파급 관련 기록물, 셋째, 격려문·연설문, 넷째, 언론 기록물 등으로 분류하였다.[7]

국채보상운동의 발단과 전개를 기록한 문서는 전 국민에게 국채보상운동 참여를 호소하기 위해 국채보상운동의 발단과 전개, 취지와 목적 등을 설명하는 발기문과 취지문 등 12건이 있다. 발기문 및 취지문 등의 자료는 한문 수기, 국한문 수기, 국한문 활자 인쇄 등의 형태로 되어 있으며, 국채보상상채회(國債報償償債會), 국채보상회(國債報償會), 국채보상연합회(國債報償聯合會) 등 운동 초기에 '국채보상'을 목적으로 설립된 조직들이 주체가 되어 생산한 자료이다.

국채보상운동의 확산과 파급을 기록한 문서는 각 지역의 연락문(회문, 통문), 보상소 규약, 기부자 명단, 기부 영수증 등 국채보상운동이 전국적으로 확산·파급되는 구체적인 과정을 담은 기록물 77건이 있다. 이 자료들은 주로 1907~1908년 사이에 생산되었으며, 국채보상상채회, 국채보상회, 국채보상연합회 등이 주체가 되어 작성한 것이다. 현재 이 자료들은 한국국학

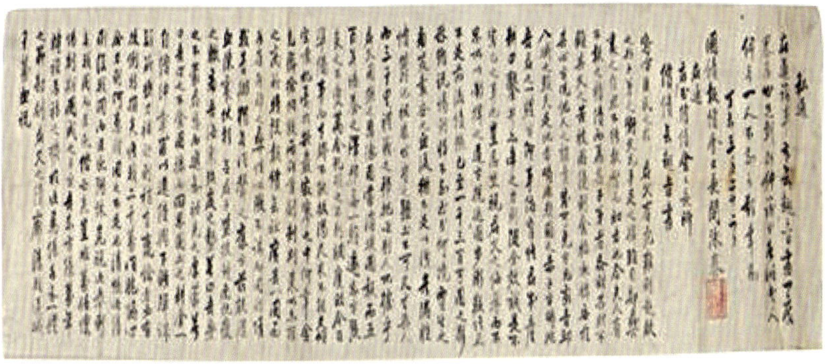

그림 2-2 국채보상상채회 취지서(국채보상운동기념사업회)

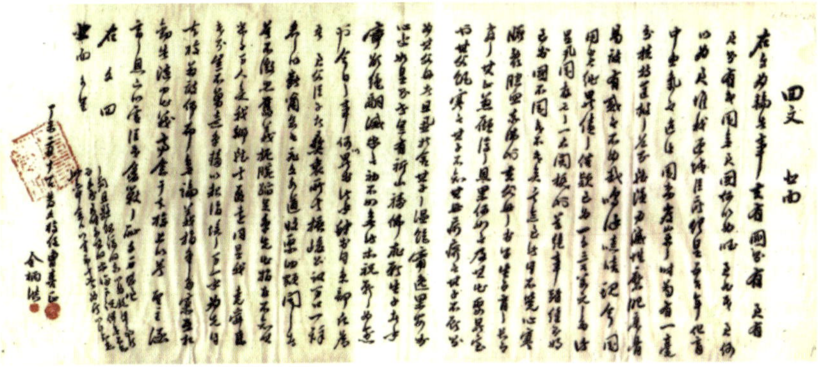

그림 2-3 조희정·김병홍 회문(국채보상운동 100주년기념자료집)

진흥원, 한국금융사박물관 등에 분산되어 보존되고 있다.

국채보상운동 관련 일본 정부(통감부) 기록물은 통감부 및 총독부가 국채보상운동의 동향을 파악하기 위해 관계기관으로부터 받은 보고서와, 이에 대해 일제의 방침을 하달한 명령서 등 통감부 문서 122건이 있다. 일제는 국채보상운동의 중심언론인 『대한매일신보』를 탄압하기 위해 사장인 배설(裵說), 즉 베델을 국외로 추방하는 재판을 하고, 주필인 양기탁이 보상금을 횡령했다는 거짓 소문을 퍼뜨리는 등 다양한 방해공작을 펼쳤는데, 그

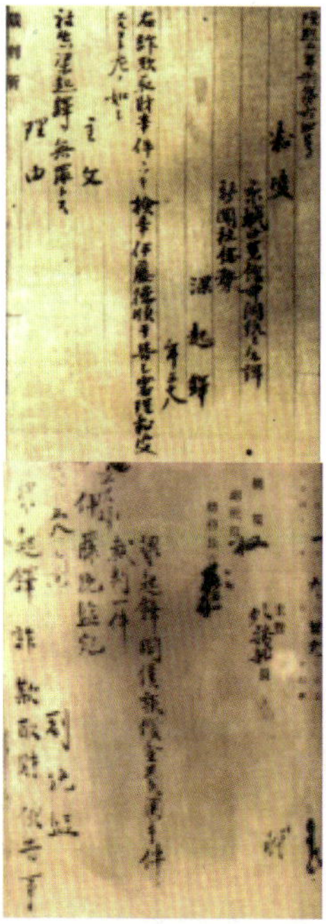

그림 2-4 양기탁 공판 사건 기록
(국채보상운동 100주년기념자료집)

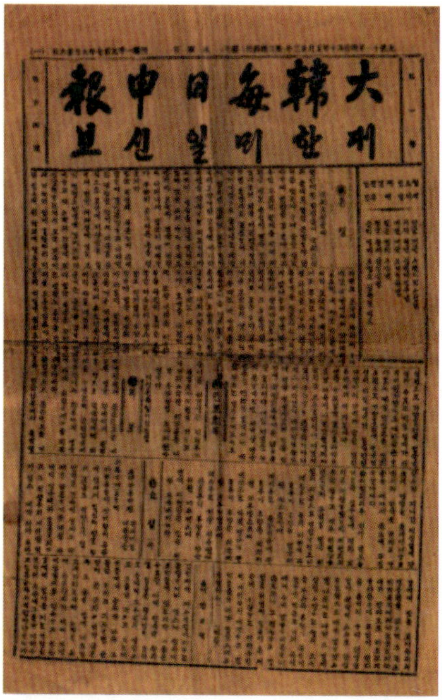

大韓每日申報

대한매일신보

그림 2-5『대한매일신보』에 게재된「국채보상문제」
논설(국채보상운동 100주년기념자료집)

과정에서 통감부와 일제의 관련 기관들이 관련 정보를 주고받으면서 작성된 문서 및 그러한 정보를 포함하는 것이 '통감부 문서'이다. 1907년부터 1909년까지 대부분의 자료가 일문 수기의 형태로 작성되었으며, 국가기록원, 국사편찬위원회, 대한민국역사박물관 등에 분산되어 보존되고 있다. 당시의 원 자료는 조선총독부가 제2차 세계대전 패전 직후 소각하였고, 후에 유리건판 형태로 촬영한 사진 자료 및 마이크로필름 형태로 남아 있다.

국채보상운동의 전개 상황을 전달한 언론 기록물은 2,264건(1900년대 초반 국내외에서 발행된『대한매일신보』,『황성신문』등 7종의 신문 및『대한자강회월보』등 3종의 잡지에 수록된 국채보상운동 관련 자료)이 있다. 전체 기록물 중 가장 큰 비중을 차지하는 언론 기록물에는 국채보상운동의 참여를 호소하는 발기문, 취지서, 논설, 광고문을 비롯하여 국채보상운동 전개 과정에서 나타난 개별 지역이나 개인의 상황을 기록한 기사, 모금운동 과정에서 일어난 다양한 사건을 소개한 기사, 의연 참여자와 모금액을 파악할 수 있는 의연자 명단과 금액 등이 수록되어 있다. 이 자료들은 1907년부터 1910년까지 대한매일신보사(大韓每日申報社), 황성신문사(皇城新聞社), 만세보사(萬世報社), 공립신보사(公立新報社) 등의 언론기관이 주체가 되어 생산하였다. 현재 국립고궁박물관, 서울대학교 중앙도서관, 국채보상운동기념사업회 등에 분산되어 있고 당신의 신문 원본 및 마이크로필름, 유리건판의 형태로 보존되고 있다.

작성 시기, 자료의 형태, 원본 소장처를 중심으로 국채보상운동 기록물을 분류하면 다음 표와 같다.

표 2-2 국채보상운동 기록물의 통시적 분류

구분	자료명	수량	작성 시기	자료 형태	소장처
발단 및 전개	발기문, 취지문 등	12	1907~1908	한문·국한문 수기	국채보상운동 기념사업회, 한국국학진흥원 외 1
확산 및 파급	회문(回文), 통문(通文) 등	77	1907~1908	한문·국한문 수기	국채보상운동 기념사업회, 한국국학진흥원 외 2
통감부 기록물	통감부 문서 및 기타 문서	122	1907~1909	일문 수기, 마이크로필름, 유리건판	국가기록원, 국사편찬위원회, 대한민국역사박물관
언론 기록물	신문 및 잡지에 게재된 관련 기사	2,264	1907~1910	국한문 활자 인쇄, 일문 활자 인쇄, 마이크로필름, 유리건판	국립고궁박물관, 서울대학교 중앙도서관 외 4
소계		**2,475**			

[표 2-2]에 제시된 2,475건의 자료 외에도 2015년 한국국학진흥원에서는 고령에 거주했던 한말의 유학자 이두훈(李斗勳, 1856~1918)의 집안에서 국

채보상운동 관련 자료 50여 건을 발굴하여 도록으로 발간하였다.[8] 또한 국채보상운동기념사업회에서 자료를 성격별로 재분류하고 번역을 덧붙여 2017년 12월에 『국채보상운동기록물』 3책을 발간하였다.[9] 이처럼 국채보상운동 관련 기록물은 유네스코 세계기록유산에 등재된 이후 점차 다양한 자료들이 발굴되고 있는 추세이다. 이 장에서는 국채보상운동기념사업회에서 발간한 자료를 바탕으로 관련 기록물을 취지서(趣旨書)·발기문(發起文), 간찰(簡札)·통문(通文)·회문(回文), 격려문·권고문·논설문·연설문·포고문, 기타 자료 등 네 가지로 분류하여 작성 시기, 출처, 원본 소장처 등을 살펴보기로 한다.

2. 국채보상운동 기록물의 분류

우선 유네스코 세계기록유산에 등재된 국채보상운동 기록물 신문 자료 2,264건, 수기록 89건, 통감부 자료 122건 등 총 2,475건을 크게 기록물의 목적, 주체, 매체에 따라 국채보상운동을 독려·실행하기 위한 기록물, 공적·사적 주체에 의해 작성된 기록물, 수록매체의 형태에 따른 기록물로 구분한 다음 특정 그룹을 대상으로 하는 기록물, 활자로 작성된 기록물, 수기로 작성된 기록물 등으로 세분화하였다. 이후 국채보상운동 기록물을 효율적으로 보존하고 서비스하기 위해서 다음과 같이 분류하였다.

먼저 앞선 국채보상운동 기록물들의 구분을 정리하여 분류 기준을 도출하였다. 첫 번째로 금연운동, 여성운동, 언론운동 등 국채보상운동의 '활동' 기준을 설정하였다. 두 번째로 국채보상운동 이전, 국채보상운동 시기, 국채보상운동 이후 등 국채보상운동이 전개된 '시간' 기준을 설정하였다. 세 번째로 신문, 문서, 사진, 음성, 영상 등 국채보상운동 기록물의 '매체' 기준을 설정하였다. 마지막으로 간찰, 격문, 규약, 공함 등 국채보상운동 기록물들의 '종류' 기준을 설정하였다.

'활동'에 따른 분류

먼저 '활동'을 기준으로 국채보상운동 관련 기록물을 살펴보면 여성단체, 기생단체, 황실 등 특정 집단이 주체가 된 활동의 기록물과, 금연운동 기록물, 의연금 모금 기록물, 언론·출판 활동 기록물, 교육·학술 활동 기록물, 의연금 처리 기록물 등으로 분류할 수 있다. 다음 [표 2-3]은 그러한 기록물을 파생시킨 국채보상운동 관련 활동을 분류한 것이다.

표 2-3 국채보상운동 관련 기록물을 파생시킨 활동

금연운동	**개념**	국채보상운동의 시작이 되었던 운동으로, 금연을 통해 일제의 국채를 갚기 위해 온 국민이 한마음으로 동참한 운동
	범주	대구광문사회, 대동광문회, 국채보상대회, 단연회 등
의연금 모금 활동	**개념**	금연운동으로 시작된 국채보상운동이 일반인에게 호응을 얻은 모금 활동
	범주	개인적 의연, 어린이의 의연, 도적의 의연, 신민회, 사립일신의숙 등
언론·출판 활동	**개념**	매체를 통해 국채보상운동의 취지를 알리는 「취지서」 등을 유포하고 기사 및 광고를 통해 동참을 호소한 언론·출판인들의 활동
	범주	대한매일신보, 제국신문, 만세보, 황성신문 등
문화·예술 활동	**개념**	국채보상운동의 취지를 알리고 애국심을 고취하는 노래나 시 등을 창작해 국채보상운동을 도운 문화·예술인들의 활동
	범주	문화·예술인의 개인 활동 등
교육·학술 활동	**개념**	국민으로서의 의무와 단연 등에 대해 국민을 계몽하기 위한 학술연구자들의 활동
	범주	기독교 청년회관을 이용한 학회 등
지역단체 활동	**개념**	국채보상운동이 개인이나 단체의 의연에 그치는 것이 아니라 지역별로 조직을 결성하여 체계적으로 시행한 모금 활동
	범주	국채보상지원금총합소, 국채보상기성회(서울), 국채보상중앙의무사(서울), 단연동맹회(인천), 국채보상서도의성회(평안도), 대한자강회, 서우학회, 한북흥학회 등

여성단체 운동	개념	여성들이 단체를 조직해 보석, 장신구 등을 헌납하여 운동에 동참하거나 머리카락을 잘라 파는 등 다양한 방법으로 국채보상운동에 참여
	범주	대안동국채보상부인회, 남일동패물폐지부인회, 국채보상탈환회, 부인감찬회, 서울여자교육회, 진명부인회, 대한부인회, 부산항좌천리부인회 등
기생단체 운동	개념	기생들에 의한 의연금 모금 운동
	범주	대구 기생의 의연, 평양의 기생회, 애국부인회(진주), 약방기생, 궁내부기녀 등
황실의 운동	개념	고종황제를 비롯한 대신들의 국채보상운동
	범주	고종황제, 참정대신 등
국외 운동	개념	한국의 국채보상운동을 지원하는 외국인 또는 해외동포, 유학생들의 국채보상운동
	범주	프랑스 선교사, 일인 교사, 유학생 총회, 교포 공립협회 등
일제의 탄압	개념	국채보상운동을 좌절시키기 위한 일본의 다양한 활동
	범주	통감부·일본 언론의 캠페인, 양기탁의 재판 등
의연금 처리	개념	일제의 방해로 좌절된 국채보상운동의 의연금을 처리하기 위한 활동
	범주	의연금처리회, 각 단위의 의연금 모금소 등

'시간'에 따른 분류

국채보상운동 관련 기록물(유네스코 세계기록유산으로 등재된 2,475건 외의 기록물까지 포함)을 자료가 생산된 '시간'을 기준으로 살펴보면 국채보상운동 이전, 국채보상운동 시기, 국채보상운동 이후 기록물로 분류할 수 있다. 국채보상운동 이전 시기에 생산된 기록물로는 차관 도입 및 세관 관련 자료, 국채 관련 자료 등이 있고, 국채보상운동 시기에 생산된 기록물로는 국채보상운동 관련 단체 기록물, 언론 자료, 예술 자료, 의연금 관련 자료 등이 있으며, 국채보상운동 이후에 생산된 기록물로는 신문·저널 등의 간행물 및 영상, 논문 등 연구자의 연구물, 전시·행사 등의 자료, 문화예술 작품, 기념비 등의 행정박물 등이 있다.

표 2-4 국채보상운동 관련 기록물의 시간별 분류

생산 시기	해당 기록물	예시
국채 보상 운동 이전	근대적 화폐금융제도 관련 자료	신식화폐조례, 신식화폐발행장정, 화폐조례, 중앙은행조례, 태환금권조례
	차관 도입 및 세관 관련 자료	善後事宜六條, 승정원일기의 기록, 조청상민수륙무역장정
	국채 관련 자료	일본 외교부 문서, 清季中日韓關係史料, 구한국외교문서, 일한통상협회보고, 구한국관보
	언론 자료	독립신문
국채 보상 운동 시기 (1907 ~1909)	국채보상운동 관련 단체 기록물	발기문, 취지문, 규약, 통문, 기부자 명단, 규칙, 영수증 등
	언론 자료	발기문, 취지문, 의연자 명단, 광고, 논설 등
	재판 관련 자료	일본 외교부 문서, 신서구술서, 공판 기록, 무죄 판결문
	예술 자료	노래, 시
	주요 관련 인물 자료	인물사진(서상돈, 김광제, 베델, 양기탁, 안중근 등), 기부자 명단, 간찰
	의연금 처리에 관한 자료	공함
국채 보상 운동 이후	개인과 단체의 기록물	일기, 사진, 협약 등
	신문·저널 등의 간행물 및 영상	기사, 사설, 논평, 보도사진, 동영상, KBS 〈열린음악회〉
	논문, 저서 등 연구자의 연구물	國債報償運動史, 日帝經濟侵略과 國債報償運動, 국채보상운동 논문선집, 국채보상운동 100년, 각종 자료집
	관련 공문 및 행정박물	세계기록유산 등재신청서, 국채보상운동기념사업회 자료 및 공문, 공모전 자료, 대구시의 관련 행정박물, 관련 조형물(기념비 등)
	전시, 행사 등 기념사업 관련 기록물	기념 우표, 책임을 다하다(도록), 기념식 자료, 관련 행사 사진 및 영상
	문학, 음악, 영화, 미술 등의 예술품	거리연극 〈빼앗긴 들에도 봄은 오는가〉, 오페라 〈불의 혼〉, 뮤지컬 〈기적소리〉

'수록 매체'에 따른 분류

국채보상운동 관련 기록물(유네스코 세계기록유산으로 등재된 2,475건 외의 기록물까지 포함)을 '매체'를 기준으로 살펴보면 일본 외교부 문서, 공판 기록, 무죄 판결문 등의 '문서', 『대한매일신보』, 『경향신문』 등의 '신문', 서상돈·김광

제 등 주요 인물들의 '사진', 국채보상운동 관련 오페라, 뮤지컬 등의 '음성·영상', 관련 개인과 단체의 '구술' 자료, 기념비 등의 '박물' 자료로 분류할 수 있다.

표 2-5 국채보상운동 관련 기록물의 매체별 분류

매체	기호	예시
문서	D(Document)	일본외교부문서, 구한국외교문서, 공판 기록, 무죄 판결문
신문	NP(News Paper)	대한매일신보, 경향신문
사진	P(Picture)	서상돈·김광제·베델·양기탁의 인물사진
음성·영상	AV(Audio & Video)	KBS 〈열린음악회〉, 거리연극, 오페라, 뮤지컬
구술	O(Oral)	관련 개인과 단체의 기록들
박물	AO(Archival Object)	기념비, 기념 우표

'자료의 종류'에 따른 분류

국채보상운동 관련 기록물을 자료의 '종류'를 기준으로 살펴보면 대구단연회 간찰, 남일동패물폐지부인회 격문, 국채보상연합회의소 규약, 창원단연회 광고, 국채보상가, 국채보상론, 국채보상기성회 발기문, 국채담보금영수증, 단연상채회 의연금록, 보상취지서, 국채보상의연소 공함 회답과 같은 간찰, 격문, 규약, 광고, 노래, 논설, 영수증, 의연금록, 취지서, 회문 등으로 분류할 수 있다.

표 2-6 국채보상운동 관련 기록물의 종류별 분류

종류	예시
간찰	대구단연회 간찰, 국채보상연합회의소 간찰, 이봉조 등 간찰, 이현주 간찰, 정재만 간찰, 박경순 간찰, 남정우 간찰, 박봉렬 간찰
격문	남일동패물폐지부인회 격문
격려문	대구단연상채소 임시사무소에서 경북 영양군에 보낸 격려문

종류	예시
규약·규정·규칙	국채보상연합회의소 규약, 국채보상지원금총합소 규정, 국채보상금조사정리회 규칙, 국채의무회 규칙, 단연상채회 규칙
공함	국채보상지원금수합사무소 공함, 국채보상연합회의소장 이준의 공함
광고	국채보상기성회의 국채보상 모금 제1회 광고(대한매일신보), 창원단연회 광고
노래, 시	국채보상가(단천 국채보상소), 단연상채 광고가, 윤소헌 시문
논설	국채보상론(경향신문), 국채보상문제(대한매일신보)
발기문	국채보상기성회 발기문
영수증	김윤란 국채담보금 영수증, 국채보상 의연금 영수증, 김숙여 영수증
의연금록	단연상채회 의연금록, 고령군 단연상채회 의연금록, 내곡면 의연금록, 답곡면 아치동 의연금록
청구서	창원항상채의연소에서 발행한 청구서
취지서	국채1300만 원 보상 취지서(대한매일신보), 공립협회 보상 취지서, 재일본 한인 유학생의 단연동맹 취지서(대한매일신보), 한북국채보상단성회 취지서(황성신문), 용궁군국채보상 취지서, 금연보상회 취지서, 국채보상연합회의소 취지서
통문	마항의연소 통문, 애국상채소 통문, 대구군금연상채회 통문
회답서 및 회문	국채보상의연소 공함 회답, 조희정·김병홍 회문
기타	이두훈 돈청문, 각면 남구조사 성책, 이택로 등 보고서, 단연상채회 재무원 망기, 단연국채보상회 윤고문, 단연상채회 첩보, 박을원 외 35인 완의문

3. 국채보상운동 기록물의 실제

취지서와 발기문

취지서와 발기문은 국채보상운동을 전개하게 된 시대적 배경과 단연(斷煙)을 통한 의연금 모집 방법을 소개하고 지역민 혹은 전 국민에게 동참을 호소하는 내용 등으로 구성되어 있다. 국채보상운동은 1905~1906년 사이에 일본에게 빌린 1300만 원의 차관(借款)을 갚지 못하는 안타까운 상황을 백성 된 도리로 그냥 지켜볼 수 없다는 우국 정신에서 시작되었다. 예를 들어 1907년 3월 15일 자 『황성신문』에 실린 「국채보상금모집 취지서(國債報償金募集趣旨書)」에는 귀천과 남녀를 구분하지 않고 모두 앞다투어 의연금을 내는 심정이 하늘에서 부여한 천성에서 나온 것이라 칭송하였다. 아울러 1907년 3월 31일 자 『대한매일신보』에 실린 「국채보상관서동맹 취지(國債報償關西同盟趣旨)」에는 담배를 끊는 것뿐만 아니라 술을 줄이고 심지어 반찬을 줄여 의연금을 낸다는 기록이 있다. 같은 신문 3월 8일 자에 실린 대구 남일동 7부인회의 국채보상 취지서는 여성도 당당한 국민으로서의 일원이기에 국민으로서의 의무를 다하자고 역설하고 있다.

이처럼 국채보상운동 취지서는 대상 지역이 전국을 망라하고 있으며, 부녀자를 비롯해 어린아이, 유림(儒林) 및 전·현직 관원(官員) 등 참여 인원의 다양성 등을 확인할 수 있는 귀중한 자료이다. 지금까지 알려진 국채보상운동 취지서와 발기문을 대상 지역, 작성 시기, 출처, 원본 소장처, 발기인 대표, 참여 인원 등으로 구분하여 정리하면 다음과 같다.

표 2-7 국채보상운동 취지서 및 발기문 현황

연번	문서명	지역	작성 시기	표기 문자	출처	원본 소장처	발기인 대표	대표 관직	발기 인원
1	龍成郡國債報償支會義金募集發文	경북	1907.1.29.	국한문	낱장	사업회	李紹鍾	郡守	11
2	國債一千三百萬圓報償趣旨	전국	1907.2.21.	한문	신보	고궁박	金光濟	廣文社長	2
3	國債報償期成會趣旨書	전국	1907.2.22.	국한문	낱장	사업회	金成喜	–	24
4	國債報償趣旨書	전국	1907.2.27.	한문	황성	연구원	李崎鎔	–	5
5	國債報償西道義成會趣旨書	西道	1907.2.28.	국한문	신보	고궁박	김윤영	–	미상
6	靑松郡國債報償會會長沈琥澤私通 및趣旨書	경북	1907.3.3.	국한문	낱장	사업회	沈琥澤	會長	2
7	海西人士의趣旨	海西	1907.3.6.	국한문	신보	고궁박	全奉薰	–	2
8	商務會議所斷煙同盟趣旨書	전국	1907.3.7.	국한문	신보	고궁박	미상	–	미상
9	義助發起文(太僕寺)	전국	1907.3.8.	국한문	황성	연구원	徐廷弼	太僕寺主事	2

연번	문서명	지역	작성 시기	표기 문자	출처	원본 소장처	발기인 대표	대표 관직	발기 인원
10	忠淸北道沃川郡國債報償斷煙義務會趣旨書	충청	1907.3.8.	국한문	신보	고궁박	鄭德溶	–	미상
11	대구남일동7부인회국채보상취지서	대구	1907.3.8.	한글	신보	고궁박	정운갑 모	–	6
12	東萊府國債報償一心會趣旨書	부산	1907.3.10.	국한문	신보	고궁박	文秉喜	–	14
13	關西國債報償同盟趣旨書	關西	1907.3.11.	국한문	황성	연구원	吳大奎	–	16
14	平安北道義州府國債報償義務會趣旨書	평북	1907.3.12.	국한문	만세	연세대	俞承淵	–	29
15	孝寧大君宗親會國債報償發起文	전국	1907.3.12.	국한문	만세	연세대	李貞宰	–	1
16	國債報償海西同情會趣旨書	海西	1907.3.12.	국한문	황성	연구원	鄭秀元	–	34
17	재일본한인유학생의단연동맹취지서	일본	1907.3.13.	국한문	신보	고궁박	미상	–	미상
18	國債報償慶南贊成會趣旨書	경남	1907.3.14.	국한문	신보	사업회	金容孝	–	미상
19	漢北國債報償團成會趣旨書	漢北	1907.3.15.	국한문	황성	연구원	朴有豊	–	10
20	禮山郡國債報償募集趣旨書	충청	1907.3.15.	국한문	황성	연구원	鄭洛溶	–	19
21	국채보상부인회취지서	전국	1907.3.15.	한글	신보	고궁박	이씨 등	–	11
22	元山港商會所國債報償募集趣旨書	함경	1907.3.16.	국한문	신보	고궁박	미상	–	미상
23	湖西國債報償期成會義務社趣旨書(미완)	호서	1907.3.17.	국한문	신보	고궁박	김상익	–	미상
24	慶南愛國償債所發文	경남	1907.3.17.	국한문	만세	연세대	안택중	–	20
25	全羅北道錦山郡國債報償一心同盟趣旨書	전북	1907.3.18.	국한문	황성	연구원	박항래	–	13
26	錦山郡國債報償同盟趣旨書	전북	1907.3.19.	국한문	신보	고궁박	박항래	–	3
27	湖西國債報償期成義務社趣旨書(속)	호서	1907.3.19.	국한문	신보	고궁박	김상익	–	4
28	湖南國債報償義務所發起文	호남	1907.3.19.	국한문	신보	고궁박	신만우	–	12
29	忠南德山郡國債報償義金募集趣旨書	충남	1907.3.20.	국한문	신보	고궁박	미상	–	미상
30	益山郡國債報償斷煙會趣旨書	전북	1907.3.21.	국한문	황성	연구원	이호림	前主事	3
31	平壤國債報償會趣旨書	평안	1907.3.21.	국한문	신보	고궁박	임기반	–	2
32	靑松郡國債報償償債會私通및趣旨書	경북	1907.3.22.	한문	낱장	사업회	미상	償債會長	미상
33	海州國債報償斷煙同盟會趣旨書	황해	1907.3.23.	국한문	황성	연구원	오관영	–	15
34	忠淸北道永同郡國債報償會趣旨書	충청	1907.3.23.	국한문	신보	고궁박	정범석	–	18
35	國債報償趣旨書	전국	1907.3.25.	국한문	황성	연구원	김윤오	–	9
36	大邱廣文社內大東廣文會國債報償趣旨書	전국	1907.3.25.	한문	월보	사업회	김광제	廣文社長	17
37	徐廷弼外1人國債報償發起文	전국	1907.3.25.	국한문	월보	사업회	徐廷弼	太僕司主事	2

연번	문서명	지역	작성 시기	표기 문자	출처	원본 소장처	발기인 대표	대표 관직	발기 인원
38	春川郡國債報償同盟會趣旨書	강원	1907.3.26.	국한문	신보	고궁박	이명래	郡守	3
39	鎭案長水兩郡國債報償趣旨書	전남	1907.3.25.	국한문	신보	고궁박	이종진	–	2
40	咸北吉州郡修進普成學校國債報償血盟會趣旨書	함북	1907.3.26.	국한문	황성	연구원	정만선	–	17
41	濟州義成會趣旨書	제주	1907.3.26.	국한문	신보	고궁박	홍평규	–	20
42	黃海道載寧郡報誠所趣旨書	황해	1907.3.28.	국한문	신보	고궁박	이정홍	–	6
43	晉州國債報償慶南會趣旨書	경남	1907.3.26.	국한문	신보	고궁박	강주제	–	3
44	安城郡西里國債報償趣旨書	경기	1907.3.29.	국한문	신보	고궁박	유회근	–	3
45	水原英語三學堂國債報償趣旨書	경기	1907.3.29.	국한문	신보	고궁박	김제구	贊成會長	3
46	昌原馬山港國債報償義捐所趣旨書	경남	1907.3.29.	국한문	신보	고궁박	박우영	–	24
47	國債報償關西同盟趣旨書	관서	1907.3.31.	국한문	신보	고궁박	오대규	–	19
48	忠北報恩郡國債報償斷煙同盟募集金趣旨書	충북	1907.4.3.	국한문	신보	고궁박	이길선	–	4
49	忠北沃川郡國債報償斷煙義務會趣旨書	충북	1907.4.4.	국한문	신보	고궁박	이규연	–	2
50	慶北淸道郡國債義捐趣旨書	경북	1907.4.3.	국한문	신보	고궁박	김일준	–	5
51	海西國債報償會發起文	海西	1907.4.5.	국한문	신보	고궁박	오의영	–	1
52	發起文撤鎖	전국	1907.4.6.	국한문	만세	연세대	미상	–	미상
53	鳳山郡國債報償會趣旨書	황해	1907.4.3.	국한문	황성	연구원	이태건	–	9
54	咸興郡國債報償期成會趣旨書	함경	1907.4.7.	국한문	신보	고궁박	주장겸	–	75
55	國債報償豐德郡義務會趣旨書	경기	1907.4.9.	국한문	신보	고궁박	이종학	–	2
56	國債報償尙州義務所趣旨書	경상	1907.4.9.	국한문	신보	고궁박	김재익	–	2
57	定州郡國債報償會趣旨書	함경	1907.4.11.	국한문	신보	고궁박	박귀현	–	2
58	通津私立汾南學校國債報償義捐收合所趣旨書	경기	1907.4.11.	국한문	신보	고궁박	심계택	–	5
59	靑山郡國債報償趣旨書	충청	1907.4.11.	국한문	신보	고궁박	이문구	–	4
60	慶北星州郡義務所國債報償趣旨書	경북	1907.4.12.	국한문	신보	고궁박	이승희	–	2
61	宜寧郡德谷書堂國債報償期成會發文	경남	1907.4.14.	국한문	신보	고궁박	미상	–	미상
62	群山港客主商會社國債報償義務社趣旨書	전북	1907.4.14.	국한문	신보	고궁박	김석현	–	14
63	報恩郡國債報償斷煙同盟募金趣旨書	충청	1907.4.16.	국한문	신보	고궁박	이길선	–	2
64	江原道鐵原郡西邊面梨峴里國債報償募集會趣旨書	강원	1907.4.17.	국한문	만세	연세대	이영식	前司果	6
65	國債報償中央義務社再告全國同胞書	전국	1907.4.18.	국한문	신보	고궁박	미상	–	미상
66	咸興州北面國債報償靑年會趣旨書	함경	1907.4.19.	국한문	신보	고궁박	한종만	–	9
67	淸州郡國債報償會趣旨書	충청	1907.4.19.	국한문	신보	고궁박	김윤오	–	3

연번	문서명	지역	작성 시기	표기 문자	출처	원본 소장처	발기인 대표	대표 관직	발기 인원
68	부산항좌천리부인회감선의연취지서	부산	1907.4.19.	한글	신보	고궁박	부인회	–	미상
69	탈환취지서	전국	1907.4.23.	한글	신보	고궁박	공씨 등	丈母	2
70	咸興郡州北面壯洞於口國債報償靑英團成所趣旨書	함경	1907.4.23.	국한문	신보	고궁박	한영빈	–	15
71	忠淸北道丹陽君國債報償義務會趣旨書	충북	1907.4.23.	국한문	황성	연구원	오선영	支會所長	22
72	泰仁郡國債報償趣旨書	충청	1907.4.26.	국한문	신보	고궁박	미상	–	미상
73	慶尙南道鎭南君國債報償義捐勸助趣旨書	경남	1907.4.26.	국한문	만세	연세대	이학엽	前參尉	9
74	샌프란시스코공립협회國債報償趣旨書	미국	1907.4.26.	국한문	신보	고궁박	황국일	協會長	2
75	桑港共立協會國債報償義捐趣旨書	미국	1907.4.26.	국한문	공립	서울대	김성무	–	3
76	로스엔젤레스(노신즐레스)國債報償趣旨書	미국	1907.4.26.	한글	공립	서울대	박형모	–	4
77	恩津國債報償義捐金募集趣旨書	충청	1907.4.27.	국한문	신보	고궁박	김영선	–	2
78	慶尙北道慶州郡禁煙會社設立趣旨書	경북	1907.4.27.	국한문	만세	연세대	김중구	前校理	2
79	平安南道龍岡郡三和港佩物廢止婦人會趣旨書(미완)	평안	1907.4.28.	국한문	신보	고궁박	미상	–	미상
80	慶尙北道慶山郡國債報償斷煙同盟회趣旨書	경북	1907.4.28.	국한문	신보	고궁박	최백희	–	3
81	平安南道龍岡郡三和港佩物廢止婦人會趣旨書(속)	평안	1907.4.30.	한글	신보	고궁박	미상	–	미상
82	國債報償聯合會議所趣旨書	경북	1907.4.	국한문	낱장	국학진	이두훈	義務所長	1
83	平安南道龍岡郡三和港佩物廢止婦人會趣旨書(완)	전국	1907.5.1.	한글	신보	고궁박	김씨	김경시 아내	8
84	釜山港佐川里斷煙同盟趣旨書	부산	1907.5.1.	국한문	신보	고궁박	미상	–	미상
85	長城郡國債報償會趣旨書	전남	1907.5.2.	국한문	신보	고궁박	김헌규	前承旨	2
86	鎭川郡國債報償會趣旨書	충청	1907.5.2.	국한문	신보	고궁박	정추택	–	2
87	安岳郡國債報償就成會趣旨書	평안	1907.5.7.	국한문	신보	고궁박	김응화	–	1
88	咸興郡州北面壯洞國債報償靑英會趣旨書	함경	1907.5.8.	국한문	신보	고궁박	황상훈	會長	21
89	全北井邑內斷煙同盟會趣旨書	전북	1907.5.9.	국한문	신보	고궁박	박중현	–	3
90	全羅道濟州郡新在面咸德里國債報償期成會趣旨書	전라	1907.5.10.	국한문	신보	고궁박	김진생	–	1
91	殷山郡義誠會趣旨書	평안	1907.5.11.	국한문	신보	고궁박	김진연	–	1
92	原州郡國債報償義務所趣旨書	강원	1907.5.12.	국한문	신보	고궁박	이민황	–	3
93	慶尙北道玄風郡斷煙償債會趣旨書	경북	1907.5.14.	국한문	신보	고궁박	미상	–	미상
94	블라디보스토크國債報償趣旨書	소련	1907.5.15.	국한문	신보	고궁박	미상	–	미상
95	瑞興郡國債報償趣旨書	황해	1907.5.19.	국한문	만세	연세대	문재목	–	5

연번	문서명	지역	작성 시기	표기 문자	출처	원본 소장처	발기인 대표	대표 관직	발기 인원
96	公州郡國債報償趣旨書(미완)	충청	1907.5.22.	국한문	신보	고궁박	이근중	前議官	1
97	公州郡國債報償趣旨書(속)	충청	1907.5.22.	국한문	신보	고궁박	이근중	前議官	1
98	元山港笠子契報義會趣旨書(미완)	함경	1907.5.24.	국한문	신보	고궁박	미상	–	미상
99	德山郡國債報償趣旨書	충남	1907.5.24.	국한문	신보	고궁박	미상	–	미상
100	慶尙南道丹城郡婦人義務會趣旨書	경남	1907.5.24.	국한문	만세	연세대	정송경	–	1
101	元山港笠子契報義會趣旨書(속)	함경	1907.5.25.	국한문	신보	고궁박	라민하	–	3
102	抱川郡國債報償抱義所趣旨書	경기	1907.5.28.	국한문	신보	고궁박	이청렬	–	2
103	江華郡外州洞國債報償趣旨書	경기	1907.5.29.	국한문	신보	고궁박	송요덕	–	3
104	興遠軍國債報償義會趣旨書	함경	1907.5.29.	국한문	신보	고궁박	김규하	–	2
105	鐵山郡國債報償志成會趣旨書	함경	1907.5.30.	국한문	신보	고궁박	오희원	前參判	3
106	東署蓮花坊中路契梨峴内四街里人民等趣旨書	서울	1907.5.30.	국한문	신보	고궁박	미상	–	미상
107	扶安郡國債報償會趣旨書	전남	1907.6.1.	국한문	신보	고궁박	신동석	前主事	2
108	西邊界流民의國債報償趣旨書	西邊	1907.6.4.	국한문	신보	고궁박	김윤영	進興社長	2
109	吉州郡國債報償血盟會趣旨書	함경	1907.6.4.	국한문	신보	고궁박	미상	–	미상
110	甑山郡國債報償會趣旨書	함경	1907.6.5.	국한문	신보	고궁박	송도용	–	2
111	興德郡富安面卵山義務所趣旨書	전남	1907.6.6.	국한문	신보	고궁박	이근영	–	2
112	海美郡國債報償義務社趣旨書	전남	1907.6.6.	국한문	신보	고궁박	최상만	–	2
113	金海君鳴旨面國債報償同盟會趣旨書	경남	1907.6.7.	국한문	신보	고궁박	김서창	前議官	2
114	白川郡國債報償義捐所趣旨書	함경	1907.6.7.	국한문	신보	고궁박	미상	–	미상
115	洪州郡蕃川面國債報償期成會趣旨書	충청	1907.6.7.	국한문	신보	고궁박	주태환	幼學	2
116	郭山郡國債報償會趣旨書	평안	1907.6.9.	한문	신보	고궁박	미상	–	미상
117	伊川郡國債報償報成義務社趣旨書	경기	1907.6.9.	국한문	신보	고궁박	김용식	–	2
118	南署廣通坊中茶洞私塾義捐金趣旨書	서울	1907.6.12.	국한문	신보	서울대	미상	–	미상
119	全北井邑郡斷煙會趣旨書	전북	1907.6.12.	국한문	신보	서울대	유우상	幼學	2
120	濟州郡新左面朝天里國債報償趣旨書	제주	1907.6.12.	국한문	신보	서울대	김찬수	–	2
121	白川郡國債報償期成支會所發起文	함경	1907.6.13.	국한문	신보	서울대	김용익	都有司	1
122	楊州郡國債報償金趣旨書	경기	1907.6.14.	국한문	신보	서울대	미상	–	미상
123	坡州郡國債報償趣旨書(미완)	경기	1907.6.20.	국한문	신보	서울대	미상	–	미상
124	忠淸南道泰安郡安民民議所國債報償發議文	충남	1907.6.22.	국한문	신보	서울대	박용흥	民議所議員	3
125	平南國債報償趣旨書	평남	1907.6.22.	국한문	만세	연세대	서경록	천도교인	14
126	坡州郡國債報償趣旨書	경기	1907.6.23.	국한문	신보	서울대	미상	–	미상

연번	문서명	지역	작성 시기	표기 문자	출처	원본 소장처	발기인 대표	대표 관직	발기 인원
127	義州專對學校國債報償趣旨書	평안	1907.6.26.	국한문	신보	서울대	박태유	–	2
128	永興郡國債報償減飯會趣旨書	함경	1907.6.28.	국한문	신보	서울대	권영호	–	2
129	泰川藏修齋儒生國債報償文	평안	1907.6.29.	한문	신보	고궁박	미상	藏修齋儒生	미상
130	龍川府楊下面新倉洞國債報償會趣旨書	함경	1907.6.29.	국한문	신보	서울대	조한주	–	1
131	全南光州府國債期成會趣旨書	전남	1907.7.5.	국한문	신보	서울대	미상	–	미상
132	黃海道甕津郡國債報償趣旨書	황해	1907.7.9.	국한문	신보	서울대	이호경	–	2
133	國債報償興德郡郊山市義務所趣旨書(미완)	전남	1907.7.10.	국한문	신보	서울대	미상	–	미상
134	國債報償興德郡郊山市義務所趣旨書(속)	전남	1907.7.11.	국한문	신보	서울대	이근영	–	2
135	全羅南道求禮郡吐旨面斷煙思義募捐發文	전남	1907.7.13.	국한문	신보	서울대	이규찬	–	2
136	內地同胞의所可一想－北米大韓人大同保國會中央會趣旨書(울릉군趣旨書)	해외	1907.7.13.	국한문	신보	서울대	이병호	–	4
137	平安南道永柔郡國債報償協成會發起文	평안	1907.7.17.	국한문	신보	서울대	라석찬	發起會長	3
138	長湍大南面國債報償趣旨書	경기	1907.7.17.	국한문	신보	서울대	김제필	–	2
139	北美紐育留韓人國債報償趣旨書(미완)	미국	1907.7.21.	국한문	신보	서울대	미상	–	미상
140	北美紐育留韓人國債報償趣旨書(속)	북미	1907.7.23.	국한문	신보	서울대	미상	–	미상
141	海南郡國債報償趣旨書	전남	1907.7.30.	국한문	신보	서울대	이재량	前宗正卿	2
142	江北蘇王嶺秋豊國債報償趣旨書	소련	1907.8.2.	국한문	신보	서울대	김인수	–	4
143	安義古縣面義捐金趣旨書	경남	1907.8.11.	국한문	신보	서울대	정희협	–	2
144	在美韓人國債報償趣旨書	미국	1907.8.16.	국한문	신보	서울대	이병호	保國會長	2
145	楊州郡伊淡面杻山國債報償趣旨書	경기	1907.8.31.	국한문	신보	서울대	김연성	–	1
146	義州府聖義學校國債報償趣旨書	평안	1907.10.8.	국한문	신보	서울대	장명호	–	4
147	趣旨書	전국	1907	한문	필사	신한	미상	결락	미상
148	龍宮郡國債報償趣旨書	경북	1907	국한문	필사	독립	정헌탁	進士	1
149	高靈郡禁酒斷煙會趣旨書	경북	1907	국한문	필사	사업회	미상	–	미상
150	大邱斷煙償債所壽昌會社趣旨書	대구	1908.7.25.	국한문	황성	연구원	이현주	壽昌社長	13
151	國債報償金檢査所趣旨書	전국	1908.10.3.	국한문	신보	연구원	미상	–	미상

*** 약호(이하 표도 동일함)**

1) 출처－㉠낱장:개별 문서 ㉡신보:『대한매일신보』 ㉢황성:『황성신문』 ㉣만세:『만세보』 ㉤월보:『대한자강회월보』 ㉥『공립:공립신보』 ㉦학보:『대한유학생회학보』 ㉧대해:광동서관 『연설대해』 ㉨필사: 필사본 문서 ㉩서우: 『서우』(서우학회 기관지)

2) 원본 소장처－㉠사업회:국채보상기념사업회 ㉡고궁박:국립고궁박물관 ㉢연구원:한국연구원 ㉣연세대:연세대학교 학술정보원 ㉤서울대:서울대학교 중앙도서관 ㉥국학진:한국국학진흥원 ㉦신한:신한은행 박물관 ㉧독립:독립기념관 ㉨금융박:한국금융사 박물관 ㉩고려대:고려대학교 도서관

앞의 [표 2-7]을 보면 국채보상운동 취지서 및 발기문은 1907년 1월 29일부터 1908년 10월 3일까지 대략 151건이 남아 있음을 알 수 있다. 취지서는 주로 언론에 게재된 자료가 많음을 알 수 있는데, 그중 『대한매일신보』에 실린 자료가 115건으로 가장 많다.

1907년 1월 29일에 작성된 국채보상운동 취지서에는 회장(용성군수龍城郡守 이소종李紹鍾)과 부회장(전前 주사主事 조용태趙鏞泰), 서기(書記), 징수원(徵收員), 장재원(掌財員), 발기원(發起員) 등 총 11명의 명단이 수록되어 있다. 발기인들은 이 발기문에서 대구의 서상돈 씨 등이 쓴 단연동맹(斷煙同盟)의 글과 황성기성회(皇城期成會)의 취지문을 보고 감동했다고 말했다. 그러므로 이 자료를 통해 국채보상운동이 발기한 1월 29일에는 이미 국채보상운동이 전국으로 확산되기 시작했다고 볼 수 있다.

취지서는 2번 자료 1907년 2월 21일 자 『대한매일신보』에 실린 광문사장(廣文社長) 김광제의 글과, 여기에 부기된 김광제 및 서상돈의 공함(公函)이 가장 주목된다. 두 자료는 향후 전국 각 지역에 반포된 각종 취지서와 발기문의 모델로, 국채보상운동을 전개하는 데 밑바탕이 된 내용을 수록하고 있다. 1907년 대구광문사장의 명의로 제기된 국채보상운동은 이후 기성회(期成會)와 의무소(義務所)가 서울과 지역 단위로 설립되는 계기를 마련하였다. 동맹취지서(同盟趣旨書) 또한 비슷한 내용을 담고 있다.

발기에 참여한 인물을 중심으로 살펴보면, 중앙 및 지방관이 발기인 대표로 나선 자료는 다음과 같다.

번호		
	1	龍成郡國債報償支會義金募集發文
	9	義助發起文
	30	益山郡國債報償斷煙會趣旨書

37 徐廷弼外1人國債報償發起文

38 春川郡國債報償同盟會趣旨書

64 江原道鐵原郡西邊面梨峴里國債報償募集會趣旨書

73 慶尙南道鎭南君國債報償義捐勸助趣旨書

78 慶尙北道慶州郡禁煙會社設立趣旨書

85 長城郡國債報償會趣旨書

96~97 公州郡國債報償趣旨書

105 鐵山郡國債報償志成會趣旨書

107 扶安郡國債報償會趣旨書

141 海南郡國債報償趣旨書

150 大邱斷煙償債所壽昌會社趣旨書

전(前) 참판(參判) 오희원(吳熙源, 1873~1936)의 취지서(105번 자료)부터 태복시(太僕寺) 주사(主事) 서정필(徐廷弼)의 취지서(9번 자료)까지 이 자료의 발기인들의 관직은 관청 주사(主事), 민의소 의원(議員), 고을 군수, 전(前) 교리(校理), 전(前) 승지(承旨) 등 실로 다양하다.

내용면에서 주목할 자료는 다음과 같다.(자료번호순)

번호 12 東萊府國債報償一心會趣旨書

93 慶尙北道玄風郡斷煙償債會趣旨書

94 블라디보스토크國債報償趣旨書

이 자료들은 국채보상운동의 시발에 대해 다소 특이한 내용을 담고 있는 점이 눈에 띈다. 예를 들어, 12번 자료 「동래부국채보상일심회취지서(東萊府國債報償一心會趣旨書)」를 살펴보면,

원문

頃自吾州釜山港商務會로 有志於此債報償ᄒᆞ야 先倡斷煙同盟ᄒᆞᆷᄋᆡ 繼自大邱廣文社로 同聲公布ᄒᆞ고 又自京城으로 旣設國債報償期成會ᄒᆞ얏스니 從此三百州二千萬衆이 必當次第就盟矣라[10]

번역문

지난번에 우리 부산항 상무회에서 이 국채보상에 뜻을 두고 단연 동맹을 선창하였으며, 이어 대구광문사에서 같은 내용을 공포하였고, 또 경성에서 이미 국채보상기성회를 설립하였으니, 300주 2000만 백성들의 뜻에 따라 차례대로 동맹을 결성해야 함이 마땅하다.

라고 하여, 국채보상운동의 시작이 부산항 상무회라고 언급되어 있다. 현풍군 및 소련 블라디보스토크에서 작성한 취지서 역시 동일한 내용을 수록하고 있는데, 국채보상운동이 동래부 부산항에서 시작되었다는 것은 지금까지 알려진 사실과는 다소 상이하다. 그러나 국채보상운동의 부산항 기원에 대한 내용은 보다 정밀한 검토를 필요로 하므로 본고에서는 상술하지 않는다.[11]

간찰(簡札) · 통문(通文) · 회문(回文)

간찰(簡札)은 편지를 일컫는 말로, 편지 쓰기는 조선시대 양반들에게는 매우 일상적인 일이었다. 중요한 소식, 경조사(慶弔事), 부탁할 일, 물어볼 일이 있거나 선물 등이 필요한 경우에 편지를 주고받았다. 이 밖에 공무를 수행하는 과정에서 편지가 오가기도 했는데, 공적인 목적 및 내용을 담은 간찰을 특별히 공함(公函)이라 한다. 국채보상운동 기록물 가운데 개인 간에 주고받은 편지는 62건이며, 공적 목적으로 작성된 것은 16건이다.

한편 통문(通文)은 조선시대에 민간단체나 개인이 같은 종류의 기관, 또는 관계가 있는 인사 등에게 공동의 관심사를 통지하던 문서를 가리킨다. 통문은 서원(書院)·향교(鄕校)·향청(鄕廳)·문중(門中)·유생(儒生)·결사(結社)와 의병, 혁명이나 민란의 주모자들이 대체로 연명(連名)으로 작성하여 보냈다. 여기에 포함된 내용은 통지(通知)·문의(問議)·선동·권유 등이며, 개인이나 단체가 어떤 사실이나 주장을 다수에게 공개적으로 전달한다는 점에서 간찰과 다르다.[12] 회문은 통문과 형식이 유사하지만, 기록된 내용을 일정한 방향으로 돌려 읽는다는 점에서 차이가 있다. 국채보상운동 기록물 가운데 지금까지 알려진 통문은 9건이며, 회문은 10건이다. 국채보상운동 기록물 중 간찰, 통문, 회문에 해당하는 자료는 총 107건으로 파악되며 상세 내역을 살펴보면 다음 표와 같다.

표 2-8 국채보상운동 관련 간찰, 통문, 회문 현황

연번	문서명(표기문자)	수급자	발급자	작성 시기	내용	원본 소장처
1	李承熙簡札1(한문)	이두훈	李承熙	1907.1.18.	금연상채회 소식	국학진
2	南奎燮簡札(한문)	親知	南奎燮	1907.1.21.	단연회 참여 의지	국학진
3	朴士元외21인簡札(한문)	總代	朴士元 外	1907.2.7.	단연회 참여자 명단	국학진
4	李玄澍簡札(한문)	償債會長	李玄澍	1907.2.7.	상채회 통문 및 규칙	국학진
5	鄭在萬請願書(한문)	斷煙會長	鄭在萬	1907.2.10.	總代 사직	국학진
6	李承熙簡札2(한문)	李斗薰	李承熙	1907.2.10.	상채회 규모 및 참석자	국학진
7	曺喜正金柄洪回文-北面(한문)	고령 북면	曺喜正 외	1907.2.11.	상채회 모임 통지	금융박
8	曺喜正金柄洪回文-內外府面(한문)	고령군	曺喜正 외	1907.2.11.	향교에서 모임 예정	사업회
9	朴允瑞簡札(한문)	義捐所	朴允瑞	1907.2.14.	의연 모임 동참	금융박
10	李甲善要請文(한문)	斷煙會社	李甲善	1907.2.15.	단연회 체임 요청	국학진
11	李鍾岳簡札(한문)	李鍾岳	집안어른	1907.2.16.	의연금 납입 방법	국학진
12	郭鍾錫簡札1(한문)	정재선	郭鍾錫	1907.2.18.	의연금 모금 방법	사업회
13	李承熙簡札3(한문)	族從	李承熙	1907.2.19.	의연금 납부	국학진

연번	문서명(표기문자)	수급자	발급자	작성 시기	내용	원본 소장처
14	婦人愛國(국한문)	신보	아산부인	1907.2.26.	의연금 결심 및 납부	고궁박
15	夫婦決心(국한문)	신보	韓鼎烈	1907.2.28.	의연금 결심 및 납부	고궁박
16	慕堂會中柰谷中坪松内楓井回文(한문)	楓井	慕堂會中	1907.2.29.	국채보상 회의 공지	사업회
17	斷煙請申(국한문)	신보	조동민	1907.3.1.	국채보상운동 권장	고궁박
18	選定財務(국한문)	신보	대구	1907.3.1.	대구 재무원 선정	고궁박
19	金氏義捐(국한문)	신보	김진현	1907.3.2.	김씨의 의연금 납부	고궁박
20	斷酒又奇(국한문)	신보	오현규	1907.3.2.	오현규 금주·금연 선언	고궁박
21	保巡義捐(국한문)	신보	대내순경	1907.3.2.	의연금 1환 납부	고궁박
22	望蘇子寄書(未完, 국한문)	신보	미상	1907.3.3.	국채상환운동 발기	고궁박
23	李邦桓簡札(한문)	親知	李邦桓	1907.3.3.	국채보상금 10緡 납부	국학진
24	義成會公函(국한문)	서도의성회	지기영 등	1907.3.5.	서도의성회 발기인	연구원
25	望蘇子寄書(續, 국한문)	신보	미상	1907.3.6.	국채상환운동 권유	고궁박
26	商會感義(국한문)	신보	평양	1907.3.6.	평양 국채보상회 설립	고궁박
27	慶尙南道晉州愛國償債所通文(한문)	진주상채소	곽종석 등	1907.3.6.	진주상채회의 모금	금융박
28	淸隊出義(국한문)	신보	유기원	1907.3.7.	청주진위대장 의연금	고궁박
29	尹聖善尹泰鼎李白熙寄書(국한문)	신보	윤태정 등	1907.3.6.	국채보상 권유	고궁박
30	高靈郡斷煙國債報償會輪告(한문)	단연상채회	미상	1907.3.7.	상채회 참석 요청	국학진
31	大邱西門外壽昌社國債志願金收合事務所公函(국한문)	신보	수창사	1907.3.9.	상채회 취지서 규칙	고궁박
32	報償義捐現狀記(국한문)	신보	桂白山人	1907.3.10.	의연금 납부 권유	고궁박
33	金汶植寄書(국한문)	신보	김문식	1907.3.14.	단연·금주 권유	고궁박
34	外債國瘼之大者(국한문)	신보	변영주	1907.3.15.	변영주 기고문	고궁박
35	홍씨츙의(한글)	만세	홍씨부인	1907.3.15.	국채보상금 40전 기부	연세대
36	류씨츙애(한글)	만세	류소사	1907.3.16.	국채보상금 20전 기부	연세대
37	軍校義捐(국한문)	신보	장건상 등	1907.3.16.	재일본유학생 의연금	고궁박
38	金氏致函(국한문)	만세	김대일	1907.3.17.	의연 목적과 기금 납부	연세대
39	우씨숑함(한글)	만세	우계영	1907.3.17.	紙貨 3원 납부	연세대
40	永同郡發義寄函(국한문)	황성	정범석 등	1907.3.18.	상채회 설립	연구원
41	仁邑來函(국한문)	황성	송형진 등	1907.3.19.	국채보상운동 지지	연구원
42	大最緊急忠告(국한문)	신보	이창환 등	1907.3.20.	일본에서의 상환운동	고궁박
43	芙蓉吐香(국한문)	신보	부용	1907.3.20.	진주기생 부용 의연금	고궁박
44	自强寄函(국한문)	신보	이정호 등	1907.3.23.	여산군 자강회	고궁박
45	朴景洵簡札(한문)	총무	박경순	1907.3.25.	상채 의연금 독려	국학진

연번	문서명(표기문자)	수급자	발급자	작성 시기	내용	원본 소장처
46	南廷瑀簡札(한문)	미상	남정우	1907.3.26.	단연상채회 염려	국학진
47	茶所面贊成員鄭福源座下通文(한문)	정복원	崔柄敎 등	1907.3.27.	다소면 의연금 요청	사업회
48	杓亞處士徐起淳寄書(국한문)	황성	서기순	1907.3.28.	상채 의연금 동참	연구원
49	忠州申洪均寄書(국한문)	만세	신홍균	1907.3.28.	국채보상운동 방해	연세대
50	됴씨숑함(한글)	신보	조씨	1907.3.28.	대안동부인회에 보냄	고궁박
51	吳氏義捐(국한문)	만세	오정렬	1907.3.29.	진안준 주사 의연금	연세대
52	긔부용형서(한글)	만세	신소당	1907.4.2.	의연회 강주식 성토	연세대
53	松堂子寄書(국한문)	황성	송당자	1907.4.3.	의연금 납부 권유	연구원
54	出義寄函(국한문)	만세	이택묵 등	1907.4.6.	전남 남원군의 의연금	연세대
55	義金寄函(국한문)	만세	이선호	1907.4.12.	의연금 1환 기부	연세대
56	朴鳳烈簡札1(한문)	償債會所	박봉렬	1907.4.13.	의연금 10원 송금	국학진
57	罪囚義捐(한문)	신보	죄수	1907.4.14.	충북 충주군 죄수 의연금	고궁박
58	國債報償聯合會議所公函(한문)	이두훈	이준	1907.4.20.	고령군단연의무소 공함	국학진
59	時事問答(국한문)	신보	夢遊生	1907.4.24.	일본 채무 문답식	고궁박
60	在日本東京留學生同寅會公函(국한문)	신보	이강현 등	1907.4.28.	재일본 동경유학생 기함	고궁박
61	遂安郡城東面生金村金氏一門國債報償金來函(국한문)	신보	김두섭 등	1907.5.1.	수안면 · 성동면 의연금	고궁박
62	國債報償問題(국한문)	서우(6호)	유학생	1907.5.1.	동경유학생의 기고문	연구원
63	慶民義務(국한문)	만세	권태일 등	1907.5.2.	문경 백성의 의연금	연세대
64	捐金寄書(한문)	만세	조재광 등	1907.5.2.	청양군 상적리 의연금	연세대
65	義妓寄函(한글)	신보	의주기생	1907.5.3.	의주기생의 의연금	고궁박
66	壯哉長民(국한문)	신보	장의택	1907.5.3.	황해도 장연군 의연금	고궁박
67	萊校來函(국한문)	신보	삼락학교	1907.5.4.	동래삼락학교 의연금	고궁박
68	黃海道殷栗郡來書(국한문)	신보	홍진삼	1907.5.5.	은율군 의연동참 의지	고궁박
69	總合所輪函(국한문)	신보	총합소	1907.5.5.	13도에 알리는 글	고궁박
70	全羅道泰仁郡來函(국한문)	신보	송형진 등	1907.5.8.	전북 태인군 공함	고궁박
71	李圭桓簡札(한문)	미상	이규환	1907.5.9.	의연금 납부 방법	국학진
72	李氏寄函(국한문)	신보	이강호	1907.5.10.	연합회의소 항의	고궁박
73	鴻山郡論峙里國債報償書信(국한문)	신보	한공석 등	1907.5.11.	부여군 논치리 의연금	고궁박
74	馬港義捐所通文(한문)	향교의연소	박우영	1907.5.11.	의연금, 결재 등	금융박
75	鄭氏寄函(국한문)	신보	정재용	1907.5.12.	해주 정재용의 의연금	고궁박
76	京畿道長湍郡報償通文(국한문)	만세	배병욱 등	1907.5.12.	장단군 마성리 의연금	연세대
77	咸興郡韓基鳳寄書(국한문)	신보	한기봉 등	1907.5.18.	의연금 20원 송금	고궁박

연번	문서명(표기문자)	수급자	발급자	작성 시기	내용	원본 소장처
78	宣川郡李靖健氏來函(국한문)	신보	이정건 등	1907.5.21.	의연금 30환 송금 등	고궁박
79	密陽郡止烟同盟會寄函(미완)	신보	단연동맹회	1907.5.21.	의연금 결의	고궁박
80	密陽郡止烟同盟會寄函(속)	신보	단연동맹회	1907.5.22.	의연금 결의	고궁박
81	竹山郡近二面栗里國債報償通文(한문)	신보	심인택 등	1907.5.24.	단연 동참 호소	고궁박
82	창城郡姜尙위氏의來函(국한문)	신보	강상위	1907.5.29.	의연금 10원 송금	고궁박
83	國債報償聯合會議所公函(국한문)	전국	김종한	1907.5.	연합회의소 창립 공포	독립
84	鄭萬善寄書(국한문)	미상	정만선	1907.6.6.	김용규 씨 총대로 선정	연구원
85	老窮愛國(국한문)	신보	이희주	1907.6.5.	의연금 6원 50전 송금	고궁박
86	平北龍川府楊西面廣明學校公函(국한문)	신보	정봉구 등	1907.6.21.	의연금 34원 35전 송금	서울대
87	莞島寄函(국한문)	신보	원응삼 등	1907.7.4.	의연금 94원 85전 송금	서울대
88	北美留申聲求寄函(국한문)	신보	신성구 등	1907.7.13.	애국동포에게 고함	서울대
89	總所公函(국한문)	황성	총회소	1907.8.8.	함경북도 총회소 공함	연구원
90	總所答函(국한문)	신보	윤웅렬	1907.8.14.	국채보상총합소 답신	서울대
91	豐德郡志士寄函(국한문)	신보	민영우 등	1907.9.26.	의연금 13환 70전 송금	서울대
92	義州金碩伉寄函(국한문)	신보	김석항	1907.10.19.	국채보상운동 동참	서울대
93	日本通信員의不足信(국한문)	신보	콕번	1907.10.27.	총영사의 설명	연구원
94	朴鳳烈簡札2(한문)	교남댁	박봉렬	1907.11.4.	의연금 56원 동봉	국학진
95	국치보샹금문뎨(한글)	공립	베델	1907.12.16.	대한매일신보사장의 설명	서울대
96	李學魯簡札(한문)	이두훈	이학로	1907.12.26.	의연금 표지 상의	국학진
97	端川郡有志寄函(국한문)	신보	김윤협 등	1908.1.14.	의연금 광고 독촉	연구원
98	昌原港國債報償義務所寄函(국한문)	신보	박우영 등	1908.2.21.	창원항 국채보상 현황	연구원
99	朴氏公函(국한문)	신보	박용규 등	1908.8.12.	국채보상금 시비 변명	연구원
100	鄭氏說明(국한문)	신보	정지영	1908.8.14.	국채보상금 시비 설명	연구원
101	又新學校公函(국한문)	이두훈	이봉조	1909.8.14.	의연금 영수증 요청	국학진
102	國債報償金處理會寄書(미완, 국한문)	황성	미상	1910.1.26.	국채보상금 보관 문제	연구원
103	國債報償金處理會寄書(속, 국한문)	황성	미상	1910.1.27.	국채보상금 보관 문제	연구원
104	郭鍾錫簡札2(한문)	미상	곽종석	3.8.	국채보상 문제 상의	국학진
105	李章桓簡札(한문)	친구	이장환	미상	의연금 문제 상의	국학진
106	未詳簡札1(한문)	미상	미상	미상	단연회 문제로 방문	국학진
107	未詳簡札2(한문)	미상	미상	미상	대구상채회	국학진

앞의 [표 2-8]을 보면, 국채보상운동 기록물 중 간찰, 통문, 회문에 해당하는 자료의 절반 이상이 『대한매일신보』나 『황성신문』, 『만세보』 등에 기서(寄書) 형식으로 실린 글임을 알 수 있다. 그래서 70%를 상회하는 자료가 국한문으로 표기되어 있고, 전통적인 표기 수단 및 형식을 갖춘 한문체 자료는 20%에 불과하다. 국한문으로 표기된 언론사 자료는 각 지역의 백성들이 의연금을 내거나 의뢰하는 과정에서 사연과 함께 언론사에 그 사실을 알리는 내용이 주류를 이룬다.

한문으로 작성된 간찰은 곽종석(郭鍾錫, 1846~1919), 이승희(李承熙, 1847~1916), 이두훈, 이현주(李玄澍, 1845~1910) 등 구한말 대구와 고령, 성주를 중심으로 활동한 대표적인 성리학자들이 작성한 것이다. 이들이 남긴 간찰 및 통문에서는 단연운동에 대한 관심과 적극적인 참여 의사 등을 표현한 내용을 엿볼 수 있다. 한글 편지는 7통이며, 대부분 부녀자가 쓴 것이다. 부녀자들 중에는 대구 남일동 부인회 7인을 비롯하여 앵무, 부용 등 당시에 이름난 기생들도 다수 포함되어 있었다.

간찰 자료 중 가장 주목할 것은 4번 자료 「이현주(李玄澍) 간찰(簡札)」이다. 이것은 대구단연상채회장(大邱斷煙償債會長) 이현주가 고령단연상채회장(高靈斷煙償債會長)에게 보내는 간찰로서, 대구단연상채회 통문과 단연상채회 규칙이 동봉되어 있다는 점에서 그 중요성을 짐작할 수 있다. 이현주의 명의로 발송된 간찰은 "보여 주신 규칙은 지시하신 대로 보내 드리니, 이 예시에 의거하여 주시면 될 것 같습니다.[示中規則 依教送呈 姑倣此例]"라는 짧은 내용으로 되어 있다. 이를 보면 고령단연상채회장이 회를 설립한 지 얼마 지나지 않아 모임을 유지하기 위한 규칙 등을 대구단연상채회에 문의한 것으로 보인다. 이에 이현주는 대구단연상채회에서 사용하는 규칙에 통문을 덧붙여 답장하였다.

대구단연상채회 통문은 백성 된 이는 나라와 함께 존망을 같이해 낳아 주고 길러 준 은혜를 조금이라도 갚는 것이 본성의 자연스러움임을 강조한 뒤 다음과 같은 내용으로 의연금 모금을 권유하였다.

원문

伏願僉尊奮發激勵 各自本校 請會熟議 自某日至某日 準滿三月期 藏閉煙具 聚斂代金 人各以一緡 爲課月之程 旣量二千萬人口 所收洽爲一千餘萬元也 且於四民中有忠義之迥 出於凡衆 而財産不猝者 自一元至十元百元千元萬元 應有特捐者矣 何患報償之不足而不有其道也

번역문

엎드려 바랍니다. 여러분들께서는 분발 격려하여 각지 본 향교에서 회의를 요청하여 충분히 의논하여 모일(某日)로부터 모일까지 만 3개월을 기준으로 흡연 도구를 없애고 담뱃값을 모아서 사람마다 각자 1민(緡)을 한 달에 내어야 할 돈으로 정한다면, 대략 계산하여 2천만 인구로부터 수입할 수 있는 돈이 1천여 만 원이 됩니다. 또 사민(四民) 중에 충의가 일반 사람보다 뛰어난 사람들 가운데 재산이 적지 않은 사람들이 1원부터 10원, 100원, 1000원, 10000원에 이르기까지 특별 의연금을 내는 사람이 당연히 있을 것이니, 갚은 돈이 부족하여 해결 방법이 없다고 어찌 근심하겠습니까?[13]

인용문을 보면, 단연상채회에서 일반 백성들에게 바라는 바, 즉 의연금을 모집할 방법이 구체적으로 명기되어 있다. 전국 2천만 백성들이 금연으로 1민(꾸러미)씩 모은다면, 3개월 안에 1300만 원의 국채를 갚을 수 있다는 것이 단연상채회의 의도인 것이다. 이 통문은 후반부에 대구단연상채회 회장을 비롯하여 부회장, 총무, 재무, 평의장, 평의원, 회원의 명단이 수록되어 있어 1907년 대구단연상채회의 인원 구성을 파악할 수 있다는 점에서 중요성이 배가된다.

당시 대구단연상채회 인원은 회장 전(前) 군수(郡守) 이현주, 부회장 전 군수 정재학(鄭在學), 총무 전 승지(承旨) 정규옥(鄭圭鈺), 재무 전 군수 김윤란(金允蘭)과 전 시찰(視察) 서상돈, 평의장 유학(幼學) 박해령(朴海齡)으로 구성되어 있었다. 평의원은 유학 박승동(朴昇東), 전 주사(主事) 서병오(徐丙五), 진사(進士) 이근중(李根重), 전 주사 도정호(都正浩), 전 시종(侍從) 서상하(徐相夏), 국장(局長) 유성준(俞星濬), 전 주사 최종윤(崔鍾崙)과 전석빈(全錫斌), 부위(副尉) 리장우(리章雨), 전 교관(敎官) 박정동(朴晶東), 유학 리병두(리炳斗)·도성호(都聖浩)·리종희(리鍾熙)·최종응(최鍾應), 전 참봉(參奉) 리현찬(리현贊)·리중관(리重寬)·박최동(박最東)·박병옥(박炳옥)·허우(許우)·박병익(박炳益) 등 20명이다. 회원은 전 판관(判官) 윤성원(윤成垣)을 비롯하여 진사 윤봉주(윤奉周)까지 총 21명이다.

대구단연상채회 규칙은 총 20조로 구성되어 있는데, 임시 개회 장소를 북문 성 밖 북후정(北堠亭)으로 정할 것(제2조), 1회 개회 일자를 정미년(1907) 1월 9일로 정할 것(제3조), 임원은 회장 1명, 부회장 1명, 서기 2명, 사찰(司察) 1명 등으로 구성할 것(제6조) 등등의 내용을 수록하였다. 또 제17조에서는 상채회의 도장과 영수증 도식을 마련하여 의연금 모금 과정에서의 잡음을 없애고자 노력한 흔적을 엿볼 수 있다.

독립기념관 소장 자료인 83번 자료 「국채보상연합회의소공함(國債報償聯合會議所公函)」은 1월에 대구에서 시작된 국채보상운동이 1907년 5월에는 전국 단위의 국채보상연합회의소가 설립되는 형태로 발전하였음을 보여준다. 이 공함은 나라 안에 하나의 회소(會所)를 설립하여 각처에서 발기한 여러 대표들과 연락 및 상의가 신속하게 이루어지기를 바란다는 내용이다.

그래서 난립해 있는 도소(都所)나 총소(摠所)를 없애고 서울에 연합회의소(聯合會議所)를 설립한 다음 과업과 규정을 만들어 각 도 각 군의 발기소에 이런 사실을 널리 통지해 주기를 바란다고 했다. 끝으로 각소의 발기문과 의연금을 낸 사람들의 주소와 성명, 전후로 환수한 금액을 하나하나 기록해 만든 책을 서울 본소로 보내 달라고 요청하였다. 이 대목에서 국채보상운동을 성공시키기 위해 조직을 공고화하는 모습을 엿볼 수 있다.[14]

이 밖에 52번 자료 「긔부용형서」는 신소당이 기생 부용에게 보낸 편지로, 후반부에 진주에서 조직된 국채보상경남회의 발기인 중 한 사람인 강주식을 만민의 죄인이자 나라의 도적이라고 성토하는 내용이 있다. 아마도 국채보상운동을 진행하는 과정에서 내부 갈등이 있었던 것으로 보이는데, 99번 자료 「박씨공함(朴氏公函)」 또한 비슷한 성격의 문서라고 할 수 있다. 「박씨공함」은 국채보상총합소 사무원 이강호(李康鎬), 안중식(安重植) 등 4명이 재무감독 박용규(朴容圭)의 재무 처리에 불미스러운 일이 있다고 의심하여 경시청에 소송을 제기한 건에 대해 박용규가 총합소 평의장 조존우(趙存禹)에게 조모조목 변명한 사실을 수록하고 있다.

또한 102번 자료 「국채보상금처리회기서(國債報償金處理會寄書)」는 국채보상금처리회에서 의연금 보관 문제로 인해 벌어진 갈등을 신문에 기고한 것이다. 여기에는 각 지역에서 출연한 의연금을 다시 찾아가서 지역의 공익사업이나 교육 비용으로 전용하려는 것과 관련한 갈등 상황이 적시되어 있다. 이 같은 자료는 국채보상운동의 실패가 일제의 방해뿐만이 아니라 내부 갈등에서도 그 원인을 찾을 수 있다는 사실을 알려 준다.

격려문 · 권고문 · 논설문 · 연설문 · 포고문 등

앞의 자료 취지문과 발기문이 국채보상운동의 시작을 알리는 내용으로 구성되어 있는 반면, 격려문과 권고문 등은 국채보상운동의 국민적 동참과 타당성 등을 권유하는 내용이 주류를 이룬다. 그러므로 이와 관련된 자료는 대부분 신문에 수록되어 있으며, 특정인이 신문사에 투고한 원고를 기사로 게재한 것이다. 국채보상운동 기록물 중 격려문 등에 해당하는 자료는 대략 118건으로 파악되며, 구체적인 내역은 다음과 같다.

표 2-9 국채보상운동 관련 격려문·권고문·논설문·연설문·포고문 현황

연번	문서명	작성자(발기인)	작성 시기	출처	원본 소장처	내용
1	國債演說	정우택	1907.2.26.	신보	고궁박	지사장 정우택 연설
2	國債報償義捐金募集	신문사	1907.2.26.	만세	연세대	제국신문사 의연금 모집
3	國債報償으對ᄒᆞ야敬告同胞	심의철	1907.2.28.	신보	고궁박	심의철 기고문
4	韓人忠愛	신문사	1907.3.1.	신보	고궁박	의연금 애독자 의견
5	關西國債報償義捐勸告文	김인식 등	1907.3.1.	신보	고궁박	관서 44개 군 의연금 권고
6	改良	신문사	1907.3.2.	신보	고궁박	국무대신의 악행 고발
7	國債報償中央義務社國債報償佈告文	서병염 등	1907.3.2.	황성	연구원	국채보상의무사 설립
8	早春茶話-國債報償에對하여	신문사	1907.3.2.	만세	연세대	국채보상에 대한 의견
9	辨解韓朝鮮新報排日思想說	신문사	1907.3.2.	만세	연세대	배일사상에 대한 오해
10	茶半叢話-金一當 金石子 朴悔堂 三人義捐	김일당 등	1907.3.2.	신보	고궁박	국채보상을 위한 減餐
11	茶半叢話-國債報償金募集	신문사	1907.3.2.	신보	고궁박	국채보상금 모집
12	茶半叢話-學大李完用宴樂	신문사	1907.3.3.	신보	고궁박	학부대신 이완용 악행
13	一般人民의注意 1	신문사	1907.3.4.	황성	연구원	의연금 모집 공고화
14	斷煙報債가卽親日이오非排日	신문사	1907.3.7.	황성	연구원	단연은 排日이 아니다
15	聖意如天	신문사	1907.3.7.	신보	고궁박	황제 폐하의 뜻이 하늘
16	內大感悟	신문사	1907.3.7.	신보	고궁박	내부대신 이지용의 맹서
17	湖中國債報償義助勸告文	호중신사	1907.3.7.	신보	고궁박	충청도 신사들의 의연
18	國債報償	신문사	1907.3.8.	신보	고궁박	국채보상 권유
19	見國民之愛國精神始發ᄒᆞ고向二千萬同胞ᄒᆞ야起舞春風(미완)	미상	1907.3.8.	황성	연구원	금연으로 국채보상 권유
20	見國民之愛國精神始發ᄒᆞ고向二千萬同胞ᄒᆞ야起舞春風(속)	미상	1907.3.9.	황성	연구원	금연으로 국채보상 권유

연번	문서명	작성자 (발기인)	작성 시기	출처	원본 소장처	내용
21	신춘낙사-國債報償에對하여	신문사	1907.3.10.	만세	연세대	담뱃값을 아껴 국채보상
22	誤導ᄒᆞᄂᆞᆫ忠愛	신문사	1907.3.12.	신보	고궁박	잘못 보도되는 忠愛
23	向斷烟同盟會大聲贊賀(미완)	이조원	1907.3.12.	신보	고궁박	국채보상운동 칭송
24	警告同胞	김광제	1907.3.12.	만세	연세대	김광제의 포고문
25	조춘낙사-國債報償에對하여	신문사	1907.3.12.	만세	연세대	전국의 국채보상운동
26	警告觀察郡守	신문사	1907.3.13.	황성	연구원	관찰사와 군수의 농단
27	學生斷煙	신문사	1907.3.13.	신보	고궁박	재일본유학생들의 단연
28	特發義務	이조원	1907.3.13.	만세	연세대	宗親과 대관의 의무
29	向斷烟同盟會大聲贊賀(속)	신문사	1907.3.13.	신보	고궁박	이조원의 운동 칭송
30	一般人民의注意 2	신문사	1907.3.14.	황성	연구원	의연금 모집 공고화
31	快絕壯絕哉兩氏	이재림 등	1907.3.14.	만세	연세대	해주의 두 의인 칭송
32	敬告大韓一千萬姊妹	신문사	1907.3.14.	만세	연세대	국채보상여자의성회 설립
33	節用同盟會勸告文(미완)	이균호	1907.3.15.	신보	고궁박	절용동맹회 설립
34	日人思想	신문사	1907.3.16.	신보	고궁박	일본인들의 잘못된 생각
35	砭耳一針-大邱乞人義捐	신문사	1907.3.16.	신보	고궁박	경성 부녀자들 권고
36	砭耳一針-海外留學生八百人斷烟	신문사	1907.3.16.	신보	고궁박	해외유학생의 단연
37	節用同盟會勸告文(완)	이균호	1907.3.16.	신보	고궁박	절용동맹회 설립
38	安城郡場基義捐金募集所義捐金出捐文	이병식 등	1907.3.18.	황성	연구원	안성군의 의연금 모금
39	國民精神	신문사	1907.3.19.	만세	연세대	의연금 모집 권고
40	躍爐精金-忠北觀察使尹吉柄不忠	신문사	1907.3.19.	신보	고궁박	충청관찰사의 악행
41	倚劍長嘯-今番國債報償에對ᄒᆞ야	신문사	1907.3.20.	신보	고궁박	서울 부자들의 악행
42	협잡가통-금번국채보상에대ᄒᆞ야(한글)	신문사	1907.3.21.	신보	고궁박	국채보상부인회의 취지
43	共躋仁壽之域	신문사	1907.3.21.	만세	연세대	국채보상운동 권장
44	尹吉炳忠察不忠	신문사	1907.3.21.	만세	연세대	충청관찰사의 악행
45	排斂弗可	신문사	1907.3.24.	신보	고궁박	의연금 배정 불가
46	國債報償計(한글)	신문사	1907.3.25.	월보	사업회	국채보상운동 소식
47	斷煙償債問題	장지연	1907.3.25.	월보	사업회	단연상채운동 권유
48	斷煙報國債	신문사	1907.3.25.	월보	사업회	국채보상운동 소식
49	關西國債報償義捐勸告文	신문사	1907.3.25.	월보	사업회	국채보상운동 권고
50	大垣丈夫勸告文	大垣丈夫	1907.3.26.	황성	연구원	국채보상운동 성공 기원
51	痛哭告大韓實業家	신문사	1907.3.27.	신보	고궁박	국채보상운동 권고

연번	문서명	작성자 (발기인)	작성 시기	출처	원본 소장처	내용
52	自愛人後에人愛之	신문사	1907.3.27.	황성	연구원	나라 사랑의 방법과 의미
53	西道義成會告白	서도의성회	1907.3.28.	만세	연세대	서도 김정희 등의 의연
54	勸告國債募捐諸君子	김의곤	1907.3.28.	신보	고궁박	의연금 90전 납부
55	江界郡國債報償自治衛生社勸告文	이대규 등	1907.3.30.	황성	연구원	강계군 국채보상 권고문
56	일본단지학생의연금모집문(미완, 한글)	신문사	1907.3.31.	신보	고궁박	일본단지학생 의연금
57	國民의第一聲－國債償還運動	신문사	1907.4.2.	학보	고려대	국민의 제1성 제2발
58	金光濟李鍾一告白	김광제 등	1907.4.3.	신보	고궁박	김광제와 이종일의 알림
59	國債報償志願金總合所	신문사	1907.4.4.	황성	연구원	국채보상운동총합소
60	度支部參書官妄言	신문사	1907.4.4.	만세	연세대	탁지부참사관의 망언
61	斷煙同盟會聯合會員反對	신문사	1907.4.5.	만세	연세대	단연동맹연합회 반대자
62	일본단지학생의연금모집문(완, 한글)	신문사	1907.4.6.	신보	고궁박	일본단지학생 의연금
63	國債報償義捐一評	신문사	1907.4.11.	만세	연세대	국채보상운동 기원
64	無使致煩	신문사	1907.4.13.	황성	연구원	국채보상운동 호응
65	義州保産會社國債償還義捐金募集敬告一州同胞文	신문사	1907.4.16.	신보	고궁박	의주보산회사의 권유문
66	咸興邊道乾國債報償演說文	변도건	1907.4.16.	신보	고궁박	함흥 변도건의 권유문
67	平壤美林紳士等의義金募集文	신문사	1907.4.17.	신보	고궁박	평양미림신사 모금 권유
68	龍川府楊市商會圓이國債報償에義金募集文(미완)	신문사	1907.4.18.	신보	고궁박	평안도 용천부의 의연금
69	龍川府楊市商會圓이國債報償에義金募集文(속)	장기봉 등	1907.4.19.	신보	고궁박	평안도 용천부의 의연금
70	斷煙同盟의結果豫期	신문사	1907.4.20.	신보	고궁박	프랑스 국민의 사례
71	平安南道中和郡看東場國債報償同志會의義助勸告文	신문사	1907.4.20.	신보	고궁박	평안도 중화군의 상채
72	茶半閑話－咸興日兵國債償金募集所突入	신문사	1907.4.20.	신보	고궁박	모금소 일본병사 난입
73	花間放筆－京鄕閭婦人感義	신문사	1907.4.24.	신보	고궁박	서양인들의 고가 매입
74	是亦天心	신문사	1907.4.27.	신보	고궁박	적성 백남기의 의연금
75	統監宴待大官	신문사	1907.4.30.	만세	연세대	이토 통감의 대관 접대
76	禁酒ᄒᆞ라報償ᄒᆞ세	인천	1907.5.1.	서우	연구원	금주하여 상채하세
77	煙草의害를論하여國債의速償을祝홈	이규영	1907.5.1.	서우	연구원	국채의 신속한 상환
78	疆土保存의方針	신문사	1907.5.3.	신보	고궁박	강토 보존 방법
79	國債報償의問題로外報의論評	신문사	1907.5.8.	신보	고궁박	외국 신문사의 논평

연번	문서명	작성자 (발기인)	작성 시기	출처	원본 소장처	내용
80	다반향화-탁지대신민영기	신문사	1907.5.9.	신보	고궁박	민영기 상채운동 찬양
81	筆下片談-日本視察團員의不忠	신문사	1907.5.10.	신보	고궁박	일본 시찰단의 오만함
82	筆下片談-一進會國債義捐金募金沮戱	신문사	1907.5.10.	신보	고궁박	일진회의 모금 방해
83	國債報償全南會議	신문사	1907.5.13.	황성	연구원	국채보상전남회의 명단
84	湖西協成會國債報償義捐勸告文(미완)	이우 등	1907.5.19.	신보	고궁박	호남 협성회 결성
85	湖西協成會國債報償義捐勸告文(속)	이우 등	1907.5.21.	신보	고궁박	호남 협성회 결성
86	錘弄輕重-政界上官人輩醜態	신문사	1907.5.24.	신보	고궁박	고관들의 추태 고발
87	鐵山郡國債報償布告文	장관선 등	1907.5.25.	신보	고궁박	철산군 협성회 결성
88	民志漸發	신문사	1907.5.25.	만세	연세대	국채보상운동 현황
89	殷栗郡國債報償意見書	홍진삼 등	1907.5.28.	신보	고궁박	은율군의 국채보상운동
90	沃川郡國債報償斷煙義務會演說(미완)	신문사	1907.5.30.	신보	고궁박	국채보상운동 연설
91	沃川郡國債報償斷煙義務會演說(속)	신문사	1907.5.31.	신보	고궁박	국채보상운동 연설
92	安城郡紳士義捐金募集所(미완)	신문사	1907.5.31.	신보	고궁박	안성군 의연금모집소
93	心鑑已開-一進會國債反對	신문사	1907.5.31.	신보	고궁박	일진회의 상채운동 반대
94	鄭在悳布告文	정재덕	1907.6.	낱장	국학진	정재덕의 포고문
95	沃川郡國債報償斷煙義務會演說	신문사	1907.6.1.	신보	고궁박	옥천군 국채보상운동
96	李圭龍趙商元等國債報償勸告文	이규용 등	1907.6.8.	신보	고궁박	국채보상운동 권고문
97	錦山郡國債報償勸告文	최진우 등	1907.6.8.	신보	고궁박	국채보상운동 권고문
98	安邊郡國債募集發文	신문사	1907.6.9.	신보	고궁박	안변 국채보상운동 발문
99	洪原郡商民國債義捐	박인호	1907.6.9.	신보	고궁박	홍원군 상인 국채보상
100	驪州郡國債報償勸告文	신문사	1907.6.11.	신보	고궁박	여주군 국채보상운동
101	高山郡花坪斷煙報償義捐金收合所敬告文	이희구 등	1907.6.11.	신보	서울대	고산군 국채보상운동
102	國債報償	신문사	1907.6.15.	만세	연세대	국채보상운동 권고
103	全北井邑郡國債報償	신문사	1907.6.24.	황성	연구원	전북 정읍군 국채보상
104	擬韓腊群臣賀同胞之民國債報償表(한문)	김종률	1907.7.27.	신보	고궁박	국채보상운동 표문
105	國債報償金收合에關ᄒᆞᆫ問題	신문사	1907.11.19.	황성	연구원	국채보상금 수합 문제
106	國債報償金收合所諸氏及一般同胞	신문사	1907.12.4.	황성	연구원	국채보상금 수합 문제
107	讀隆熙元年十二月歷史	신문사	1908.1.7.	황성	연구원	국채보상운동의 역사
108	擧吳泳根罪狀告同胞兄弟	길승연	1908.1.10.	신보	연구원	회장 오영근의 죄상
109	國民之賊	미상	1908.3.17.	신보	연구원	총무원 오영근의 죄상

연번	문서명	작성자(발기인)	작성 시기	출처	원본 소장처	내용
110	讀海朝新聞	신문사	1908.4.9.	황성	연구원	해조신문의 취지
111	醉生夢死-國債報償못ᄒᆞ면	신문사	1908.4.10.	신보	연구원	국채보상을 못 하면?
112	海港同胞의進步	신문사	1908.5.21.	황성	연구원	해외 동포들의 진보
113	調査再佈	신문사	1908.10.14.	황성	연구원	강영주의 의연금 조사
114	通商新約-國債義捐勸諭	신문사	1908.10.29.	신보	연구원	국채 의연금 권유
115	地方委員의責任	신문사	1908.12.24.	황성	연구원	비인군 위원의 책임
116	國債報償發起會演說	광문사	1909.9.	대해	서울대	국채보상운동 연설
117	特告全國同胞	흥사단	1910.3.29.	신보	연구원	국채보상운동 포고문
118	國債報償志願金總合所告白	총합소	1910.9.4.	신보	연구원	총합소 포고문

위의 [표 2-9]에서 보듯, 국채보상운동 기록물 중 연설문·권고문 등에 해당하는 자료는 총 118건이 남아 있으며, 116번 자료를 제외한 나머지는 『대한매일신보』·『황성신문』·『만세보』 등에 실렸던 것이다. 표기문자를 기준으로 하면 국한문 혼용 자료와 한글 자료, 한문 자료로 구분되는데, 한글 자료는 42번 「협잡가통」, 46번 「국채보상계(國債報償計)」, 56번과 62번 「일본단지학생의연금모집문」 등 4종이며, 104번 「의조군신하동포지민국채보상표(擬朝群臣賀同胞之民國債報償表)」는 한문으로 표기되어 있고 나머지는 국한문이 혼용되어 있다.

[표 2-9]에 제시된 자료 중 가장 먼저 눈에 띄는 것은 7번 자료 「국채보상중앙의무사국채보상포고문(國債報償中央義務社國債報償佈告文)」이다. 이 포고문은 서병염(徐丙炎) 등 59인이 1907년 2월 서울에 국채보상중앙의무사를 설립한 뒤 전국 백성들에게 이 사실을 알리는 내용이다. 본문 다음에 이 조직을 국채보상중앙의무사로 명명한다는 사실, 본부를 서울에 둔다는 사실 및 수금소를 황성신문사로 정한다는 사실 등을 부기하였다. 47번 자료는 장지연(張志淵, 1864~1921)이 『대한자강회월보』에 기고한 글이다. 장지연

은 1907년 2월 21일 북후정에서 개최된 국채보상 대구군민대회에 대한 소감을 피력하고, 전국 백성들에게 '단연상채(斷煙償債)' 네 글자를 가슴에 새길 것을 당부하고 있다.

[표 2-9]에 제시된 자료 중에는 김광제의 연설문과 포고문이 있다. 24번 자료 「경고동포(警告同胞)」는 1907년 3월 12일에 김광제가 『만세보』에 기고한 글로, 본문과 일곱 가지 실천 사항으로 이루어져 있다. 그 일곱 가지 실천 사항은

> 첫째, 남녀노소 및 빈부귀천을 막론하고 의연금을 낼 것
> 둘째, 회 설립을 핑계로 길거리에서 모이지 말 것
> 셋째, 각 모집소에는 재정 담당자를 두고 의연금 기부는 반드시 영수증을 발급할 것
> 넷째, 의연금 액수는 날짜와 정도를 포함해 모두 신문에 광고할 것
> 다섯째, 의연금을 억지로 거두지 말 것
> 여섯째, 모인 돈이 백 원 이상이면 신문사나 은행에 맡길 것
> 일곱째, 각 모집소에서는 총의소의 규범과 지시를 전적으로 준수할 것

등이다.

116번 자료 「국채보상발기회연설(國債報償發起會演說)」은 1907년 김광제가 전 국민을 대상으로 국채보상운동 동참을 호소하였던 연설문을 원문 그대로 수록한 것이다. 이 연설문은 1907년 8월 26일 자 『대한매일신보』에 실렸던 「경고문(警告文)」과 더불어 초기 국채보상운동의 실상을 파악할 수 있는 중요한 자료이다. 김광제의 연설문은 『연설대해(演說大海)』에 수록되어 있으며, 청중들의 반응과 현장의 모습이 비교적 사실적으로 묘사되어 있다.

『연설대해』에는 김광제의 연설을 비롯하여 한말 애국계몽기의 교육 등과 관련된 내용이 수록되어 있는데, 이 자료는 아직까지 구체적으로 검토된 적이 없기 때문에 다음 장에서 『대동보(大同報)』를 비롯하여 국채 의연금 모금 내역서 등과 더불어 검토해 보기로 한다.

기타 자료

■ 『연설대해(演說大海)』

『연설대해』는 융희 3년(1907)에 편찬된 등사본으로, 연설의 필요성과 가치 등을 중점적으로 수록하고 있는 텍스트이다. 이 책은 위창(葦滄) 오세창(吳世昌, 1864~1953)의 서문, 석농(石儂) 이호진(李鎬鎭)의 요지문, 편집인 최승학(崔承學)의 찬(撰), 김광제의 연설, 여자 교육의 중요성을 언급한 글 등으로 구성되어 있으며, 주요 서지 사항은 다음과 같다.

서　　명: 演說大海
편 저 자: 金光濟 演說/李鎬鎭 編
판 사 항: 謄寫本
발행사항: [서울]廣東書館, 隆熙 3년(1907) 9월
형태사항: 국한문 혼용(56장), 24.4×16.4.
목　　차: 演說의必要, 演士의資格, 演說의體格, 演說者의態度, 演題에對ᄒᆞᆫ始終, 傍聽者의注意, 總論, 親愛ᄂᆞᆫ東洋의急務, 國債報償發起會演說, 군산항구로동회, 團體의行動, 國은待民而高下, 부인도권리를회복, 客觀的의弊害, 私立各學校聯合運動會, 悔也者ᄂᆞᆫ新之源, 秋風感覺, 學校의必要와舊學의爲弊, 녀학교셜립의문졔, 小學校生徒를勸勉ᄒᆞᆫ演說, 用財에優劣, 자슨부인회연셜, 六派의惡慣, 世界와英雄, 녀ᄌᆞ교육의취지, 公論과勢力, 警省頑固派의慣習

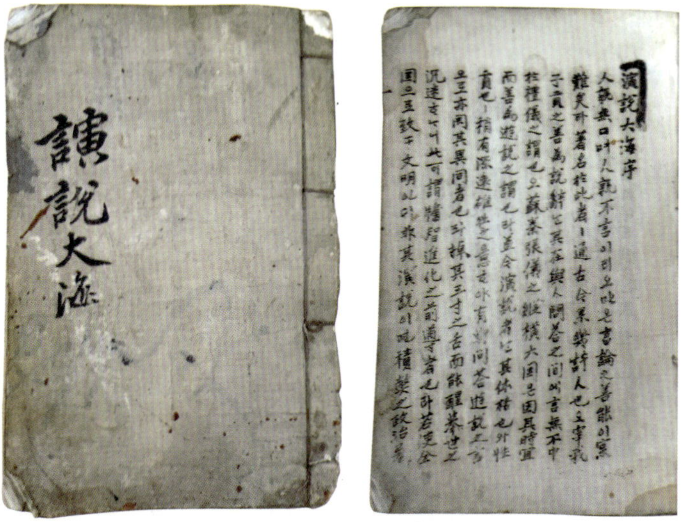

그림 2-6『연설대해』

주기사항

序: 人孰無口며 人孰不言이리오만온 言論之善能인 實難矣라 … 隆熙三年九月下澣葦滄吳世昌序

東洋先生演述의 主要: 氏의 一生志願이 集會出版言論三大自由의 活動에 在한지라 每於演場에 以此三大之不得自由함으로 咄歎不已ᄒᆞ더니 乃觀其要旨之所在也 編集人石儂李鎬鎮

撰: 又一警世鍾鳴ᄒᆞ니 演說大海是也라 是編也 … 可以作演說家不二之法門也夫인져 大寧崔承學撰

오세창은 서문에서 "만약 전 국민으로 하여금 문명에 이르게 하려면, 연설이 아니고서 적폐의 정치를 어떻게 일시에 개선할 것이며, 관습이 민습을 어떻게 되돌릴 수 있으랴![若使全國으로 致于文明인ᄃᆡ 非其演說이면 積弊之政治를 何能一時改善이며 成俗之民習을 亦何能回悟乎아]"라며 연설의 중요성을 강조하였다.

이어 우리나라에 연설을 잘하는 이가 서너 명 있지만 "김광제가 그중 으뜸[金君光濟가 亦居其一]"이라 칭송하였다. 후일 오세창은 김구 등과 더불어 김광제의 고향인 보령에 「독립지사김석람선생경모비(獨立志士金石藍先生景慕碑)」를 세웠다.(1947년 2월)

이 책의 편찬 취지는 이호진의 요지문에 잘 나타나 있다. 이호진은 "김광제 씨의 일생 소원이 집회, 출판, 언론 등 3대 활동을 자유롭게 하는 데 있었으나 늘 연설회장에서 이 세 가지를 얻지 못했기에 한탄을 그치지 못하였다. 그러므로 이 책의 요지가 어디에 있는지 알 수 있을 것이다.[氏의一生志願이 集會出版言論三大自由의 活動에 在한지라 每於演場에 以此三大之不得自由함으로 咄歎不已ᄒᆞ더니 乃觀其要旨之所在也]"라고 하였다. 최승학은 김광제를 "제일의 연설가[演說家不二之法門]"라고 평하면서, 그의 연설은 썩은 뼈를 살려 도움 닫게 하고 무른 돌을 일으켜 춤추게 한다고 극찬하였다.[15]

■ 『대동보(大同報)』

『대동보(大同報)』는 백성의 임무, 교육의 실제, 식산(殖産)과 흥업(興業), 사회 효과, 세계 기문(奇聞) 수집, 국채보상 의연금 총산(總算)과 씨명(氏名)을 게재하기 위해 김광제 등이 발행한 잡지이다. 이 잡지는 1907년 5월 1일에 창간호가 간행되었는데, 창간호 표지에 매월 1회 발행이라는 사실을 명기하여 월간지의 성격을 띤다는 점을 분명히 했다. 그러나 『대동보』는 1908년 1월 25일 통권 제6호가 나온 이후 종간되었다.

기존의 연구에서는 『대동보』 제4호를 바탕으로 이 잡지를 개화사상을 고취하는 민족주체적 성격의 잡지라고 규정하였다. 구체적인 내용은

① 논설: 탄자강회해산설(歎自强會解散說)

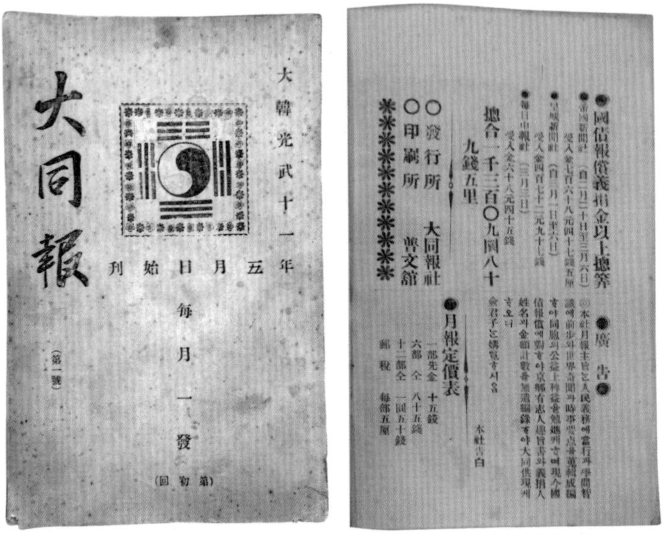
大同報

大韓光武十一年五月日始刊

每月一發

(第一號)

國信報償義捐金以上摠筭

帝國新聞社 (自二月二十日至三月六日)
受入金七百六十八元四十七錢五厘

皇城新聞社 (自三月一日至六日)
受入金四百七十二元九十七錢

每日申報社 (三月三日)
受入金六十八元四十五錢

摠合一千三百〇九圜八十九錢五里

○發行所 大同報社
○印刷所 普文館

廣告

◎本社月報主旨는人民義務에當行과學問智識에前步와世界奇聞과時事要点을蒐輯成編ᄒᆞ야同胞의公益上神益을勉勵케ᄒᆞ며現今國信報償에對ᄒᆞ야京鄕有志人捐旨書와義捐人姓名과金額計數를無遺編錄ᄒᆞ야大同供覽케ᄒᆞ오니僉君子는購覽ᄒᆞ시오

本社告白

月報定價表

一部	先金	十五錢
六部	仝	八十五錢
十二部	仝	一圜五十錢
郵稅		每部五厘

그림 2-7『대동보』 창간호

② 정치: 변정체지필요(變政體之必要)

③ 법률: 법률의 원칙을 사법 제공께 고함

④ 교육: 권면호서교육(勸勉湖西教育)

⑤ 실업: 농정쇄신(農政刷新)의 급무

⑥ 위생: 위생의 필요는 종두에 있음

⑦ 기서(寄書): 보통방약지남서(普通方藥指南序) 등

⑧ 문원(文苑): 보관(報館)의 유익 등

⑨ 사조(詞藻): 곡민충정(哭閔忠正), 해동이적(海東異蹟)·언단(言壇)·술몽쇄언(述夢瑣言) 등

⑩ 휘보: 관보·외보·시사기문·지방정보

⑪ 부록: 국채보상 의연금 집송(集送) 인원 및 실수(實數), 국내 우체요람

등 11개 항으로 분류할 수 있다.[16]

최근 『대동보』 창간호가 발견되어 기존의 연구 성과와 대조할 수 있게 되었다. 『대동보』 창간호는 첫 장이 결락되었으며, 3면부터 나헌상(羅憲庠)의 축사, 김광제와 서상돈의 「국채보상발기인 공함」, 정운하(鄭雲夏)의 「치란론(治亂論)」, 김광제의 「경고동포(警告同胞)」, 나헌상의 「대전국남녀기사국채보상발기인(代全國男女起謝國債報償發起人)」 등을 수록하고 11면부터 66면까지는 전국적으로 국채의연금을 출연한 단체와 개인, 의연 금액 등을 자세하게 수록하였다. 67면에는 황성신문사(皇城新聞社), 제국신문사(帝國新聞社), 대한매일신보사(大韓每日申報社), 만세보사(萬世報社), 한성은행(漢城銀行) 등에 답지한 의연금을 기관별로 싣고 총 금액이 3,641원 80전이라고 했다. 창간호는 제4호에 비해 내용의 구성이 단조롭고 휘보 등이 빠져 있으며, 제4호에서 부록으로 처리한 의연금 출연 내역을 본문에 수록한 점이 초기의 모습을 그대로 보여 준다고 하겠다.

■ 국채 의연금 모금 내역서

국채 의연금 모금 내역서는 1907년 1월 고령군 단연상채회에서 작성한 것으로, 의연금록(義捐金錄)으로 알려져 있다.[17] 이 자료는 특정 지역에서 의연금을 모금한 내역을 상세하게 수록하고 있으며, 거주지별·날짜별로 출연자의 신분과 출연 금액 등을 기재하였다. 예를 들어 정미년 정월에 작성한 의연금록(成册0102)에는 읍에 거주하는 정부인(鄭夫人)이 은가락지[銀環] 한 쌍을 낸 것을 시작으로, 1월 29일부터 2월 24일까지 출연금 내역이 수록되어 있다. 또 단연상채회 의연금록(斷煙償債會義捐金錄, 성책0100)에는 고령군 국채보상운동회장 이중엽(李重燁)을 비롯하여, 부회장 이봉조(李鳳朝), 전 참봉 이규신(李圭紳) 등 고령 거주 유림들의 의연금 출연 내역이 수록되어 있다.

2

국채보상운동 기록물의 유형과 그 자료

제6장

국채보상운동 기록물 주요 자료 해제

국채보상운동 기록물은 순한문(純漢文) 혹은 국한문 혼용으로 기록되어 있어 현대인들이 자료에 접근하기에 다소 어려움이 있다. 그런데 다행스럽게도 최근 들어 국채보상운동기념사업회, 한국국학진흥원, 독립기념관 및 경상북도 지방정부 등의 노력으로 자료의 번역 및 해제 작업이 지속적으로 추진되고 있다. 이 장에서는 기존에 알려지지 않았던 자료 가운데 번역 및 해제가 시급한 자료 몇 종을 간략하게 소개하고자 한다. 단, 지면의 제약으로 인해 전문을 소개하지 못하는 경우 주요 부분만 발췌하였으며, 이해의 편의를 위해 원문에 띄어쓰기를 했다.

1. 성책류(成册類)

『연설대해(演說大海)』

■ 연설대해(演說大海) 서(序)

원문

人孰無口며 人孰不言이리오만은 言論之善能인 實難矣라 著名於此者通古今果幾許人也오 宰我子貢之善爲說辭는 其在與人問答之間에 言無不中於禮儀之謂也오 蘇秦張儀之縱橫六國은 因其時宜而善爲遊說之謂也라 盖今演說者는 其體格也와 性責也ㅣ 稍有添遠雄牝之意ᄒᆞ야 有與問答遊說之言으로 亦關其異同者也라 掉其三寸之舌而能醒擧世之沈迷ᄒᆞᄂᆞ니 此可謂牖智進化之前導者也라 若使全國으로 致于文明인ᄃᆡ 非其演說이면 積弊之政治를 何能一時改善이며 成俗之民習을 亦何能回悟乎아 以我韓有志界演士로 言之則不爲不多로ᄃᆡ 得其體格而奪造化者 纔不過三四人而金君光濟가 亦居其一이며 氏以效忠敵愾之士로 痛國勢之岌業ᄒᆞ고 悶生靈之塗炭而逮議政府ᄒᆞ고 警告同胞ᄒᆞ야 揮淚瀝血이 十年于玆矣라 乃此演說大海全部는 非以預想으로 著述其格例者也오 金君之於各社會에 被招演士而實行敷演者也니 數百年之後라도 開卷讀之則當時事勢가 如在目前ᄒᆞ야 能使後之有志로 自可有感覺激勵之風矣라 若其有民國思想과 社會行動者면 不容不求覽此書而坐臥行處之間에 多數向眼ᄒᆞ야 冀有來頭之成效耳

隆熙三年九月下澣葦滄吳世昌序

번역문

사람이면 누군들 입이 없겠으며, 사람이면 누군들 말을 하지 못하겠는가마는 언론을 잘하는 것이 참으로 어렵다. 이것으로 이름이 난 이는 고금을 통틀어 과연 몇 사람이던가? 재아(宰我)와 자공(子貢)이 언변을 잘했다고 소문이 난 것[18]은 남들과 문답하는 가운데 그들의 말이 예의에 맞았음을 이르고, 소진(蘇秦)과 장의(張儀)가 6국을 종횡으로 다닌 일은 그 시의(時宜)를 따라서 유세를 잘했음을 이른다.[19]

대저 오늘날의 연설이란 그 체격(體格)과 성분(性責)이 조금씩 멀고 웅대한 뜻을 더하여 문답과 유세하는 말과 더불어 또한 그 이동(異同)에 관련이 있어야 한다. 세 치 혀를 잘 놀려 온 세상에 푹 빠져 있는 혼미함을 깨워야 하니, 이것을 일러 '진보를 인도하는 전도자'라고 한다. 만약 전 국민으로 하여금 문명에 이르게 하려면, 연설이 아니고서 적폐(積弊)의 정치를 어떻게 일시에 개선할 것이며, 관습이 된 민습(民習)을 어떻게 되돌릴 수 있으랴!

우리 한국의 뜻있는 연사(演士)로 말하자면, 그 수는 많지만 체격을 얻어 조화를 부릴 사람은 겨우 서너 명에 불과하다. 그러나 그중에서는 김광제가 으뜸을 차지한다. 그는 효충적개(效忠敵愾)한 선비로, 국세(國勢)가 위험에 빠진 것을 애통하게 여기고 백성들이 도탄에 빠진 것을 안타까워하였다. 의정부의 관리가 되어 동포들에게 경고하는 일에 몰두한 지 지금까지 10여 년이다. 이에 이 『연설대해』 전부는 머리로 생각하여 격례(格例)를 저술한 것이 아니고, 김 군이 각 사회(社會)에서 연사로 초청되어 연설한 실재이다. 그러므로 수백 년이 지난 뒤에 읽어 보더라도 당시의 사세(事勢)가 마치 눈앞에 펼쳐지는 듯하여 뒷날의 뜻있는 사람들에게 감격하면서 격려되는 바가 있을 것이다. 만약 민국사상가와 사회행동가가 있다면 이 책을 구해 읽고 일상생활 가운데서 많은 일을 같이해 앞으로의 성공을 기대하리로다.

융희 3년(1907) 9월 하순에 위창 오세창 서(序)

■ **동양선생연술(東洋先生演述)의 주요(主要)**

원문

氏의 一生志願이 集會出版言論三大自由의 活動에 在한지라 每於演場에 以此三大之不得自由함으로 咄歎不已ᄒᆞ더니 乃觀其要旨之所在也

編集人石儂李鎬鎭

번역문

김광제 씨의 일생 소원이 집회, 출판, 언론 등 3대 활동을 자유롭게 하는 데 있었으나 늘 연설회장에서 이 세 가지를 얻지 못했기에 한탄을 그치지 못하였다. 그러므로 이 책의 요지가 어디에 있는지 알 수 있을 것이다.

편집인 석농 이호진

■ **연설대해(演說大海) 찬(撰)**

원문

又一警世鍾鳴ᄒᆞ니 演說大海是也라 是編也 乃我韓愛國志士東洋先生金光濟氏之所寒淚熱血의 晶結披露於各社團ᄒᆞ야 動得國人之一致感覺이ᄂᆞ 際乎時晩ᄒᆞ야 未能到達其目的ᄒᆞ니 吁可歎矣로다 然壯哉라 是說이여 可見動山岳之壯志ᄒᆞ고 泣鬼神之忠言이라 能使枯骨而活躍ᄒᆞ고 頹石而起舞로다 可以作演說家不二之法門也夫인저

大寧崔承學撰

번역문

또 한 번 세상을 크게 울리는 것이 있으니, 『연설대해』가 그것이다. 이것을 편집한 까닭은 우리 한국의 애국지사 동양 김광제 씨의 차가운

눈물과 뜨거운 피가 각 사단(社團)에 응결되어 온 국민이 모두 감격함에 이르렀기 때문이다. 그러나 때가 이미 늦어 그 목적을 이루지는 못했으니, 아, 참으로 한탄스럽구나. 그렇지만 장하도다! 이 연설이여. 큰 산처럼 웅대한 뜻과 귀신을 움직이는 충성스러운 말에 감읍함을 볼 수 있으니, 썩은 뼈를 살려 도움 닫게 하고 무른 돌을 일으켜 춤추게 하리로다. 연설가로 최고의 법문을 만들 것이로다.

대령 최승학 찬(撰)

■ **연설대해(演說大海) 목록(目錄)**

연설대해 목록은 제5장 『연설대해』의 서지 사항 중 목차에서 언급하였으므로 여기서는 생략한다.

■ **연설대해(演說大海)**: 연설(演說)의 필요(必要)

이 아래 전부는 모두 김광제 씨가 말한 것이다.[此下全部는 皆金光濟氏의 所述]

원문

民志를 啓導ᄒᆞ고 事業을 勸奬ᄒᆞ고 衆力을 鼓養ᄒᆞ고 醉夢을 喚醒ᄒᆞ고 智愚를 興起ᄒᆞᆷ이 演說보다 必要ᄒᆞᆯ 자 更無ᄒᆞᆫ지라 演說이란 者ᄂᆞᆫ 威人感人和人激人을 任意로 ᄒᆞ야 能使歌者哭 哭者笑ᄒᆞ나니 使人으로 俄而感泣일ᄉᆡ 幾百幾千人이 悲凉竦身ᄒᆞ야 忽淚如雨ᄒᆞ고 且爲興動일ᄉᆡ 滿場一致한 喜氣歡聲이 中外盈溢ᄒᆞ고 其他變弱爲强 變滯致通 諸般化柄이 出于此ᄒᆞ니 眞正하고 神異하도다

번역문

백성의 뜻을 계도(啓導)하고, 사업을 권장(勸奬)하고, 백성들의 힘을 고

양시키고, 술 취한 상태를 소리 질러 깨우고, 현명한 이와 어리석은 이를 흥기시키는 데는 연설보다 더 필요한 것이 없다. 연설이란 사람들을 위협함과 감격시킴과 조화롭게 함과 격동시킴을 임의대로 하여 노래 부르는 자를 곡(哭)하게 하고 곡하는 자를 노래 부르게 한다. 그러니 사람들로 하여금 조금만 들으면 감읍하게 하므로 몇 백 몇 천 명이 슬픔으로 몸을 추스르다가 갑자기 비가 내리듯 눈물이 나게 한다. 또 흥을 불러일으켜 온 장내에 똑같은 마음으로 기쁜 기색과 환성이 가득 넘치게 한다. 그 밖에 약함을 변화시켜 강하게 하고, 막힘을 변화시켜 통하게 하여 모든 조화의 기미가 여기에서 나오기에 참되면서도 신이하도다.

원문

語에 曰 文明各國에 文明한 機關이 有三大件事ᄒᆞ니 一曰學校 二曰新聞 三曰演說이라 論其效力之神速인ᄃᆡ 演說이 最大라 하니라 又曰有國이 不可無民이오 有民이 不可無會오 有會이 不可無演說이라 하니라

번역문

속담에 말하기를, "문명한 각국에 문명한 기관이 크게 3가지가 있으니 첫째, 학교, 둘째, 신문, 셋째, 연설이다. 그 효력의 신속함을 논해보면, 연설이 가장 크다."라고 한다. 또 말하기를 "나라가 있으면 백성이 없을 수 없고, 백성이 있으면 집회가 없을 수 없고, 집회가 있으면 연설이 없을 수 없다."라고 한다.

원문

辯有三級ᄒᆞ니 曰雄辯 曰活辯 曰能辯이 是也라 雖訥於言文者라도 雄

辯家의 所述ᄒᆞᆫ 演說一百遍을 口誦心習ᄒᆞ면 足以爲活辯이오 亦足爲能辯이니라

— 번역문 —

변사는 세 가지 등급이 있으니, '웅변(雄辯)', '활변(活辯)', '능변(能辯)'이 그것이다. 비록 언어와 문자에 서툰 자라도 웅변가가 저술한 연설문 1백 편을 입으로 외우고 마음으로 익히면 활변가가 되기에 충분하고, 또한 능변가가 되기에도 충분하다.

연사(演士)의 자격(資格)

— 원문 —

學問이 稍裕하고 聞見이 廣博하고 氣力이 壯傑ᄒᆞ고 志槪가 慷潔ᄒᆞ고 言論이 善能ᄒᆞ고 義勇이 激節ᄒᆞ고 施措가 敏明ᄒᆞ야 信仰을 洽受할 만한 者라야 可以謂資格이니 難乎哉한져 演說家의 資質이여

— 번역문 —

학문이 조금 넉넉하고, 견문이 넓으며, 기력이 씩씩하고, 지기가 깨끗하고, 언론을 잘하고, 의로움과 용맹이 격렬하고, 때에 맞추어 조치가 민첩하고 밝아 신앙을 잘 받아들일 만한 자라야 '자격을 갖추었다'고 할 수 있을 것이다. 어렵구나! 연설가의 자질이여.

연설자(演說者)의 태도(態度)

— 원문 —

演壇으로 向ᄒᆞ야 登臨ᄒᆞᆯ 時에 活潑ᄒᆞᆫ 氣像과 正當ᄒᆞᆫ 行步와 嚴正ᄒᆞᆫ

體面으로 起立ᄒᆞ고 聽衆의 歡迎을 報答ᄒᆯ 時에 謙勤ᄒᆞᆫ 態度와 恭遜한 言辭로 做去ᄒᆞ며 紀綱이나 義理에 關係되ᄂᆞᆫ 忿發에 對ᄒᆞ야ᄂᆞᆫ 或大聲叱呼도 ᄒᆞ고 擧手指天ᄒᆞ며 擧足躍地에 激烈한 氣槪로 滿場의 共憤을 喚起ᄒᆞ고 衆人을 慈善心으로 回悟케 ᄒᆞ랴면 平心ᄒᆞ야 感化의 由出ᄒᆞᄂᆞᆫ 聲音으로 聽衆을 呼(여요滿場諸君이시여)ᄒᆞᄂᆞᆫ 一言에 衆心이 救一케 ᄒᆞ고 慷慨惻隱의 心을 發케 ᄒᆞ랴면 實地近景으로 條條細述ᄒᆞ다가 語氣와 語音이 漸次嗚咽ᄒᆞ면셔 滂沱한 涙水를 以袖擔洗하야 衆情의 悲感이 自生케 ᄒᆞ고 實業上으로 勸勉ᄒᆞᄂᆞᆫᄃᆡ 對ᄒᆞ야ᄂᆞᆫ 毫分縷析ᄒᆞ고 條解理明ᄒᆞᆫ 言論으로 實際實驗과 豫算決算을 昭晰無餘토록 備盡陳述ᄒᆞ야 使人易知케 ᄒᆞ고 其他大洋波濤와 春城花爛과 嶮壁特松과 長空初月과 走馬加鞭과 臨陣對敵의 諸般氣變은 惟在執事之隨機裁作이니 至若陋不得說不得之地ᄒᆞ야ᄂᆞᆫ 以形以色以聲以氣로 頗有奪造化處矣니라

— 번역문 —

연단을 향해 올라갈 때는 활발한 기상과 당당한 걸음걸이와 엄정한 얼굴로 서고, 청중의 환영에 보답할 때는 겸손한 태도와 공손한 말로 해 나가야 한다. 기강이나 의리에 관련되어 분발함을 말할 때에는 간혹 큰 소리로 꾸짖기도 하고, 손가락을 들어 하늘을 가리키기도 하고, 발을 들어 땅을 구르며 격렬한 기개로 장내 가득 공분을 불러일으켜야 한다. 청중들을 자비심으로 깨닫게 하려면 평정심을 가지고 감화가 나오는 바에 따라 목소리로 청중을 부르는(예를 들어 '만장의 제군이시여.') 한마디 말에 청중들이 한마음으로 구하게 해야 한다. 강개하거나 측은한 마음을 일으키려면 실제의 구체적인 사례로 조목마다 자세하게 말하다가 어기(語氣)와 어음(語音)이 조금씩 오열하면서 질펀한 눈물을 소매

로 닦아 내 청중들로 하여금 슬픈 감정이 저절로 생기게 해야 한다. 일로 권면하는 것에 대해선 작은 것도 세세하게 분석하고 사사건건 밝게 이해시키며 실제 사건과 실제 경험을 가지고 예산과 결산을 투명하게 해 나머지가 없도록 상세하게 진술하여 사람들이 쉽게 알도록 해야 한다. 나머지 대양의 파도와 봄날 성터에 핀 꽃과 절벽에 홀로 선 소나무와 허공의 초생달과 달리는 말에 채찍을 더하는 것과 진을 펴 적을 상대하는 것 등의 제반 사항은 오로지 그대의 임기응변에 달려 있다. 여기서 다 말하지 못한 사항은 모습과 얼굴빛, 소리와 기운으로 자못 조화를 빼앗을 방법을 만들어야 한다.

연제(演題)에 대(對)한 시종(始終)

원문

辯士가 演題의 意旨로 對衆公佈ᄒᆞ야 使各注意케 ᄒᆞ고 先以起頭의 如何와 中間轉行의 如何와 收斂의 如何로 略有運會於胸界 然后에 發端ᄒᆞᄂᆞᆫᄃᆡ 起承轉落이 分明케 ᄒᆞ며 演題로 準的을 建立ᄒᆞ야 有自近而至遠者ᄒᆞ며 有自遠而至遠者호ᄃᆡ 演說의 發端이 山中發源之水와 如ᄒᆞ야 目的地에 到達ᄒᆞᆷ이 自發源處로 歷川江入河海함과 同一ᄒᆞᆫ지라 중간에 逶迤陟降과 平易險阻를 越涉ᄒᆞᄂᆞᆫ 困難이 頗多ᄒᆞ고 順風歸帆과 大道駿馬의 快傑ᄒᆞᆫ 境遇도 間間有之ᄒᆞ니 英雄界의 有志ᄒᆞᆫ 男子가 可以試驗ᄒᆞᆯᄇᆡ로다

번역문

변사가 연설 주제에 대한 의지로 청중을 대하며 널리 알려 각자에게 주의를 당부하며, 먼저 첫 문단에서 무엇을 말할 것이지, 중간에 행을

바꾸어서 무엇을 말할 것인지, 수렴을 어떻게 할 것인지를 대략 마음속으로 정리한 다음에 첫마디를 내야 하며, 기승전결을 분명하게 해야 한다. 연설 주제를 확정해 가까운 것으로부터 멀리까지 도달하는 것도 있고, 먼 것으로부터 멀리까지 도달하는 것도 있게 해야 한다. 연설의 발단은 산속에서 발원하는 물과 같아 목적지에 도달함에 있어 발원지로부터 강을 지나 바다로 흘러 들어가는 것과 동일하다. 중간에 구불구불하게 오르내리거나 평평한 땅에서 막혀 바위를 뛰어넘는 곤란함이 다수이기도 하다. 순풍을 안고 돌아오는 범선과 대도 준마처럼 호쾌한 경우도 간간이 있으니, 영웅 세계의 뜻있는 남자라면 시험해 볼 만할 것이다.

방청자(傍聽者)의 주의(注意)

원문

傍聽ᄒᆞᄂᆞᆫ 人士ᄂᆞᆫ 演題의 意義로 先會于自己胸臆ᄒᆞ고 耳屬于演士之語音ᄒᆞ며 目寓于演士之形色ᄒᆞ야 每於神奇ᄒᆞᆫ 句語와 適當ᄒᆞᆫ 論理에 一致로 摶手喝采ᄒᆞ야 演士의 心機와 興味를 挑助ᄒᆞᄂᆞ니 但聞其語聲ᄒᆞ고 不見其形色則這中眞景을 實難料度이라 務要靜淑ᄒᆞ되 爲人士者ㅣ 不得不參聽演說이니 一聽에 有一場之效ᄒᆞ고 十聽에 有十場之效矣라 雖萬忙中이라도 聞有某會之演說이어든 多數傍聽할지어다

번역문

방청하는 사람들은 연설 주제의 의미를 먼저 자신의 가슴속에 새기고 귀로 연사의 말을 들으며, 눈으로 연사의 형색을 살펴 매번 신이한 구절과 적당한 논리를 만나면 한뜻으로 박수갈채를 보내 연사의

마음과 흥미를 북돋우어야 한다. 다만 그 말소리를 듣기만 하고 형색을 살피지 않으면 그 속의 참뜻을 실로 헤아리기 어려울 것이다. 정숙이 무엇보다도 요구된다. 사람이라면 연설을 참청(參聽)하지 않을 수 없으니, 한 번 들으면 한 바탕의 효과가 있고 열 번 들으면 열 바탕의 효과가 있을 것이다. 비록 만분 바쁜 가운데서 어떤 곳에서 연설이 있다는 소식을 들으면 자주 방청할지어다.

■ 총론(總論)

원문

인민의 지식을 발전ᄒᆞ고 듕심듕역을 고동ᄒᆞ고 의무나 자슨심의 감화되게 함이 연설갓치 필요ᄒᆞᆫ게 다시 읍ᄂᆞᆫ지라 그러함으로 문명한 나라에ᄂᆞᆫ 연셜을 ᄃᆡ단히 슝샹ᄒᆞ나니 ᄃᆡ져 학문이 유여하고 지ᄀᆡ가 고상ᄒᆞ고 언론이 능활ᄒᆞᆫ 웅변가의 연설을 만히 방청ᄒᆞ면 지각이 발뎐되고 사업에 유익ᄒᆞ고 의무를 이행ᄒᆞᆯ줄 아나니 유지한 남ᄌᆞᄂᆞᆫ 연설공부도 하려니와 비록 녀ᄌᆞ라도 연셜 방청을 다슈히 할 것이니라 셔양상말에 갈오ᄃᆡ 유지ᄒᆞᆫ 남ᄌᆞ되고 유명한 연셜가나 ᄒᆞ고 문지ᄌᆞᄂᆞᆫ 셔셕져술가되지 못ᄒᆞ면 평ᄉᆡᆼ에 유감이디다 ᄒᆞ엿으니 부인사회에셔ᄂᆞᆫ 다른 사람의 의졋ᄒᆞᆫ 셔젹이 다만 ᄒᆡ보고 연셜 방쳥이나 다슈히 ᄒᆞ여야 평생 유감이 읍겟고 지식이 날로 발달되리로다

번역문

인민의 지식을 발전케 하고, 중심(中心)과 중역(重役)을 고동(鼓動)시키고, 의무나 자존감을 감화되게 하는 것 중에 연설보다 필요한 게 다시 없다. 그렇기 때문에 문명이 있는 나라에서는 연설을 대단히 숭상

하니, 대저 학문이 넉넉하고 지개(志槪)가 고상하고, 언론이 능활(能活)한 웅변가의 연설을 많이 방청하면 지각(知覺)이 발전되고, 사업(事業)이 유익하게 되고, 의무를 이행할 줄 알게 된다. 뜻이 있는 남자는 연설 공부도 해야 하며, 비록 여자라도 연설 방청을 많이 해야 한다. 서양인들의 속담에 말하기를 "뜻이 있는 남자가 되고 나서 유명한 연설가가 될 수 있고, 글을 잘하는 사람은 세상의 저술가가 되지 못하면 평생의 유감이다."라고 하였다. 부인들의 사회에서는 다른 사람의 의젓한 모습만 다만 모방할 뿐이니, 연설 방청을 많이 해야만 평생 유감이 없을 것이고 지식이 날로 발전할 것이다.

『대동보(大同報)』 창간호

■ 인문론(人文論)

원문

太初鴻濛 人文未開 巢居食實而氏名莫記 於是乎伏羲出而鳥跡造字 高陽生面 蝌蚪成文 自三歷五以來 通四隅達萬方 隨事載記 可爲人文極備 孔子所謂書同文者此也而至於王霸之異功 夷夏之分俗 皆由撤還天下 論道達觀之所著述也 於乎戲噫 天地容圍 或不增加 日月行度 亦不遷衍而一自輪船來渡 始知海外復有幾洋幾區 乃者地球圖之說 確有信驗而曰歐曰米 諸洲諸國 列在同球上共戴之下 此乃大禹之所不及 太史之所未聞也 彼旣先渡 示我以同世界通六洲則 顧我自昔渺居 區於一區 每於大擧 稱四海稱天下者 曾未免局見也 然則天下之達觀極道 必推彼稱首可矣 彼法術焉普愛而能濟器械焉 精巧而至神 書文焉螃行而多記 其所妙用 盡出極智 或使我軒轅神農 復降于此世 必於舟車干戈

物理衛生等敏活 蔑有加於其制 且吾夫子復起於今日 必不可以書同文斷言之 亦未可以王霸夷夏 分異之而能擯斥之矣 是誠極歎也 蓋東洋材智非爲滅絕也 去聖漸遠而不圖進興 只信黃河之淸源 且憑迺家之刱制固守膠柱 雖有時宜而印於舊習 晏不之合變就新 甚至官職任用 猶不拘賢愚而必取世裔世族 所以用人也 用法也 用物也 俱爲腐敗 世級漸降而人智自錮彼進而我不進故 致有近日當面之恥辱 泰西人之初頭野昧 令人唾罵 不足擬論而漸後俗改 以人民敎育 爲當國之先務 是以 學問日進 法度歲就 蓄至富强 竟致東漸者有年 此非西人之欲就漁功 實由東我之尙在蟻夢 言事者以爲智愚巧拙 原有稟定 盛衰興廢 係在運數人不可强而作之 國不可强而存之 觀今東西兩勢 盛衰已顯 智愚且殊雖有管葛 不能强之也 余於此句 雙眼發炬 自不覺熱潮沾肩也 夫天以生人 地以立國 天地之於人與國也 必毋愛憎厚薄則 安有智愚盛衰之偏也 要在人事之修不修 國治之善不善 若使我天賦之人種 敎之以時宜方針 培之養之 一如西人之不息而日進歲就則 君臣上下 皆堯舜之人而智巧兼濟 貧可爲富 弱可爲强 實有光於歷代 足有謝於全球 豈有我愚彼智 我衰彼盛之定數也 智愚盛衰 亶在乎國務之敎不敎進不進耳 敎育乃人智之門戶也 粱肉也 人智先開然後國力可振 文明可期 嗚呼我亞洲同志 莫謂桑楡之晩 須求三年之艾 維新是國 日就一步 志在新民焉則 人文庶幾哉

— 번역문 —

태초에 아득할 즈음에는 인문(人文)이 열리지 않아 새의 둥지에 살면서 열매를 먹었으나 씨(氏)와 이름은 기록하지 못했다. 이때에 복희씨(伏羲氏)가 출현하여 새의 발자국으로 글자를 만들고 고양씨(高陽氏)는 처음으로 과두(蝌蚪)[20]로 글을 창제했다. 3황5제를 지나면서 사방이 뚫리고 만방이 소통하게 되어 일마다 기록이 있게 되었으니, 인문(人文)이 지극히 갖추어졌다고 할 수 있다. 공자가 "같은 문자를 썼다."[21]라고 한 것이 이를 가리킨다. 그러나 왕도정치와 패도정치의 공적이 다름과, 오랑캐와 중원이 풍속을 나누게 된 까닭에 이르러서는 모두 수레를 타고 천하를 주유함으로 말미암아 도를 논하는 지극한 경지의 저술들이 나왔기 때문이다.

오호라! 안타깝구나. 하늘과 땅의 포용함은 혹 더함이 없을 수도 있고, 해와 달의 운행은 또한 움직임을 빠뜨릴 수도 있다. 그러나 윤선(輪船)이 한 번 건너오고 난 이후 비로소 해외에도 몇 양(洋)과 몇 구(區)가 있음을 알게 되었고, 이에 지구가 둥글다는 설을 확실하게 믿게 되었다. '구(歐, 구라파)'라 하고 '미(米, 미국)'라 하는 여러 주(洲)와 여러 나라는 같은 구(球) 위에서 똑같이 땅을 지고 있었으니, 이는 대우(大禹) 또한 언급하지 못했고 태사공(太史公, 사마천)도 듣지 못한 것이었다.

저들이 이미 먼저 건너와 우리들에게 같은 세계에 살며 육주가 통한다는 사실을 보여 주었으니, 우리들을 돌아보자면 예로부터 한쪽 모퉁이에 살면서 매번 온 세상을 말할 때면 사해(四海) 혹은 천하(天下)라 칭했기에 좁은 식견을 면하지 못했었다.

그런즉 천하에 깨달음을 얻은 자들도 반드시 저들을 미루어 으뜸이라고 칭해야 했던 것이다. 저들의 법술(法術)은 널리 사랑하면서도 세상을 구제했고, 기계(器械)는 정교하면서도 신통했으며, 글이 같아 꼬불꼬불하면서도 많이 기록했다. 그 쓰임의 신묘함은 지극히 지혜로워 혹 우리들의 헌원씨(軒轅氏)나 신농씨(神農氏)가 다시 이 세상에 오더라도 반드시 주거(舟車), 물리(物理), 위생(衛生) 등 일상생활에 긴요한 것들

조차 그 제도를 더할 수 없을 것이다. 또 우리 부자(夫子, 공자)가 오늘 다시 태어나더라고 반드시 글을 같게 해야 한다고 단언하지 못했을 것이며, 왕도정치와 패도정치, 오랑캐와 중원을 나누어서 배척하지도 않았을 것이다. 이는 참으로 탄식할 만하다.

대개 동양인들의 재주와 지혜는 없애 버려야 하는 것이 아니나, 성인과의 거리가 점점 멀어질수록 진흥함을 도모하지 못해 단지 황하(黃河)가 맑아지기만을 믿을 뿐이었다. 또 저들이 창제한 것만 고집스럽게 믿고 따르며 비록 시의(時宜)에 맞더라도 구습에 얽매였으니, 변화를 따라 새로운 것에 나아갈 줄 몰랐다. 심지어 관직을 임용할 때에는 현명한 이와 어리석은 이를 구분하지 않고 반드시 세예(世裔)와 세족(世族)만을 선택했으며, 사람을 쓸 때나 법을 집행할 때, 어떤 일을 할 때는 모두 부패되어 세상의 등급이 점점 추락하였다. 사람들이 지혜롭다고 해도 스스로를 옭아매고 남을 등용시켜 자신은 관직에 나아가지 않았기 때문에 오늘날의 당면한 치욕에 이르게 되었다.

태서인(泰西人, 유럽인)은 처음에는 촌스럽고 무식해 다른 사람들에게 욕을 당했으며 고상한 의론을 함께할 수 없었으나, 점점 풍속을 고쳐 백성들의 교육을 나라의 급선무로 삼았다. 이 때문에 학문이 날마다 진보하고 법도가 해마다 성취되어 점점 부강한 데에 이르렀다. 마침내는 동점(東漸)한 것이 몇 해가 되었으나, 이는 태서인이 어부지리의 공을 얻으려 했던 것이 아니라, 실로 우리 동양 사람들이 오히려 개미의 꿈속[22]에 있었기 때문이다.

언사(言事)란 지혜로움, 어리석음, 잘 꾸밈, 졸렬함으로 분류되기에 원래부터 정해진 바가 있다. 성쇠(盛衰)와 흥폐(興廢)는 운수(運數)에 달려 있으므로 사람이 억지로 만들 수 없고, 국가가 억지로 존치시킬 수도 없다. 지금 동양과 서양 두 세력을 살펴보건대, 성쇠는 이미 드러났고 지우(智愚) 또한 분명하게 갈렸기에 비록 관중(管仲)과 제갈량(諸葛亮)이 있다고 하더라도 억지로 판세를 만들 수는 없다. 나는 이 단락에서 눈을 부릅뜨고 횃불을 드니, 나도 모르게 뜨거운 눈물이 어깨로 흘렀다. 대저 하늘이 사람을 낳고 땅이 나라를 세움에 하늘과 땅이 사람과 나라에 있어 반드시 애증(愛憎)과 후박을 막론하므로 어찌 지우(智愚)와 성쇠(盛衰)의 치우침이 있으랴. 중요한 것은 인사(人事)가 잘 닦여지느냐 그렇지 않으냐, 나라가 잘 다스려지느냐 그렇지 못하냐에 달려 있다. 만약 우리들처럼 하늘에서 부여한 인종들이 시의(時宜)의 방침으로 교육하여 북돋우고 배양하여 한결같이 태서인처럼 쉬지 않고 날마다 해마다 성취했더라면, 군신(君臣) 상하가 모두 요순의 백성이 되고 지혜와 공교로움으로 구제하여 가난한 자는 부유하게 하고 약한 자는 강하게 하여 실로 역대에 빛을 비추고 전 지구에 사례하기에 충분했을 것이다. 어찌 우리들은 어리석고 저들은 지혜로우며, 우리들은 쇠퇴하고 저들은 융성한 것이 정해진 수이겠는가? 지우(智愚)와 성쇠(盛衰)는 오로지 국무(國務)의 교(教)·불교(不教)와 진(進)·부진(不進)에 달려 있을 뿐이다.

교육은 인지(人智)의 문호(門戶)이며 맛난 고기이다. 인지가 먼저 열린 연후에 국력이 진흥되고 문명을 기약할 수 있다. 오호라! 우리 아주(亞洲) 동포들이여. 늙어서 만회한다[23]고 하지 말고, 모름지기 3년 살이 쑥[24]을 구하여 이 나라를 새롭게 하고 날마다 진보하여 뜻을 신민(新民)[25]에 둔다면, 인문(人文)이 거의 가능할 것이리라.

■ 축사(祝辭): 나헌상(羅憲庠)

원문

光武十一年 月之建寅 有人者達城來 乃夙歲雅契也 近眼相照 雙鬢已絲 向余慨然曰 別來風霜 付諸春氷 目今國勢累卵 民生塗炭 廊廟諸公靡不宵旰竭力而寸未就效 一日二日漸至陸沈 噫我臣民 孰無新亭之感淚 第被壓而束絆 終難脫免者 如一千三百萬外債 卽諺所謂負債奴隷也 越南覆轍 埃及前鑑 如在符蹈 常爲戒懼 一自廣文社立盟 頂天履地者 影響相繼 雖愚婦蚩稚 罔不傾心 爭先赴捐 指此而可見國民之熱心足以保維疆土 亦將挽回國權矣 切爲國家 大可賀於今日 且爲史册 永有謝於後世 盖義金 由於大小各力而有幾仞幾層的一大義山 秀出乎重巒之列首 嵬乎偉哉 使世人面面稱服 口口讚揚而猶不能悉其義者 其維張大夫駿遠氏乎 氏自解紱以來 持産也僅不過自資而聞國債義捐自嶺先發 乃曰個人負債 猶有一家擔責 況全國借款 有逾於稅額年計而他無籌算者乎 此實箇箇人肩擔也 吾當以志出捐 俾示我二千萬人衆惟義存焉 乃傾其橐儲 購入活字具機 且虛其外舍 延納憂國子數人 備輯國民之當行義務 又奇聞雜話 方爲鋟刊 按月發報 報名曰大同 願君爲一把管勉奬此義 余蹶然起謝曰 生於國長於國 爲國秉彝 人人共性 古人云民依於國 國賴于民 民散則衰 民聚則興 今也國債募集之論 倡起於四千年未有而民乃聚歸 余於此 知我韓將興必由此朕 且服數三大夫之高義能運化於民而忠愛於國 乃向北斗南山而拜祝曰國家萬壽 人民萬壽 大同社萬壽 祝畢自不敢以不文 固辭之 采其大要以記之

번역문

광무(光武) 11년(1907) 1월 초에 어떤 사람이 달성(達城, 대구)에서 왔는

데, 예전부터 잘 아는 이였다. 가까이서 바라보니 흰머리가 이미 많았다. 나를 보고 개연히 말하기를, "세월을 겪다 보니 봄날의 얼음만 쌓였구려. 목전의 국세는 계란을 쌓은 듯 위태롭고 민생은 도탄에 빠져 조정의 대신들은 소의간식(宵衣旰食)[26]하며 힘을 다하지만 조금의 효과도 없이 하루 이틀 점차 깊은 수렁에 빠질 뿐이네."라고 하였다.

아! 우리 백성들은 누군들 새로운 정치에 감읍하지 않겠는가마는 다만 압제에 당해 손이 결박되고 마침내 벗어나기 어렵게 되었다. 저 1300만 외채는 바로 속담에서 말하는 '부채는 곧 노예가 되는 것'을 이른다. 월남(越南, 베트남)의 전철과 애급(埃及, 이집트)의 거울이 마치 부절과 같기에 늘 경계하고 두려워할 만하다.

처음으로 광문사(廣文社)에서 맹서를 하니 하늘을 이고 땅을 밟는 자들이 그림자와 메아리처럼 서로 이어져 비록 아낙네와 어린아이들도 마음을 쏟지 않은 이들이 없어 의연금을 먼저 내겠다고 다투었다. 이것을 가리켜 국민들의 열정이 강토를 보전하기에 충분하다고 할 것이며, 장차 국권을 만회할 것이라 하겠다. 나라를 위해서 오늘의 일을 크게 축하할 것이며, 또 역사책에 기록하여 후세에 길이 모범이 되게 해야 할 것이다.

대개 의연금은 각자의 힘에서 말미암기에 몇 길 몇 층의 큰 의산(義山)처럼 여러 봉우리들 사이에서 특출나게 솟아난 경우도 있다. 우뚝하구나, 위대함이여. 후세인들로 하여금 면면이 칭송하며 복종케 하고 사람마다 찬양해도 오히려 그 의로움을 다하지 못할 이가 있으니, 바로 대부 장준원(張駿遠) 씨이다.

장준원 씨는 관직을 그만둔 이후로 재산이 겨우 자신을 돌보는 데 불과했지만 국채 의연이 영남에서 먼저 시작되었다는 소식을 듣고

"개인의 부채도 오히려 한 집안에서 짊어지는데, 하물며 국가의 차관이 일 년 세액을 넘었는데도 갚을 길이 없음에랴. 이는 실로 개개인이 부담해야 하니, 나는 마땅히 의연금을 내기로 마음을 먹어 우리 2천만 민중들이 의로움을 보전하고 있음을 보이리라."라고 하였다. 곧 바로 모아 둔 돈을 털어 활자(活字)와 여러 기구를 구입하였다. 또 외사(外舍)를 비워 나라를 근심하는 몇 사람들을 들이고 국민들이 마땅히 실천해야 할 의무에 대해 편집을 준비하였다. 또 기문(奇聞)과 잡화(雜話)를 인쇄하여 월간지로 발행하였는데, 월간지의 이름은 '대동(大同)'이다.

나에게 말하기를 "그대가 담당하여 이 의로움을 장려시켜 주시오."라고 하니, 나는 궐연히 일어나 사례하며 "이 나라에서 태어나고 이 나라에서 자랐으니, 나라를 위해 떳떳한 마음을 가짐은 사람들마다의 똑같은 성품일 것입니다. 옛사람이 말하기를, '백성은 나라를 의지하고 나라는 백성들의 힘에 기댄다. 백성들이 흩어지면 나라는 쇠하고, 백성들이 모이면 나라는 흥기한다.'[27]라고 하였습니다. 오늘날 국채를 모집한다는 논의는 4천 년 이래로 없었던 일을 일으키는 것이니 백성들은 곧 모일 것입니다. 저는 이 일이 우리 한국이 장차 흥기할 조짐임을 알겠습니다. 또 몇몇 대부(大夫)들의 고아한 의로움이 백성들에게 교화로 옮겨지고 나라에는 충성하는 마음을 갖게 할 것이니, 이는 마치 북두칠성과 남산을 향하는 마음과 같을 것입니다."라고 하였다. 그리고 일어나 축수하기를 "국가 만수! 인민 만수! 대동사 만수!"라고 하였다. 축수를 마치고는 감히 글을 잘하지 못하기에 한사코 사양하며, 그 대강을 모아 기록한다.

■ **국채일천삼백만원보상취지발기인공함(國債一千三百萬圓報償趣旨發起人公函)**: 대구광문사장(大邱廣文社長) 김광제(金光濟), 부사장(副社長) 서상돈(徐相敦) 등(等)[28]

원문

記者曰賢義哉 金徐諸君之義 此我東洋初有之聲也 警全國之酣夢 救全國之沈淪 古所謂一言興邦者 非是也 將見民志激勵 如水赴壑 必源於兩君之義 鞏固我獨立基礎 開發我同胞智氣矣 余將執筆而竢之

번역문

기자는 말한다. "어질도다. 김(金)·서(徐) 제군들의 의로움이여! 이는 우리 동양에서 처음 있는 함성이다. 전국의 단잠을 깨웠으며, 물에 잠긴 전국을 구제하였으니, '한마디 말로 나라를 일으킨다.'[29]는 옛말이 바로 이를 가리키는 것이 아니랴. 장차 백성들의 뜻이 분발됨이 마치 강물이 골짜기를 달려감에 반드시 두 사람의 의로움에 근거하여 우리 독립의 기초를 공고히 하고 우리 동포들의 지기를 개발할 것을 볼 수 있겠다. 나는 장차 붓을 들고 기다리련다."

■ **치란론(治亂論)**: 정운하(鄭雲夏)[30]

원문

世有由治而入亂者ᄒᆞ고 有由亂而入治者ᄒᆞ니 治弛則亂必生ᄒᆞ고 亂極則治亦至ᄂᆞᆫ 此乃必然之理而歷代之所著見也라 何以言之오 如炎帝少昊之聖而久襲舊制ᄒᆞ야 不爲遷變故로 終有蚩尤九黎之作亂ᄒᆞ고 雖殷宗周宣之微而日進德化ᄒᆞ야 廣求賢俊故로 竟致傅說吉甫之效治ᄒᆞ니

易所謂安而不忘危ᄒᆞ며 危而不忘難者 此也라 入治由何오 當國而先除亂萌則治之本也오 入亂在何오 宜時而不爲治道則亂之首也니 盖治之而益勉前進者ᄂᆞᆫ 其國이 必至文明矣오 亂之而不知爲止者ᄂᆞᆫ 其國이 必致敗亡矣니 由是言之컨ᄃᆡ 治亂二道ᄂᆞᆫ 卽人主之所講解也오 人臣之所戒知也라 然則前於百世而旣有照鑑ᄒᆞ고 後於百世而亦有遺史ᄒᆞ리니 余於此에 切爲現世之當位者ᄒᆞ야 乃渝筆而警省焉ᄒᆞ노라

— 번역문 —

세상에는 잘 다스려짐으로 말미암아 혼란한 상태로 들어가는 경우도 있고, 혼란함으로 말미암아 잘 다스려짐으로 들어가는 경우도 있다. 다스림이 느슨해지면 혼란이 반드시 발생하고, 혼란이 극도에 이르면 잘 다스려짐이 또한 이르는 것은 필연의 이치이자 대대로 계승되는 역사에서 드러난다. 무슨 말인가?

염제(炎帝)나 소호(少昊) 같은 성인은 오랫동안 옛 제도를 그대로 답습하면서 변화를 주지 않았기에 치우(蚩尤)나 구려(九黎)가 혼란을 일으켰다. 그러나 은(殷)의 고종(高宗)과 주(周)의 선왕(宣王)은 미미한 세력으로도 날마다 도덕의 교화에 앞장서 널리 어진 인재를 구했기 때문에 마침내 부열(傅說)과 길보(吉甫) 같은 다스림의 효험을 보게 되었다. 『주역(周易)』에서 이른바 "편안할 때에도 위태함을 잊지 않고, 보존될 때에도 망하는 일을 잊지 않는다."[31]라고 한 말이 바로 이것이다.

잘 다스려짐은 무엇으로 말미암는가? 나라를 다스림에 먼저 혼란의 싹을 제거함이 다스림의 근본이다. 혼란은 무엇으로 말미암는가? 때를 잘 헤아리지만 다스림의 도리를 실천하지 않으면 혼란이 시작된다. 대개 잘 다스리면서 더욱 힘써 앞으로 나가는 자는 그 나라가 반

드시 문명에 이른다. 혼란하면서 그칠 줄 모르는 자는 그 나라가 반드시 패망에 이른다. 이로 말미암아 말해 보자면, 다스림과 혼란의 두 가지 이치는 바로 군주가 익혀야 할 바이며, 신하들이 경계해야 할 바이다. 그런즉 앞선 백세에서 이미 조감할 것이 있고 뒤의 백세에 또한 남길 역사가 있다. 나는 여기에서 지금 세상에 마땅히 자리해야 할 일을 간절하게 말하면서 붓을 적셔 경계로 삼고자 한다.

■ **경고동포**(警告同胞): 석남(石藍) 김광제(金光濟)

이 글은 『만세보』 1907년 3월 12일 자에 게재되어 있으므로 여기서는 생략한다.

■ **대전국남녀기사국채보상발기인**(代全國男女起謝國債報償發起人, 전국 남녀를 대신하여 국채보상 발기인들에게 사례함): 나헌상(羅憲庠)

원문

吁乎 我四千年祖國種類로 五百年雨露에 培養ᄒᆞ야 大皇帝陛下의 化囿中化育ᄒᆞᆫ 赤子同胞아 往莫非堯舜之人이며 來莫不堯舜之民이 生於國 養於國ᄒᆞ야 立我者도 帝德이오 阜吾者도 帝力이라 國計가 何如ᄒᆞ며 政務가 何如ᄒᆞᆫ지 不識不知是安ᄒᆞ야 于于蚩蚩自樂이러니 外債一千三百萬이 飛渡壓境ᄒᆞ야시니 今年에 不報ᄒᆞ고 明年에 不防ᄒᆞ면 漸臻極度根生蔓을 孰能禦之除却ᄒᆞᆯ가 三千里傳來疆土 不知中에 擧卷ᄒᆞ면 國不存家不存에 哀此生靈 何處歸오 畏重ᄒᆞ다 彼債山에 夢寐壓死 常憂러니 何來一聲斷烟盟이 國債報償義捐되야 風吹一夜八域中에 家家昏睡攪起ᄒᆞ니 衆星은 拱辰ᄒᆞ고 百川은 就海로다 二千萬衆 熱

心素志 一向愛國 孰不喜오 大小各隨出力ᄒᆞ면 微塵聚合成山일ᄉᆡ 箇箇人의 此目的을 世界上에 誰敢侮아 六國縱橫蘇張辯도 此義務에 莫遏이오 萬夫過越賁育勇도 此義務엔 莫奪일ᄉᆡ 法國昔日斷饍ᄒᆞᆷ도 國權恢復爲홈이니 此義務를 誰先唱고 達城廣文社某某氏라 乃齊首相祝曰若皇天이 眷祐我邦ᄒᆞ사 俾斯人導斯智신댄 我見弟姊妹預候福音 而可期天國이오 且輿地가 厚載我民ᄒᆞ사 使此人發此計신댄 我男女老幼漸進文明 而永保地圖ᄒᆞ지라 目今國與民之要點이 在於人人肩擔ᄒᆞ니須務前步之踐實이어다

— 번역문 —

아, 우리들이 4000년 조국에서 같은 인간으로 태어나 500년 우로에 배양되어 대황제 폐하의 화육함을 입은 동포 백성들아! 과거에도 요순의 백성이 아님이 없었으며, 미래에도 요순의 백성이 아님이 없으리라. 조선에서 태어나 조선에서 양육되어 나를 세우는 것도 황제의 덕이고, 나를 길러 주는 것도 황제의 힘이다. 나라의 재정이 어떠하며, 정무가 어떠한지? 부지불식간에 이처럼 편안하며 짧은 순간에도 스스로 즐거웠다. 그러나 외채 1300만 원이 밖에서 날아와 국경을 짓누르더니 금년에 갚지 못하고 내년에 막지 못하면 점점 뿌리에 혹이 생기는 지경에 이를 것이니, 누가 이를 막고 쳐낼 것인가?

삼천리 전래된 강토가 알지 못하는 사이에 모두 말려 올라가면 나라는 보존되지 못하고 집안도 보존되지 못할 것이니, 가련한 백성들은 어디로 가리오? 두려움이 막중하다. 저 빚더미에 눌려 죽는 꿈을 늘 염려해야 하는구나. 어디선가 금연의 맹세로 나랏빚을 갚고 의연금을 내겠다는 한마디 소리가 바람에 실려 한밤중에 팔도에 불

어와 집집마다 잠을 깨우는구나. 뭇별들은 북극성을 향해 가지런히 손을 모으고,[32] 모든 냇물은 바다로 향하는구나. 2천만 백성들의 뜨거운 마음과 평소의 뜻이 한결같이 애국을 향하니 누가 기쁘지 않으리오.

모든 백성들이 각자 힘을 내면 작은 티끌이 모여 산을 이루는 것과 같다. 개개인의 이런 목적을 세계 사람들이 누가 업신여기랴. 6국을 합종연횡(合從連橫)하던 소진(蘇秦)과 장의(張儀) 같은 웅변으로도 이와 같은 의무를 어떻게 막으랴. 만 명의 군사들이 장성(長城)을 넘으며 떨치던 용맹도 이와 같은 의무를 어떻게 빼앗으랴. 지난날 프랑스가 끼니를 줄인 일도 국권을 회복하기 위함이니, 이 의무를 누가 먼저 제창하는가? 대구의 광문사 사장 모모 씨이다.

여러 사람들이 모인 자리에서 앞장서 축하하며 "만약 황천(皇天)이 우리나라를 보우하여 이 사람으로 하여금 이런 지혜를 인도하게 했다면, 나는 우리 형제자매들의 축복을 미리 예측하며 천국이 되기를 기약할 수 있을 것입니다. 또한 이 땅이 우리 백성들을 두텁게 덮어 이 사람으로 하여금 이런 계책을 내게 했으니, 우리 남녀노소들은 점점 문명으로 나아가 길이 강토를 보전할 것입니다. 지금 나라와 백성들의 요점이 사람마다 어깨에 달려 있으니 전진의 실천에 노력합시다."라고 했다.

■ 국채보상계(國債報償計)

원문

대구광문사 문회 광문회라 기칭ᄒᆞᄂᆞᆫ 일노 음력셰죵에 특별회를 열고 사무를 필ᄒᆞᆫ 후에 회원 셔ᄉᆞᆼ돈씨가 가동의 ᄒᆞ기를 국ᄎᆡ 일쳔ᄉᆞᆷᄇᆡᆨ만원 갑지 못ᄒᆞ면 토디라도 허급할지라 우리 이쳔만 동포가 담ᄇᆡ를 ᄉᆞᆷ삭만 끈코 ᄃᆡ금을 ᄆᆡ삭 이십젼식 슈합ᄒᆞ면 그 빗슬 갑풀터이니 나부터 팔ᄇᆡᆨ원을 ᄂᆡ인다ᄒᆞᆫᄃᆡ 만장이 일치ᄒᆞ야셔 ᄉᆞᆼ돈씨의 동의가 가ᄃᆞᆼᄒᆞ니 ᄉᆞ장 김광제씨가 말ᄒᆞ기를 ᄀᆡ왈 가라ᄒᆞ니 무론모ᄉᆞᄒᆞ고 실시ᄒᆞᄂᆞᆫ거시 득당ᄒᆞᆫ즉 당장의 실시ᄒᆞ노라ᄒᆞ고 연쥭과 쵸갑을 바리고 ᄉᆞᆷ삭담ᄇᆡ기갑 육십젼을 ᄂᆡ니 제인이 다 회장의 결심을 찬숑ᄒᆞ며 담ᄇᆡ 끈은 ᄌᆞ무슈ᄒᆞ고 각각 츌의ᄒᆞ기로 결의ᄒᆞ고 각군의 통쳡ᄒᆞ얏ᄂᆞᆫᄃᆡ 일본 흔병도 그 회사에 와서 ᄉᆞ실을 탐지ᄒᆞ고 찬셩ᄒᆞ얏다더라

— 번역문 —

대구광문사 문회를 광문회라고 개칭하는 일로 음력 세모에 특별 모임을 갖고 사무를 마친 뒤에 회원 서상돈 씨가 임시로 동의하기를, "국채 일천삼백만 원을 갚지 못하면 땅이라도 내놓겠소. 우리 이천만 동포가 담배를 3개월만 끊고 대금을 달마다 20전씩 수합하면, 그 빚을 갚을 것이니 나부터 800원을 내겠소."라고 했다. 만장일치로 상돈 씨의 동의가 옳다고 하였다. 사장 김광제 씨가 말하기를, "모두들 가하다고 하니 무슨 일이든 막론하고 실시하는 것이 마땅하기에 당장 실시하겠소."라고 하고서는, 연죽과 담뱃갑을 버리고 3개월 담뱃값 60전을 내었다. 모두 회장의 결심을 찬송하며 담배를 끊은 자가 무수했으며, 각각 의연금을 내기로 결심하고 각 군에 통첩하였다. 일본 헌병도 그 회사에 와서 사실을 탐지하고 찬성하였다고 하더라.

■ 국채보상의연금 집송(集送) 인원 및 실수(實數)[33]

2월 16일, 『제국신문(帝國新聞)』. 1월.

원문

大邱광문회에셔 삼개월 담비갑으로 國債보급ᄎ ᄌ본금 모집ᄒᄂᆞᆫ듸 ᄒᆞ야 寄附金액과 姓名이 여좌홈

(의연자 명단과 의연 금액 생략)[34]

右金을 本社의 委託傳致ᄒᆞ기로 捧留홈

번역문

대구광문회에서 3개월 담뱃값으로 국채보급차 자본금을 모집한다고 해서 기부 금액과 성명을 아래와 같이 기록함.

시이대병정(侍二隊兵丁) 오운경(吳雲景) 신화(新貨) 20전(二十錢)
동문내(東門內) 초교하 거민(初橋下居民) 등(等)

이춘식(李春植)	이준수(李峻秀) 각 2원(各二圓)	이웅선(李雄善)
정윤식(鄭允植)	백종두(白鍾斗)	지용기(池龍起)
김익제(金翼濟)	이종만(李鍾萬)	박기엽(朴基燁)
오성근(吳盛根)	한순원(韓淳元)	김만은(金萬銀)
김동욱(金東旭)	나덕선(羅德善) 각 1원(各一圓)	최순성(崔順成)
이형근(李亨根)	윤평심(尹平心)	안복인(安福仁)
이충길(李忠吉)	이치백(李致伯)	강윤영(姜潤英)
김응신(金應信)	김준식(金俊植)	매경춘(梅景春)
박후용(朴厚容)	이상원(李祥源)	권계덕(權啓德)
이사성(李思誠)	김순용(金淳龍) 각 50전(各五十錢)	전치오(田致吾)
40전(四十錢)		
김덕중(金德仲)	조수주(趙水柱) 각 20전(各卄錢)	김창민(金昌敏)

김춘선(김춘선) 태정엽(태정엽) 김홍설(김홍설)
최흥근(崔興根) 박제문(朴齊文) 문용순(文龍淳)
고백룡(高白龍) 박응엽(朴應燁) 홍영원(洪永源)
홍경재(洪景在) 안태중(安泰重) 각 20전(各卄錢) 이홍규(李弘圭)
50전(五十錢)
합 28원 60전(合二十八圓六十錢)

종로(鐘路) 대광교(大廣橋) 북천변(北川邊) 은방 주인(銀房主人) 등(等)
문상묵(文尙默) 김창식(金昌式) 서윤원(徐允源)
김성지(金誠之) 안종수(安鍾秀) 이영하(李永夏)
서흥원(徐興源) 서중일(徐仲一) 서인도(徐仁渡)
이주현(李周鉉) 김근식(金根植) 황홍업(黃弘업)
김학수(金學秀) 전봉규(田奉奎) 임기엽(林箕燁)
현응완(玄應完) 김순현(金淳鉉) 안태현(安泰鉉)
임상돈(林相敦) 신석휴(申碩休) 안응조(安應祚)
이용난(李龍暖) 김덕여(金德汝) 안홍신(安弘信)
이원근(李元根) 김상희(金相熙) 박기용(朴基容)
각각 20전(各各二十錢)
남서 후동거(南署后洞居) 마해경(馬駭經) 20전(二十錢)
합 5원 60전(合五圓六十錢)

구곡동(九曲洞) 김문한(金文漢) 20전(二十錢)
모화관(慕華館) 김현세(金顯世) 20전(二十錢)
합 40전(合四十錢)

이상의 금액을 본사에 위탁하겠다고 우편으로 알려 와 봉류하기로 함.

2월 20일, 『제국신문(帝國新聞)』

원문

愛國誠意

梨峴布木廛 朴承직씨가 近日國債一千三百萬圓備報하는 事의 對하야 七十餘元을 募集하야 廣文社로 寄附ᄒᆞᆫ다는ᄃᆡ 富客全安峽은 付之冷笑하며 一分도 義捐치 아니ᄒᆞᆷ으로 無不唾罵ᄒᆞᆫ다더라

번역문

애국성의

이현 포목전 박승직 씨가 근자에 국채 1300만 원을 준비해 갚는 일에 대해 70여 원을 모집하여 광문사로 기부한다고 하는데, 부객(富客) 전안협이 냉소를 보내며 한 푼도 의연하지 않으므로 침을 뱉으며 꾸짖는다고 하더라.

2월 23일, 『대한매일신보(大韓每日申報)』

원문

◎ 이씨의연

남셔 도동리 동규씨가 국치보상금모집에 ᄃᆡᄒᆞ야 ᄌᆞ긔 세 식구와 동지 오 인과 합역ᄒᆞ야 지화 五圓二十錢을 보ᄂᆡ고 또 본사에서 그 일에 ᄃᆡ하야 지필묵비가 불소ᄒᆞ겟다구 또 돈 一圓을 긔부ᄒᆞ얏스니 리씨의 열심을 치하하겠더라

◎ 삼개월 담ᄇᆡ갑으로 국치보금ᄉᆞ 모집하는데 ᄃᆡ하야 긔부하는 금액과 셩명이 여좌홈

— 번역문 —

◎ 이씨의 의연

남서 도동리의 동규 씨가 국채보상금 모집에 대해서 자신의 세 식구와 동지 5인이 힘을 합쳐 지화 5원 20전을 보내고, 본사에서 그 일에 대해 지필묵 값이 적지 않겠다고 하며 또 돈 1원을 기부하였으니 이씨의 열정을 치하한다.

◎ 3개월 담뱃값으로 국채보금인을 모집하는 데 대해 기부하는 금액과 성명은 아래와 같음.

남문창내(南門倉內) 미전(米廛) 구루마군등회동(구루마군등會同)
이계욱(李桂旭) 1원(一圓) 정흥백(鄭興伯) 이경도(李慶道) 각 60전(各六十錢)
정성칠(鄭成七) 30전(三十錢) 김치만(金致萬) 최인여(崔仁汝) 이상덕(李相德)
임성호(任成浩) 이경화(李慶化) 전문현(全文鉉) 김건호(金健鎬) 김흥엽(金興燁)
황영섭(黃永섭) 나성현(羅聖鉉) 정경순(鄭慶順) 김춘삼(金春三) 이천보(李千甫)
신응조(申應祚) 김원식(金元植) 원경수(元景洙) 박봉춘(朴逢春) 박응춘(朴應春)
김성현(金成현) 각 20전(各二十錢)
합 6원 30전(合六圓三十錢)

남문창내(南門倉內) 미전(米廛) 시민회동(市民會同)
손완묵(孫完默) 손완수(孫完洙) 각 3원(各三圓) 손완용(孫完用) 손상은(孫相殷)
손상오(孫相五) 각 1원(各一圓) 손봉근(孫奉根) 60전(六十錢)
합 9원 60전(合九圓六十錢)

남서(南署) 소공동(小公洞) 임완준 씨 집안(任完準氏家) 회동(會同)
위자동(爲字洞) 박병우(朴秉佑) 소공동(小公洞) 임완준(林完準) 회동(會洞) 임병규(林炳奎)
대용동(大龍洞) 김재행(金在行) 소공동(小公洞) 홍창엽(洪昌燁) 송현(松峴) 이영운(李永云) 각 1원(各一圓)

전동(典洞) 김응태(金應台) 50전(五十錢) 소공동(小公洞) 장흥규(張興奎)
서외대동(西外帶洞) 나준철(羅俊哲) 소용동(小龍洞) 이춘영(李春榮)
순동(巡洞) 김복원(金福源) 미동(美洞) 장기화(張基化) 회동(會洞) 김홍식(金弘植)
남외청동(南外廳洞) 김범오(金範五) 창동(倉洞) 백낙원(白樂元) 각 20전(各二十錢)
소용동(小龍洞) 김윤식(金潤植) 소공동(小公洞) 전치명(田致明) 각 50전(各五十錢)
합 9원 10전(合九圓十錢)

서서(西署) 용산방(龍山坊) 동문계(東門契) 회동(會同)
최인태(崔仁台) 전성근(全性根) 장문선(張文善) 각 60전(各六十錢)
김학주(金學柱) 이순조(李順祚) 박명옥(朴明玉) 임명현(林明賢) 각 30전(各三十錢)
합 3원(合三圓)

동서(東署) 숭교방(崇教坊) 회동(會同)
이신상(李信祥) 이계득(李啓得) 안익현(安益賢)
한의동(韓懿東) 원인업(元仁業) 류성서(柳聖西)
박준하(朴俊夏) 양문학(梁文學) 이주영(李周榮)
문세창(文世昌) 각 20전(各二十錢)
합 2원(合二圓)

중서(中署) 하교중곡사거리(河橋中谷四巨里) 회동(會同)
엄명선(嚴明善) 이헌명(李憲明) 임문원(林文源)
양사준(楊士俊) 이복경(李福卿) 정치운(鄭致雲)
송태오(宋台五) 박용덕(朴容德) 신여근(申呂根)
리여준(리呂俊) 김학규(金學圭) 김홍식(金興植) 각 20전(各二十錢)
동씨자(同氏子) 원성(元成) 10전(十錢)
합 2원 50전(合二圓五十錢)

2월 23일, 『제국신문(帝國新聞)』

원문

◎ 美哉是擧

大邱廣文會에서 去通常會日에 本會員徐相敦氏가 建議ᄒᆞ되 國債一千三百萬圓을 報償치 못ᄒᆞ면 土地라도 許給ᄒᆞᆯ 境遇인즉 우리 二千萬同胞가 南草吸烟을 三個月만 廢止ᄒᆞ고 그 代金 每朔每名下 二十錢式收合ᄒᆞ면 可以充補 而或言我韓人種이 熱心과 强斷이 無ᄒᆞ야 實踐ᄒᆞᆯ人이 無幾라 ᄒᆞ니 有所不然者ᄂᆞᆫ 人民이 當然底義務에 不勞不捐ᄒᆞ고 三個月決心치 못ᄒᆞᆯ 人類가 焉有ᄒᆞ며 設有不足이라도 自一元十元으로 至百元千圓出捐者도 亦多ᄒᆞᆯ거시니 何患未充이라오 爲先 내가 七百元을 捐出ᄒᆞ노라 ᄒᆞᆫᄃᆡ 滿場諸人이 皆曰可라 ᄒᆞ야 當場五六十人이 各其十元百元을 自願ᄒᆞᄂᆞᆫ지라 當日會長代辯金光濟氏가 出席曰僉員이 皆曰可라 ᄒᆞ니 不必以可否로 決定이오 的當ᄒᆞ고 至可ᄒᆞᆯ줄노 知得ᄒᆞ얏시면 實踐ᄒᆞᆯ만 不如ᄒᆞ다 ᄒᆞ야 自己에 草匣과 卷烟諸具을 卽其地에 抛棄ᄒᆞ고 我ᄂᆞᆫ 今日브터 施行ᄋᆞ며 三朔條六十錢外에 十元을 捐出ᄒᆞ노라 ᄒᆞᆫᄃᆡ 會長의 決心을 從ᄒᆞ야 當場實行ᄒᆞᆫ 人員이 不少ᄒᆞ더라

번역문

◎ 아름답구나 이 거사여.

대구광문회에서 지난 통상일에 본회원 서상돈 씨가 건의하기를, "국채 1300만 원을 갚지 못하면 땅이라도 내어 주어야 하기 때문에 우리 2000만 동포가 남초 흡연을 3개월만 금지하고 그 대금을 매달 개인 명의로 20전씩 모으면 보충할 수 있을 것이다. 그러나 혹자가 말

하기를, 우리 한국 사람은 열심과 강단이 없어 실천할 사람이 거의 없을 것이라 한다. 그렇게 생각하지 않는 까닭은 인민들의 당연한 의무를 노력하지 않거나 의연금을 내지 않을 이가 없고 3개월을 결심하지 못할 사람이 어찌 있겠으며, 설령 부족하다면 1원, 10원부터 100원, 1000원을 낼 이도 적지 않을 것이기에 채우지 못함을 어찌 근심하랴. 우선 내가 700원을 출연하겠다."라고 하였다. 그 자리에 있던 여러 사람들이 모두 좋겠다고 하여 당장 56인이 각각 10원, 100원을 자원하였다. 당일 회장 대변인 김광제 씨가 출석하여 "여러 회원들이 모두들 좋다고 하니 가부로 결정할 필요가 없고, 적당하고 지극히 좋음은 실천이 가장 좋음을 알기에 담뱃갑과 궐련 제 도구를 그 자리에서 폐기하고 나는 지금부터 시행하며 3개월 치 60전 외에 10원을 더 출연하겠다."라고 하였다. 회장의 결심을 따라 그 자리에서 실행한 이들이 적지 않더라.

2월 20일, 『경성일보(京城日報)』

원문

◎ 忠義所激

國債을 報償홀 計劃으로 捐金을 募集事에 對ᄒᆞ야 出義錢持來人이 每日盈門ᄒᆞᄂᆞᆫᄃᆡ 其中特異ᄒᆞᆫ 人은 南門內布木廛ᄒᆞ는 田得永氏에 子十二歲學童이 慨然良心이 隨義而發ᄒᆞ야 歲拜錢舊貨二元을 手納ᄒᆞ엿고 相思洞李召史ᄂᆞᆫ 婦女偏見으로 國家思想에 斷斷無他ᄒᆞ야 首飾銀釵를 放賣ᄒᆞ야 舊貨四元을 本社에 寄送ᄒᆞᄆᆡ 帝國新聞社로 指送ᄒᆞ얏스니 雖婦人兒童이라도 忠義가 激出ᄒᆞ니 韓國에 前進을 大有可望이라 ᄒᆞ더라

번역문

◎ 충의소격

국채를 보상할 계획으로 연금을 모집하는 일에 대해 의연금을 들고 찾아오는 이들이 매일 문을 가득 채우고 있다. 그중 특이한 사람은 남문 내 포목전을 운영하는 전득영 씨와 그의 아들 12살 학동이 개연한 양심이 의로움을 발현하여 세배한 뒤 받은 구화(舊貨) 2원을 손수 납부하였다. 상사동 이 소사는 부녀자라는 편견을 무릅쓰고 국가사상이 다른 사람보다 단단하여 머리 장식용 은비녀를 팔아 구화 4원을 본사에 보내며, 제국신문사를 지정해 그리로 보내 달라고 하였다. 비록 부녀자와 아동이라도 충의가 격출하니 한국의 전진을 크게 바랄 수 있겠다.

원문

◎ 海外義捐

北美桑港加州羅省 共立協會諸員이 本社를 對ᄒᆞ야 金貨三十五圓의 寄付가 有

〈이하 결〉

회복ᄒᆞ기를 엇지 근심ᄒᆞ리오 쟝ᄒᆞ도다 동포들의 열심이여 강ᄒᆞᆫ 마음 쉬지 말지어다

번역문

◎ 해외의연

북미 상항가주라성 공립협회회원이 본사에 대해 금화 35원을 기부하는 일이 있음.

〈이하 결〉

회복함을 어찌 근심하리오. 장하구나, 동포들의 뜨거운 마음이여. 강한 마음 쉬지 말지어다.

원문

◎ 可見人和

근일 국ᄎᆡ보상금 모집ᄒᆞᄂᆞᆫ ᄉᆞ에 사람마다 의연금 거덩ᄂᆞᆫ 이가 ᄆᆡ일 ᄇᆡᆨ여환 혹 이ᄇᆡᆨ환애 달ᄒᆞᆫ즉 본사에셔난 그 돈 밧아셔 은ᄒᆡᆼ에 맛기ᄂᆞᆫ 일에 분골ᄒᆞᆷ을 사양치 안ᄂᆞᆫ거슨 어른들의 의연ᄒᆞᄂᆞᆫ거슨 차치ᄒᆞ고 어린아ᄒᆡ들이 세ᄇᆡ 절갑이라도 몃십젼식 뷰인들이 반으질갑이라고 몃십젼식 가져오고 기타 약방기ᄉᆞ 이십구인이 이십여환을 거더가지고 아셔 비록 여자 중 쳔인이ᄂᆞᆫ 국가의무를 져바릴슈 없다ᄒᆞ니 젼후근경을 살히건ᄃᆡ 이거슨 인심의 화합ᄒᆞᆷ이 안이면 엇지 이 지경에 일으렀르며 인심이 화합ᄒᆞ고 ᄂᆞ라이 흥ᄒᆞ지 안는자 어ᄃᆡ 잇쓰리오 삼ᄀᆡ월 담ᄇᆡ갑으로 국ᄎᆡ 보급ᄎᆞ자 본금 모집ᄒᆞᄂᆞᆫ데 ᄃᆡ하야 긔부하ᄂᆞᆫ 금ᄋᆡᆨ과 성명이 여좌홈

번역문

◎ 인화(人和)를 보겠구나.

근래 국채보상금 모집하는 일에 사람들마다 의연금을 거두는 금액이 매일 100여 환 혹은 200여 환에 달하였다. 본사에서 그 돈을 받아서 은행에 맡기는 일에 분골쇄신함을 사양하지 않는 까닭은 어른들의 의연금은 차치하고 어린이들이 세배 절값이라도 몇 전씩, 부인들이 바느질값 몇 전씩을 가져오고, 기타 약방 기생 29인이 20여 환을 거두어 가져와 비록 여자 중 천한 이라고 국가의 의무를 저버릴 수 없다고

하였다. 전후 사정을 살펴보니, 이것은 인심의 화합함이 아니면 어찌 이 지경에 이르렀으며, 인심이 화합하는데 나라가 흥하지 않는 경우가 어찌 있으리오. 3개월 담뱃값으로 국채를 보상하자고 본금을 모집하는 데 대해 기부하는 금액과 성명은 아래와 같음.

태의원 의녀 등 회동
일행수 연화 이행수 죽심 삼행수 독주 각 80전
상유사 춘홍 하유사 죽엽 아래오상 홍매
난홍 설도 금화 연옥 글강행수
봉선 용주 옥엽 소홍 채희
부용 채련 진향 연연 향신 초운
산월 금향 연월 명주 경옥 이화
보엽 도화 추연 추향 학희 채란
초월 월향 옥진 유산 회용 애희
각 60전
합 24원

서서(西署) 야현(夜峴) 회동(會同)
정순환(鄭順煥) 정일환(鄭逸煥) 정창환(鄭暢煥) 정기환(鄭基煥) 오경한(吳景漢)
신상필(申相弼) 정성환(鄭性煥) 정길환(鄭吉煥) 정용환(鄭龍煥) 김관수(金寬洙)
김응수(金應洙) 김창수(金昌洙) 김경식(金경植) 나진태(羅鎭泰) 이경무(李景武)
정석환(鄭錫煥) 정준환(鄭埈煥) 박희덕(朴喜悳) 정준명(鄭埈明) 정준용(鄭埈容)
정준기(鄭埈基) 이병철(李炳喆) 이종우(李鍾禹) 이인길(李仁吉) 이성길(李聲吉)
각 20전(各二十錢)
박덕쇠(朴悳釗) 정귀남(鄭貴男) 각 10전(各十錢) 최흥길(崔興吉) 나이 5(年五) 12전(十二錢)
정거복(鄭巨福) 나이 10(年十) 10전(十錢) 정두업(鄭斗業) 나이 6(年六) 정이복(鄭利福)
나이 2(年二) 정범이(鄭範伊) 나이 6(年六) 정기준(鄭基駿) 나이 4(年四) 신귀돌(申貴돌)

신순돌(申順돌) 나이 2(年二) 김준경(金俊慶) 각 10전(各十錢)
합 6원 20전(合六圓二十錢)

북서(北署) 회동(會同)
최치형(崔致炯) 60전(六十錢) 손팔세아(孫八歲兒) 30전(三十錢) 전 소사(全召史) 10전(十錢) 자(子) 최규환(崔奎煥) 60전(六十錢) 자(子) 정환(貞煥) 자(子) 성환(星煥) 자(子) 명환(明煥) 이상(以上) 각 60전(各六十錢) 여(女) 최 소사(崔召史) 10전(十錢) 손녀(孫女) 10세(十歲) 손자(孫子) 7세(七歲) 손자(孫子) 4세(四歲) 손자(孫子) 2세(二歲) 이상(以上) 각 10전(各十錢) 최동준(崔東埈) 60전(六十錢) 처(妻) 호씨(扈氏) 60전(六十錢) 자(子) 5세(五歲) 30전(三十錢) 자(子) 2세(二歲) 30전(三十錢)
합 5원 70전(合五圓七十錢)

서서(西署) 오궁동(五宮洞)
차재완(車在完) 자(子) 정호(定鎬) 각 20전(各二十錢) 3세 손자(三歲孫) 독돌(毒돌) 10전(十錢) 이상(以上) 합 50전(合五十錢)
신순묵(辛純默) 심홍구(沈弘求) 각 60전(各六十錢) 합 1원 20전(合一圓二十錢)

동문외(東門外) 왕심이(왕심이)
정인섭(丁仁섭) 정규삼(丁奎三) 1원(一圓) 이완일(李完一) 50전(五十錢)
창거리(倉巨리) 민씨(閔氏) 나이 76(年七十六) 동씨(同氏) 자(子) 안명선(安明善) 동씨(同氏) 부(婦) 한씨(韓氏) 20전(二十錢) 동씨(同氏) 손녀(孫女) 놈아(놈아) 2세(二歲) 5전(五錢)
합 3원 15전(合三元十五錢)
최태식(崔틔식) 20전(卄錢) 유정렬(劉正烈) 40전(四十錢) 박관병(朴觀秉) 60전(六十錢)
박규병(朴奎秉) 40전(四十錢) 최순화(崔順化) 20전(卄錢) 김덕수(金悳수) 2원(二圓)
이문석(李文錫) 박성관(朴性寬) 부인 최씨(夫人崔氏) 자(子) 박진기(朴진沂) 각 20전(各二十錢)

장연순(張連淳) 50전(五十錢)

합 4원 90전(合四圓九十錢)

2월 25일, 『제국신문(帝國新聞)』

원문

◎ 夫人愛國

牙山郡一夫人이 帝國新聞社에 寄函如左ᄒᆞ니 本人이 現自鄕第로 來覲親庭ᄒᆞ옵다가 貴新聞을 奉讀ᄒᆞ오ᄆᆡ 憂國ᄒᆞ시ᄂᆞᆫ 僉君子게옵셔 國債報償에 對ᄒᆞ야 勸論同胞ᄒᆞ와 募集義金ᄒᆞ시ᄂᆞᆫ 盛擧가 有ᄒᆞ오니 本人이 雖是一女子이오나 固亦大韓國民之一이온즉 彜性所發에 感淚自零이오나 家計淸貧에 亦不逮ᄒᆞ와 僅將韓貨二十元ᄒᆞ야 仰呈貴社ᄒᆞ오니 鑑此微忱ᄒᆞ오시셔 考納ᄒᆞ시믈 伏望ᄒᆞ옵나이다ᄒᆞ얏ᄂᆞᆫᄃᆡ히 夫人은 主殿院卿梁性煥氏의 令孃으로 牙山白岩居라 씨宅에 出嫁ᄒᆞ야 早寡餘生으로 二子을 敎養ᄒᆞ야 至於成立ᄒᆞ니 懿行夙著ᄒᆞ고 大義에 素明을 ᄒᆞᆫ이라더라

번역문

◎ 부인애국

아산군의 한 부인이 제국신문사에 다음과 같은 편지를 보냈다. 본인이 시댁에서 친정에 귀근을 왔다가 귀사의 신문을 봉독하니 나라를 근심하는 여러 군자들께서 국채보상에 대해 동포들에게 권면하고 의연금을 모집하는 거대한 일이 있으니 본인이 비록 아녀자이지만 진실로 또한 대한국민의 한 사람이기에 본성이 감발하여 눈물이 저절로 떨어지지만 가정 형편이 청빈함에 또한 미치지 못하기에 겨우 한화 20원을 귀사에 보내니 이런 작은 정성을 살펴 받아주시기를 매우 바랍니다.

부인은 주전원 경 양성환씨의 영양으로 아산 백암에 거주한다. 시댁에 출가하여 일찍 과부가 되고 남은 생은 두 아들을 교육시키며 성장시켰으니 아름다운 행실이 일찍 드러나고 대의에 밝은 이들이라고 하더라.

2월 26일, 『매일신보(每日申報)』

— 번역문 —

홍문동(弘門洞) 신영희(申永凞) 가신의계(家信義契) 회동(會同)
신영희(申永熙) 심희선(沈熙善) 유붕구(柳鵬九) 이강수(李康秀) 문영길(文永吉)
이상(以上) 각 20전(各二十錢) 신영희(申永熙) 40전(四十錢)
합 1원 40전(合一圓四十錢)
신문외(新門外) 법국인(法國人) 아쓰터ᄒᆞ우쓰 여관고인(旅館雇人) 회동(會同)
장자용(장ᄌᆞ용) 진송(진송) 최성관(최셩관) 김창열(김창열) 심자신(심ᄌᆞ신)
당대선(당ᄃᆡ션) 장봉선(장봉션) 권문팔(권문팔) 최봉원(최봉원) 각 60전(各六十錢)
합 5원 40전(合五圓四十錢)
이명보(李明輔) 2원 50전(二圓五十錢)

동서(東署) 숭신방(崇信坊) 영희전(永禧殿) 이계(二契) 장성환가(張性煥家) 회동(會同)
장성환(張性煥) 2원(二圓) 문기준(文基準) 1원 60전(一圓六十錢) 김영근(金永根) 1원 40전(一圓四十錢)
신계홍(申桂弘) 김덕유(金德猷) 각 1원(各一圓) 김흥식(金興植) 60전(六十錢) 정의무(鄭儀茂) 안순흥(安順興) 차명근(車明根) 김성칠(金成七) 김은수(金恩洙) 각 50전(各五十錢)
◎ 최흥근(崔興根) 40전(四十錢) 홍광현(洪光鉉) 30전(三十錢) 이성묵(李聖默)
차창식(車昌植) 25전(二十五錢) 이희순(李喜順) 이기섭(李基섭) 신윤삼(申允三)
이기호(李基鎬) 사일환(史日煥) 각 20전(各二十錢)
합 14원 80전(合十四圓八十錢)

남서(南署) 훈도방(薰陶防) 회동(會同)

한응면(韓應勉) 자(子) 한기설(韓基셜) 김흥태(金興泰) 각 50전(各五十錢) 자(子) 흥남(興男) 30전(三十錢)

최광현(崔光鉉) 30전(三十錢) 이영환(李英煥) 김진묵(金振默) 각 50전(各五十錢) 장준명(張俊明) 1환(一圜) 자(子) 무쇠(茂쇠) 이기환(李基煥) 1원(一圓) 자(子) 수길(壽吉) 20전(卄錢) 이순환(李順환) 30전(卅錢) 조평오(趙平五) 30전(三十錢)

합 6원 10전(合六圓十錢)

서서(西署) 송교(松橋) 장철주(張哲周) 지전(紙廛) 회동(會同)

장철주(張哲周) 장흥남(張興男) 팔세아(八歲兒) 정재선(鄭在션) 전창규(全昌圭) 김대식(金大植) 조윤선(趙胤善) 장연호(張鍊鎬) 박영호(朴泳浩) 김문연(金文璉) 김윤진(金允진) 강찬흠(姜贊欽) 한응순(韓應淳) 최정윤(崔廷潤) 곽주경(郭柱景) 이원규(李源圭) 이동집(리東集) 최정한(崔井한) 윤동진(尹東縉) 문효순(文孝恂) 문승범(文承範) 허룡(許龍) 이상기(李相綺) 김광수(金光슈) 안희창(安喜昌) 황재균(황在均) 정영수(鄭永秀) 이상우(李相宇) 최두환(崔斗煥) 김용환(金龍煥) 김재연(金在淵) 임학수(林學슈) 김광연(金光淵) 유성열(劉星烈) 최순홍(崔슌弘) 박계성(朴桂成) 김상익(金商翼) 박창본(朴昌本) 안경문(安慶文) 손승현(孫承鉉) 김태희(金泰희) 변상옥(邊相玉) 김태석(金태錫) 임경식(林敬식) 이화주(李花酒) 상윤성운(商尹聖雲) 김원창(金元昌) 각 20전(各二十錢)

김수한(金슈한) 60전(六十錢) 이복윤(李福潤) 김옥식(金沃植) 각 10전(各十錢) 김성배(金聖培) 20전(二十錢)

합 50인(合五十人) 합 금 10원 20전(合金十圓二十錢)

대정동(大貞洞) 회동(會同)

김태선(金泰善) 양희엽(양喜葉) 안봉규(安奉圭) 홍석여(洪石汝) 이치운(李致云) 이해수(李海秀) 각50전(各五十錢) 정명옥(鄭明玉) 최명순(崔明順) 임보현(任甫玄) 김원준(金元俊) 최영식(崔永植) 임여관(任汝寬) 신성규(申聖圭) 정치순(鄭致順) 김봉근(金奉根) 정기환(鄭基煥) 윤흥성(尹興成) 이영식(李英식)

이자신(李自信) 전용식(全龍植) 조응준(趙應俊) 이흥근(李興根) 이원선(李元션)
양재관(양在寬) 이재관(李在寬) 이경순(李慶順) 김운식(金云植) 엄종엽(嚴從葉)
각 20전(各二十錢) 김창규(金창圭) 10전(十錢) 이병열(李병열) 10전(十錢)
합 7원 60전(合七圓六十錢)

입전(笠廛) 장방(長坊) 회동(會同)
박규영(朴奎榮) 권영택(權瑛澤) 김한풍(金漢豐) 문한영(文漢永) 전태원(全泰元)
이인환(李寅환) 이창호(李昌鎬) 각 50전(各五十錢) 백윤수(白潤슈) 2원(二圓)
전하영(全夏榮) 40전(四十錢) 이인용(李寅龍) 30전(卅錢) 조영진(曺泳진)
고수환(高壽환) 이순태(李舜틱) 오용근(吳龍根) 전태순(全泰純) 김승엽(金承燁)
정대익(丁大翊) 김명엽(金明燁) 전태동(全泰東) 이원희(李源熙) 피병덕(皮秉德)
김태성(金泰成) 전태형(全틱亨) 고관석(高寬碩) 김경우(金경宇) 박영식(朴령植)
김문용(金文容) 지석환(池셕煥) 임동익(林東翼) 각 20전(各二十錢) 피상윤(皮相潤)
45전(四十五錢) 백영원(白榮元) 최순영(崔숀英) 문상봉(文相鳳) 김원순(金元숀)
전태완(全태完) 각 20전(各二十錢) 김영석(金永셕) 10전(十錢) 아동(兒童)
피순남(皮順男) 박수동(朴壽童) 황필동(黃弼童) 신성복(愼成福) 황용길(黃龍吉)
유인복(劉寅福) 양한기(梁漢驥) 임홍복(林홍福) 각 10전(各十錢) 김창성(金昌盛) 5전(五錢)
합 13원 90전(合十三圓九十錢)

2월 26일, 『제국신문(帝國新聞)』

「국채보상기성회취지서(國債報償期成會趣旨書)」

이 자료는 번역 1책[35] 자료 3번 31쪽에 수록되어 있으므로 이 장에서는 생략한다.

원문

◎ 大哉皇言

국채보상사로 인민이 단연ᄒᆞ고 대금을 모집ᄒᆞᆫ다ᄂᆞᆫ사를 자상으로 입문ᄒᆞ시고 대황제 폐하게읍셔 하교ᄒᆞ사왈 애아적자가 국채를 보상ᄒᆞ기 위ᄒᆞ야 연가를 모집ᄒᆞ니 짐불가흡연이라 ᄒᆞ시고 연초를 불어ᄒᆞ신다더라

◎ 老宰義捐

前參政大臣金聲根씨가 國債募集事에 對ᄒᆞ야 本社에 委臨ᄒᆞ야 舊貨百圓을 …

번역문

◎ 훌륭하도다, 황제의 말씀이여.

국채보상에 대한 일로 인민이 담배를 끊고 대금을 모집한다는 것을 자상하게 듣고 대황제 폐하께서 하교하시기를, "나의 사랑하는 백성들이 국채를 보상하기 위해 연가를 모집하니 짐도 담배를 태울 수 없다." 하시고 연초를 가까이하지 않으신다고 하더라.

◎ 노재상의 의연

전 참정대신 김성근 씨가 국채를 모집하는 일에 대해 본사에 위임하여 구화 100원을 …

원문

● 國債報償義捐金以上摠算

⊙ 帝國新聞社(自二月二十日至三月六日)

受入金 七百六十八元四十七錢五厘

⊙ 皇城新聞社(自三月一日至六日)

受入金 四百七十二元九十七錢

⊙ 每日申報社(三月三日)

受入金 六十八元四十五錢

摠合 一千三百0九圓八十九錢五里

○ 發行所 大同報社

○ 印刷所 普文館

— 번역문 —

● 국채보상의연금(國債報償義捐金) 이상(以上) 총산(摠算)

⊙ 제국신문사(2월 20일부터 3월 6일까지)

수입금 768원 47전 5리

⊙ 황성신문사(3월 1일부터 6일까지)

수입금 472원 97전

⊙ 대한매일신보사(3월 3일)

수입금 68원 45전

총합 1309원 89전 5리

○ 발행소: 대동보사

○ 인쇄소: 보문관

— 원문 —

●廣告●

◎ 本社月報主旨ᄂᆞᆫ 人民義務에 當行과 學問智識에 前步와 世界奇聞과 時事要點을 蒐集成編ᄒᆞ야 同胞의 公益上裨益을 勉進케 ᄒᆞ며 現今國債報償에 對ᄒᆞ야 京鄕有志人趣旨書와 義捐人姓名과 金額計數를 無遺編錄ᄒᆞ야 大同供現케 ᄒᆞ오니

僉君子ᄂᆞᆫ 購覽ᄒᆞ시ᄋᆞᆸ

本社告白

번역문

●광고●

◎ 본사의 월보 주지는 인민의 의무에 마땅하게 실천해야 하는 것과 학문적 지식의 진보와 세계의 기문(奇聞)과 시사의 요점을 모집하고 편집하여 동포의 공공적 이익을 면진케 하며, 지금의 국채보상에 대하여 경향의 뜻있는 사람들의 취지서와 의연금 출연인의 성명과 금액 총수를 남김없이 편록하여 대동 세상을 이루게 함에 있으니 여러 군자들은 구람하시기 바람.

본사 아룀.

원문

● 月報定價票

一部先	金 十五錢
六部	仝 八十五錢
十二部	仝 一圓五十錢
郵稅	每部五厘

번역문

● 월보 정가표

1부(一部)	선금 15전
6부(六部)	동(仝) 85전
12부(十二部)	동(仝) 1원 50전
우편요금	매 부마다 5리

2. 문서류

의무소 박영직 공함

원문

警告라 敬啓者는 大邱廣文社長金光濟와 徐相敦씨 等의 三月廢烟이면 可償國債一千三百萬元之警告公亟이니 一出의 京鄕同胞가 萬口修應而辨死出力ᄒᆞ야 唯恐此論之或熄云ᄒᆞ니者 豈非上天顧眷之念과 先王陰隲之靈이 不忍國柵之永墜와 人種之殄滅ᄒᆞᄉᆞ 汲汲然誘我民衷而回亡圖存者耶아! 盖夫古今興亡之如何와 國民義務之如何는 已於兩民警告ᄌᆞ中의 反復徼切ᄒᆞ야 豚魚之可曉어니와 猶知檕略일ᄉᆡ 請演其意ᄒᆞ논니 其曰埃及波蘭이 皆可若徵云者는 國家之興亡이 今異於古ᄒᆞ야 國亡而人種亦滅之謂也라 向使波蘭埃及之民으로 嘗外人之凌軼也에 苟能奮勵團體ᄒᆞ야 愛國을 好愛己언들 庶不至於彼慘酷之境이어늘 不此之若ᄒᆞ고 其柵貴富豪는 依附外人者 非唯謀自全ᄒᆞ고 其愚下小民은 分裂黨派하야 非唯事暴動ᄒᆞ다라 國旣亡分則同歸於殘滅 而彼其謂自全者는 殄滅之後에도 猶不免列國之唾罵ᄒᆞ니者 非今日爲大韓臣民者의 所宜詧目昭鑑者也라. 其曰就使二千萬人衆으로 恨三個月廢烟하고 以其代金으로 每名下每朔二十錢式徵收檕籌云者는 其意ㅣ必也 不勞不損之財然後에 乃可償國債也오 情知我韓人種不幸而不得吸文明之氣ᄒᆞ야 只知有身而不知有國ᄒᆞ고 只知有財而不知其義ᄒᆞ야 與此財同死生之病根이 牢着膏肓ᄒᆞ야 雖拔一毛而利國家라도 不應爲也라 故設爲此不勞不損之方而勸告之ᄒᆞ니 實是嘔心瀝血中提出來者也라. 此非今日大韓臣民者의 所可修聲痛哭耶아 嗚乎라 頭目이 有急의 手足이 必捍ᄒᆞ고 父母有難의 子弟가 必衛ᄒᆞᄂᆞ니 惟我皇帝陛下는 二千萬同胞

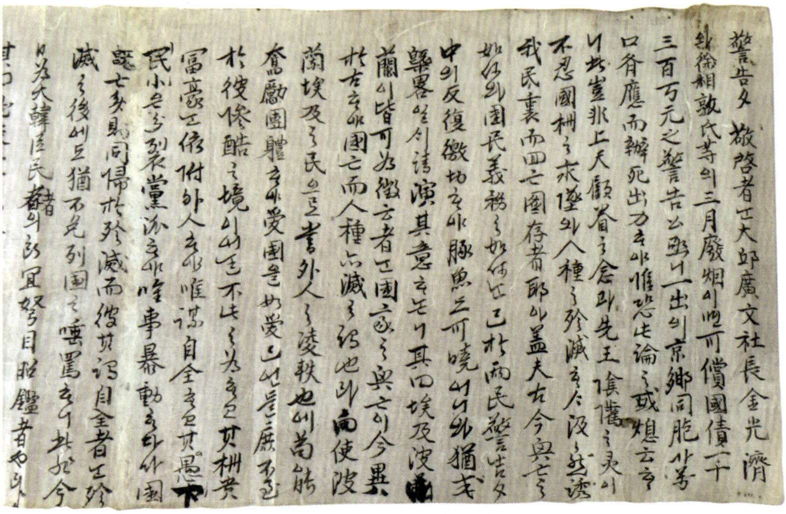

그림 2-8 의무소 박영직 공함(국채보상기념사업회)

之父母요 二千萬同胞ᄂᆞᆫ 惟我皇帝陛下之諸子也요 三千里疆土ᄂᆞᆫ 惟我父母의 居留諸子之家宅田園也라 父母有故ᄒᆞ야 典其田宅而借款於人則爲其子弟者 固不當捐其財而不報其債이온 況不報其債而居留諸子田宅而竟爲債主之占取 則勢必流離顚仆ᄒᆞ야 自至滅亡也요 以子職으로 言之라도 父母之債을 不可不報요 以身計로 言之라도 父母之債을 不可不報耶아 秉彝之性과 獻芹之誠이 人孰無之리요만은 孤且安眠一島ᄂᆞᆫ 以皇室基址로 恩澤特殊之地 則其於義務의 恐不當後於人故로 玆以發告ᄒᆞ오니 惟望僉君子ᄂᆞᆫ 隨力義捐ᄒᆞ여 以助國債萬一이 千萬幸甚

丁未正月十五日 民議所 朴永稷

— 번역문 —

삼가 아뢰는 말씀은 대구광문사장(大邱廣文社長) 김광제(金光濟) 씨와 서상돈(徐相敦) 씨 등이 3개월 금연하면 국채 1300만 원을 갚을 수 있다고 경고(警告)한 공함(公函)이 있습니다. 온 나라의 경향 동포가 죽을 힘을 발휘하여 오로지 이 논의가 혹 식을까 염려할 따름이니, 어찌 하늘이 돌보시며 선왕의 영령이 나라의 운명을 떨어뜨리며 사람을 잔인하게 인멸하려고 급하게 우리 백성들의 충심을 유인하여 망국을 도모한 것이겠습니까? 대개 고금에 흥망의 여하와 국민 의무의 여하는 이미 백성들에게 경고한 가운데 반복하면서 친절하게 짐승들도 알아들을 수 있게 말하여 이미 대략은 알고 있을 것입니다. 이번에 그 의미를 부연설명해 주기를 청하였습니다.

모두들 이집트[埃及]와 폴란드[波蘭]의 일로 다 징험할 수 있다고 하는 까닭은 국가의 흥망이 오늘날은 예전과 달라 나라가 망하면 인종 또한 전멸하기 때문입니다. 가령 폴란드나 이집트의 백성들로 하여금 일찍이 외적이 침범했을 때 단체 결성에 부지런하여 나라 사랑을 마치 자신의 몸을 사랑하듯이 했더라면, 아마도 저와 같은 참혹한 지경에 이르지는 않았을 것입니다. 이와 같지 않고 나라의 부귀하고 권세 있는 자들은 외인에게 의지하여 자신의 안전만 도모하였으며, 우부와 백성들은 당파(黨派)로 분열하여 폭동을 일삼았습니다. 나라가 망할 지경에 이르자 자신들도 잔멸하게 되어 스스로의 안전을 도모한 자들은 잔멸한 뒤에도 오히려 열국들의 모욕을 면치 못하였습니다. 이것이야말로 오늘 대한의 신하와 백성 된 자들이 눈을 부릅뜨고 거울로 삼아야 할 바가 아니겠습니까.

가령 2천만 백성들로 하여금 3개월에 한하여 담배를 끊고 그 대금으로 각자가 매달 20전씩 저축한다고 가정해 보겠습니다. 이는 애써 노력하지 않고 손해 보지도 않는 재물로 나라의 빚을 갚는 것입니다. 만약 우리 한국 사람들은 불행하여 문명의 기운을 흡수하지 못한다고 생각하여 단지 자신만 알고 나라는 알지 못하며 재물만 알고 의리는 알지 못한다면, 이 재물은 삶과 죽음의 병근(病根)과 같아 내 몸에 달라붙어 떨어지지 않을 것입니다. 비록 한 터럭을 뽑아 나라의 이익이 된다고 하더라도 응하지 않을 것입니다. 그렇기 때문에 이와 같은 수고로움도 없고 재물을 덜어 내는 일도 없는 방법으로 권고하오니, 이는 참으로 마음 깊은 곳에서 나온 것입니다. 이는 오늘날 대한 신민이 소리 내어 통곡해야 할 일이 아니겠습니까.

오호라. 눈과 머리에 급한 일이 생기면 손과 발이 반드시 막아야 하고, 부모에게 어려움이 있으면 자제들이 반드시 위호해야 합니다. 우리 황제 폐하께서는 2천만 동포의 부모이며, 2천만 동포는 우리 황제 폐하의 여러 자식들이며, 삼천리강토는 우리 부모가 살면서 여러 자식들에게 나누어 준 집과 밭입니다. 부모에게 변고가 생기면 집과 밭을 맡기고 다른 사람에게 돈을 빌립니다. 자식 된 자들은 마땅히 재물을 덜지만 갚기를 바라지는 않습니다. 하물며 자식들이 빚을 갚지 않으면서 집과 밭을 가지고 있다가 마침내 채권자에게 빼앗기게 되면 그 형세는 필시 거리를 떠돌면서 스스로 멸망에 이르게 됩니다. 자식들의 직분으로 말하더라도 부모의 빚을 갚지 않으면 안 되고, 자신을 위한 계책으로 말하더라도 부모의 빚을 갚지 않을 수 있겠습니까.

하늘에서 부여받은 천성과 부모를 받드는 정성이 사람이면 누군들 없겠습니까. 안면도는 황실의 기반이 되는 땅으로, 은택이 다른 곳과 달랐습니다. 그러니 그 의무가 다른 사람들보다 더해야 하기 때문에 이와 같은 말씀을 드립니다. 바라건대 여러 군자들은 힘을 모아 의연금(義捐金)을 내 나랏빚을 조금이라도 갚게 되기를 간절하게 바랍니다.

정미년(1907) 1월 15일 의무소(義務所) 박영직(朴永稷)

성주군(星州郡) 국채통문(國債通文)

원문

嗚呼 我星一郡人民 亦皆我列聖朝五百年 仁涵義育之遺黎 我聖上五十年 恩勤子惠之民也 亦奧我仁賢所化 父兄所教 忠君愛國之遺裔後生也 嗚呼 今日天下 强呑弱肉 乃四千年初有之變局也 我國家今日 又五百年宗社存亡之會 二千萬生靈死生之辰也 今萬事去矣 萬命盡矣 萬亡中最急其亡者 卽一千三百萬圓國債也 此債不報則土地非我土地 躬命非我躬命 能於此萬亡中 僥倖於一存者 其不在於報債之道耶 然今國庫已腹矣 廟堂盡縛手矣 我聖上乙夜熟淚 無誰與語 惟有我幾箇人民 尙妻其妻子其子 將衣掩肌將食 救命於我聖上 疆域之內 猶不可思所以合消埃之積補溟岱之缺 以爲萬分一圖存之地乎 嗚呼 忠義之性 有生所同躬命之計 常情無盡 見今禁烟報債之議 創自萊港 起於達府 而關西義務之會 適與同時 京城紳士 旣設所 而組織之 至於婦女童稚 亦皆奔趍義捐雲集 新緡颷飈 未知上心尙眷顧我東韓庶幾爲支保之會耶 我星雖僻弊 亦同此義理也 同此躬命也 顧今雖欲自外而崖視有不可得 況此義理 豈可待人指揮而强趍之哉 今自邑治會中 發議定以來月十二日 定會于邑場 克敦事務 嗚呼 古之爲國也 或國亡而民存 今之爲國也 國亡則民與亡 古之爲民也 不能於國 則尙足以家 今之爲民也 不能於國 則無所以爲家 卽此三千里封域 存則俱存 亡則俱亡 只是一家而已 一身而已 夫生而得天地之氣 秉綱常之性 雖亡家而存國 尙可爲也 雖滅身而保國 尙可爲也 況今存國 卽所以存家 保國卽所以保身 雖至愚極劣 猶尙有身有家矣 安得不同此義務乎 伏惟我大小僉位 各自奮發 趁右日濟之來 臨聽此論說以爲大同義務之地 千萬幸甚

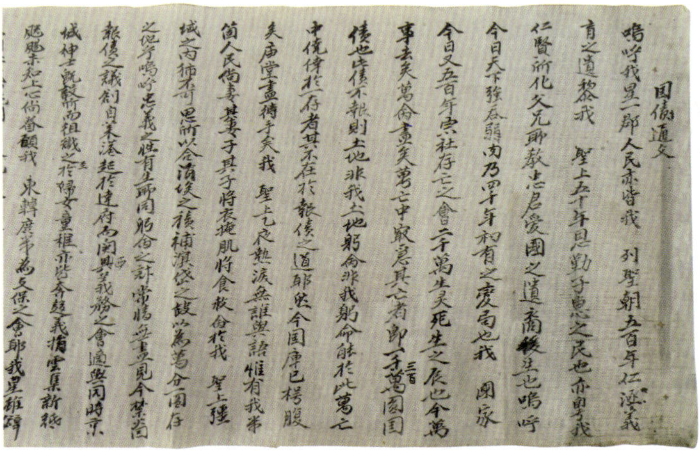

그림 2-9 성주군 국채통문(국채보상기념사업회)

— 번역문 —

오호라. 우리 성주 한 고을의 백성들은 모두 열성조(列聖朝) 500년 동안 전수된 인의(仁義)에 함양되었으며, 우리 성상(聖上)께서 통치하신 50년 동안 은근한 은혜를 입었습니다. 또 우리 고을의 어진 선비들의 교화와 부모들의 가르침으로 충군(忠君) 애국(愛國)하는 후손들입니다. 오호라. 오늘날의 천하는 강한 나라는 병탄하고 약한 나라는 잡아먹히는 천년 이래 없었던 형국입니다. 우리나라는 오늘 또 500년 종사(宗社)가 존망의 위기에 처해 있으며, 2천만 백성[生靈]들이 삶과 죽음의 위기에 놓여 있습니다.

지금은 모든 일이 다 어그러졌으며 온갖 생명이 모두 다 죽을 위기입니다. 모든 위기 가운데 가장 급한 것은 바로 1300만 원 국채(國債)입니다. 이 빚을 갚지 못하면 땅덩어리도 우리의 땅덩어리가 아니며, 한 사람의 목숨도 우리의 목숨이 아닙니다. 온갖 위기 가운데 다행스럽게도 한 가지 남은 것이 있다면, 빚을 갚는 방법에 있지 않겠습니까? 하지만 지금 나라의 창고는 이미 텅 비었으며, 조정의 신하들은 손이

묶여 있습니다. 우리 성상께서는 밤새도록 눈물을 흘리며 이 일을 상의할 사람이 없습니다. 우리 몇몇 백성들이 아내를 아내로 여기고 자식을 자식으로 여기며[36] 옷을 입고 굶주리면 음식을 먹으며 우리 성상께 구명(救命)하고 있습니다. 작은 티끌을 쌓으면 바다와 큰 산의 빈 곳을 메울 수 있지만 만분의 일이라도 도모할 생각은 하지 않습니다.

오호라. 충의(忠義)의 본성은 태어나면서 똑같이 얻으며 몸소 명을 받들 뜻은 인지상정으로 다함이 없습니다. 지금 담배를 끊어 빚을 갚겠다는 의론은 부산항[萊港]에서 시작되어 대구부(大丘府)에서 타올랐습니다. 관서(關西) 지역의 의무회(義務會)가 마침 같이 시작되었고, 경성(京城)의 신사들도 이미 소(所)를 설립하여 조직하였습니다. 부녀자들과 어린아이 또한 모두 달려와 의금(義金)을 내기 위해 구름처럼 모여 새로운 돈 꾸러미가 빠르게 쌓이고 있습니다. 모르겠습니다만, 하늘의 뜻이 우리 동한(東韓)을 거의 지탱하려는 것이 아니겠습니까?

우리 성주 고을은 비록 궁벽진 곳에 있지만 이와 같은 의리는 똑같으며, 이런 명을 실천하려는 뜻도 똑같습니다. 돌아보건대 비록 밖에서부터 시작하려고 해도 이미 곁눈질이 불가능한데, 하물며 이런 의리를 다른 사람의 지휘를 받아 억지로 실천함을 기다리겠습니까? 오늘 읍치(邑治)의 모임에서 발의하여 다음 달 12일에 읍의 장터에서 모이기로 결정하였으니, 일이 잘 처리되리라 믿습니다.

오호라. 예전 나라 가운데는 간혹 나라는 망해도 백성들은 보존되는 경우도 있었습니다만, 오늘날의 나라는 나라가 망하면 백성들도 망합니다. 예전의 백성들은 나라에 이바지할 수 없어도 집안을 다스릴 수는 있었습니다만, 오늘날의 백성들은 나라에 이바지할 수 없으면 집안에도 아무 일을 할 수 없습니다. 이는 바로 삼천리강토가 보존되면 함께 보존되고 망하면 함께 망하기 때문입니다. 온 나라의 백성이 한 집안과 같고 한 몸과 같습니다.

인간으로 태어나 천지의 기운을 얻고 강상(綱常)의 본성을 부여잡은 가운데 비록 집안이 망하더라도 나라는 보존되는 경우가 있으며, 한 몸이 죽어도 나라는 보존되는 경우도 있습니다. 하물며 오늘날은 나라를 보존하는 것이 바로 집안을 보존하는 것이며, 한 몸을 보존하는 것입니다. 비록 매우 어리석고 용렬한 백성일지라도 자신을 보존하고 집안을 보존하려고 합니다. 이것이 어찌 같은 의무(義務)가 아니겠습니까?

삼가 바라건대 여러분들은 각자 분발하여 위와 같이 진일보하십시오. 이와 같은 연설을 들으시고 대동(大同) 의무의 세상을 만들어 가기를 간절히 바랍니다.

물계(勿溪)[37] 당중(堂中) 윤통(輪通)

원문

嗚乎 弱肉强食 古亦有之 而空其國而易其種 仍爲自已帑藏 今日天下初有之變局也 小役大弱役强 古亦有之 而扼其項而制其命 便不得措手足 今日我國家初有之厄運也 究其所以然則 所謂借款 爲釣國之餌也 我國家生財之道不講 三事八政謾不修 擧財用恒拙 又自列國交際用度 日加月增 日本借款 至於一千三百萬圓之夥 八港旣已典執 山林川澤 又爲許給 而債錢之數 子母騰踊 所謂地有盡而秦之求無已者也 其勢必將擧三千里疆土 輸之於無厭之溪壑而後已 若是則五百年宗社 將寄何所 二千萬生靈 將寄何地 大抵國存家乃存 疆土不失生靈乃保 今日禁烟報債之議 創自萊港 起於達府 而關西義務之會 適與同時 京城紳士 旣設所而組織之 至於婦孺乞丐 亦皆嚮風奔走 隨力捐補 猶恐後人 此非

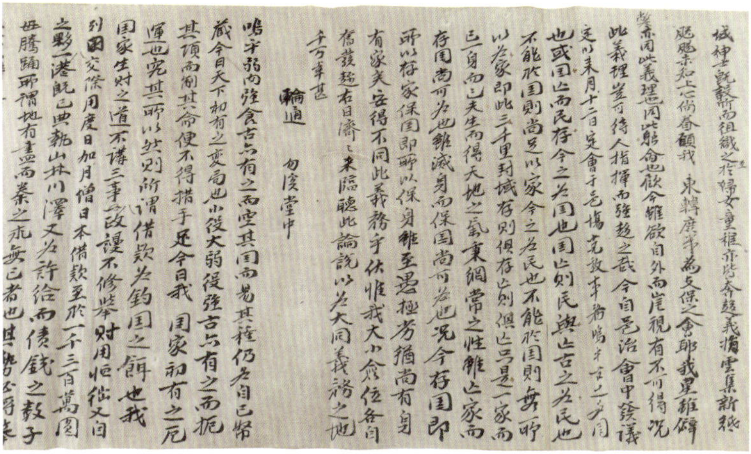

그림 2-10 물계 당중 윤통(국채보상기념사업회)

但忠義之性 有生所同得 亦保家保身之策 無出於此也 盖捐身而有可以急君之危 則忠義之士 身亦不愛也 覆家而有可以救國之亡 則社稷之臣家亦不顧也 況各捐若干財 以保幾亡之軀 命以復幾失之講桶尊君而復國者乎 若聞此而不從行 然激起思欲捐報者 是無人心也 其將樂爲禽獸乎 樂爲越海之俘虜乎 一國風動 在在雲集 而猶我嘉鄕 寂然未有聞 抑輪告之通章中滯公播之新紙不來歟 際此宗國之垂亡身家之靡托 而忍痛含寃 無一分可爲之道 而有先唱此議者 眞所謂義士也 眞可謂有人心者也 縱不能倡 可不應聲而和之乎 一國皆然 而猶吾鄕不然 則世將以三嘉爲何如鄕也 玆敢冒陋奉告 伏惟我人民大小僉位 各自奮發 以今十七日濟濟來會于邑場常務所 克敦義務 千萬幸甚

— 번역문 —

오호라. 약육강식(弱肉强食)은 예전부터 있었지만, 나라를 피폐하게 하고 백성들을 바꾸어 마침내 스스로를 망치게 됩니다. 오늘날의 천하는 초유의 변화가 닥친 형국입니다. 작은 것이 큰 것을 부리고 약한 것이 강한 것을 부림은 예전부터 있었지만, 목을 짓누르고 운명을 통제하여 결국엔 손발을 묶게 됩니다. 오늘날의 우리나라는 초유의 액운(厄運)이 닥친 형국입니다. 그 소이연(所以然)을 곰곰이 따져 보겠습니다.

이른바 '차관(借款)'이란 나라를 낚시질하는 바늘입니다. 우리나라는 재정을 풍족하게 하는 방법을 강구하지 않고 삼사(三事)[38]와 팔정(八政)[39]이 제대로 시행되지 않아 모든 재용(財用)이 늘 보잘것없습니다. 또 열국과의 외교에 재정이 날로 늘어나고 달로 증가하여 일본 차관(借款)이 1300만 원에 이르게 되었습니다. 여덟 항구는 이미 그들의 차지가 되었고, 산림(山林)과 천택(川澤)은 또 그들에게 제공되었습니다. 그런데도 빚진 돈의 수량은 이자와 원금이 마구 불어나 이른바 '땅은 유한한데도 진(秦)의 요구는 멈출 줄 모른다.'[40]는 지경이어서 그 형세가 필시 삼천리강토를 가지고 싫증냄이 없는 곳까지 뻗은 뒤에야 멈출 것입니다. 이와 같다면 500년 종사는 장차 누구를 의지하겠으며, 2천만 생령들은 장차 어느 곳을 의지하겠습니까?

대저 나라가 보존되면 집안도 보존되며, 강토를 잃어버리지 않으면 백성[生靈]들도 보존됩니다. 오늘날 금연으로 빚을 갚자는 논의는 부산항[萊港]에서 시작되어 대구에서 크게 일어났습니다. 그리고 관서(關西) 지역의 의무(義務) 모임이 마침 때를 같이하였으며, 경성의 신사들도 의소(義所)를 설립하여 조직하였습니다. 심지어 부녀자, 어린아이, 걸인들까지 모두 같이 힘껏 동참하여 의연금을 내며 다른 사람들에 뒤처질까 염려했습니다. 이런 마음은 단지 충의(忠義)의 본성을 나면서부터 같이 얻어서 그런 것뿐만 아니라, 또한 집안을 보호하고 자신을 지킨다는 생각이 나오지 않을 수 없었기 때문입니다.

대개 자신을 희생하여 임금의 위급함을 구할 수 있다면 충의지사는 몸 또한 아끼지 않을 것입니다. 집안을 희생하여 망해 가는 나라를 구할 수 있다면, 사직지신은 집안 또한 돌아보지 않을 것입니다. 그러니 각자가 약간의 재물을 내어 죽어 가는 몸을 살리고 이미 실추된 존군(尊君)의 대의를 회복하며 나라를 회복함에 있어서랴! 만약 이와 같은 소식을 듣고도 몸소 실천하지 못할 수는 있습니다. 하지만 성금을 내 빚을 갚으려는 생각이 격렬하게 일어나지 않는다면 이는 인심(人心)이 없는 것입니다. 기꺼이 금수(禽獸)가 되겠습니까? 기꺼이 바다 건너 오랑캐가 되렵니까?

온 나라가 운동에 동참하여 구름처럼 모이고 있는데도, 오히려 우리 고을 삼가(三嘉)는 적막하게 소문이 들리지 않습니다. 그렇지 않다면 윤고(輪告)의 통지문이 중간에 막히고 공공연하게 전파되는 새로운 소식지가 도착하지 않아서입니까? 나라가 망하려 하고 집안이 흔들리는 이 즈음에 고통을 꾹 참고 원통을 머금으며 조금이라도 나설 방법은 없지만, 논의를 먼저 제창하는 이가 있다면 참으로 '의사(義士)'라 하겠으며, 참으로 '인심(人心)을 지닌 자'라고 하겠습니다. 비록 앞장서지는 못했지만 소리에 부응하여 화답하지는 않겠습니까? 온 나라가 다 그러한데도 우리 고을은 그렇지 않습니다. 그러니 세상 사람들이 장차 삼가(三嘉)를 어떤 고을로 여기겠습니까?

이에 감히 고루함을 무릅쓰고 통지문을 받듭니다.

삼가 생각하건대, 우리 인민들과 대소 여러분들께서는 각자 분발하여 이번 달 17일에 읍장(邑場) 상무소(商務所)에 모여 의무(義務)가 잘 진행되기를 간절히 바랍니다.

이정기(李貞基) 관련 자료

■ 호출장

원문

國債報償金에 關ᄒᆞᆫ 事件에 對ᄒᆞ야 必要有之ᄒᆞ니 四月二十五日 午前 十時 當署에 出頭ᄒᆞᆷ이 可ᄒᆞᆷ

明治四十四年 四月 十九日

星州警察署 (官印)

星州郡 西谷面 柃谷洞

李貞基 殿

번역문

국채보상금에 관한 사건에 대해 필요한 일이 있으니, 4월 25일 오전 10시에 당서(當署)에 출두할 것.

명치 44년(1911) 4월 19일

성주경찰서 (관인)

성주군 유곡면 명곡동

이정기 전

■ 피봉

원문

西谷面 柃谷洞

李貞基 殿

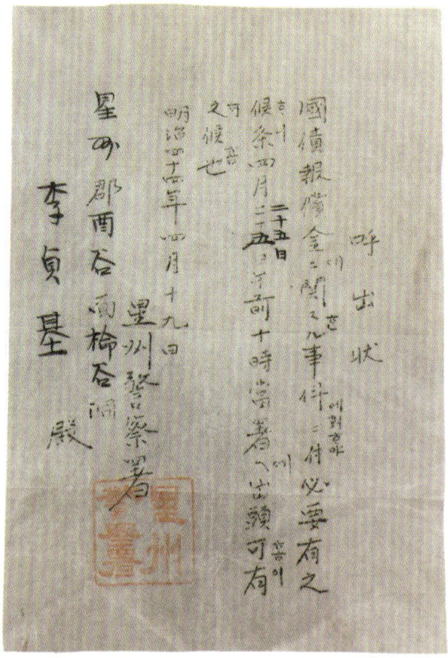

呼出状

國債報償金ニ關スル事件ニ付必要有之候ニ付四月二十五日午前十時當署ヘ出頭可有之候也

明治四十年四月十九日 星州警察署

星州郡西谷面檜谷洞

李貞基 殿

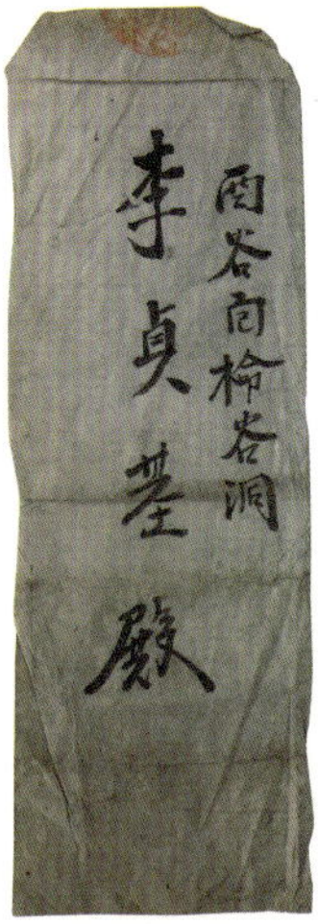

西谷面檜谷洞

李貞基 殿

그림 2-11 이정기 관련 자료(호출장과 피봉, 국채보상기념사업회)

번역문

유곡면 명곡동

이정기 전

미주

제4장 유네스코 세계기록유산과 국채보상운동 기록물

1 국회도서관, 「국채보상운동기록물 유네스코 세계기록유산 등재」(http://dlps.nanet.go.kr/DlibViewer.do?cn=PAMP1000044788&sysid=nhn)[cited 2018. 10. 15.]

2 이진옥, 「울산지역 문화활성화를 위한 지방기록물관리기관의 설립과 운영방안」, 신라대학교 대학원 석사학위논문, 2014.

3 유네스코와 유산, 「세계기록유산」(http://heritage.unesco.or.kr/mow/mow_intro/)[cited 2018. 10. 17.]

4 국채보상운동기념회, 「유네스코 세계기록유산」(http://www.gukchae.com/Pages/Introduce_0108_01.aspx)[cited 2018. 10. 17.]

5 [표 2-1]은 유네스코와 유산 홈페이지(http://heritage.unesco.or.kr/)를 바탕으로 재구성한 것이다.

제5장 국채보상운동 기록물의 현황과 분류

6 대구광역시, 『국채보상운동 100년』, 2007 및 (사)국채보상운동기념사업회 유네스코 세계기록유산등재 추진위원회, 『국채보상운동, 책임을 다하다』, 2015, 15쪽. 이와 같은 분류는 문서의 일관성 및 체계성이 부족하여 독자들이 쉽게 이해할 수 없다는 단점이 있다.

7 김도행, 「국채보상운동기록물의 통합서비스를 위한 유관기관 간 협력방안」, 경북대학교 대학원 석사학위논문, 2016, 26쪽.

8 한국국학진흥원, 『성산이씨 홍와고택』(한국국학진흥원 소장 국학자료목록집 23), 한양인쇄, 2015.

9 국채보상운동기념사업회, 『국채보상운동기록물』 1~3, 도서출판 선인, 2017.

10 『국채보상운동기록물 1』, 도서출판 선인, 2017, 65~67쪽에서 인용.

11 이에 대한 자세한 논의는 변광석, 「동래기영회의 활동과 변화를 통해 본 지역성」, 『역사와 경계』, 84, 부산경남사학회, 2012; 김승, 「한말·일제하 동래지역 민족운동과 사회운동」, 『지역과 역사』 6, 부경역사연구소, 2000; 손숙경, 「19세기 중반 동래지역 기영회 결성과 그 역사적 의미」, 『역사와 경계』, 83, 부산경남사학회, 2012 등 참고.

12 세종대왕기념사업회, 『한국고전용어사전 5』, 편찬위원회, 2001.

13 대구단연상채회통문, 『국채보상운동 기록물 2』, 도서출판 선인, 2017, 31~36쪽에서 인용.

14 58번 자료 「국채보상연합회의소공함(國債報償聯合會議所公函)」은 1907년 4월 20일에 연합회

의소장 이준(李儁)의 명의로 고령군단연의무소장 이두훈에게 발송된 것이다. 여기에는 연합회의 소의 제반 규칙을 책자로 만들어 배포할 예정이라는 사실이 기록되어 있다.

15 1908년에 간행된 『신정(新訂) 방약합편(方藥合編)』에 최승학이 역자로, 김광제가 교정자로 참여한 사실이 확인되므로, 두 사람이 훨씬 이전부터 친분이 있었을 것이라 추정된다.

16 김근수, 『한국민족문화대백과사전』, 「대동월보」, 한국학중앙연구원, 1990.

17 한국국학진흥원, 『성산이씨 홍와고택』, 한양인쇄, 2015, 56~63쪽.

제6장 국채보상운동 기록물 주요 자료 해제

18 재아(宰我)와…것: 재아와 자공은 공자의 제자 중에 언변이 뛰어난 사람이다. 『논어』 「선진(先進)」 편에 "덕행에는 안연(顔淵)·민자건(閔子騫)·염백우(冉伯牛)·중궁(仲弓)이요, 언어(言語)에는 재아(宰我)·자공(子貢)이요, 정사에는 염유(冉有)·계로(季路)요, 문학에는 자유(子游)·자하(子夏)이다." 하였고, 또 "자공은 불행히도 말을 잘해서 억측을 하면 자주 들어맞았다."라는 구절이 있다.

19 소진(蘇秦)과…이른다: 소진과 장의는 전국시대(戰國時代) 종횡가(縱橫家)이다. 장의는 전국시대의 책사(策士)로, 소진의 합종(合從)을 깨뜨리고 연횡(連衡)을 주창하여 육국(六國)이 진(秦)나라를 섬기도록 했고, 소진은 육국이 합종하여 진나라에 대항하게 하고서 육국의 정승이 되었다. 연횡은 동쪽의 조(趙), 위(魏), 한(韓), 연(燕), 제(齊), 초(楚) 등 여섯 나라가 동서[衡]로 연합하여 진나라를 섬기게 한 계책이고, 합종은 여섯 나라가 남북[從]으로 연합하여 진나라에 대항하게 한 계책이다. 두 사람에 대한 기록은 『사기(史記)』에 보인다.

20 과두(蝌蚪): 과두문자의 준말로, 전문(篆文) 이전에 사용된 가장 오래된 글자이다. 글자의 획이 올챙이 모양과 같다고 해서 붙여진 이름이다.

21 같은 문자를 썼다: 『중용(中庸)』 제28장에 "지금 온 천하가 같은 수레를 타고 같은 문자를 쓰게 되었다.[今天下車同軌 書同文]"라는 말이 있다.

22 개미의 꿈속: 개미굴에 들어간 꿈 이야기인 「남가일몽(南柯一夢)」의 고사이다. 순우분(淳于棼)이란 사람이 느티나무의 남쪽으로 뻗은 가지 아래서 잠을 자다가, 꿈속에서 괴안국(槐安國)에 이르러 온갖 부귀를 누리다 깨어 보니, 자기가 노닐던 곳이 바로 뜰 앞 큰 느티나무 아래였고, 그곳에 개미굴이 있어 개미들이 드나드는 것이 보였다 한다. 부질없이 헛된 부귀영화를 좇는 사람 혹은 그러한 상태를 가리키는 말이다.

23 늙어서 만회한다: 후한(後漢) 때의 장수인 풍이(馮異)가 적미(赤眉)의 난을 토벌하기 위해 나섰다가 처음 싸움에서 대패하고, 얼마 뒤에 다시 군사를 정비하여 적미의 군대를 격파하였는데, 황제가 친히 글을 내려 위로하기를, "처음에는 회계(會稽)에서 깃을 접었으나 나중에는 민지(澠池)에서 떨쳐 비상하니, 참으로 '동우에 잃었다가 상유에 수습하였다.[失之東隅 收之桑楡]'라고 할 만하다." 한 데서 나온 말로, 본문에서는 젊어서 해야 할 일을 늙을 때까지 미룬다는 뜻으로 쓰였다.

24 3년 살이 쑥: 『맹자(孟子)』에 "지금 천하에 왕을 하려는 것은 마치 7년 된 병에 3년 묵은 약쑥 구하기와 같으니, 이제부터라도 미리 약쑥을 저축하지 않으면 종신토록 얻지 못할 것이다.[今之欲王者 猶七年之病求三年之艾也 苟爲不畜 終身不得]"라고 한 데서 온 말로, 젊어서부터 일이나 공부에 매진하라는 뜻이다.

25 신민(新民): 『대학』 경문 제1장에 나오는 말로, 군주가 교화하여 백성을 새롭게 한다는 의미이다.

26 소의간식(宵衣旰食): 날이 새기 전에 일어나 옷을 입고 해가 진 뒤 늦게서야 저녁밥을 먹는다는 뜻으로, 임금이나 신하가 정사(政事)에 부지런한 것을 말한다.

27 백성들이…흥기한다: 『대학(大學)』 전문 제10장에 "덕이라는 것은 근본이 되고 재물이라는 것은 말단이 된다. 근본을 밖으로 하고 말단을 안으로 하면, 백성들이 서로 다투고 약탈을 일삼게 만든다. 그렇기 때문에 재물을 모으면 백성들이 흩어지고, 재물을 흩으면 백성들이 모이는 것이다.[德者本也 財者末也 外本內末 爭民施奪 是故財聚則民散 財散則民聚]"라는 말에서 유래한 것이다.

28 이 자료 본문은 『국채보상운동 기록물 2』(도서출판 선인, 2017)에 수록되어 있으므로 여기에서는 전문의 일부만 수록한다.

29 한마디…일으킨다: 『논어(論語)』 「자로(子路)」 편에 보이는 말로, 정공(定公)이 공자에게 "한마디 말로 나라를 일으킬 수 있는 일이 있느냐?"라고 묻자, 공자가 "임금 노릇 하기가 어려운 줄을 안다면, 한마디 말로 나라를 일으키기를 기약할 수 있습니다."라고 대답하였다.

30 정운하: 일제강점기 충청북도 진천 출신의 유학자이자 교육가. 본관은 연일(延日). 송강(松江) 정철(鄭澈)의 후손으로, 충북 진천군 백곡면 사송리에서 출생하였다. 1910년 일제의 강점이 이루어지자 사설 서숙을 세워서 유학 및 국문(國文)과 국사 등을 가르쳐 민족정신을 고취하는 데 힘썼다. 1931년 12월 20일 자 『동아일보』 3면에 실린 「정운하 씨(鄭雲夏氏) 특지(特志), 소작료 병작으로 지세 공과금 자담(自擔)」이라는 제하(題下)의 기사에서 정운하의 자선 및 독지(篤志) 활동이 소개되기도 하였다. 〈디지털진천문화대전〉 참조.

31 편안할…않는다: 『주역(周易)』 「계사전 하(繫辭傳下)」에 "이 때문에 군자는 편안할 때에도 위태함을 잊지 않고, 보존될 때에도 망하는 일을 잊지 않고, 잘 다스려질 때에도 어지러워지는 일을 잊지 않으니, 이런 까닭에 몸이 안전해지고 국가가 보존될 수 있는 것이다.[是故君子安而不忘危 存而不忘亡 治而不忘亂 是以身安而國家可保也]"라는 말이 있다.

32 뭇별들은…모으고: 군주를 향해 한마음으로 모인다는 뜻이다. 『논어』 「위정(爲政)」 편에 "덕정(德政)을 펴게 되면, 북신(北辰)이 가만히 제자리를 지키고 있어도 뭇별들이 옹위하는 것처럼 될 것이다.[爲政以德 譬如北辰居其所 而衆星共之]"라는 말이 있다.

33 원문에는 없는 말이나 이해를 돕기 위해 『대동보』 제4호를 참고하여 추가하였다.

34 이하, 의연자 명단과 의연 금액은 번역문에만 적기로 한다.

35 『국채보상운동기록물 1: 취지서·발기문』, 국채보상운동기념사업회, 2017.

36 아내를…여기며: 원래는 형제들 사이에 우애가 깊음을 뜻하는 말이나, 본문에서는 겨우 가정을 꾸리며 일상생활을 영위한다는 의미로 쓰였다. 『소학』에 "형제는 한 부모에게서 태어났기 때문

에 형체는 나누어졌지만 기는 똑같다. 성장해서 각각 아내를 맞이하고 자식을 두게 되면 비록 우애가 두터운 사이더라도 부득불 그 사이가 소원하게 된다.[兄弟 同出於父母 故形分而氣同 及其壯也 各妻其妻 各子其子 雖有篤厚之人 不能不少衰也]"라는 말이 있다.

37 물계(勿溪): 경상남도 창녕군 대지면 모산리에 있는 물계서원. 1712년(숙종 38) 지방 유림의 공의로 성송국(成松國)·성삼문(成三問)·성담수(成聃壽)·성수침(成守琛)·성운(成運)·성제원(成悌元)·성혼(成渾)·성윤해(成允諧) 등의 학문과 덕행을 추모하기 위해 창건하였다. 창녕성씨의 대표 서원으로, 선현배향과 지방교육의 일익을 담당하였으며, 1868년(고종 5) 대원군의 서원철폐령으로 훼철되었다가 1995년에 복원되었다.

38 삼사(三事): 『서경(書經)』「대우모(大禹謨)」에 보이는 말로, 백성의 생활이 풍족해지고[厚生], 백성이 도구를 이용할 줄 알게 되고[利用], 백성의 덕이 바르게 된 것[正德]을 가리킨다.

39 팔정(八政): 인간 생활에 필요한 여덟 가지 정사(政事). 『서경』「홍범(洪範)」에 "농에는 여덟 가지 정사를 행한다.[農用八政]", "첫째는 양식, 둘째는 재물, 셋째는 제사, 넷째는 사공, 다섯째는 사도, 여섯째는 사구, 일곱째는 손님 접대, 여덟째는 군사.[一曰食 二曰貨 三曰祀 四曰司空 五曰司徒 六曰司寇 七曰賓 八曰師]"라는 말이 있다.

40 땅은…모른다: 강대국의 요구가 끝이 없다는 뜻으로, 조(趙)나라 혜문왕(惠文王)과 인상여(藺相如)에 관련된 고사이다. 혜문왕이 화씨벽(和氏璧)을 얻었는데, 진 소왕(秦昭王)이 조왕(趙王)에게 편지를 보내어 15성(城)과 바꾸기를 원하였다. 인상여가 화씨벽을 가지고 진(秦)에 갔으나 진왕이 약속을 지키지 않으려 하자 인상여가 화씨벽을 되찾아 온 일이 있다. 『전국책(戰國策)』 권2 「소진위초(조)합종세한왕(蘇秦爲楚(趙)合從說韓王)」.

국채보상운동
사람·기억·공간

3

국채보상운동 아카이빙과 라키비움

제7장

국채보상운동과 대구 북후정 복원 계획

1. 국채보상운동과 북후정

국채보상운동은 1907년 1월 29일 대구광문사가 광문사 문회의 명칭을 개칭하고 확정하는 자리에서 서상돈이 국채 일천삼백만 원의 보상에 대해 발언한 것에서부터 시작되었다.[1, 2, 3] 그로부터 얼마 지나지 않아 2월 16일자 『제국신문』에 국채보상에 관한 기사가 게재되면서 전국적으로 알려지게 되었고 2월 21일에 대구 북후정에서 「국채보상운동 취지서」를 낭독·발표하면서 삽시간에 전국적으로 퍼져 나가게 된다. 서상돈이 북후정 위에 올라 금연을 호소하며 국채를 보상하자고 역설하자 민중은 북후정 아래에서 담뱃대를 던지며 단연을 결심하고 운동에 참여하였다고 한다.[4]

따라서 국채보상운동의 세계기록유산 등재를 계기로 국채보상운동의 역사적 장인 북후정의 정확한 위치와 건물에 대해 제대로 정리하여 장차 복원을 통하여 세계유산의 네트워크를 만들 필요가 있다.

북후정의 용도와 규모

1831년에 발간된 것으로 추정되는 『대구부읍지(大丘府邑誌)』는 누가 편찬하였는지는 알 수 없으나 항목과 내용으로 보아 행정 자료로서의 성격이 강해 개인이 아니라 대구부에서 작성된 것으로 추정된다.[5] 『대구부읍지』에 수록된 50여 개의 공해(公廨, 공공건축물)에는 그 위치와 크기, 사용자 혹은 건축 연대 등 건축물에 대한 설명이 기입되어 있는 경우도 있다. 이 중 열두 번째 소개된 읍북루는 "挹北樓在府西三里一名北候亭"으로 설명되어 있어 부의 서쪽 3리(1.2km)에 위치하며 북후정이라 불리기도 했던 누정임을 알 수 있다.

이러한 서술은 이전에 발간된 『대구부읍지』[6]에도 동일하게 기재되어 있어 적어도 읍북루는 1769년 이전에 지어졌을 것으로 판단할 수 있다.

또 일명 북후정인 읍북루는 『대구부읍지』 이외에 조선시대에 작성된 여러 지도에도 명기되어 있는데, 1750년대에 작성된 『해동지도』[7]에는 대구읍성이 축성되기 전 대구의 모습으로 객사, 감영(경상감영), 향교, 진영, 이아, 중영, 교장, 망경정(망경루) 등 당시의 주요 건축물이 그려져 있다. 여기에 그려진 9개의 건축물을 규모와 지붕 형태에 따라 분류해 보면 〈그림 3-1〉과 같이 세 가지 유형으로 구분된다. 그중 읍북정(북후정)은 정면 1칸 팔작지붕의 중간적인 위계의 건축물이다.

서경보[8]의 『묘옹집』에는 그가 서기수와 이별하면서 북후정에서 시를 짓고 그것을 그림으로 남겼다는 기록이 있는데, 그것을 볼 때 북후정은 공해이면서 일종의 모임 장소로도 활용되었음을 알 수 있다.

즉, 북후정에서 「국채보상운동 취지서」를 낭독한 것은 북후정이 서문시

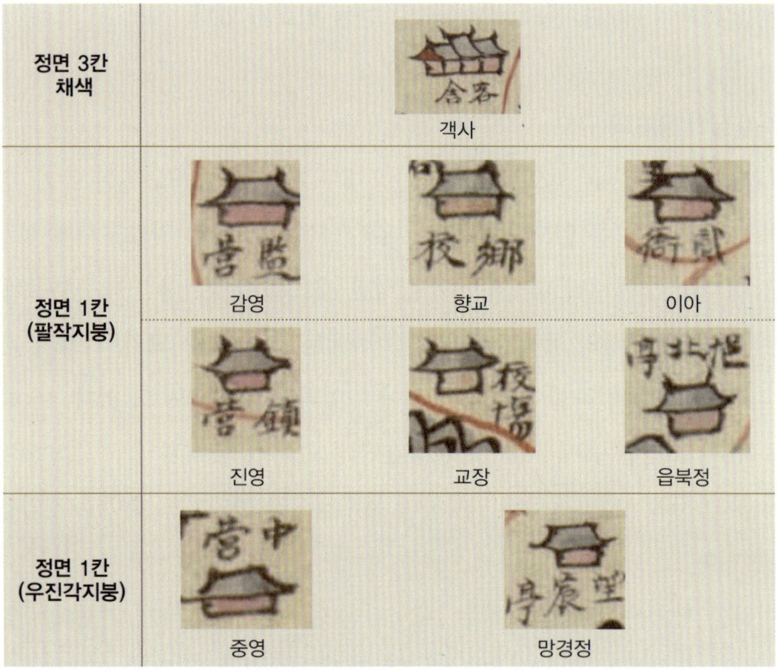

그림 3-1『해동지도』에 그려진 대구 건축물

주: 규모가 가장 크고 채색이 된 정면 3칸짜리 객사, 장식적인 지붕의 정면 1칸짜리 감영, 향교, 이아, 진영, 교장, 읍북정 그리고 규모가 가장 작은 중영, 망경정(망경루) 등 세 가지로 분류할 수 있다.

장에 있고, 당시 서문시장은 전국에서 많은 사람이 모여든다는 입지적 특성을 충분히 활용한 것으로 볼 수 있다. 이러한 장소 특성을 잘 활용하여 장이 서는 2월 21일에 전국에서 몰려든 사람들을 대상으로 두 번째 선포식이 개최되었다. 당시에 낭독된 취지서와 규칙은 일본인 순사에 의해 상부에 보고되었다.

그리고 그 후에도 북후정에서는 서씨 부인과 정씨 부인 등 부인 7명이 패물을 모아서 기부하고 국채보상운동 호소문을 낭독하기도 하였다.[9]

북후정의 위치

북후정이 서문시장에 있었다는 기록은 오횡묵의 『자인총쇄록』에 나온다. 『자인총쇄록』은 1888년 자인 현감으로 부임한 오횡묵이 임지로 나아가는 과정부터 시작하여 지방 행정의 책임자로서 관청의 중요한 업무나 사건을 일기체 형식으로 기록한 것이다. 오횡묵은 1888년 8월에 출발하여 9월 13일에 동명, 칠곡을 거쳐 14일에 금호강을 통해 대구읍성으로 들어와 15일에 경산으로 향했다. 그는 대구에서 1박을 하면서 당시 대구의 모습을 상세하게 묘사하였다. 그 경로를 보면, 금호강을 건너 대구부로 들어와 달성을 오른쪽에 두고 북후정을 거쳐 서문시장, 달서교, 달서문을 통해 읍성 안으로 진입하여 객사에서 예를 올리는 동선으로, 북후정에 대해서는 "북후정 즉 서문시장(北候亭卽西門場市)"이라 쓰여 있고, 이어서 "서문시장에서 조금 더 가면 석교에 단비가 있는 달서교가 열려 있다.[西門場市八數武地石橋短碑有列達西橋]"라고 표현되어 있다. 이를 통해 보면 서문시장이 달서교와 연결되어 있고 "북후정 즉 서문시장"은 달서교 부근임을 알 수 있다. 또 『여지도』나 『지승』, 『해동지도』 등의 고지도에도 대구읍성 서쪽의 서문시장이나 달서교, 달서문 부근에 북후정의 위치가 그려져 있다.

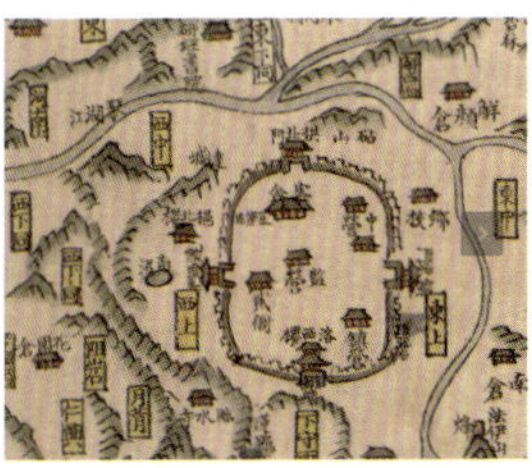

그림 3-2 여지도[10]

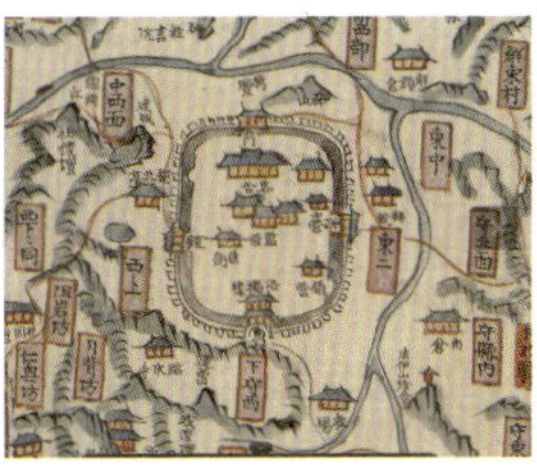

그림 3-3 지승[11]

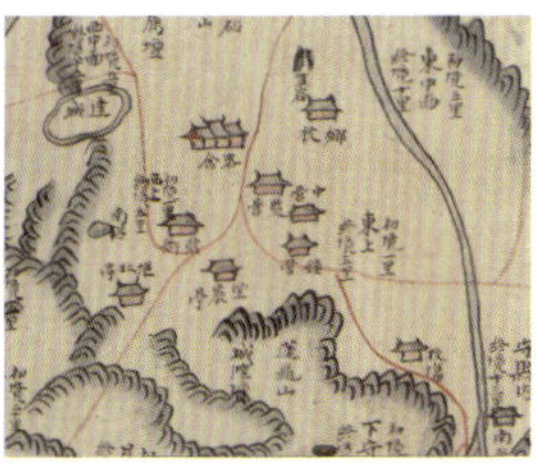

그림 3-4 해동지도[12]

주: 읍북루는 『여지도』에서는 읍성 밖 북서쪽, 달성과 서문(달서문) 사이에 위치하고 있으며 『지승』에서도 거의 동일한 위치에 있다. 『해동지도』는 읍성이 축성되기 전에 편찬되어 달서문과 읍북루의 관계성을 확인할 수 없으나 달성과 이아, 감영, 중영 등과 비교해 보면 달성과 이아 사이에 위치하고 있었음을 알 수 있다.

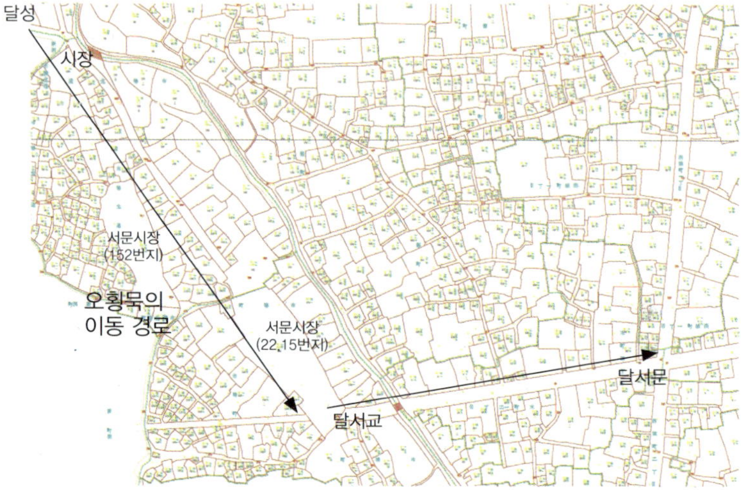

그림 3-5 대구면 지적도(1911년에 제작된 지적도를 캐드로 재작성)

여기서 북후정의 보다 정확한 위치를 알기 위하여 서문시장과 달서교의 위치, 북후정의 관계를 살펴보도록 하겠다.

조선시대 대구의 도시 구성을 알 수 있는 자료로서『여지도』,『지승』,『해동지도』등과 같은 지도가 있음은 이미 밝혔고, 1831년에 발간된 것으로 추정되는『대구부읍지』에서 북후정이 읍북루와 동일한 명칭이며 대구부에서 3리 떨어져 있다고 설명하고 있다는 것도 앞에서 밝힌 바 있다. 그렇다면 대구부의 위치부터 알아보자. 대구부 즉 대구부아는 그 위치가 시기별로 자료에 따라 두 가지로 나타난다. 첫째, 기인용 사용된『여지도』,『지승』,『해동지도』에는 대구부의 위치가 감영의 서쪽에 있다.

둘째, 1888년 작성된『자인총쇄록』에서 오횡묵은 부아 공간의 일부인 아문의 서쪽에 장교청이 있고, 장교청은 선화당 동쪽에 있다고 하였다. 즉 선화당의 동쪽에 장교청이 있고 또 다시 동쪽에 부아 공간이 있다고 하였다.

이렇게 두 위치가 부아(이아)로 확인이 되는데, 시기적으로 보아 선화당의 서쪽에 있었던 때와 선화당의 동쪽에 있었던 때로 대별할 수 있다. 자료들을 종합하여 보면 19세기에 동쪽으로 옮겨 간 것으로 추정할 수 있다. 또한 국채보상운동이 일어난 시기와 가까운 시기의 자료인 오횡묵의 『자인총쇄록』에는 선화당과 장교청의 동쪽을 부아의 위치로 묘사하고 있다.

그러므로 1900년대에 그려진 공해도(조선시대에 그려진 지도)를 바탕으로 장교청 동쪽의 부아 위치를 추정하여 그 위치에서 1911년 작성된 지적도의 도로를 따라 3리(1.2km) 지점을 추정하면 서문시장의 북쪽 끝 지점이 된다. 즉 오횡묵이 『자인총쇄록』에서 밝힌 "북후정 즉 서문시장"이라는 것은 서문시장의 북쪽 입구를 지칭한다고 할 수 있다.

달서교보다 북쪽에 위치한 서문시장은 시장북통 152번지, 22번지와 15번지로, 3개의 필지에 걸쳐 있었다. 그중 152번지는 시장북로에서 22번지로 진입하다가 또다시 2m의 좁은 길을 통해 진입해야 하는 복잡한 진입구조를 하고 있으므로 시장을 이용하는 특정한 목적으로 사용되는 도로이며 굉장히 좁아 오횡묵은 152번지 시장을 통과하지는 않고 일상의 통행로로도 이용되는 22번지 시장으로 진입하는 시장북로를 이용하였다고 보는 것이 합당할 것이다.

이를 토대로 1911년에 제작된 지적도를 통해 당시 서문시장 주변의 도시 형태를 분석하면 오횡묵의 묘사와 정확하게 일치한다. 지적도상에서 금호강을 건너 남쪽으로 진입하면 오른쪽에 달성이 있고 시장북로를 따라 남쪽으로 이동하면 시장북로는 끝나고 서문시장이 나타난다. 그리고 서문시장을 통과하여 남쪽의 동서도로를 따라 5m 정도 이동하면 달서교가 나타난다. 달서교를 건너면 남쪽으로 가는 길과 달서문으로 가는 두 갈래 길이 있다.

그러므로 여기에 오횡묵이 묘사한 "북후정 즉 서문시장"을 적용하면 북후정은 시장북로가 끝나고 시장이 시작되는 지점인 시장북통 22번지(1911년 당시의 지번)로 확인할 수 있다.

북후정의 건축적 형태와 특징

앞에서 국채보상운동과 북후정의 관계를 고찰하면서 북후정의 용도와 건립 연대에 관하여 언급하였는데 여기서는 구체적으로 북후정의 건축적인 형태와 특징에 관하여 살펴보기로 하겠다.

먼저 〈그림 3-6〉과 〈그림 3-7〉은 1900년대 서문시장의 모습이다. 좌측 사진에는 설명문이 없어 서문시장이라는 것을 증명할 수는 없으나 우측 사진에 대구시장(서문시장)이라고 명기되어 있고 두 사진이 동일하다는 것을 토대로 좌측 또한 서문시장 사진임을 알 수 있다.

사진은 남쪽에서 서문시장을 찍은 것으로, 당시 서문시장이 개장되어 상인과 구매자가 뒤섞여 시장이 성행하고 있는 모습을 보여 준다. 시장 주변 상가가 상점 역할을 하고 있는 것을 잘 알 수 있고 동쪽으로 달서천이 흐르고 있는 것도 알 수 있다. 그리고 시장이 시작되는 북쪽 입구에 서 있는 누각을 발견할 수 있는데, 이 누각이 있는 장소가 북후정이 위치한 시장북통 22번지이다. 즉 이것이 북후정이다. 사진에 찍힌 초가집을 비롯한 건축물들의 형태와 당시의 지적도를 비교하면 그 위치나 필지 형태가 정확하게 일치한다.

이것이 북후정이라고 하는 것은 증명하였으니 사진을 좀 더 확대하여 자세히 살펴보도록 하자. 1909년 사진으로 추정되는(1910년에 발행되었으므로 이전 사진인 것은 확실하지만 정확한 연도는 알 수 없다) 〈그림 3-7〉의 사진에는 북후정 자리인 22번지에 주변의 1층 높이의 초가집보다 훨씬 작은 규모의 가건축물 같은 것이 있다. 반면 좌측 사진에는 2층 정면 3칸, 측면 2칸 규모의 팔

그림 3-6 1900년대 서문시장[13]

그림 3-7 1910년경의 대구시장(서문시장)[14]

그림 3-8 북후정(그림 3-6 확대)

작지붕의 목조건축물이 있는데 이것이 북후정이다. 이러한 규모와 형태는 『여지도』와 『지승』에서 그려 놓은 정면 3칸, 팔작지붕의 형태와도 일치한다. 그러므로 1770년대부터 존재하였던 것으로 여겨지는 북후정이 1910년 무렵에는 이미 해체되어 사라졌다고 볼 수 있다. 이러한 북후정의 해체에 대하여 일본인들의 강제 철거 등을 언급하는 학자도 있으나 이것에 대하여 밝혀진 바는 없다. 그러나 1910년경에 사라지고 없는 것은 확실한 듯하다.

특히 1900년대 사진으로 알려져 있는 위의 사진에서 북후정의 남서쪽 부분이 이미 파괴되어 있어 자연적인 파손 등도 생각할 수 있다. 북후정은 2층의 벽체가 없는 누마루 형태이며 2층에 사람이 오를 수 있는 구조로서, 서문시장을 향해 정면으로 열려 있어 서문시장을 바라보고 연설이 가능한 무대 혹은 광장의 중심과 같은 역할을 하는 건축물로 이해할 수 있다. 그러므로 국채보상운동을 대구 시민뿐만 아니라 전 국민에게 알리고 피력하는 최적의 장소와 형태를 지니고 있었던 것으로 생각된다. 현재 북후정이 있던 자리에는 당시의 시장북로가 연장되어 도로가 나 있고 일부 4층 건물이 들어서 있다.

2. 북후정 복원 기본구상

북후정의 위치 확정

심포지엄에서 논의된 북후정의 위치를 정확히 찾기 위해서 연구 시점까지 확보된 두 장의 사진(그림 3-6, 3-7. 북후정이 있을 때와 없어진 후의 서문시장 전경 사진)과 두 개의 도면(그림 3-9, 3-10. 일제 때 작성된 지적 측량도와 현재의 지적 측량도)을 활용·분석하였다.

방법적으로는 사진에 담긴 시각적 요소—서문시장과 주변의 건물 그리고 원경의 산—와 지적도를 현재의 상황과 비교하여 중첩하는 도식적 방법으로 다음과 같이 진행하여 위치를 확인했다.

먼저 두 장의 서문시장 사진을 오버랩하여 최대한 동일한 경관이 되게 방향과 크기를 조정한 후(그림 3-11~3-13) 당시의 풍경을 '다음(Daum)'의 항공사진과 비교·분석하여 현존하는 풍경과 오버랩하였다. 그런 다음 구 서

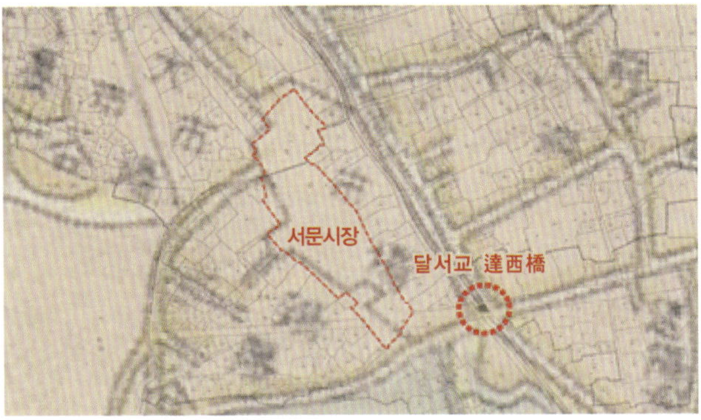

그림 3-9 서문시장과 달서교 위치

그림 3-10 대구면 지적도 및 현재 지적도상 서문시장의 위치

그림 3-11 북후정과 서문시장 사진(1900년대)

그림 3-12 북후정 철거 후 서문시장 사진(1910년경)

그림 3-13 포토샵을 이용한 그림 3-11과 3-12 오버랩

문시장의 위치를 현재와 비교하였다.(그림 3-14~3-16)

그러고 나서 사진에서 주변 건물의 위치와 전신주의 위치로 경계를 재확인한 다음 일제 때 지적도와 현재의 지적도를 오버랩하여 시장의 경계를 확인하고 북후정 위치를 최종 확정하였다. 현재의 지도 위에 북후정의 위치와 기둥을 표시하였다.(그림 3-17~3-21)

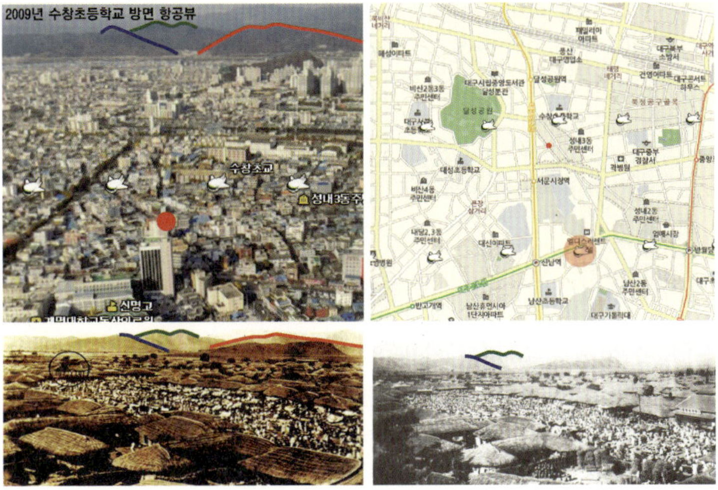

그림 3-14 사진 배경으로 보이는 지형을 통해 현재 지형과 비교

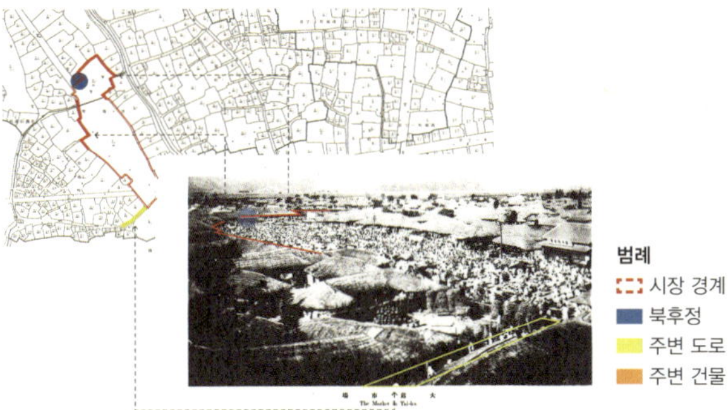

그림 3-15 대구면 지적도상 도로 및 지적 경계와 사진 비교

그림 3-16 대구면 지적도상 지적 경계와 사진 비교

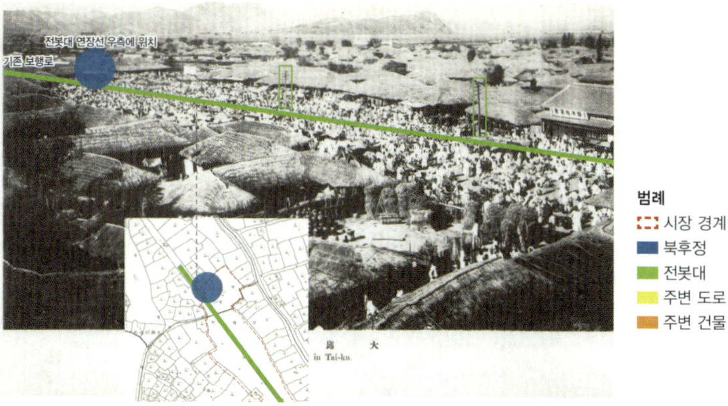

그림 3-17 기존 보행로와 추가된 전봇대로 북후정의 위치를 추정

그림 3-18 확인된 북후정의 위치

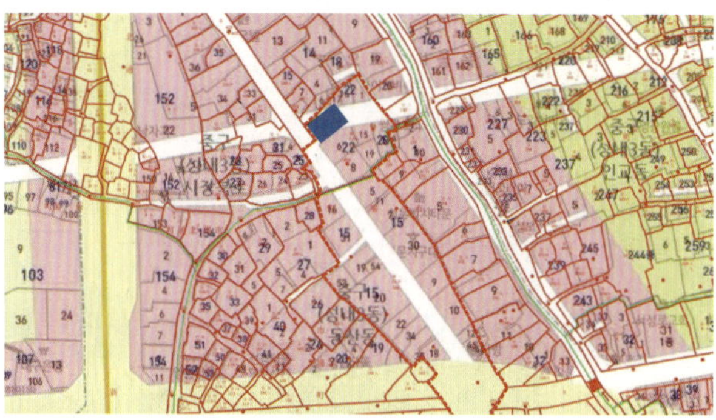

그림 3-19 대구면 지적도 및 현재 지적도에서 북후정의 위치

그림 3-20 현재 지도에서 북후정의 위치

그림 3-21 북후정의 위치(기둥 표시)

그림 3-22 북후정의 위치(현장 사진)–서성로13길과 국채보상로99길 교차로 상부

마지막으로 사진을 통해 북후정 위치를 표시하는 작업을 진행하였다. 북후정의 위치는 현재의 서성로13길과 국채보상로99길의 교차로 도로상이다. 사진의 경우 화질이 좋지 않아 명도와 채도를 조절하였다.(그림 3-22)

북후정의 형태와 규모

북후정은 2층 정면 3칸, 측면 2칸 규모의 팔작지붕 목조건축물이다. 2층은 벽체가 없는 누마루 형태로, 사람이 오를 수 있는 구조이며 서문시장을 향해 정면으로 배치되어 있다. 이러한 건물 형태로 볼 때 북후정은 대구로의 진입을 관장하는 문, 서문시장을 관리하고 시민과 상인들이 이용할 수 있는 커뮤니티 센터 혹은 시장(광장)의 상징과 같은 역할을 하는 건축물로 이해할 수 있겠다.

필자는 지적도 및 사진 자료를 활용해 북후정의 규모 및 정확한 기둥 위치 등을 파악하고자 하였다. 이 작업을 통해 기둥의 예상 위치 및 규모를 보다 정확하게 확인할 수 있으며, 새로 건축된 일본식 건물과 도로와의 관계를 더 정확하게 파악할 수 있었다.(그림 3-23~3-28)

그림 3-23 북후정, 서문시장 주변 건물의 위치 및 규모 확인(1900년대 사진)

그림 3-24 북후정, 서문시장 주변 건물의 위치 및 규모 확인(1910년경 사진)

그림 3-25 포토샵을 이용한 대구면 지적도와 1900년대 사진의 오버레이어 작업

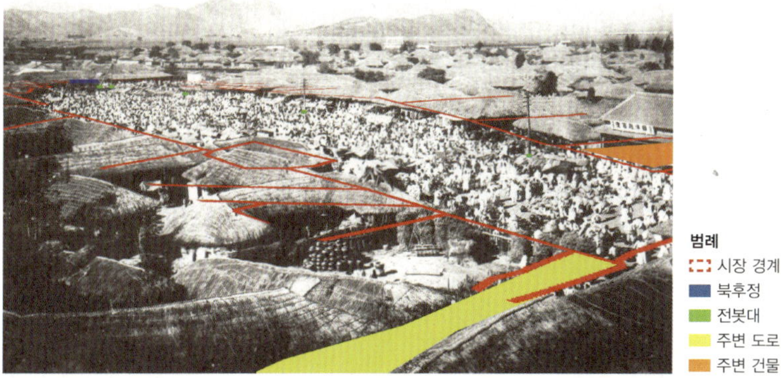

그림 3-26 포토샵을 이용한 대구면 지적도와 1910년경 사진의 오버레이어 작업

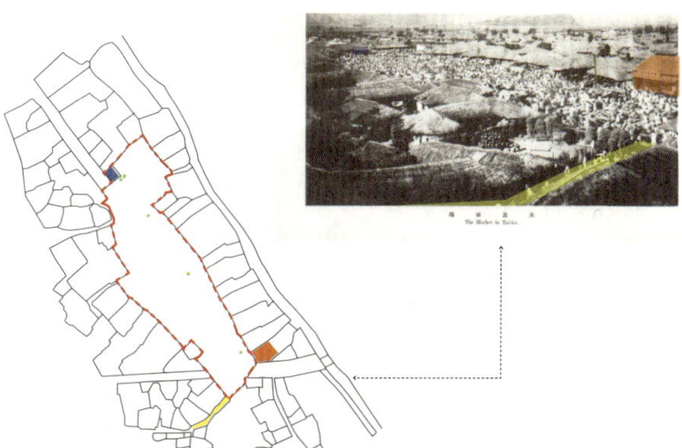

그림 3-27 대구면 지적도상 도로 및 건물 표시

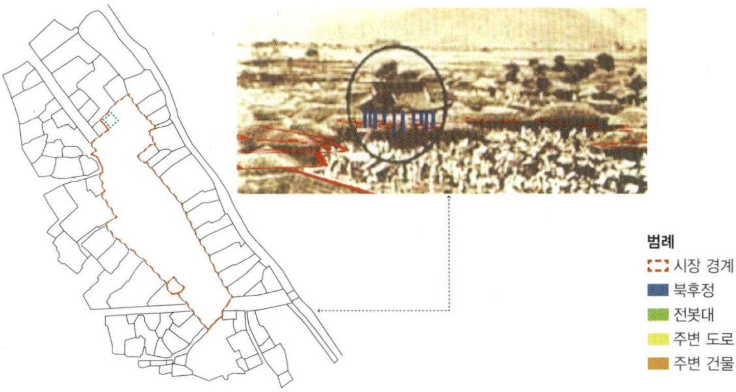

그림 3-28 대구면 지적도상에 기둥 표시

3. 북후정 복원 모델링

현재의 사진 자료로는 북후정의 정확한 형태와 규모를 알 수 없다. 따라서 북후정의 규모를 파악하기 위한 치수는 사진이 촬영된 시대에 살았던 사람의 평균 신장을 기준으로 추정하였다.(그림 3-29~3-31)

그림 3-29 사진을 통한 형태 구분

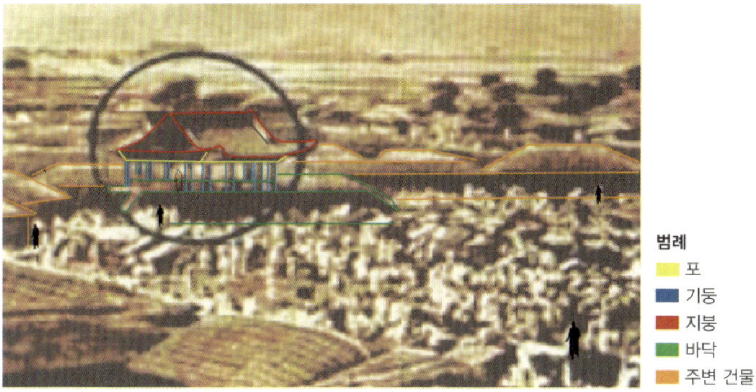

(1900년 165cm / 1925년 167cm / 1945, 1950년 166cm)
「한국인의 신장 변화와 생활수준의 변동–식민지 시기 키 자료를 중심으로」

그림 3-30 사진 속 사람과 스케일 비교

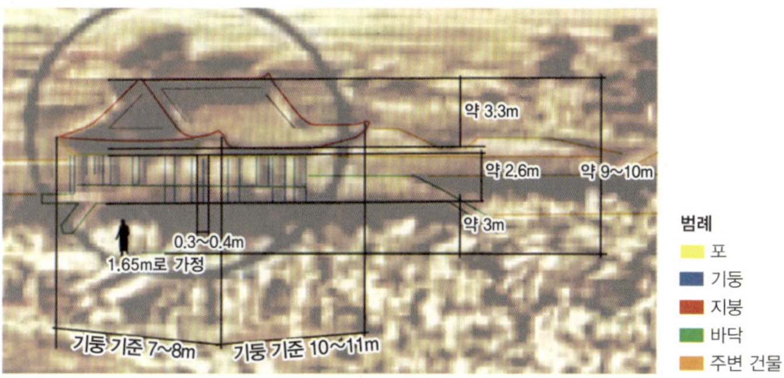

그림 3-31 북후정의 예상 치수

그림 3-32 북후정과 형태 및 규모가 유사할 것으로 추정되는 관풍루

형태와 양식은 북후정이 건립된 시기와 비슷한 때에 건축된 관풍루를 포함한 대구, 경북 지역의 누각 건축물의 비례와 디테일 등을 참고하여 모델링 작업을 진행하였다.(그림 3-32) 입체 형태 제작에 사용한 프로그램은 '스케치 업 2018'이고 지붕과 처마부 등의 곡면부는 '포토샵'과 '라이노' 프로그램을 사용하였다.

작업 내용은 다음과 같다.

복원 모델링

그림 3-33 북후정 모델링 1

그림 3-34 북후정 모델링 2

그림 3-35 정면(사진은 참고 자료로 사용한 관풍루이다)

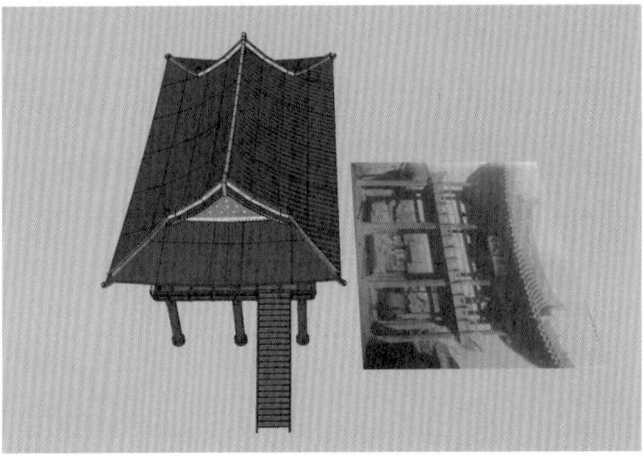

그림 3-36 측면

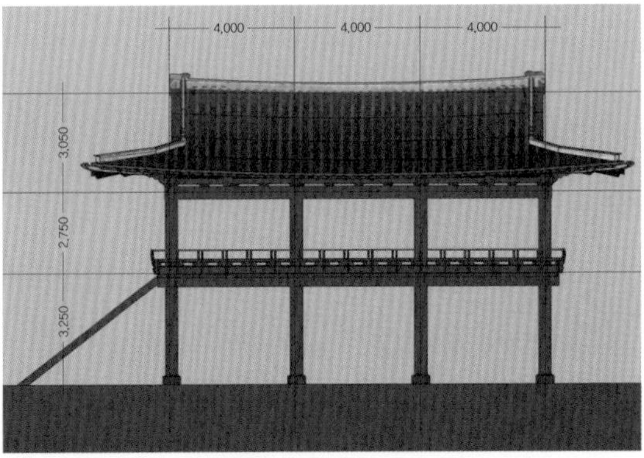

그림 3-37 정면도

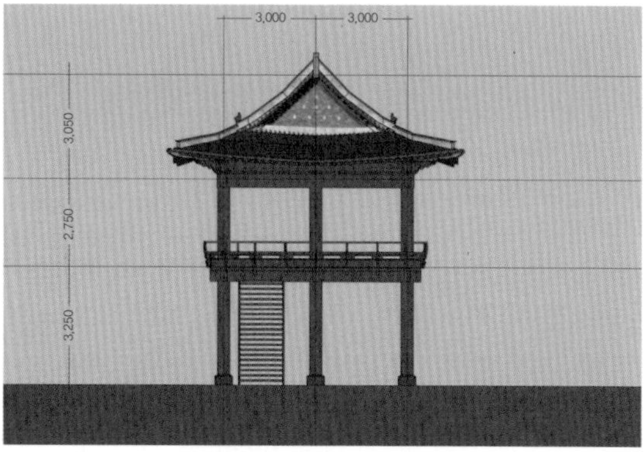

그림 3-38 우측면도

그림 3-39 배면도

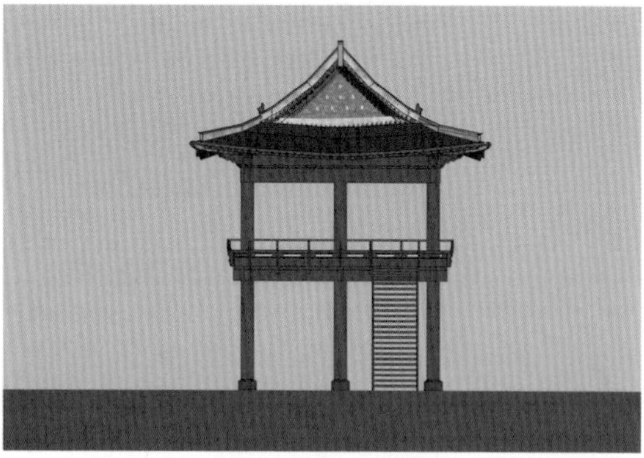

그림 3-40 좌측면도

복원 위치와 영역

그림 3-41 북후정과 서문시장 사진(대구면 지적도)을 바탕으로 한 모델링

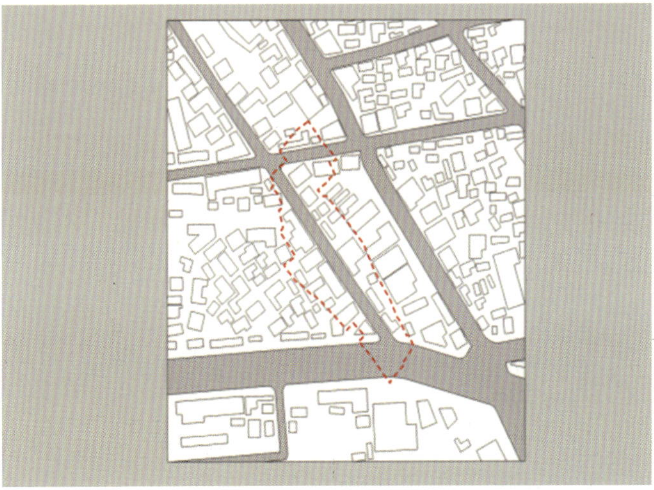

그림 3-42 현재의 대지 현황 모델링

그림 3-43 모델링 1

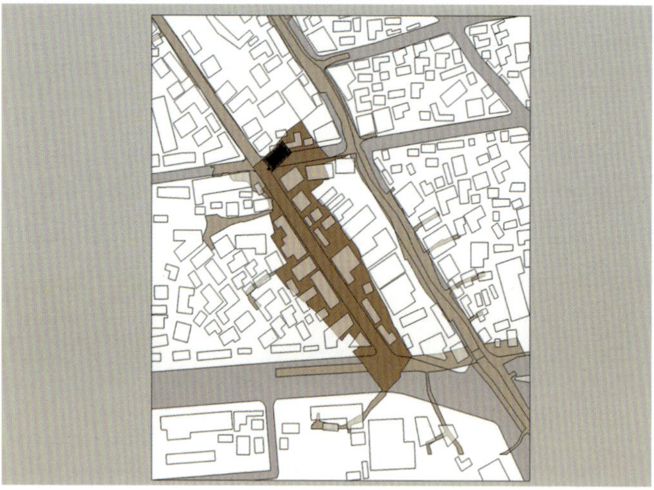

그림 3-44 모델링 2

복원 투시도와 조감도

그림 3-45 투시도

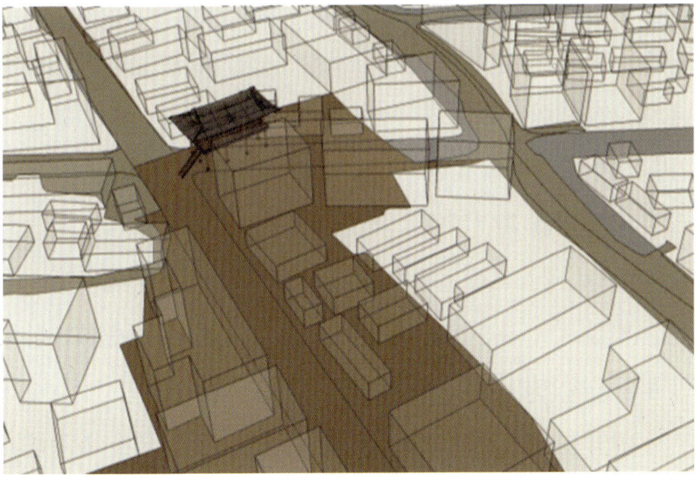

그림 3-46 조감도

복원을 위한 방안 제시

북후정은 심포지엄에서 발표자와 토론자가 동의한 바와 같이 원래 구 서문시장, 즉 현재 오토바이 골목이 있는 서성로13길의 도로 교차로 위에 자리하고 있었다. 북후정이 철거된 이후, 시기는 분명치 않으나 새로운 도로가 구 서문시장 부지의 가운데에 길이 방향으로 개설되면서 좌우의 주변 부지는 여러 개의 새로운 필지로 분할되어 현재와 같이 되었다.(그림 3-20~3-22 참조)

따라서 복원을 위해서 다음과 같은 방안을 제시한다.

1. 북후정의 정확한 위치가 도로상이므로 장소성이 갖는 역사적 의미와 다양한 행사를 위해서 그리고 교통에 지장을 주지 않기 위해서 복원 장소(도로) 주변의 대지를 일부 매입한다.
2. 북후정이 들어서는 곳은 적당한 넓이의 로터리(교통섬 역할)로 만들고 주변에 교통량에 적합한 도로와 인도를 건설한다.
3. 또한 북후정 복원과 함께, 국채보상운동을 위한 군중 대집회가 개최된 역사적 의미를 상징할 수 있는 서문시장이라는 광장 공간 구현을 위해 현재의 상황에 맞는 서문시장 영역의 공간을 공공디자인 기법으로 조성할 것을 제안한다.(그림 3-47~3-49 참조)
4. 결론적으로 국채보상운동이 일어난 장소적·공간적·역사적 의미에 걸맞은 방향으로 북후정을 복원하기 위해서는 부지 매입과 함께 일정 범위의 공간영역을 활용할 수 있는 조치가 필요하다.
5. 부지 매입 예산을 확보하고 도시 공공디자인 사업을 시행하기 위해 주민 협조를 얻어 내는 등의 과정에서 여러 가지 어려움이 예상되나 세계기록유산을 보유한 도시로서 대구의 위상을 지켜 나가려면 북후정 복원이 반드시 이루어져야 할 것이다.

복원 사례

■ 프랭클린 코트: 미국 필라델피아

그림 3-47 프랭클린 코트

프랭클린 코트는 미국 건국의 아버지인 벤저민 프랭클린의 자택을 복원한 것으로, 원래의 주택 부지에 18세기 당시의 정원 디자인을 재현하고 스틸 프레임으로 과거 주택의 윤곽만을 표현하였다. 그리고 바닥면에 벽과 문이 있던 위치를 그려 놓았다. 지하에는 전시장과 아카이브 공간이 있다.

■ 슈퍼킬른 프로젝트: 덴마크 코펜하겐

그림 3-48 슈퍼킬른 프로젝트

도심 광장을 공원으로 바꾸는 데 성공한 사례 중 하나이다. 이 프로젝트는 약 10만 7천 평 규모의 낙후지역을 공원, 놀이 장소, 나들이 장소 등 다양한 문화를 융합할 수 있는 공원 광장으로 바꾸어 결과적으로 코펜하겐이 가지는 다국적 도시의 특징을 살리는 데도 성공했다. 슈퍼킬른 공원은 붉은 광장, 검은 광장, 녹색 광장 세 구역으로 나눠진다. 붉은 광장은 스포츠와 문화 활동을 위한 공간으로, 모든 연령대가 사용할 수 있도록 기획하였고 다양한 스포츠 시설을 통해 역동적인 이미지를 만들었다. 검은 광장은 주민들이 체스나 보드게임을 즐길 수 있는 광장으로 만들었다. 검은 바탕에 흰 자유 곡선을 그었는데 이 선들은 녹색 광장의 등고선을 그대로 연장한 것으로, 녹색 광장과 연계성을 높였다.

녹색 광장은 부드러운 곡선의 언덕과 녹지로 이루어진 공간으로, 어린이와 가족, 연인들이 소풍이나 일광욕을 즐길 수 있는 자연 광장으로 조성했다.

■ 한국전쟁 참전 기념광장: 미국 필라델피아

그림 3-49 미국의 필라델피아 델라웨어 강변에 위치한 '스프루스 스트리트 하버 공원'에 있는 한국전쟁기념공원

검은색 열주들이 서 있는 기념공간의 바닥 중심에 대한민국 지도를 새겨 놓았다.

제8장

국채보상운동 관련 기록물과 시설물 아카이빙

1. 기록물 디지털화를 통한 아카이빙

1992년에 시작된 유네스코 세계기록유산 사업은 전 세계에 산재해 있는 기록유산의 중요성과 보호의 필요성을 인식하고, 동시에 세계인들이 이들 기록물에 쉽게 접근할 수 있도록 하는 사업이다. 따라서 세계기록유산 사업의 목표는 '전 세계의 기록유산은 인류 모두의 소유물이기에 모든 사람을 위해 보존·보호되어야 하고, 보다 많은 사람들이 관련 자료에 신속하고 편리하게 접근하여 그것을 활용하며, 그 가치를 공유할 수 있도록 하는 것'이다.

이런 점에서 국채보상운동 관련 기록물이 2017년에 세계기록유산(Memory of the World)으로 등재되었다는 것은 두 가지 의미를 가진다. 첫째는 우리 국민 스스로가 앞장서서 외채를 갚고자 한 국채보상운동은 그 자체가 세계사 속에서 매우 특별한 사건이며, 관련 기록물 역시 1907년의 외채상환을 위한 국민적 연대를 잘 보여 주는 세계 유일의 기록유산이라는 것을 세계적으로 공인받았다는 점이다. 둘째는 아직 미발굴된 국채보상운동 기록물을 향후 더 많이 발굴하여 운동의 전모를 완전히 밝힐 뿐만 아니라, 관련 기록물을 체계적으로 정리하여 세계시민이 더 잘 활용하고 공유할 수 있도록 함으로써 전 인류에게 국채보상운동의 숭고한 정신과 그 역사적 의의를 알리기 위한 만반의 준비를 갖추어야 한다는 것이다.

따라서 우리에게 남겨진 과제가 있다면 다음과 같은 것일 터이다. 첫째는 국채보상운동의 진행 과정과 시대적 배경 등에 관한 모든 자료와 콘텐츠를 발굴하여 체계적으로 정리하는 것이다. 둘째는 발굴된 자료들을 세계시민이 공유할 수 있도록 디지털화하고 전시하는 자료 구축 및 전시 방법을 모색하는 일과 그것을 담을 수 있는 그릇으로서의 플랫폼을 구축하는 일이다. 셋째는 국채보상운동 정신을 내재화하는 작업이다. 이 운동의 정신을 지역민의 정체성으로 내재화할 뿐만 아니라 유네스코 및 세계시민과 교류하는 인프라를 구축하고, 이것을 기반으로 해서 교육·문화예술·산업으로 새롭게 재창조될 수 있도록 비즈니스 인큐베이터를 구축하는 일이다.

이를 위한 구체적인 로드맵은 다음과 같이 3단계로 정리해 볼 수 있을 것이다. 제1단계는 기반조성 단계(2018~2020)이다. 이 단계에서는 기록물을 체계적으로 정리하고 이를 디지털로 재현하는 일이 급선무이다. 예를 들면 남북 공동 조사·연구를 진행하는 일, 국채보상운동 지역사 연구를 완료하는 일, 기록물 디지털화를 추진하는 일 등이다. 제2단계는 기록물의 세계화 단계(2021~2022)이다. 디지털 기록물을 다국어로 번역하여(DB 구축) 웹상에서 공유하는 일, 아카이브관을 보다 확대하여 역사관·도서관·문화관·창조관의 역할을 복합적으로 수행하는 라키비움관을 준비하는 일, 지금까지 국채보상운동 정신을 함양한 사람에게 수여해 온 '서상돈 상'을 유네스코와 협력하여 세계적인 상으로 확대하는 일, 국내뿐만 아니라 세계적 수준에서의 외채 문제를 통합적으로 분석하는 연구기반을 구축하는 일 등이다. 제3단계는 확산 단계(2023~)이다. 지금까지 준비해 온 통합·복합공간으로서의 라키비움(복합문화공간)을 개관하는 일, 세계적 부채 문제를 연구·분석하기 위해 OECD·유네스코·세계은행 등과 연계하여 지속적인 글로벌 콘퍼런스 사무기구를 유치하는 일, 제3세계의 외채 문제 극복을 위한 금융기술 훈련기구를 유치하는 일, 이러한 기록물 콘텐츠를 기반으로 창조적 비즈니스를 창업으로 연결시키는 인큐베이터를 창설하는 일 등이다. 중앙정부와 대구시는 국채보상운동의 세계화를 체계적으로 지원하기 위한 특별법과 지방조례를 제정해야 할 것이다.

이때 유의할 것은 웹사이트를 통해 국제적 차원에서 세계기록유산을 활용할 수 있는 자료를 제공하는 것이 매우 중요하다. 다시 말해 각 나라의 지역적 특성이 존중되는 보편적 콘텐츠를 개발하고 보급하는 일이 무엇보다 중요할 것이다. 이를 위해 다음과 같은 사업을 지속적·체계적으로 추진해야 한다.

세계인이 접근할 수 있는 창의적 라키비움 구축

역사적 기록물을 보관하는 박물관 기능을 넘어서는, 그리고 시민학습과 새로운 문화창조 기능, 나아가서는 문화콘텐츠를 기반으로 하는 새로운 비즈니스의 창출로 연계되는 복합적 기능이 요구된다. 이를 위해서는 일차적으로 학문의 울타리를 허무는 총체적 접근이 필요할 것이다.

라키비움 구축에서 가장 중요한 단계는 무엇보다도 글로벌 차원에서 세계기록유산을 이용할 수 있도록 웹사이트를 구축하는 것이다. 이를 위해서는 인터넷을 통해 쉽게 접근할 수 있도록 국채보상운동 기록물을 디지털 자료로 웹에 탑재하는 작업이 필요하다. 특히 디지털 자료는 손쉽게 검색할 수 있어야 한다.

데이터 베이스는 방대한 자료를 집적하고 있는 만큼, 메타 환경 구축을 통해 키워드 검색이 가능하도록 실용적인 아카이브를 구축해야 한다. 자료들을 그대로 탑재만 하는 것은 자료 창고에 불과하기 때문이다. 국채보상운동 기록물은 현재 다양한 기관에 산재되어 보관되고 있고 고문서 형태로 남아 있기 때문에 모든 기록물의 디지털화는 필수적이며, 한글 자료는 물론 한문 자료나 고어체 문장의 경우도 일반인과 외국인이 쉽게 이용할 수 있도록 현대어와 영어로 번역하여 원문과 함께 제공할 필요가 있다.

다음으로 라키비움 안에는 세계시민사회와 소통하는 다양한 글로벌 사무국들을 유치해야 한다. 그 기관들은 일차적으로는 글로벌 부채 문제를 연구·분석하고 해결책을 제안할 수 있는 기구일 것이며, 악성투기 금융감시기구나 제3세계 금융훈련기구와 같은 글로벌 비영리기구들이어야 한다. 이들이 서로 연대하는 플랫폼으로서 라키비움이 활용되어야 할 것이다.

뿐만 아니라 라키비움은 창의적 비즈니스 공간이 되어야 한다. 역사적 기록물이 새로운 콘텐츠로 재창조될 수 있는 공간, 젊은 혁신가들이 서로 교류하는 공간이 되도록 라키비움을 기획해야 한다.

국제 교류를 위한 스토리텔링 개발

기록물을 창의적으로 활용하는 선진국처럼 인터넷을 통한 전자출판과 그것의 지속적 확장을 가능하게 하는 교육 도구를 개발하고, 다양한 연령의 학생들을 대상으로 역사, 문학, 언어, 그리고 미술 등의 교과목에 활용할 수 있도록 교육 자료를 개발할 필요가 있다. 이것은 젊은 창의적 혁신가들의 몫이다. 이는 세계기록유산을 활용한 교육, 공유가치 촉진, 공동체 활동과 연계될 때 매우 의미 있는 결과를 도출해 낼 수 있을 것이다.

사례

함부르크의 미술 교사인 요한나 테베스(Johana Tewes)의 세계문화유산을 이용한 프로젝트

요한나 테베스는 오스카 니마이어가 브라질리아(1987년에 세계문화유산으로 등재되었음. 세계기록유산과 세계문화 및 자연유산을 연계하여 교육에 활용 가능)에 다양한 건축물들을 짓기 위해 직접 그렸던 건물 스케치들을 교육 활동에 이용하였다. 그녀는 학생들과 함께 함부르크 건축기록보관소에 가서 미래 함부르크에 짓고 싶은 건물을 구상하여 니마이어 스타일을 따라 그리는 작업을 미술 교육에 활용하였다.

기록문서들에 대한 대중의 인식을 확산시키고 교육에 활용도를 높이기 위한 방법은 전시회 외에도 스토리텔링이 있다. 스토리텔링은 일반적인 책의 형식뿐만 아니라 미디어 시대에 걸맞게 영상물 제작에도 활용할 수 있을 것이다.

국채보상운동 기록물에 기초하여 영상을 제작할 때 신문과 편지, 일기 등 관련 기록물의 실제 이미지를 결합하거나 실재했던 사건을 구체적으로 보여 줌으로써 교훈적이면서도 감동을 줄 수 있는 영상물을 만들 수 있을 것이다. 이러한 창의적 작업은 세계적 규모의 새로운 문화·역사 비즈니스로 발전할 수 있다.

예시

국채보상운동 기록물의 스토리텔링 작업

- 1907년 헤이그에서 열린 만국평화회의에서의 이준 열사의 이야기

- 광문사에 소속된 문예클럽 대동광문회의 서상돈과 김광제 그리고 회원들의 이야기
- 『대한매일신보』와 『황성신문』 등의 근대 언론과 언론인들 (세계기록유산으로 등재된 KBS의 특별생방송 〈이산가족을 찾습니다〉 기록물(2015)의 사례를 볼 수 있음)
- 국채보상운동에 참여한 대구 기생 앵무, 진주 기생 부용을 비롯한 여성 인물들의 이야기
- 이토 히로부미 조선통감부 통감과 베델 및 양기탁의 재판 이야기

국채보상 국제 페스티벌 구상

국채보상 라키비움을 플랫폼으로 하는 다양한 글로벌 네트워크를 통해 격년제로 국제 페스티벌을 구상할 수 있다. 세계부채 극복 국제 콘퍼런스, '서상돈 상' 시상식, 문화콘텐츠 세계대회 등과 같은 국제 페스티벌을 대구 국채보상운동기념공원을 중심으로 개최할 수 있다. 이를 통해 대구 사회가 세계문화의 중심역할을 수행할 수 있을 것이다.

'세계부채 극복 국제 콘퍼런스'는 1999년 대구에서 열린 '대구라운드'에 이어 제2회 대구라운드의 성격을 가진다 할 수 있다. 당시에 100개가 넘는 세계적 NGO가 대구에 모여 새로운 국제금융질서를 논의하고 토빈세(Tobin's tax)를 중심으로 하는 '대구라운드 선언'에 합의한 경험을 가지고 있다.

1999년에 제정된 '서상돈 상'은 국내상과 국제상이 있었다. 제1회 국제상은 컬럼비아대학의 바그와티 교수가, 제2회 국제상은 필리핀대학의 벨로 교수가 수상했는데, 두 사람 모두 세계부채와 악성투기금융에 관한 업적으로 상을 받았다. 그러나 이후 국제상은 폐지되었다. 국채보상운동 기록물이 세계기록유산으로 등재된 것을 기념하여 서상돈 상을 유네스코가 인정

하는 유네스코 상으로 재제정할 필요가 있을 것이다.

'문화콘텐츠 세계대회' 역시 국채보상운동 기록물을 창의적 문화 비즈니스로 연결시키는 프로젝트이다. 이것은 청주의 '직지'가 인쇄문화 비즈니스로 연결되는 것과 같은 맥락이다.

2. 국채보상운동 기념 조형물과 건축물

국채보상운동기념공원과 조형물

■ 국채보상운동기념공원

1907년 대구에서 발흥한 국채보상운동의 의미와 뜻을 기리고, 1997년 IMF 외환위기를 맞아 '신국채보상운동'으로 외환위기를 극복하자는 뜻을 담아, 1982년에 도심공원으로 조성된 이곳을 1997년 10월 10일에 국채보상운동기념공원으로 명칭을 변경하였다. 대구시 도시개발공사가 창사 10주년 기념사업으로 1998년 1월부터 170억 원의 공사비를 들여 43,000m² 부지에 국채보상운동기념공원을 조성하기 시작해 1999년 12월 21일에 준공하였다.

국채보상운동기념공원 블록의 한 코너에 접하여 한국은행 대구지점이 있고 부지 내에는 지하 1층, 지상 4층, 연면적 9,933m² 규모의 대구광역시립중앙도서관이 있으며, 2014년에 국채보상운동 정신을 담아 전국에서 보내온 기부금으로 건립한 지하 1층, 지상 2층, 연면적 730m² 규모의 국채보상운동기념관이 있다.

공원에는 255m 길이의 대왕참나무 오솔길과 소나무 숲속의 분수와 잔디광장, 지역 출신 시인들의 시비가 세워진 시상의 오솔길, 선현들의 명언

그림 3-50 국채보상운동기념공원

비로 꾸민 명언 순례길, 종각 등이 있다. 공원 곳곳에는 낙락장송 및 이팝나무, 산벚나무 등 30종 12,300여 그루의 수목과 원추리, 은방울꽃 등 5종 30,000여 본의 꽃이 심어져 있다. 또한 무게 22.5t의 달구벌대종이 종각에 있어 해마다 '제야의 종' 타종식을 거행한다. 국채보상운동기념공원은 대구 시민의 도심 속 휴식공간으로 이용되며, 숲속의 광장과 종각 앞 광장은 각종 전시회와 공연의 장으로 활용되고 있다.

■ 국채보상운동 기념비

국채보상운동 기념비는 1997년 2월에 대구상공회의소에서 제작 설치한 조형물로서, 원래는 북후정 자리로 알려진 구 시민회관 광장에 있었으나 시민회관을 대구콘서트하우스로 리모델링하면서 현재 위치인 정면 계단 앞으

그림 3-51 국채보상운동 기념비

로 이전되었다. 그러나 최근 북후정의 위치가 구 서문시장 자리인 것이 고증을 통해 확정되었기에 재이전을 해야 할 것이다.

■ 서상돈, 김광제 선생 흉상

국채보상운동의 발기인이자 주역인 서상돈, 김광제 선생의 선각자적 애국계몽운동을 기리고자 2007년 2월에 시민들의 기금으로 흉상을 건립하였다.

■ 국채보상운동 여성 기념비

국채보상운동 당시 대구 남일동에서 7명의 여성이 한국 최초의 여성운동단체인 '남일동패물폐지부인회'를 결성해 국채보상운동 참여를 선언하였다. 그들은 한글로 취지서를 작성해 발표하고 금과 은 등의 패물을 모아

그림 3-52 서상돈, 김광제 선생 흉상

그림 3-53 여성 기념비

팔아서 의연금으로 내놓았다. 대구시는 운동에 참여한 7명의 여성들의 고귀한 뜻을 기리고자 2006년 2월에 여성단체와 시민들의 기금으로 기념비를 건립하였다.

그림 3-54 광문사 터 표지석(국채보상운동 100주년 기념)

■ 광문사 터 표지석

대구시는 2007년에 국채보상운동 100주년을 맞아 국채보상운동의 상징적 장소에 표지석을 세우는 사업을 시행하였는데, 이때 광문사 터 표지석을 대구 수창초등학교 정문 화단 내에 설치하기로 계획했다. 하지만 당시 학교의 주 출입구가 지금과 달랐다는 대성사 주지 스님의 주장에 따라 학교 담을 경계로 2m 정도 떨어진 대성사 경내로 위치를 변경하여 표지석을 설치하였다.

국채보상운동 관련 건축물

■ 달구벌대종과 종각

대구시는 1998년 국채보상운동기념공원 조성과 함께 대구시민의 대화

그림 3-55 달구벌대종과 종각

합을 이룩하고 대구의 발전과 번영을 위하여 250만 시민의 자긍심을 고취시키고, 국채보상운동 정신을 일깨우려는 뜻으로 한국 건축의 아름다움을 담은 종각을 축조하고 내부 중앙에 대종을 설치하였다.

■ 대구광역시립중앙도서관

1919년에 개관한 중앙도서관은 100년의 오랜 역사와 전통을 지닌 대구지역의 대표 도서관이다. 다양한 국내외 문헌 자료, 디지털 자료 등을 소장하고 있으며, '통합도서서비스', '대구전자도서관 구축' 등 지식정보 나눔의 장소로서, 지역주민과 함께 성장하는 도서관으로 거듭나기 위해 노력하고 있다.

그림 3-56 대구광역시립중앙도서관

■ 국채보상운동기념관

2011년 10월 국채보상운동기념공원 내에 문을 연 국채보상운동기념관은 후손들에게 국채보상운동 정신을 일깨워 주고 선각자들의 숭고한 애국애족 정신을 계승하여 나라 사랑하는 마음을 갖게 하는 교육의 장으로 활용되고 있다.

■ 서상돈 생가

대구시는 2006년에 국채보상운동 100주년을 기념하여 고택을 새롭게 리모델링하였다. 당시 대구의 민족시인 이상화 선생의 고택이 아파트 재개발로 철거 위기에 처했는데, 대구 문인들과 시민들이 고택보존운동을 전개하면서 가까이 있던 서상돈 선생의 고택도 함께 보존하기로 하였다. 그러나 아파트 단지의 지하주차장 입구 공사를 할 때 이미 철거되어서 원래의 위치가 아닌 현 위치로 이전해 복원하였다. 사라질 뻔한 위기를 가까스로

그림 3-57 국채보상운동기념관

그림 3-58 복원된 서상돈 생가

면한 것이다. 생가 원 모습에 대한 자료는 건물 부분 사진 2장뿐이어서 원형을 제대로 복원할 수는 없었지만 연차적으로 내부 공간과 가구를 갖추어 실내를 정리했다. 따라서 원래의 복원 계획에 있던 근대식 외부 정원과 조경 부분은 추후 꼭 보완해야 할 것이다.

■ 대구광문사

국채보상운동을 발기한 김광제가 1906년 1월에 설립한 대구광문사는 동서양 서적을 번역 발간할 뿐 아니라, 경상북도 각 가문의 충신과 효자, 열녀의 행적을 책으로 발간하고 매월 3회 잡지를 간행하였다. 당시 대구광문사는 달서교 인근에 권설(權設: 임시로 설치됨)되었다. 제대로 된 건물과 인쇄기기 등을 갖추게 된 것은 5월 경상북도관찰부의 취고수청(吹鼓手廳)으로 옮겨 가면서 활자기계 등을 설치하여 『영남신보』 등을 간행할 준비를 하면서부터다.(6월부터는 대한매일신보사의 지방 사무소 역할을 하기도 하였다.)

당시 관찰사 서리인 백남준이 작성한 보고서 중 경상북도관찰부의 각 관청 20여 곳의 사용 현황에 관한 도면이 첨부된 1907년 3월 8일의 보고서는 경상감영에 대해 세세히 살필 수 있는 매우 귀중한 자료이다. 이 중에서 국채보상운동 및 광문사와 관련해서 특기할 만한 건물이 바로 취고수청이다. 취고수청은 조선 후기 취고수(악사) 양성소로, 자인 현감 오횡묵의 기록에 따르면 1888년 경상감영에는 20명의 취고수가 있었다고 한다.(손태룡, 2002)

당시의 경상북도 관찰사인 신태휴는 대구광문사와 교류하여 신교육 사업을 적극 지원하였는데, 1906년 3월에는 남문 밖 관덕당을 수리하고 사범학교를 설치하였다. 그러나 신태휴가 이임하고 후임 관찰사가 부임하지 않아 대구 부사인 박중양이 관찰사 서리로 집무하면서 당시 이사청을 설치하고 읍성을 철거하는 등 친일 행적을 행하였다. 그 과정에서 광문사도 1907년 3월 취고수청에서 쫓겨나 관찰부 앞 공공건물에서 다시 달서교 부근의 옛 건물로 돌아갔다.(대구상공회의소, 2006)

따라서 대구광문사에서 국채보상운동이 발의된 날은 1907년 1월 29일이고, 그 장소는 경상감영의 취고수청으로 봐야 한다는 것이 지금까지의

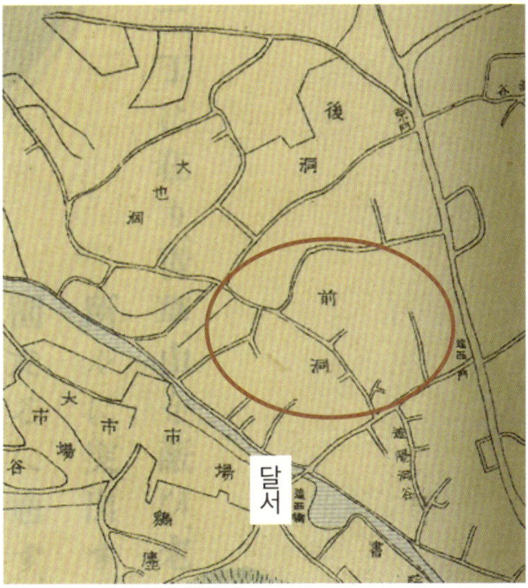

그림 3-59 전동(권설된 광문사와 수창사가 있던 장소)의 위치(1907년 이전)

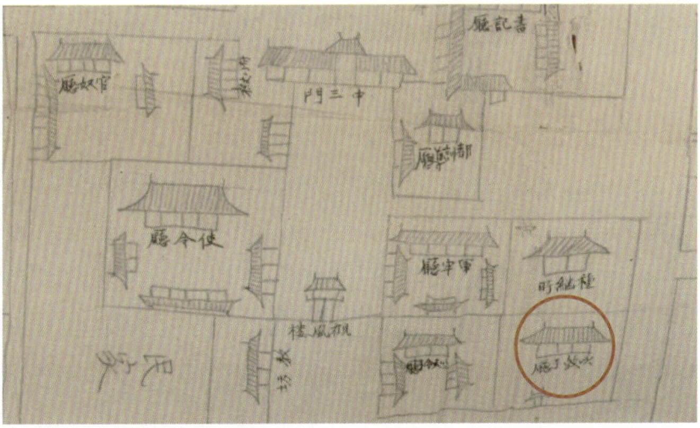

그림 3-60 경상북도관찰부 공해도(1907년 3월 8일)

연구결과이다. 1907년 3월까지는 대구광문사가 취고수청을 빌려 사용하고 있었다는 것을 확인하였다.[15]

■ 수창사

수창사의 원 명칭은 수창상회사이며 수창회사, 수창상회로 불리기도 했다. 「수창상회사 규칙」에 따르면 1898년에 설립된 것으로 볼 수 있다. 수창사는 대구·경북 지역의 토착상인들이 개항 이후 일본 상인의 세력 확대에 대응하기 위해 설립한 민간 상회사로 이해된다. 수창사는 일본 상인의 진출에 위협을 느껴 부산의 엄궁과 하단에 지점을 설치하기도 하였다. 수창사의 사업 영역은 사원들의 편의를 제공하기 위해 대금 업무와 중개업 및 창고업을 주로 한 것으로 보인다.[16] 수창상회사는 1935년에 청산되었는데, 이때 수창사로 변경되었다.

수창사 사원들은 지역에서 상업으로 자수성가한 사람들이 대부분이었으며, 개항을 통해 낙동강 수운을 중심으로 상업자본을 축적한 상인자본가들이었다. 이들은 대부분 지역 유지로서, 1900년 당시 교육문화사업과 관련된 단체에서 활동하면서 계몽운동에 참여하였다. 1907년 국채보상운동이 시작되었을 때에는 금연상채회, 대구민의소, 대한협회 등을 통해 국채보상운동에 적극 참여하였다.

「수창상회사 규칙」에는 수창사의 위치를 규정하고 있지 않지만 두 문헌에서 그 위치를 추정할 수 있다. 하나는 「대구민의소 규칙」이다. 민의소의 규칙은 백남준의 보고서 속에 나타난다. 이 〈규칙 9조〉에는 민의소 사무소를 수창사로 정하고 있는데 그 위치가 '대구 서문 밖 전동(달서문을 지나 달서교에 이르는 길의 북쪽 부분)'으로 되어 있다. 또 1907년 3월 8일 자 『대한매일신보』에 '국채지원금수합사무소'를 수창사로 정한다는 기사가 실려 있고, 그 위치가 '서문 밖 전동'으로 기술되어 있다.

3. 국채보상운동의 공간 재구성과 네트워킹

자료를 집성하고 콘텐츠를 구성하는 과정에서 1907년 2월 국채보상운동을 있게 한 토대로서의 장소인 북후정과 대구광문사 등에 관한 검증과 후속조치가 요구된다. 국채보상운동의 경우 특정 장소가 가지는 의미가 매우 크며 북후정과 대구광문사가 가지는 중요성은 재론할 필요가 없다. 그럼에도 불구하고 두 곳은 최근까지 위치를 제대로 특정하지 못하고 있다가 2011년에 와서야 최초의 민중집회가 열렸던 장소인 북후정의 위치를 찾았고, 2014년 관련 자료를 수정할 수 있었다. 그렇지만 국채보상운동 기념비는 이전의 잘못된 연구결과에 따라 건립한 장소(대구콘서트하우스 앞)에 아직 그대로 두고 있다.(임경희, 「북후정 위치에 관한 고찰」 참조) 따라서 추후 국채보상운동 기념 조형물을 그 장소에 그대로 둘 것인지, 아니면 연구결과에 따라 이전할 것인지에 대해 신중하게 논의할 필요가 있을 것으로 판단된다. 광문사의 정확한 위치는 아직 논란 중이다.(이진현, 「1907년 2월 대구광문사의 위치에 관한 연구」 참조)

국채보상운동과 연관된 건축물 및 조형물의 장소 고증과 복원사업은 세계문화유산을 미래세대를 위한 교육과 역사인식의 장으로 활용하여, 역사문화도시로서 대구의 정체성을 확립하는 데 핵심적인 사업이다. 먼저 북후정 복원사업은 앞에 수록된 기본구상안에 따라 부지 매입과 주변 교통체계에 대한 계획을 세워 주민과 협력하는 방식으로 추진되어야 한다. 그리고 아직 장소를 확정하지는 못했으나 지금까지의 논의에서 본 광문사의 위치는 최초의 설립 위치인 달서교 부근과, 제대로 정착한 시기의 취고수청 두 곳임이 밝혀졌다. 따라서 달서교 부근의 위치를 하루빨리 확정하여 최소한 표지석과 안내판 정도는 설치할 필요가 있다. 그리고 정착기부터 일제에 의해 쫓겨나기 전까지 있었던 취고수청은 원래 경상감영 건물이다. 현재 대구시와 문화재청에서 경상감영 복원 계획을 추진하고 있으므로 감영 복원 계획 수립 시 취고수청에 광문사의 기능을 담아 복원해야 할 것이다. 백남준이 작성한 1907년 3월 8일의 보고서에 당시 경상북도관찰부의 관청 운영 현황이 기록되어 있는데, 특히 각 관청 20여 곳의 사용 현황에 관한 보고서에는 도면이 첨부되어 있어 경상감영 복원·정비 사업에도 큰 도움이 될 것으로 생각된다. 따라서 광문사 복원을 위해서 현재 대구시와 문화재청에서 준비 중인 경상감영 복원 계획 수립 시에 취고수청을 필히 광문사로 복원해야 할 것이다. 수창사 역시 국채보상운동에 중요한 기부금 모금소였으므로 위치 확정과 건물 복원을 위한 연구가 수반되어야 한다.

이러한 준비와 함께 대구·경북 지역에 산재한 국채보상운동과 관련된 모든 장소와 건물에 대해 정확한 위치와 규모, 형태 등에 대한 고증과 연구가 필요하다. 또 거기에 더하여 대구·경북은 물론 전국에 세워져 있는 기념비와 조형물, 나아가 장차 북한과의 학술 교류를 통해 찾아낼 국채보상운동 관련 유형유산들을 모두 포함하여 스토리와 아카이브 그리고 공간과 건축을 하나로 네트워크화한 다음 교육, 관광 그리고 연구 홍보를 위한 플랫폼을 기반으로 상호 간에 훌륭히 작동할 수 있는 '공간 재구성 네트워크 마스터플랜' 수립을 위한 준비가 필요하다.

제9장

국채보상운동의 세계화를 위한 라키비움 구상

1. 국채보상운동 라키비움 건립의 기본 개념

세대를 아우르고 세계와 연결하는 라키비움

아카이브(archive)는 다양한 형태의 기록물을 보관하는 공간을 말한다. 이제 우리는 유네스코 세계기록유산으로 등재된 국채보상운동 기록물을 보관·관리·운영하는 기록관, 즉 아카이브를 구축할 필요가 있다. 그렇다면 어떤 아카이브를 구축할 것인가? 21세기는 단순한 기록보관소의 기능을 넘어서는 복합문화공간으로서의 아카이브를 요구하고 있다. 국채보상운동 아카이브가 국채보상운동 정신인 시민적 책임의식을 확산시키기 위한 세계적 수준의 플랫폼으로 기능하려면 단순한 아카이브 기능뿐만 아니라 시민학습공간(도서관)과 역사자료관(박물관)의 기능을 통합적으로 수행하는 소위 라키비움(Larchiveum: 도서관+아카이브+박물관) 방식의 '복합문화공간'

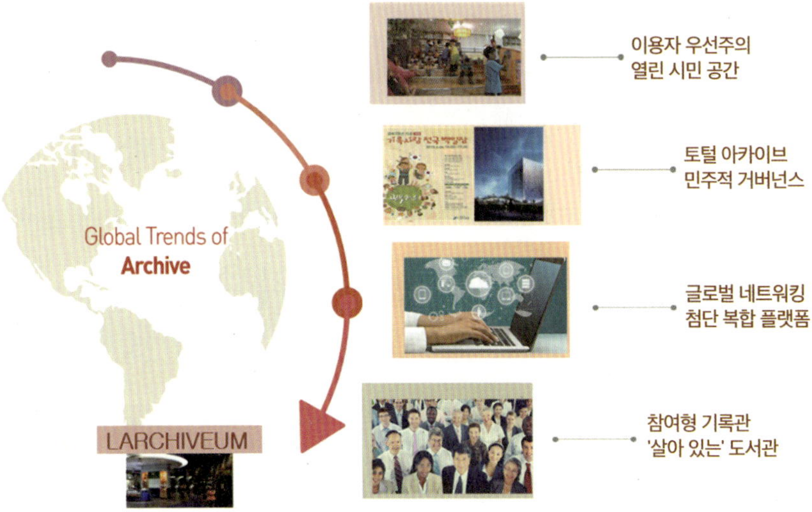

그림 3-61 세계적 추세인 라키비움

개념으로 구축되어야 한다.

■ 라키비움의 필요성

국채보상운동 라키비움 건립은 우선 국채보상운동 기록물을 유네스코 세계기록유산으로 등재할 때 유네스코와의 약속이었다. 본 기록물의 가치와 그 정신을 세계시민사회와 공유하기 위한 소프트웨어를 담으려면 하드웨어가 필요하기 때문이다. 뿐만 아니라 이 라키비움은 대구 지역의 정체성을 확립하는 기반이 될 수 있다. 대구 지역의 역사적 기록과 기억을 축적하고 이를 시민과 지속적으로 공유해 나가는 과정에서 지역학습이 일어나고 창조적 혁신이 일어나기에 이 라키비움은 도시의 창조적 역량을 강화하는 기반이 될 수 있다.

■ 라키비움의 구성

콘텐츠는 전통적인 아날로그 방식과 미래지향적인 디지털 방식이 각각의 특성에 맞게 구축되어 세대 간의 간극이 생기지 않도록 해야 한다. 그러므로 이 공간은 미래세대를 위한 역사적 기억을 현재의 방식으로 저장하는 공간이 될 것이다. 이 기록물 저장 방식은 한국인은 물론 전 세계 사람들이 쉽게 접근할 수 있도록 해야 할 것이다.

디지털 아카이브를 구축할 때는 자료의 제공뿐만 아니라 국채보상운동 관련 의견을 쌍방향으로 제시할 수 있고, 일반 접근자들도 새로운 자료를 탑재할 수 있도록 설계해야 한다. 이러한 유기적인 디지털 아카이브를 구축하려면 사전에 철저한 설계 및 운영 관련 시뮬레이션을 하고, 관련 서비스망의 유지 관리를 위한 인력 풀을 충분히 적절하게 확보해야 한다.

아카이브의 범주

국채보상운동 기록물 아카이브는 5개의 범주(Zone)로 구성할 필요가 있다. 즉 〈역사–정신–주체–시민 참여–세계화〉로 범주를 설정하여 국채보상운동 기록물이 단순한 역사적 기록이 아니라 현재의 시민 참여와 세계적 확산으로 이어질 수 있도록 재구성해야 한다. 〈그림 3-62〉는 국채보상운동 기록물을 민족의 혼, 운동의 역사, 주체적 참여, 시민의 호흡, 세계로의 확산으로 영역을 설정한 것이다.

아카이브의 범주는 단순히 기록물에만 한정되는 것은 아니다. 도시공간 안에 펼쳐져 있는 다양한 건축물과 기념비 그리고 골목길들이 모두 아카이브 범주 안에 들어가야 한다. 그런 의미에서 대구 도시공간에 존재하는 다양한 건축물과 골목, 표지·기념석이 시간적·논리적 연계 속에서 재구성되어야 할 것이다.

그림 3-62 아카이브의 범주

국채보상운동 아카이빙은 20세기 초반 동양의 작은 국가에서 꽃피운 시민적 책임의식과 의무의 정신을 세계적으로 확산하는 프로젝트로, 경제·사회·인권·역사·문화 등 전방위적으로 연구·활용될 것이며 향후 국채보상운동 세계화의 중심 역할을 할 것이다.

2. 국채보상운동기념공원에 조성되는 라키비움 구상

대구의 정체성을 담은 융복합 문화공간 라키비움

앞서 살펴본 바와 같이 대구의 지리적 중심, 역사의 중심 그리고 원 도심에 위치하여 국채보상로와 면한 국채보상운동기념공원에 라키비움을 건설하는 것은 세계의 대표적인 박물관과 기념관 건축 사례들과 비교해 봐도 당연한 이치이다. 라키비움은 단순한 박물관이나 기념관이 아닌, 지역민뿐만 아니라 전 세계인이 남녀노소 모두 이용할 수 있는 융복합 커뮤니티 공간이 되어야 한다.

기능적 측면에서 볼 때 첫 번째로 교육·학습·정보·창작을 위한 지역 정체성 연구센터, 두 번째로 장차 지역과 세계의 미래를 이끌어 나갈 청년 지원센터와 사회적 기업 지원센터, 세계시민사회 접점공간, 세 번째로 어린이·청소년·성인을 위한 체험·교육공간과 창의적 활동을 위한 공간, 네 번째로 '나눔', '책임', '평화' 등 국채보상운동 정신의 세계화를 체계적으로 추진할 대구정신 창출지, 마지막으로 국제회의를 위한 첨단의 컨벤션 기능과 공연 및 축제를 위한 공간을 확보해야 할 것이다.

이러한 건축공간과 장소를 한국 근대화의 중심 도시인 대구의 중요 관광자원으로 활용하여 도시의 역사적 기억을 인류의 미래 가치와 연결시키는 공간으로 삼아 대구의 건축적·역사적 랜드마크로 발전시켜 나가야 할 것이다. 이는 또한 최첨단 기술을 활용한 디지털 인문학 선도 도시를 지향하는 대구의 도시 브랜드와도 일치한다.

세계기록유산 등재를 기념하는 라키비움 건립을 위한 마스터플랜

국채보상운동 라키비움은 대부분의 기념관이 기념공원 내에 건립되는 세계적 추세에 발맞추어, 1982년에 도심공원으로 조성된 국채보상운동기념공원 부지 내에 건설하는 것이 바람직하다.

대구의 동서를 가로지르는 국채보상로에 면한 국채보상운동기념공원은 장소가 갖는 상징적 의미뿐만 아니라 지리적 위치에서도 대구의 중심이다. 행정 중심인 시청과 의회와 문화·예술 공간 그리고 경제의 중심인 금융·오피스가 주변에 집중되어 밤낮 없이 많은 시민들이 모이는 곳이다. 특히 지하철 1, 2호선과 지상철인 3호선 그리고 버스 노선이 집중되어 있을 뿐 아니라 외곽지의 문화·스포츠 시설과의 상호 연계성은 물론 국내외에서의 교통도 편리하여 접근성이 매우 좋다.

그리고 공원 부지의 남측 코너에는 장래 봉덕동으로 신축 이전 예정인 대구광역시립중앙도서관이 위치하고 북측 코너에는 국채보상운동의 정신을 담아 전국에서 보내온 기부금으로 건립한 국채보상운동기념관이 있다. 그리고 공원의 지하에 중앙도서관과 접하여 주차장이 있다.

따라서 공원 부지 내에 위치한 두 개의 건물(국채보상운동기념관과 중앙도서관) 사이를 지하에서 서로 연결하여 그 공간을 전시장으로 만들고, 두 건물을 리모델링하여 어린이 전용관과 라키비움으로 이용할 계획이다. 그와 함께 지상부에는 시민과 청년 그리고 NGO를 위한 복합문화창조센터를 증축할 것이다.

건축적 개념은 다음과 같다.

① 기념공원과 기념관 간의 조화를 추구하고 효율적으로 활용한다.
② 세계기록유산의 면모에 걸맞은 공간을 창출하고 대구 지역의 시대정신을 표현하는 랜드마크로 건축한다.
③ 전 세계인들에게 열린 참여 공간으로서의 융·복합 라키비움을 건설한다.(도서관+기록관+박물관+시민학교+시민 참여 공간+연구 공간+관광)
④ '대구→한국→아시아→세계'로 나아가 세계의 시민정신과 소통하는 미래지향적 플랫폼 공간으로 조성한다.

세부적인 프로그램은 다음과 같은 내용을 수용한다.

① 지역 정체성 연구센터+사회적 기업 지원센터+공익, 청년 지원센터 등 도시의 역사적 기억을 인류의 미래 가치와 연결시키는 공간

② 국채보상운동 정신(나눔, 책임, 평화)의 세계화를 체계적으로 추진할 거점으로 활용할 기부·책임·시민정신 관련 NGO플랫폼과 민주주의·책임사회·평화주의에 관한 시민학교와 평생교육 공간

③ 첨단 컨벤션 기능을 비롯해 어린이, 청소년, 성인의 다양한 체험 및 교육 공간으로의 활용을 극대화하여 시민과 관광객이 즐겨 찾는 공간

④ 한국 근대화 중심 도시로서 대구의 이미지를 부각시켜 중요 관광자원으로의 활용 극대화: 대구 및 대한민국 근대역사도서관 기능

⑤ 창조도시를 지향하는 대구의 도시 브랜드와 일치하는 연구소 유치: 세계부채문제연구소, 사회적책임연구소, 한국기부문화1번지, 제3세계 금융기술훈련원(유엔 MDGs-SDGs 연계)

전시 콘텐츠

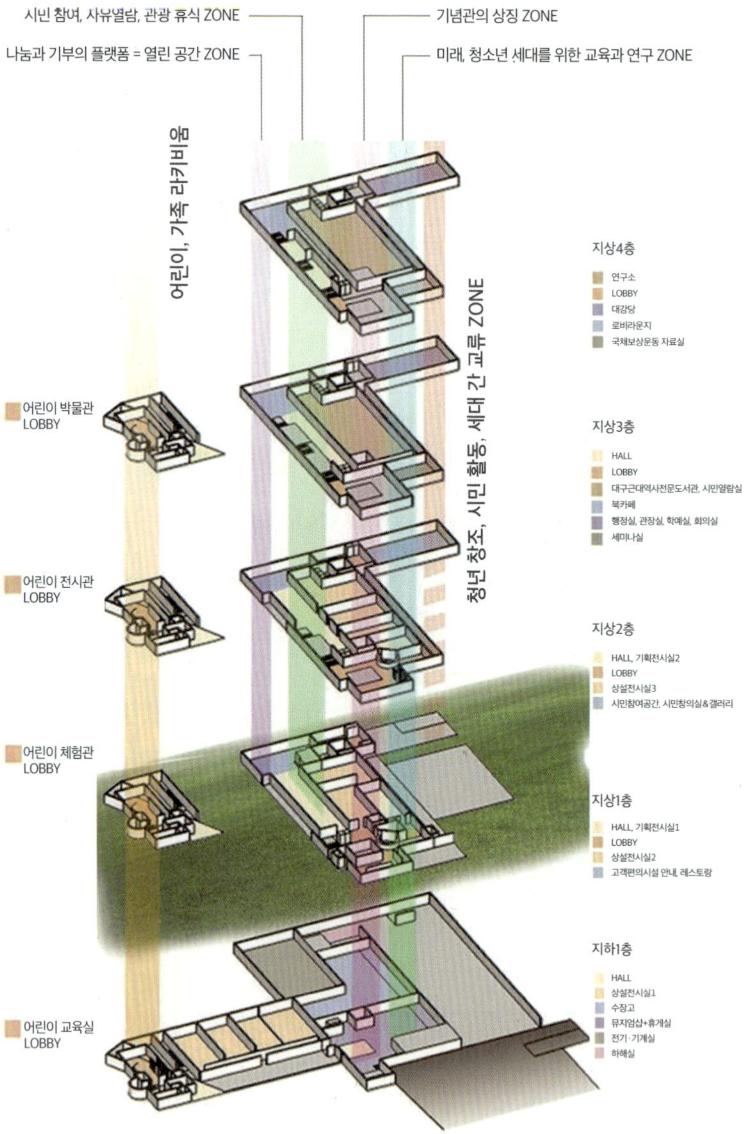

그림 3-63 층별 스페이스 프로그램

표 3-1 전시실 콘텐츠 프로그램

전시시설	프로그램
상설전시실3 (지상2층)	3–2. 국채보상운동, 등불이 되다 – 국채보상운동을 되살리다　　– 국채보상운동과 대구정신 – 예술로 다시 피어나다　　– 유네스코 기록유산이 되다(등재 후)
	3–1. 국채보상운동의 세계사적 의의 – 금융침탈의 세계사/평화운동의 세계사 – 나눔운동의 세계사/책임운동의 세계사
상설전시실2 (지상1층)	2–3. 국채보상운동과 인물 – 서상돈/김광제/안중근/이준　　– 양기탁과 베델/앵무 – 남일동7부인회/시민 발굴
	2–2. 국채보상운동의 실행 – 단연운동/모금운동　　– 여성단체운동/언론출판운동 – 종교인의 운동/학생운동　　– 군인운동/상공인운동
	2–1. 전국적 운동의 전개 – 전국적 운동의 흐름 – 대표적 사례(성주 지역 등) – 경상도, 전라도, 충청도, 경기도, 강원도, 평안도, 황해도, 함경도, 서울 – 해외의 운동(미국, 일본, 러시아)
상설전시실1 (지하1층)	1–4. 일제의 탄압과 운동의 좌절 – 양기탁과 베델 음모에 빠지다　　– 국채보상 의연금 처리와 한계 – 국채보상운동의 영향
	1–3. 확산의 불길이 타오르다 – 고종황제 단연을 결심하다　　– 해외에서 참여하다 – 국채보상의 불길이 전국에 타오르다
	1–2. 국채보상운동의 전개 – 예술로 승화한 국채보상운동　　– 의연의 손길이 이어지다 – 여성, 국채보상을 위해 일어나다
	1–1. 일제, 강제로 빚을 지우다 – 동북아, 세계사적 의의　　– 한국 근대사의 흐름 (1876~1910) – 을사조약과 강제 침탈　　– 국채보상운동의 태동 – 차관으로 경제를 장악하다 – 대구, 국채보상운동의 중심

3. 유네스코에 제시한 국채보상운동 아카이브 리플릿

Archives of Sharing and Responsibility

This is the masterplan for the Archives of Sharing and Responsibility, consisting of a library, archive, and museum (“larchiveum”), to be built on the National Debt Redemption Movement Memorial Park, based on historical documents of the movement.

Library, Archives and Museum – Together as One

Archives of Sharing and Responsibility

In anticipation of the expected inscription of the National Debt Redemption Movement Documents on the UNESCO Memory of the World Register, the citizens, and government of Daegu Metropolitan City have developed a masterplan for the movement's new archives so that they may be shared with people of the world.

The masterplan aims to re-establish a participatory space for creative cultural activities by integrating the existing Money Museum, library and exhibition hall at the National Debt Redemption Movement Memorial Park:

National Debt Redemption Movement Memorial Park:

Current Status

The National Debt Redemption Movement Memorial Park commemorates the nationwide movement that started in Daegu in 1907. It was a historical grassroots movement to raise funds so that Korea could pay back the predatory loans that had been coerced by Japan.

The park also commemorates a similar movement in 1998, in which citizens collected gold to help the government overcome the Asian Financial Crisis.

First established in 1982, the park was named the National Debt Redemption Movement Memorial Park on October 10, 1997. From January 1998 until December 1999, 17 billion won was invested in renovating the 43,000 ㎡ park.

Evening View of the National Debt Redemption Movement Memorial Park (Dongin-dong 2-ga 42, Jung-gu, Daegu Metropolitan City)

The park is home to 12,300 trees of 30 different species including·pine trees, fringe trees, and wild cherry trees as well as over 30,000 plants including day lilies and lilies of the valley.

Along with a fountain and a grass plaza, the park features a 255 meter oak trail and pine tree grove decorated with monuments engraved with poetry and quotes.

A belfry stands in front of the park's entrance, inside which hangs the 22.5 ton Dalgubeol (Daegu) Grand Bell where citizens gather every year for the New Year's Eve bell-ringing ceremony. A popular place for concerts and exhibitions, the park is a favorite relaxation spot in downtown Daegu.

(Top) Bust of the National Debt Redemption Movement leaders
(Middle) Monument depicting women's participation in the movements by selling rings
(Bottom) National Debt Redemption Movement Monument

Dalgubeol (Daegu) Grand Bell symbolizes the start of the National Debt Redemption Movemet.

Urban Context: Location and Accessibility

Located in a basin surrounded by mountains, Daegu Metropolitan City is the third largest city in Korea with a population of 2.2 million. Beautiful nature in the outskirts of the city can be reached from the city center by car in 30–40 minutes. The full-fledged urbanization of Daegu started in the early 20th century. As the birthplace of the 1907 National Debt Redemption Movement and the 2.28 (February 28) Daegu Democratic Movement, Daegu possesses unique educational, historical, and cultural features that reflect the Korean War refugee culture and other modern heritage.

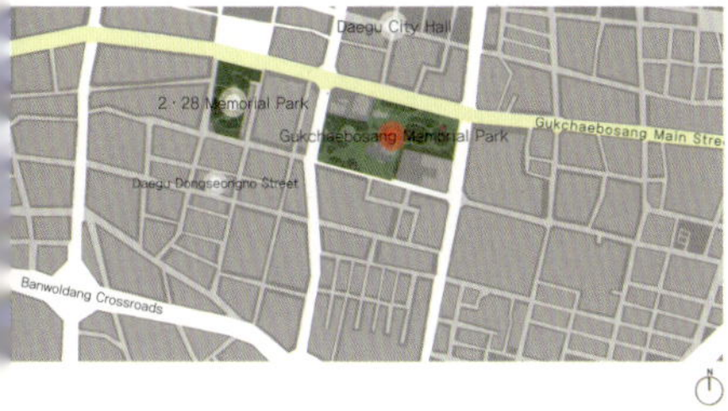

Daegu developed along Gukchaebosang-ro (National Debt Redemption Street), which bisects the city from west to east. In the center of the city is the National Debt Redemption Movement Memorial Park. The park, located in the high-traffic old quarters in downtown Daegu, is easily accessible by subway and other mass transit. Facilities such as Dongseong-no Street, Yakjeon Herbal Medicine Market, Gamyeong Park, 2.28 Park, City Hall, City Council, and other culture and commercial venues are located in the vicinity.

The National Debt Redemption Movement Memorial Park holds a special place in the hearts of Daegu citizens. The park offers unique experiences for visitors all year round, and various cultural events for youth and citizens are held regularly. International seminars, symposiums, and bazaars are also frequently held in the park as it is in proximity to the National Debt Redemption Movement Memorial, the Daegu Metropolitan Library, and the Bank of korea Daegu and Gyeongbuk Branch.

Reconstruction of the Site: The Spatial Composition Process

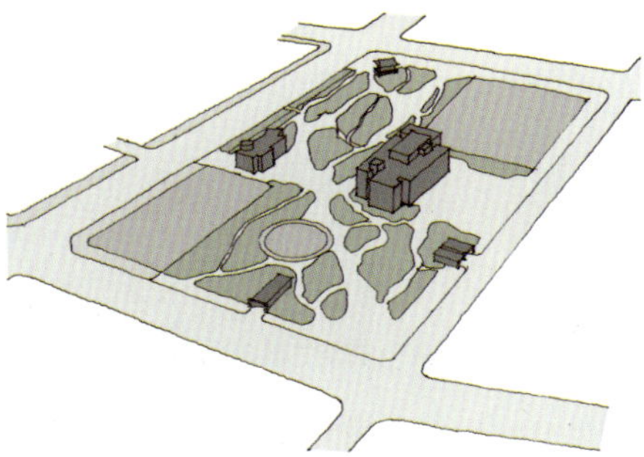

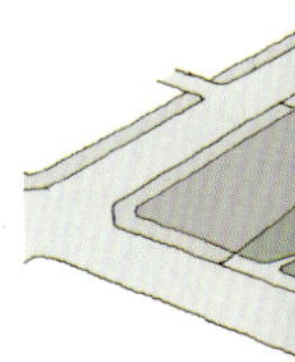

Phase 1 : The Identity of the Existing Facilities

Composed of various trees and plants, the park is a symbolic space for the National Debt Redemption Movement. National Debt Redemption Movement Memorial Hall and the Daegu Metropolitan Library building occupy 10,150 ㎡ of the park's total area, while a belfry, monuments, statues and steles with quotations are placed in harmony with the park's facilities. In connection with the Daegu Government's long-term plan for the park's existing facilities and buildings, a development plan that is appropriate for the park after its registration with UNESCO is sought after.

Phase 2 : Remodeling

The site reconstruction pl
2-storey National Debt Rec
archive and exhibition spac
which will connect the H
the National Debt Redem
integrated library-archives
library will be remodeled in

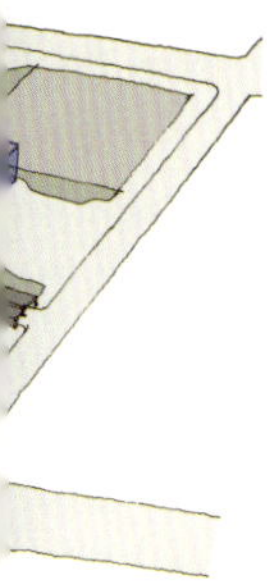

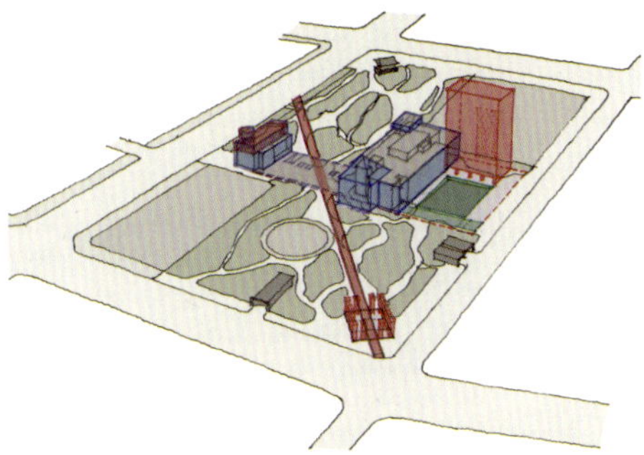

derground Space

n extra floor to the current Hall and the creation of an an underground structure itan Library. Additionally, ill be transformed into an amilies and children. The nd museum.

Phase 3 : Public Space Construction and Park Remodeling

A citizen center building will be erected which symbolically celebrates the National Debt Redemption Movement and functions as an exhibition, lecture, and international conference venue.

The park's new entrance gate will enhance the functions of the archives as a place for history education and moral culture by organically integrating the park with the Bank of Korea Daegu and Gyeongbuk Branch, the belfry, and other external facilities in the proximity.

Space Programming

Memorial Zone

Monuments, statues and quotation steles are situated in harmony with the park's ecological environment to imbue the spirit and historical significance of the National Debt Redemption Movement to the visitors.

Family Zone

A space for children – the future generation. Families with children can experience history and nurture a sense of community while creating a new culture.

Historical Memory Zone

An exhibition and experience space that displays the whole process of the National Debt Redemption Movement. Visitors have oppprtunities to experience history, meet the people, and interact with the culture of that era.

The Spirit of the Time Reborn as Art Zone

Visitors can experience the essence of the National Debt Redemption Movement, the origin of civil movements in Korea. This movement spread to other parts of Asia as a social responsibility campaign and matured into a peace movement. It then sublimated into various forms of art and became the zeitgeist of the 21st century.

Global Community and Future Zone

The painful history of East Asia during the 20th century is exhibited along with the prospect of a 21st-century global civil society. Visitors to the zone can find similarity in the UN's 2016 Sustainable Development Goals (SDG) and the National Debt Redemption Movement, while the zone also serves as a space in which a new direction for civil society is sought after. [Special Exhibition / Lobby / Permanent Exhibition / Citizens' Participation Space / Creativity Room and Gallery]

Citizens' Zone

A space where citizens create art, design cultural businesses, and plan civil movements. A space for liberal imagination on the theme of "civil responsibility."

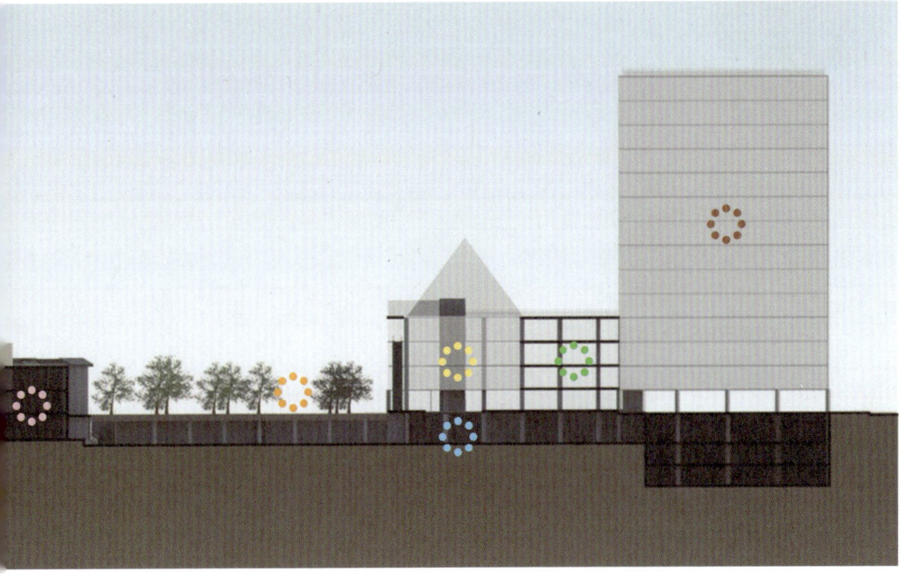

Contents of the Archives

Memorial Zone	Family Zone	History Zone
· Relaxation space with forest and water · Bronze statue of the movement leaders · National Debt Redemption Movement Monument · Monument commemorating women's participation in the movement · Quotation monuments (Trail of Meditation) · Poetry monuments (Trail of Contemplation) · Belfry · Outdoor stage and exhibition space	· Children's history exhibition hall · Family history experience hall · Children's library and conference room · Children's creativity workshop	· State of affairs in 20th century Northeast Asia · Start of the National Debt Redemption Movement · Righteous Army Movement against Japan and the Patriotic Enlightenment Mo · Development of the National Debt Redemption Movement · Press campaigns by nationalist newspapers · Local community movements · Spread of the National Debt Redemption Movement · People of the National Debt Redemption Movement · Termination and influence of the National Debt Redemption Movement · Local Product Promotion Movement, March First Movement, Asia Peace Move · New National Debt Redemption Movement · Cyber Tour Theater of the National Debt Redemption Movement · National Debt Redemption Movement Experience Hall · (Ink rubbing room, production room, room for dialogue with the movement's pe · Museum storage

Spirit of the Time Reborn as Art Zone

- Pavilion on the origins of civic movements in Korea
- Pavilion on the first national contribution movement / national women's movement / student movement / media campaign / the national debt redemption interpreted into art Pavilion for searching for ancestors who participated in the National Debt Redemption Movement.
- Regional pavilions (Goryeong, Cheongsong, Dongrae, Boryeong, etc.)
- Pavilion on women's and the public's participation in the National Debt Redemption Movement.
- Gold collection movement exhibition.

Global Community and Future Zone

- Global economic independence movement pavilion
- Asia contribution movement reference center
- Memory of the World traveling exhibition pavilion
- World foreign loan reference center and foreign loan institute (sharing and Responsibility Institute)
- World media campaign historic reference center
- World financial technology training institute
- Lecture room, computer room, seminar room, guesthouse

Citizens' Zone

- Open modern history library, public reading room
- Citizen culture workshop
- Sharing and Responsibility NGO Room
- Oral history archives
- Open culture venture start-up support center
- Book cafe
- Museum shop and gallery
- Auditorium and open seminar room

Archives of Sharing and Responsibilities: Three Visions

- Establishment of hardware/software infrastructure for the global publicity of documents on the National Debt Redemption Movement
- Consolidation of citizens' competence for a socially responsible 21st century
- Strengthen the city's creative capacity

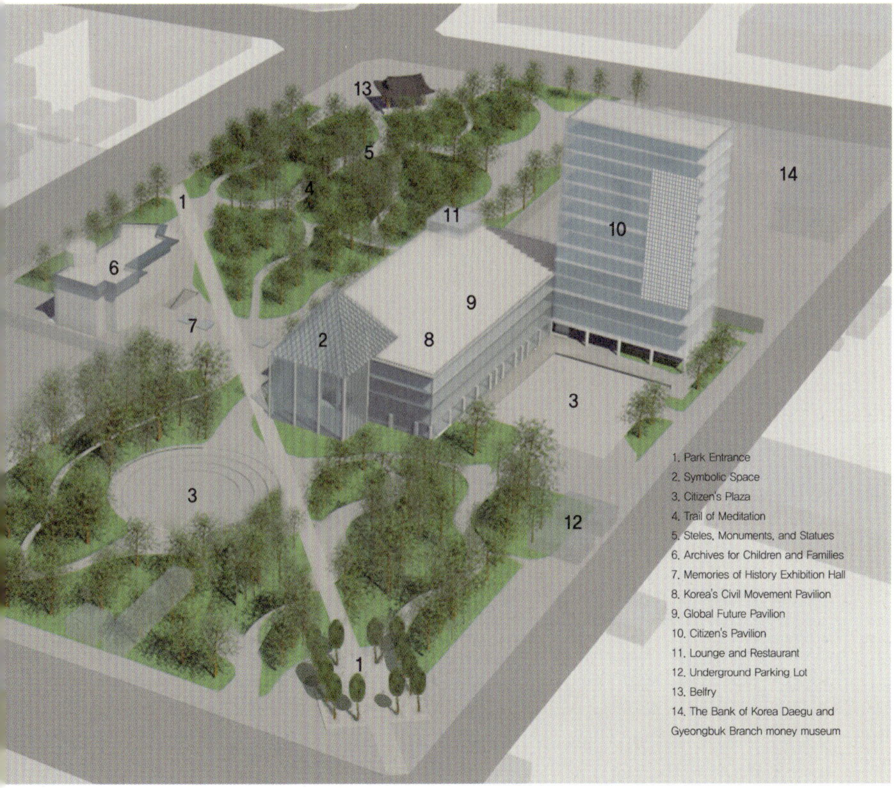
1. Park Entrance
2. Symbolic Space
3. Citizen's Plaza
4. Trail of Meditation
5. Steles, Monuments, and Statues
6. Archives for Children and Families
7. Memories of History Exhibition Hall
8. Korea's Civil Movement Pavilion
9. Global Future Pavilion
10. Citizen's Pavilion
11. Lounge and Restaurant
12. Underground Parking Lot
13. Belfry
14. The Bank of Korea Daegu and
Gyeongbuk Branch money museum

4. 세계적인 라키비움 둘러보기

베를린 유대인 박물관

2001년 증축 개관한 베를린 유대인 박물관은 4세기부터 현재까지 독일에 살고 있는 유대인들의 사회·정치·문화 등의 역사를 전시하고 있다. 해체주의 양식의 독특한 형태와 공간, 배치 등 건축물 전체가 전후 독일에서 자행된 유대인 대학살을 잘 표현하였다.

그림 3-64 기존 건물 옆에 증축된 유대인 박물관 외관

그림 3-65 조감으로 본 유대인 박물관 전경

국제 현상공모에 당선된 신축 건물은 베를린 시내에 위치하고 있다. 신축 박물관에는 별도의 출입구를 만들지 않아서, 방문객은 1735년 완공된 프러시아 사법재판소 부지 옆에 있는 기존 유대인 박물관(바로크 콜레지안 하우스) 출입구로 들어가 지하로 내려가는 통로를 거쳐야만 신축 건물 로비에 도착할 수 있다.

2개의 건물이 지하로만 연결되고 형태도 너무 달라서 서로 연계된 건물이라는 사실을 알기 어렵다. 이는 유대인 박물관을 설계한 다니엘 리베스킨트(Daniel Libeskind)가 유대인의 역사를 하나의 뚜렷한 링크로 표현할 수 없음을 보여주고 싶었던 의도를 반영한 결과이다.

■ 건축적 개념

베를린 장벽이 무너지기 1년 전에 완성된 건축 디자인은 세 가지 통찰을 바탕으로 했다. 즉, 유대인들의 엄청난 공헌을 이해하지 않고는 베를린의 역사를 이해할 수 없고, 홀로코스트의 의미는 베를린 시민의 의식과 기억에 통합되어야 하며, 미래를 위해 베를린 시와 독일은 역사에서 유대인의 삶이 사라졌다는 것을 인정해야 한다는 것이었다.

리베스킨트는 이를 바탕으로 건물의 형태와 공간을 디자인했다. 그는 나치 시대에 유대인을 상징하는 문장 '다윗의 별' 형태와 그때 베를린의 중요한 유대인물과 연관된 독일인들의 거주지와 역사적 장소를 베를린 장벽을 기준으로 기하학적·의미적으로 상호 연결하고 해체하여서, 파괴되고 왜곡된 유대인의 특별한 삶을 암시하는 세계 유일의 모뉴멘트 건축을 계획했다.

■ 평면 및 층별 구성

기존 박물관(바로크 콜레지안 하우스) 입구로 들어가 지하로 내려가면 기존

그림 3-66 건축 개념 다이어그램

건물에 담긴 오래된 스토리와 신축 건물에 표현된 새로운 고통의 역사적 모순을 암시하는 극적인 로비에 도달한다. 로비에서는 각각의 서로 다른 스토리를 담은 세 개의 지하 통로로 갈라진다. 첫 번째 통로는 추념의 상징공간인 홀로코스트 타워로 이어지고, 두 번째 통로는 베를린에서 강제로 떠나게 된 사람들을 기억하는 의미에서 건물 밖 마당에 있는 추방의 정원(Garden of Exile)으로 이어진다. 그리고 세 번째 가장 긴 통로는 연속적인 계단으로 박물관의 전체 전시 공간을 이어 주며 방문객에게 역사적 사건을 가르쳐 주고 영속성을 강조한다.

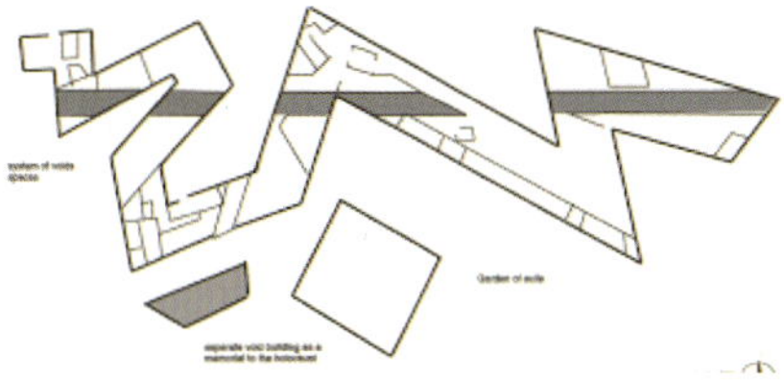

그림 3-67 평면 다이어그램

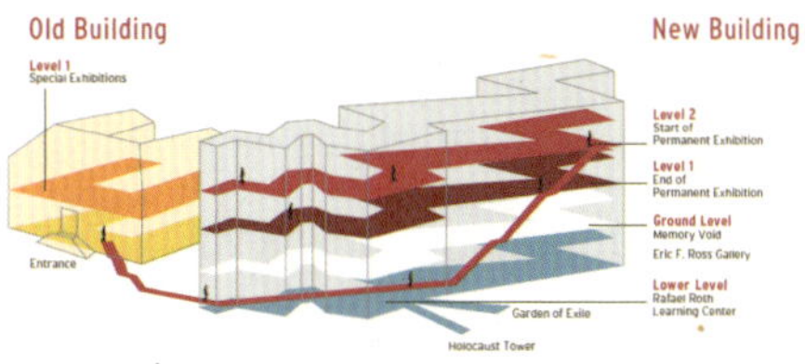

그림 3-68 층별 프로그램 다이어그램

그림 3-69 메인 로비

그림 3-70 추방의 정원 외관과 내부

■ 내부 공간과 상징중정(VOID) 공간

전체적으로 지그재그 형태인 건물 곳곳에는 수직으로 뚫려 있는 상징중정(VOID)이 있다. 이 상징 공간은 전시장 중앙에 위치하여 하나의 축, 직선으로 관통하면서 신성한 의미를 담는 영역이 된다. 따라서 박물관의 한 쪽에서 다른 쪽으로 이동하기 위해서 방문객들은 각 상징중정에 놓인 60개의 다리 중 하나를 건너야만 한다.

그림 3-71 연속성을 가진 전시장 복도

그림 3-72 상징중정(VOID)

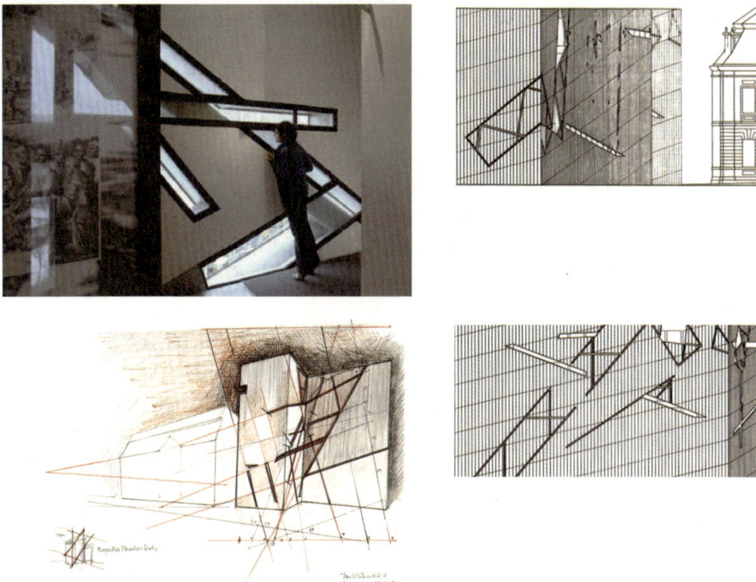

그림 3-73 전시장 창문과 외관 스케치

유럽 유대인 추모공원

건축가 피터 아이젠만(Peter Eisenman)이 1999년 독일 베를린 심장부에 설계한 홀로코스트 공원이다. 대지 위에 나치에 의해 학살된 사람의 이름을 새긴 수천 개의 거대한 돌을 격자 형식과 마운딩 기법으로 배치하고 지하에 천창이 있는 박물관을 설치하였다. 상징성이 강한 기념비적 공간으로, 독특한 분위기를 느끼게 한다.

■ 공간 개념

2005년 5월에 베를린의 브란덴부르크 문 남쪽에 완공된, 홀로코스트로 살해된 유대인 희생자를 추모하기 위한 공원이다. 건축가 피터 아이젠만이 설계한 이 공원은 무엇을 분명하게 보여 주려는 의도가 없다. 건축적 개념

그림 3-74 추모공원 조감 전경

그림 3-75 추모공원 전경과 주변 풍경

그림 3-76 추모비 조감도

이나 뚜렷한 방향도 목표도 목적도 없다. 홀로코스트를 온전히 이해한다는 것은 불가능하기에, 이에 대한 개인적 경험은 지속성이 없는 가치인 것이다. 이에 따라, 기념물의 꼭대기에서 지상까지의 구간은 경험에 따라 분리된다. 이런 맥락에서, 향수도 없고 과거에 대한 기억도 없으며, 개인적인 경험에서 인식되는 정도에 따라서만 생동감 있는 기억이 존재하는 것이다.

■ 디자인 개념

합리적이고 질서 정연한 시스템(그리드 시스템)이 어떤 외적 요인과 상황의 변화에 따른 힘에 의해 고유의 목적에 맞지 않게 될 때 고유의 시스템은 불안정해지고 점차 분해되는 것을 보여 준다. 나치에 의한 유대인 박해와 격리는 결국 인간의 이성이 현실과 더 이상 접촉하지 못하게 된다는 것을 상징적으로 표현하고 있다. 더 나아가, 이는 모든 명백한 체계에서 장애와 혼란의 가능성을 드러내게 된다.

■ 콘크리트 추모비

2,711개의 콘크리트 기둥은 폭 0.95m, 길이 2.38m, 높이 0.2m~4.7m로 다양하게 구성되어 있다. 이는 나치에 의해 희생된 유대인 2,711명의 추모비이다. 기둥 사이의 간격은 95cm로, 한 사람이 겨우 지나다닐 수 있을 정도의 공간밖에 안 된다. 공원의 전체 공간은 개체를 상징하는 기둥 격자의 간격에다 더 큰 맥락인, 베를린 시의 격자가 더해져서 만들어진다. 이 두 개의 접합 과정에서, 그리드 구조 속에서 미끄러짐이 발생하여 불확정적인 공간이 탄생한다. 이 공간은 응축되고 좁아지며 깊어져서 관람객으로 하여금 어느 지점에서든 다층적인 경험을 하게 한다.

그림 3-77 추모비 투시도

■ 지하 공간

공원의 지하 공간 역시 물결 모양 그리드 체계가 천장과 바닥에 적용된다. 지상에 있는 추모비의 형태와 패턴은 스토리를 전시하고 영상자료를 보여 주는 장치로 사용되며 디자인 개념은 그대로 유지·적용된다. 지상과 지하의 시스템이 상호작용하는 방법 역시 지상과 지하 사이의 불안정 영역을 표현한다. 단면 사이에 지각적·개념적 차이가 발생하는 이것은 시간의 차이를 나타낸다. 이 차이에 대한 역사적 스토리의 존재는 기억의 요소인 상실과 사색의 장소를 만들고 있다.

그림 3-78 지하의 추모 전시 공간

그림 3-79 전시 공간 인테리어

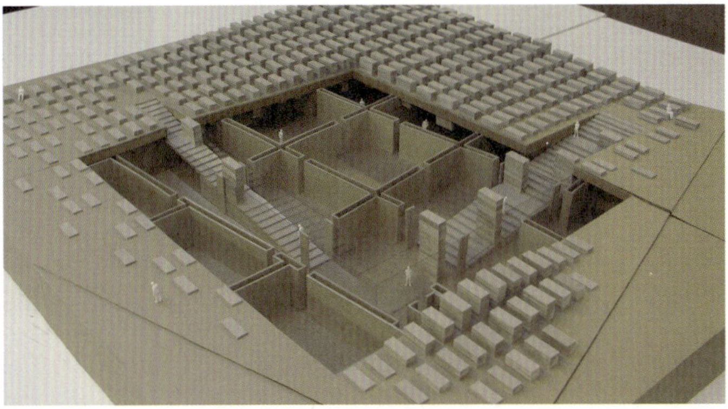

그림 3-80 지하의 추모 전시 공간 모형

그림 3-81 추모비 사이의 통로

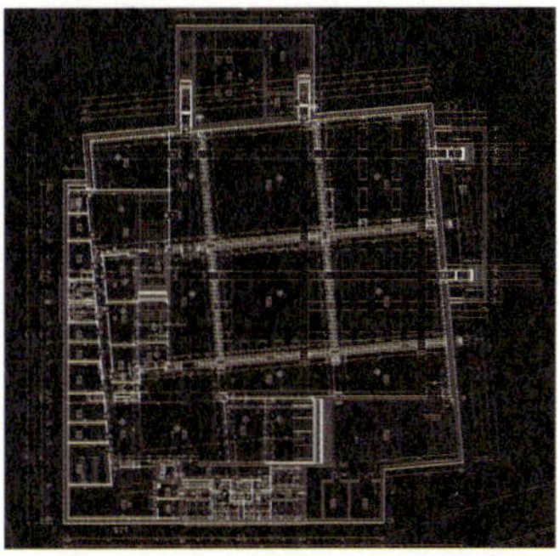

그림 3-82 추모공원 지하 평면도

그림 3-83 추모공원 주 단면도

시애틀 중앙도서관

1890년 처음 문을 연 시애틀 중앙도서관은 그동안 세 차례의 재건축 과정을 거쳤으며, 세계적인 건축가인 렘 콜하스(Rem Koolhaas)의 설계로 2004년 현재의 모습을 갖게 되었다.

건물은 다섯 개의 상자가 지그재그로 얹힌 모습을 하고 있는데, 건물을 뒤덮은 유리와 철제가 인상적이다. 렘 콜하스는 도서관을 '책 저장소'로 보기보다는 기술과 정보 수요의 발달에 따라 얼마든지 진화할 수 있는 '정보 공유 센터'로 보고 그에 맞게 디자인했다. 그는 도서관 설계를 진행하면서 도서관에 대한 사회문화적 조사를 통해 두 가지 결론을 도출했다. 한 가지는 디지털 시대에도 여전히 사람들은 활자화된 책을 찾기 때문에 서고가 필요하다는 것이고 다른 한 가지는 일반 시민들은 책이 가득 찬 서고보다는 넓은 공공 공간을 원한다는 것이었다. 즉 더 많은 책과 더 넓은 공간이 필요하고 앞으로 얼마든지 다양한 방식으로 진화할 수 있다고 판단했다. 이에 도서관을 지속적으로 성장·진화할 수 있는 '정보 공유 센터'로 설계했다.

■ 건축 개념

프랑스 국립도서관 건축 개념은 시애틀 중앙도서관을 설계할 때도 반영되었다. 영역별로 상이한 소음과 공간의 프로그램 요구조건에 따라 10여 개의 용도로 프로그램을 세분화하고 5개 군으로 압축했다. 그다음 '플랫폼'으로 이름을 붙인 11개의 바닥판을 만들고 지하부터 주차장·정보·회의·서고·행정 순으로 군집을 나누었다. 주차장을 제외한 지상의 4개 플랫폼을 콘크리트 박스로 만들고, 이 덩어리를 좌우로 이동시켜 공공 공간과 서고를 분리하였다. 그런 다음 4개의 박스를 수직적으로 간격을 벌려 사이사이에 활동적인 프로그램을 배치하였다. 그로 인해 4개의 부유하는 콘크

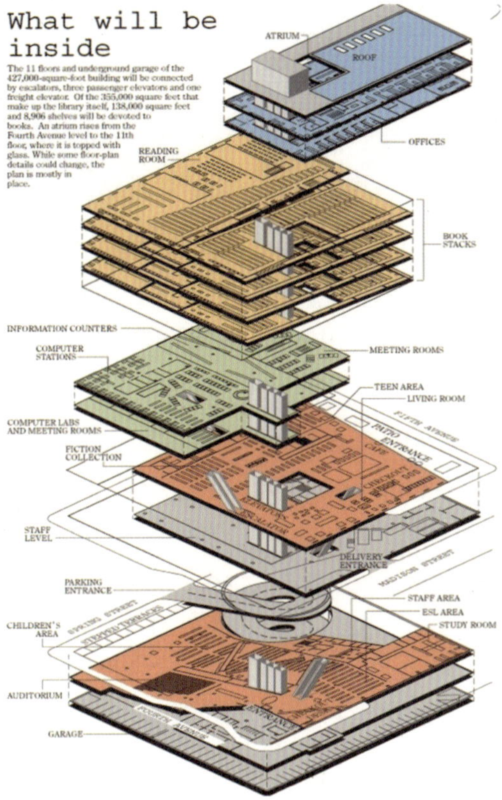

그림 3-84 도서관 층별 프로그램 다이어그램

그림 3-85 층별 프로그램과 개념 모형

그림 3-86 서고 내부 전경

리트 박스가 하나의 외피로 들쭉날쭉 감싸여 있고 외피와 박스 사이사이에 빈 공간이 만들어지게 되었다.

■ 공간 구성 개념

콜하스는 모듈화된 건물 구성 때문에 다른 도서관에서 흔히 벌어지는, 장서의 증가로 열람실이나 휴게실이 서가 공간에 잠식당하는 일을 막고자 했다.

도서가 보관된 건물, 즉 서고인 6~9층은 입방체의 공간에 일률적으로 도서가 꽂혀 있는 것이 아니라, 계단을 오르내리는 나선형의 동선 속에서 분류체계 코드순으로 책들을 배치했다. 따라서 사방이 막힌 일반 도서관과 달리 횡적 확장이 용이한 형태로, 향후 장서가 늘어나 책장을 추가해야 할 때도 연속성을 잃지 않은 채 유연하게 공간을 확보할 수 있다.

이러한 개념 덕분에 5층 이하에 배치된 열람실과 다른 공간들은 완전히 독립적으로 공공성에 충실할 수 있다. 4, 5층은 컴퓨터실과 미팅룸이고, 3층에는 이 도서관의 가장 핵심적인 공간인 열람실 즉 거실(Living Room)이 있다. 높이가 15m나 되는 'Living Room'이란 이름의 열람 공간은 커뮤니티 친화적이고 편안한 공공의 영역임을 천명한 것이다.

그림 3-87 내부 메인 로비(Living Room)

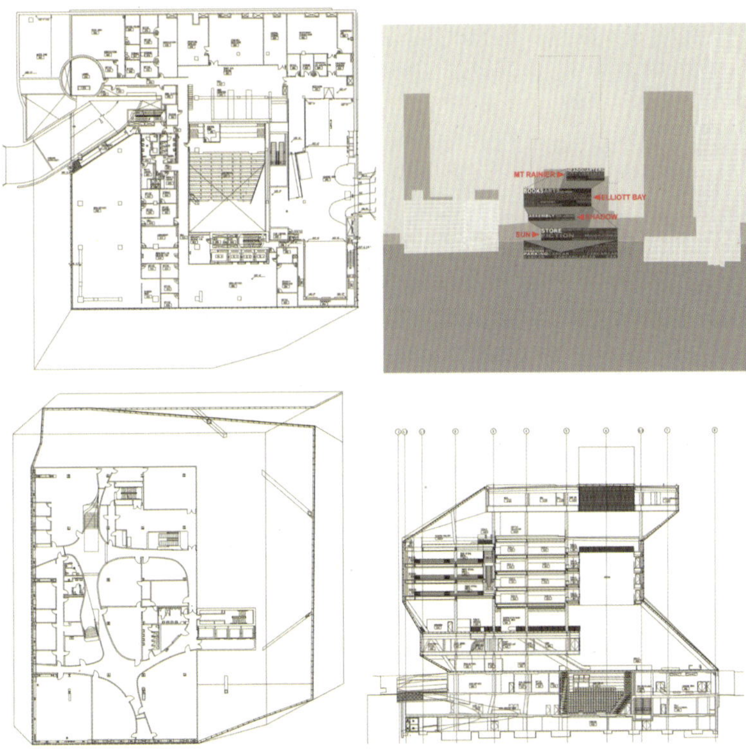

그림 3-88 평면도 및 단면도

그림 3-89 프랑스 국립도서관 설계 공모

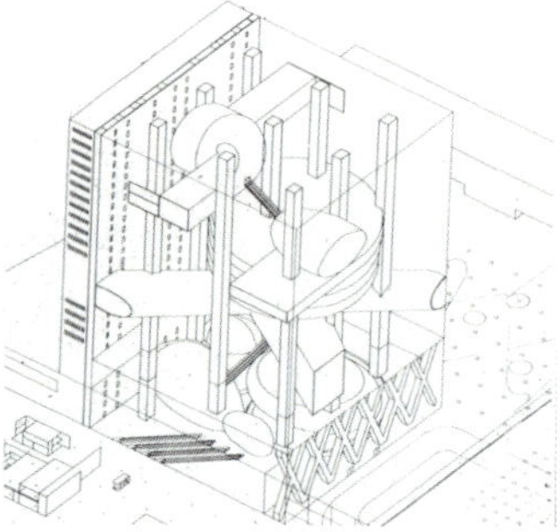

그림 3-90 모형과 입체 설계안

주: 렘 콜하스는 『보이드의 전략(Strategy of the Void)』(1989)에서, 프랑스 국립도서관 설계 계획안에서 자신은 현대건축에서 더 이상 유지하지 못할 책임감을 벗어 던짐으로써 얻어진 자유를 통하여 새로운 가능성을 찾고자 한다고 하였다. 그는 건물에서 제일 중요한 부분은 바로 건축이 없는 부분이라고 하였다. 이에 프랑스 국립도서관 설계 계획안에서, 일반적인 도서관처럼 정형화된 서고로 가득 채워진 거대한 '정보의 솔리드'를 먼저 설정하고, 새로운 유형의 도서관들을 상징하는 5가지 형태의 '보이드'로 '솔리드'를 비워 내는 방식으로 설계를 진행하였다.

사람들은 이곳에서 마음껏 자유로울 수 있다. 공간 대부분은 방으로 구분되지 않고 개방된 형태를 취하고 있어, 향후 새로운 용도가 필요할 때 얼마든지 쉽게 변신할 수 있다. 또한 자연채광을 최대로 활용하고 있으며 각기 다른 모습으로 얹힌 영역의 넓은 창을 통해 바깥 도시의 풍광을 즐길 수 있다.

미주

제7장 국채보상운동과 대구 북후정 복원 계획

1 『대한자강회월보』 9호, 1907년 3월 25일 자 잡록 「국채보상계」.
"대구 광문사회 회명을 대동광문회라 기칭ᄒᆞᄂᆞᆫ 일노 음력 랍월십육일에 특별회를 열고 ᄉᆞ무를 필ᄒᆞᆫ 후에 회원 셔상돈씨가 동의ᄒᆞ기를 국치일쳔삼빅만원을 갑지 못ᄒᆞ면 …"

2 임경희, 「북후정 위치에 관한 고찰」, 『대구경북연구』, 제13권 2호, 대구경북연구원, 2014, 89쪽.

3 『황성신문』, 1907년 2월 20일 자, 4면 6단 광고. "대구광문사 문회 이번 음력 16일 자 개회식 실행 회명 대동광문회라 개칭 현재 확장"

4 『대한매일신보』, 1907년 3월 9일 자.

5 『대구부읍지』, 국립중앙도서관, 초록 정보.

6 『대구부읍지』는 세 종류가 있는데, 각각 1769년(추정), 1831년(추정), 1924년에 발행되었다.

7 규장각 소장, 제작 시기는 1750년대 초로 추정된다.

8 서경보(1771~1839, 본관은 달성)는 조선 후기의 문신으로 호는 묘옹, 시호는 문정이다.

9 『황성신문』, 1907년 3월 29일 자, 「報債發起人及趣旨一束」.

10 서울대학교 규장각한국학연구원 소장.

11 서울대학교 규장각한국학연구원 소장.

12 서울대학교 규장각한국학연구원 소장.

13 정성길 소장.

14 통감부 편, 『대일본제국조선 사진첩: 일한병합기념』, 小川一眞출판부, 1910. 9.

제8장 국채보상운동 관련 기록물과 시설물 아카이빙

15 이진현, 「1907년 2월 대구광문사의 위치에 관한 연구」, 『대구경북연구』, 제13권 1호, 대구경북연구원, 2014.

16 박희진·김영호·엄창옥, 「대구 수창사의 활동과 국채보상운동」, 『대구사학』, 제131집, 대구사학회, 2018, 203~246쪽.

참고문헌

제1부 국채보상운동의 역사와 그 현대적 의미

한국어

강윤정, 「신교육 운동」, 『경북독립운동사』 Ⅱ, 경상북도, 2012.

강창성, 『조선통감부연구2』, 국학자료원, 2004.

권대웅, 「고령군 단연상채회의 설립과 의연금 모집」, 『한국근현대사연구』, 77집, 한국근현대사학회, 2016.

금중현·엄창옥, 「상주 국채보상운동의 발단과 전개」, 『대구사학』, 125호, 대구사학회, 2016.

김 승, 「부산·경남지역의 국채보상운동」, 『국채보상운동 지역연구 학술대회』(국채보상운동기념사업회 주관 지역학술대회 자료집), 2015. 6. 26.

김기주, 「광주·전남지방의 국채보상운동」, 『전남사학』, 10권, 전남사학회, 1996.

김기주, 「전북지방의 국채보상운동」, 『전북사학』, 19·20집, 전북사학회, 1997.

김도형, 「한말 대구지역 상인층의 동향과 국채보상운동」, 『계명사학』, 8권, 계명사학회, 1997.

김상기, 「한말 국채보상운동의 전개와 이념」, 『충청문화연구』, 10집, 충남대학교 충청문화연구소, 2013.

김영호, 「한국근대사회경제사상사」, 『한국현대문화사대계 6: 정치·경제사』, 고려대학교 민족문화연구소, 1981.

김영호, 「한말 차관문제의 제국면」, 『현상과 인식』, 2권 1호, 한국인문사회과학회, 1978.

김정기, 「조선정부의 청차관도입」, 『한국사론』, 3권, 서울대학교 국사학과, 1976.

김형목, 「강원도 국채보상운동의 전개양상과 지역운동사에서 위상」, 『한국민족운동사연구』, 82권, 한국민족운동사학회, 2015.

김형목, 「대구광문사의 문화계몽운동과 김광제 위상」, 『중앙사론』, 44권, 중앙대학교 중앙사학연구소, 2016.

김형목, 「대한제국기 경북 김천지역 계몽운동 전개와 성격」, 『한국독립운동사연구』, 28집, 독립기념관 한국독립운동사연구소, 2007.

김형목, 「북한과 해외지역 국채보상운동에 대한 연구동향과 과제」, 『국채보상운동 지역연구 학술대회』, 국채보상운동기념사업회, 2015. 6.

김형목, 「성주지역 국채보상운동의 지역운동사에서 위상」, 『한국민족운동사연구』, 78권, 한국민족운동사학회, 2014.
김형목, 「충남지방 국채보상운동의 전개양상과 성격」, 『한국독립운동사연구』, 35집, 독립기념관 한국독립운동사연구소, 2010.
김형목, 「충북지역 국채보상운동의 지역운동사상 의의」, 『한국민족운동사연구』, 69집, 한국민족운동사학회, 2011.
나눔과책임연구소, 『세계가 주목하는 국채보상운동』, 도서출판 거루, 2017.
문일평, 『한미50년사』, 탐구당, 1975.
박용옥, 「국채보상운동의 발단 배경과 여성참여」, 『일제경제침략과 국채보상운동』, 아세아문화사, 1994.
박용옥, 「국채보상운동의 발단배경과 여성참여」, 『한국민족운동사연구』, 8권, 한국민족운동사학회, 1993.
박찬승, 「한말 자강운동론의 각 계열과 그 성격」, 『한국사연구』, 68호, 한국사연구회, 1990.
박희진·김영호·엄창옥, 「대구 수창사의 활동과 국채보상운동」, 『대구사학』, 131집, 대구사학회, 2018.
변광석, 「동래기영회의 활동과 변화를 통해 본 지역성」, 『역사와 경계』, 84집, 경남사학회, 2012.
석창훈, 「간디의 사회사상과 서상돈의 국채보상운동 정신 비교」, 91집, 『철학연구』, 대한철학회, 2004.
신용하, 「애국계몽운동에서 본 국채보상운동」, 『일제경제침략과 국채보상운동』, 아세아문화사, 1994.
심상훈, 「한국국학진흥원 소장 자료를 통해 본 국채보상운동의 전개양상과 성격」, 『동아인문학』, 33권, 동아인문학회, 2015.
엄창옥, 「국내 국채보상운동의 기반과 성격」, 『국채보상운동과 여성구국운동의 재조명』, 한국여성독립운동연구소, 2017.
오두환, 「한말 차관문제의 전개과정」, 『일제경제침략과 국채보상운동』, 아세아문화사, 1994.
이경규, 「한국근대화에 있어서 국채보상운동의 성격」, 『국채보상운동과 여성구국운동의 재조명』, 한국여성독립운동연구소, 2017.
이상근, 「경기지역 국채보상운동에 관한 연구」, 『한국민족운동사연구』, 24권, 한국민족운동사학회, 2000.
이상근, 「국채보상운동에 관한 연구」, 『국사관논총』, 18집, 국사편찬위원회, 1990.

이송희, 「한말 국채보상운동에 관한 일연구」, 『梨大史苑』, 15집, 이화여자대학교 사학회, 1978.
이송희, 「한말 부산지역의 국채보상운동」, 『부산·경남지역의 국채보상운동』(국채보상운동기념사업회 주관 지역학술대회 자료집), 2016. 11. 4.
이종건, 「청말 중국에서의 국채보상운동」, 『대구사학』, 121집, 대구사학회, 2015.
임동현, 「국외 국채보상운동의 전개양상과 성격」, 『국채보상운동과 여성구국운동의 재조명』, 한국여성독립운동연구소, 2017.
정일선, 「대구 여성국채보상운동과 남일동 7부인회」, 『국채보상운동과 여성구국운동의 재조명』, 한국여성독립운동연구소, 2017.
정진석, 「국채보상운동과 언론의 역할」, 『일제경제침략과 국채보상운동』, 아세아문화사, 1994.
정진석, 『대한매일신보와 裵說』, 나남, 1987.
조기준, 「한일차관의 시말과 그 성격」, 『한국자본주의성립사론』, 대왕사, 1985.
조항래, 『국채보상운동사』, 국채보상운동기념사업회, 2007.
차기벽, 『간디의 생애와 사상』, 한길사, 1989.
차선해, 「경기지역 국채보상운동의 전개양상과 특징」, 『국채보상운동 지역연구 학술대회』(국채보상운동기념사업회 주관 지역학술대회 자료집), 2015. 6.
최장집, 『민주화 이후의 민주주의: 한국 민주주의의 보수적 기원과 위기』, 후마니타스, 2002.
최 준, 「국채보상운동과 프레스·캠페인」, 『백산학보』, 3호, 백산학회, 1967.
최 준, 『韓國新聞史論攷』, 일조각, 1976.
한상구, 「1907년 국채보상운동의 전국적 전개양상 연구」, 『인문연구』, 75호, 영남대학교 인문과학연구소, 2015.
헐버트기념사업회, 『헤이그만국평화회의관련일본정부기밀문서자료집』, 선인, 2007.

도록

대구광역시, 『국채보상운동 100년』 Ⅰ~Ⅴ, 2007.
국채보상운동기념사업회, 『책임을 다하다』, 2015.
독립기념관, 『하나 됨으로 뜨거웠던 그날들: 1907년 국채보상운동』, 2017.

외국어

"South Korea can teach Greece some hard lessons on how to survive a crisis", *The Sydney Morning Herald*, May 12. 2010.

Bethell. E. T., *British Journalism in Korea: Proceedings Against Mr. E. T. Bethell*, The Seoul Press Report, 1908.

David G. Marr, *Vietnam: State, War and Revolution*, Univ. California Press, 2013.

Irma Adelman, Song Byung Nak, 'The Korean Financial Crisis of 1997–98'(http://are.berkeley.edu/~irmaadelman/crisis.pdf).

Josephus Daniels, *Shirt–Sleeve Diplomat*, Chapel Hill, Univ. of North Carolina Press, 1947.

Lambert M, Surhone, Mariam T, Susan F. Henssonow, *National Debt Repayment Movement*, Bestscript Publishing, 2011.

Laura C. Nelson, *Measured Excess: Status, Gender, and Consumer Nationalism in South Korea*, Columbia University Press, 2000.

Lucy Willianson, "What Eurozon countries can learn from South Korea", BBC News, July 9. 2012.

Ma Ling He,『청 말기 철도 외채 실태 연구』, Fudan Univversity Press, 2003.(중국어)

Ma Ling He,『청 후기 외채사 연구』, Fudan Univversity Press, 2005.(중국어)

Seema Jayachandran and Michael Kermer, 'Odious Debt', *American Economic Review*, No. 96, 2006.

OECD, "Recent Trends and Policies", Kevin Hewison, 2001.

Terrence Edwards, "Mongolian citizens offer cash, jewelry, horses to pay off government debt", REUTER, Feb 2. 2017.

The World Bank, "Global Development at a Pivotal Time", http://www.worldbank.org/en/news/speech/2012/07/18/world-bank-group-president-jim-young-kim-brookings-institution.

제2부 국채보상운동 기록물의 유형과 그 자료

학위논문

김도행,「국채보상운동기록물의 통합서비스를 위한 유관기관 간 협력방안」, 경북대학교 대학원 석사학위논문, 2016.

김지명,「기록문화유산의 디지털 큐레이션 모델 연구: 국채보상운동 기록물을 중심으로」, 한국학중앙연구원 인문정보학전공 박사학위논문, 2017.
박영석, 「국채보상운동의 근대국가 정치사상: 국권론과 민권론을 중심으로」, 경북대학교 대학원 석사학위논문, 2017.
박연실, 「김광제의 생애와 활동」, 충남대학교 대학원 석사학위논문, 1998.
이기쁨, 「지역문화유산을 활용한 라키비움 구축방안」, 경남대학교 대학원 석사학위논문, 2016.
이진옥, 「울산지역 문화활성화를 위한 지방기록물관리기관의 설립과 운영방안」, 신라대학교 대학원 석사학위논문, 2014.
한동우, 「국채보상운동 아카이브의 라키비움 구축방안」, 경북대학교 대학원 석사학위논문, 2017.

일반논문

구본욱·이경규, 「고령지역 국채보상운동의 전개과정에 관한 고찰: 홍와 이두훈 가의 고문서를 중심으로」, 『인문과학연구』, 31, 대구가톨릭대학교 인문과학연구소, 2017.
권대웅, 「고령군단연상채회의 설립과 의연금 모집」, 『한국근현대사연구』, 77, 한국근현대사학회, 2016.
김민경·이성신, 「기록관, 도서관, 박물관의 공간 협력 방안」, 『사회과학 담론과 정책』, 7(1), 경북대학교 사회과학연구원, 2014.
김상기, 「한말 국채보상운동의 전개와 이념」, 『충청문화연구』, 10, 충남대학교 충청문화연구소, 2013.
김형목, 「한말 김광제의 현실인식과 계몽운동사상 역할」, 『한국민족운동사연구』, 71, 한국민족운동사학회, 2012.
박용옥, 「국채보상운동의 발단배경과 여성참여」, 『한국민족운동사연구』, 8, 한국민족운동사학회, 1993.
박용찬, 「근대계몽기 재전당서포와 광문사의 출판과 그 특징 연구」, 『영남학』, 61, 경북대학교 영남문화연구원, 2017.
박희진 외, 「대구 수창사의 활동과 국채보상운동」, 『대구사학』, 131, 대구사학회, 2018.
변광석, 「동래기영회의 활동과 변화를 통해 본 지역성」, 『역사와 경계』, 84, 부산경남사학회, 2012.
심상훈, 「한국국학진흥원 소장 자료를 통해 본 국채보상운동의 전개양상과 성격: 성산이씨 홍와고택」 자료로 본 국채보상운동의 단면」, 『동아인문학』, 33, 동아인문학회, 2015.

이연, 「대한매일신보와 국채보상운동」, 한국언론학회 심포지움 및 세미나, 한국언론학회, 2004.
이중희, 「근대 대구 문화예술계에 표출된 정신성」, 『한국학논집』, 44, 계명대학교 한국학연구원, 2011.
조항래, 「국채보상운동의 발단과 전개과정」, 『한국민족운동사연구』, 8, 한국민족운동사학회, 1993.
최호석, 「대구(大邱) 재전당서포(在田堂書鋪)의 출판(出版) 활동(活動) 연구: 재 전당서포(在田堂書鋪)의 출판인(出版人)과 간행(刊行) 서적(書籍)을 중심으로」, 『어문연구』, 34, 한국어문교육연구회, 2006.
한상구, 「1907년 국채보상운동의 전국적 전개양상 연구」, 『인문연구』, 75, 영남대학교 인문과학연구소, 2015.

보고서 및 단행본

국채보상운동기념사업회, 「경상북도 성주군 국채보상운동 조사연구 보고서」, 2014. 1.
국채보상운동기념사업회, 「국채보상운동 지역연구 학술대회 발표요지집」, 2015. 6. 26.
국채보상운동기념사업회, 「(국채보상운동기념사업회와 함께하는 대구자원봉사포럼 제48차 정기 포럼) 국채보상운동과 시대정신」, 2015. 7. 20.
국채보상운동기념사업회, 『책임을 다하다』, 2015.
국채보상운동기념사업회, 「경상북도 고령군 국채보상운동 조사연구 보고서」, 2015. 12. 2.
국채보상운동기념사업회, 「국채보상운동 국제학술세미나 1(유네스코 세계기록 유산 등재기관 사례발표요지집)」, 2016. 12. 1.
국채보상운동기념사업회, 「국채보상운동 국제학술세미나 2(국채보상운동 국제 비교학술발표요지집)」, 2016. 12. 1.
국채보상운동기념사업회, 「경상북도 상주시 국채보상운동 조사연구 보고서」, 2016. 12. 15.
국채보상운동기념사업회, 『국채보상운동기록물』 1~3, 도서출판 선인, 2017.
국채보상운동기념사업회, 「국채보상운동 국제학술세미나」, 2016.
국채보상운동기념사업회, 「국채보상운동 정신이 세계의 정신이 되다(유네스코 세계기록유산 등재 1주년 기념 국제세미나 발표요지집)」, 2018. 10. 2.
국채보상운동기념사업회, 「(유네스코 세계기록유산 등재 1주년 기념) 광문사 조사 연구 세미나 발표요지집」, 2018. 10. 24.
광주발전연구원, 「5·18아카이브 구축사업 기본계획 최종보고서」, 2012.

나눔과책임연구소,『세계가 주목하는 국채보상운동』, (사)국채보상운동기념사업회, 2016.
마백락(글레멘스) 엮음,『초기 교회의 평신도 지도자 서상돈 아구수티노 회장』, (사)국채보상운동기념사업회, 2011.
문화체육관광부,『국립아시아문화전당 운영방안 연구』, 2014.
조항래 엮음,『국채보상운동사』, 아세아문화사, 2007.
한국국학진흥원,『성산이씨 홍와고택』, 2015.
한국민족운동사연구회,『일제경제침략과 국채보상운동』, (주)이문기업, 1993.

전자 자료

국립고궁박물관 〈http://www.gogung.go.kr/main.do〉
국립아시아문화전당 〈https://www.acc.go.kr/〉
국립일제강제동원역사관 〈http://museum.ilje.or.kr/kor/Main.do〉
국립중앙도서관 〈http://www.nl.go.kr/nl/index.jsp〉
국회도서관,「국채보상운동기록물 유네스코 세계기록유산 등재」〈http://dlps.nanet.go.kr/DlibViewer.do?cn=PAMP1000044788&sysid=nhn〉[cited 2017. 6. 15.]
국채보상운동 기념관 〈http://www.gukchae.com/Pages/Main.aspx〉
경북문화콘텐츠진흥원 〈https://gcube.or.kr:1021/home/main.asp〉
네이버 지도 〈http://map.naver.com/〉
독립기념관 〈http://www.i815.or.kr/kr/〉
대한민국역사박물관 〈http://www.much.go.kr/〉
대통령기록관 〈http://www.pa.go.kr/index.jsp〉
삼성미술관 리움 〈http://leeum.samsungfoundation.org/html/global/main.asp〉
서울대학교 규장각 한국학연구원 〈http://e-kyujanggak.snu.ac.kr/home/main.do?siteCd=KYU〉
서울역사박물관 〈http://www.museum.seoul.kr/www/NR_index.do?sso=ok〉
신문박물관 〈http://presseum.or.kr/〉
한국국학진흥원 〈http://www.koreastudy.or.kr/main/main.action〉
한국원자력연구원 전자도서관 〈http://kornis21.kaeri.re.kr/〉
한국학중앙연구원 장서각 〈http://jsg.aks.ac.kr/〉
5·18 기념 문화센터 〈http://518center.gwangju.go.kr/〉

국채보상운동기념사업회, 『대구 북후정 복원을 위한 연구보고서』, 2018. 2.

국채보상운동기념사업회, 『국채보상운동 기록물 유네스코 세계기록유산 등재 1주년 기념 국제세미나』, 2018. 10.

박희진·김영호·엄창옥, 「대구 수창사의 활동과 국채보상운동」, 『대구사학』, 제131집, 대구사학회, 2018.

이진현, 「1907년 2월 대구광문사의 위치에 관한 연구」, 『대구경북연구』, 제13권 1호, 대구경북연구원, 2014.

임경희, 「북후정 위치에 관한 고찰」, 『대구경북연구』, 제13권 2호, 대구경북연구원, 2014.

통감부 편, 『대일본제국조선 사진첩: 일한병합기념』, 小川一眞출판부, 1910. 9.